全国高等医药院校药学类专业第六轮规划教材

医药市场营销学

第5版

（供药学类专业用）

主　编　阮娴静　王淑玲

副主编　傅书勇　雷　超　王　力　付　非

编　者　（以姓氏笔画为序）

王　力（江西中医药大学）

王亚青（齐鲁医药学院）

王淑玲（沈阳药科大学）

王慧华（南京中医药大学）

付　非（吉林医药学院）

阮娴静（广东药科大学）

张梦倩（兰州大学药学院）

邵冬雪（中国医科大学）

黄　嘉（广州医科大学）

黄李凤（广西医科大学）

隋　欣（锦州医科大学）

傅书勇（沈阳药科大学）

雷　超（广东药科大学）

中国健康传媒集团

中国医药科技出版社

内 容 提 要

本教材是"全国高等医药院校药学类专业第六轮规划教材"之一，系根据本套教材的指导思想和原则要求编写而成。内容上覆盖最新医药市场营销学的相关理论和方法，主要包括医药营销环境分析、医药营销战略、医药消费者市场与购买行为、医药调研与预测、医药产品价格策略、医药产品促销策略、医药数字营销、医药产品新零售等。本教材具有行业性、创新性、实践性等特点，案例新颖丰富，紧跟时代前沿。本教材为书网融合教材，即纸质版教材有机融合电子教材，教学配套资源（PPT、微课、视频、图片等）、题库系统、数字化教学服务（在线教学、在线作业等）。

本教材主要供全国高等医药院校药学类相关专业师生教学使用，也适合医药行业从业者作为进修和参考书籍。

图书在版编目（CIP）数据

医药市场营销学／阮娴静，王淑玲主编. -- 5 版.
北京：中国医药科技出版社，2024. 12. --（全国高等
医药院校药学类专业第六轮规划教材）. -- ISBN 978-7
-5214-5083-5

Ⅰ. F724. 73

中国国家版本馆 CIP 数据核 字第 2024H07Q45 号

美术编辑　陈君杞
版式设计　友全图文

出版　**中国健康传媒集团**｜中国医药科技出版社
地址　北京市海淀区文慧园北路甲 22 号
邮编　100082
电话　发行：010 - 62227427　邮购：010 - 62236938
网址　www. cmstp. com
规格　889mm×1194mm $^1/_{16}$
印张　15
字数　439 千字
初版　2002 年 8 月第 1 版
版次　2025 年 1 月第 5 版
印次　2025 年 1 月第 1 次印刷
印刷　北京金康利印刷有限公司
经销　全国各地新华书店
书号　ISBN 978 - 7 - 5214 - 5083 - 5
定价　**55. 00 元**

获取新书信息、投稿、
为图书纠错，请扫码
联系我们。

出版说明

"全国高等医药院校药学类规划教材"于20世纪90年代启动建设。教材坚持"紧密结合药学类专业培养目标以及行业对人才的需求，借鉴国内外药学教育、教学经验和成果"的编写思路，30余年来历经五轮修订编写，逐渐完善，形成一套行业特色鲜明、课程门类齐全、学科系统优化、内容衔接合理的高质量精品教材，深受广大师生的欢迎。其中多品种教材入选普通高等教育"十一五""十二五"国家级规划教材，为药学本科教育和药学人才培养作出了积极贡献。

为深入贯彻落实党的二十大精神和全国教育大会精神，进一步提升教材质量，紧跟学科发展，建设更好服务于院校教学的教材，在教育部、国家药品监督管理局的领导下，中国医药科技出版社组织中国药科大学、沈阳药科大学、北京大学药学院、复旦大学药学院、华中科技大学同济医学院、四川大学华西药学院等20余所院校和医疗单位的领导和权威专家共同规划，于2024年对第四轮和第五轮规划教材的品种进行整合修订，启动了"全国高等医药院校药学类专业第六轮规划教材"的修订编写工作。本套教材共72个品种，主要供全国高等院校药学类、中药学类专业教学使用。

本套教材定位清晰、特色鲜明，主要体现在以下方面。

1.融入课程思政，坚持立德树人 深度挖掘提炼专业知识体系中所蕴含的思想价值和精神内涵，把立德树人贯穿、落实到教材建设全过程的各方面、各环节。

2.契合人才需求，体现行业要求 契合新时代对创新型、应用型药学人才的需求，吸收行业发展的最新成果，及时体现新版《中国药典》等国家标准以及新版《国家执业药师职业资格考试考试大纲》等行业最新要求。

3.充实完善内容，打造精品教材 坚持"三基五性三特定"，进一步优化、精炼和充实教材内容，体现学科发展前沿，注重整套教材的系统科学性、学科的衔接性，强调理论与实际需求相结合，进一步提升教材质量。

4.优化编写模式，便于学生学习 设置"学习目标""知识拓展""重点小结""思考题"模块，以增强教材的可读性及学生学习的主动性，提升学习效率。

5.配套增值服务，丰富学习体验 本套教材为书网融合教材，即纸质教材有机融合数字教材，配套教学资源、题库系统、数字化教学服务等，使教学资源更加多样化、立体化，满足信息化教学需求，丰富学生学习体验。

"全国高等医药院校药学类专业第六轮规划教材"的修订出版得到了全国知名药学专家的精心指导，以及各有关院校领导和编者的大力支持，在此一并表示衷心感谢。希望本套教材的出版，能受到广大师生的欢迎，为促进我国药学类专业教育教学改革和人才培养作出积极贡献。希望广大师生在教学中积极使用本套教材，并提出宝贵意见，以便修订完善，共同打造精品教材。

中国医药科技出版社
2025 年 1 月

数字化教材编委会

主　编　阮娴静　王淑玲
副主编　傅书勇　雷　超　王　力　付　非
编　者　（以姓氏笔画为序）
　　　　王　力（江西中医药大学）
　　　　王亚青（齐鲁医药学院）
　　　　王淑玲（沈阳药科大学）
　　　　王慧华（南京中医药大学）
　　　　付　非（吉林医药学院）
　　　　阮娴静（广东药科大学）
　　　　张梦倩（兰州大学药学院）
　　　　邵冬雪（中国医科大学）
　　　　黄　嘉（广州医科大学）
　　　　黄李凤（广西医科大学）
　　　　隋　欣（锦州医科大学）
　　　　傅书勇（沈阳药科大学）
　　　　雷　超（广东药科大学）

前　言

《医药市场营销学》自 2002 年出版以来，得到了国内医药院校市场营销类广大师生的欢迎，至今已经修订至第 5 版。在当前国家医药政策的推动下，国内医药行业正在转型升级，从"仿创结合"到"创仿结合"，再到"me too"，最后实现"first in class"等战略转变，进而实现创新药"出海战略"。鉴于国家和地方"集采"政策常态化、制度化等多种因素，我国医药市场的营销行为正在发生翻天覆地的变化。因此，为了满足新形势下国内医药企业的营销实践需求，我们进行了本次修订，使得其理论体系日臻完善，能够进一步指导国内药企的营销实践。

本版修订主要内容如下：一是增加部分内容。基于互联网平台经济的迅猛发展以及互联网＋医药模式的不断完善，本版增加两章新内容，即第十三章医药营销数字化，重点论述以互联网为主要渠道的市场营销方式和方法；第十四章医药产品新零售，重点介绍医药产品新零售常见的各种模式和健康管理服务等内容。二是调整部分内容。如第三章把竞争者分析和竞争者战略单独成立一节，目的是强调当前医药行业市场不同时期，战略和策略的侧重点不同。国内药企制定的营销战略和策略不仅要符合政策导向、满足市场需求，更应该获得相对的、明显的竞争优势。

本教材由阮娴静、王淑玲担任主编，具体编写分工如下：第一章由王力编写；第二章由阮娴静编写；第三章由傅书勇编写；第四章和第十四章由付非编写；第五章由黄李凤编写；第六章由王淑玲编写；第七章由黄嘉编写；第八章由王亚青编写；第九章由邵冬雪编写；第十章由隋欣编写；第十一章由王慧华编写；第十二章由张梦倩编写；第十三章由雷超编写。全书由阮娴静整理统稿。在此，向所有帮助、支持本教材出版的工作人员表示衷心感谢！

《医药市场营销学》（第 5 版）依然秉承前几版的编写要求与特色，以医药行业国家政策为导向、以行业发展规律为基础、以国内药企市场营销痛点为中心，结合市场营销学学科基本理论，突出医药行业主要特色，力争将该教材打造成国内同类教材的典范和样板。诚然，当前集采市场中的药企更多的是市场战略层面的考量，但非集采市场，尤其是院外零售市场和海外市场，已成为药企的主要推广领域。俱往矣，再好的理论也难以指导所有的实践，本书作为教材，只能总结一些医药行业的市场规律和营销实践，但由于医药行业中分类较多，各个子行业又有自己的特点，再加上篇幅有限，因此，难以将一些好的市场营销理论和方法穷尽之，同时，编者自身也存在学识不足和精力有限等问题，所以，难免出现一些疏漏和不妥，恳请读者给予中肯的批评和指导，共同为促进我国医药市场营销理论和方法的不断完善而贡献智慧和力量。

编　者
2024 年 9 月

目 录

第一章 绪 论

PPT

随着经济社会的不断发展，公众对健康维护的需求不断提高，健康中国战略的实施旨在全面提高人民健康水平、促进人民健康发展，中国医药市场迎来良好发展机遇。然而，新时代下我国医药市场营销活动的开展仍面临许多挑战，例如，"三医"联动改革要求统筹推进医疗、医保、医药领域的改革；中医药传承创新发展、中医药振兴发展重大工程等政策的出台对中医药发展提出了新要求；医药领域纠风工作的开展对医药产品的生产流通进行了更严格的把控。因此，明确医药市场营销的科学内涵，阐明医药市场营销学的研究对象与内容，掌握医药市场营销学的基本理论与方法，对于指导医药市场营销实践活动具有十分重要的意义。

第一节 医药市场营销学的基本概念

一、医药产品的概念

（一）医药产品的含义

医药产品是指能够提供给医生或患者使用，并能满足某种利益和需要的具有特殊功能的有形物质和无形服务。医药产品不仅是指有形商品，从广义上讲医药产品也包括有形物品、定义、概念、服务、设计、质量、组织或者这些实体的组合。它们包括药品、医疗器械、药学服务等，旨在改善健康、提供医疗服务和提升生活质量。医药产品在医疗行业中扮演着重要角色，涵盖了从研发、生产到使用的全过程。

1. 药品 根据《中华人民共和国药品管理法》第二条关于药品的定义：药品是指用于预防、治疗、诊断人的疾病，有目的地调节人的生理机能并规定有适应证或者功能主治、用法和用量的物质，包括中药、化学药和生物制品等。

2. 医疗器械 是指直接或者间接用于人体的仪器、设备、器具、体外诊断试剂及校准物、材料以及其他类似或者相关的物品，包括所需要的计算机软件。医疗器械包括医疗设备和医用耗材。

3. 药学服务 是药学人员利用药学专业知识和工具，向社会公众（包括医护人员、患者及其家属、其他关心用药的群体等）提供与药物使用相关的各类服务。包括处方调剂、参与临床药物治疗、药物治疗监测、药物利用研究与评价、药品不良反应监测和报告、药学信息服务等。

（二）医药产品的分类

1. 药品的分类 根据药品的管理制度，主要有 3 种对药品的分类方式。

（1）根据药品的安全性和有效性原则分类 可分为处方药和非处方药。处方药（prescription，Rx 药）是指必须凭执业医师或执业助理医师处方才可以调配和购买，并在医务人员的指导下使用的药品。非处方药（over – the – counter drugs，OTC 药）是指为方便公众用药，在保证用药安全的前提下，经国家卫生行政部门规定或审定后，不需要执业医师或执业助理医师开写处方即可自行判断、购买和使用的药品。

（2）按是否为国家基本药物分类 可分为国家基本药物和非国家基本药物。国家基本药物是指列入《国家基本药物目录》中的药品，即适应基本医疗卫生需求，剂型适宜，价格合理，能够保障供应，公众可公平获得的药品，主要特征是安全、必需、有效、价廉。非国家基本药物是指不包括在《国家基本药物目录》中的药品，其报销比例小于国家基本药物或完全由患者自费购买。

（3）按是否为基本医疗保险药品分类 可分为基本医疗保险药品和非基本医疗保险药品。基本医疗保险药品是被录入《国家基本医疗保险、工伤保险和生育保险药品目录》的药品。确定目录的原则为：临床必需、安全有效、价格合理、使用方便、市场能够保证供应、医疗保险能支付得起。非基本医疗保险药品是未纳入《国家基本医疗保险、工伤保险和生育保险药品目录》的药品，需要患者自付药费。

2. 医疗器械的分类 我国《医疗器械监督管理条例》对医疗器械注册与备案、生产、经营与使用、召回、监督检查进行了规定，并根据监管的风险进行了分类。

（1）第一类 风险程度低，实行常规管理可以保证其安全、有效的医疗器械。如外科用手术器械（刀、剪、钳、镊、钩）、刮痧板、医用 X 光胶片、手术衣、手术帽、检查手套、纱布、绷带、引流袋等。

（2）第二类 具有中度风险，需要严格控制管理以保证其安全、有效的医疗器械。如医用缝合针、血压计、体温计、心电图机、脑电图机、显微镜、针灸针、生化分析系统、助听器、超声消毒设备、不可吸收缝合线等。

（3）第三类 具有较高风险，需要采取特别措施严格控制管理以保证其安全、有效的医疗器械。植入式心脏起搏器、角膜接触镜、人工晶体、超声肿瘤聚焦刀、血液透析装置、植入器材、血管支架、综合麻醉机、齿科植入材料、医用可吸收缝合线、血管内导管等。

（三）医药产品的特点

相比较其他普通产品，医药产品是一种特殊产品，其特殊性主要表现在以下几个方面。

1. 效用两重性 医药产品既可以预防、治疗和诊断疾病，又可以康复保健，但是多数医药产品有不同程度的不良反应。用之合理，可以治病救人，促进健康；管理不当，则可危害健康，甚至威胁生命，破坏社会生产力，产生严重后果。比如，麻醉药品和精神药品若管理不善，则会造成滥用，成为成瘾毒品。

2. 种类复杂性 医药产品种类复杂、品种繁多。可以根据多种分类标准，对医药产品进行详细分类。

3. 质量严格性 医药产品是治病救人的武器，只有符合法定质量标准的合格产品才可以保证疗效。进入流通领域的医药产品，只允许有合格品，绝对不允许有次品或者不合格品。因此，国家医药卫生法律规定，不合格的医药产品不得出厂，更不得销售和使用。

二、医药市场的概念

（一）医药市场的含义

1. 市场 属于商品经济的范畴，哪里有社会分工和商品生产，哪里就有市场。同时，市场又是一个历史范畴，市场的概念随着市场活动的发展和市场范围的扩大变化，下面从三个角度界定市场概念。

（1）市场是买者和卖者进行商品交换的场所，这是市场的场所概念，也是市场的原始概念，典型的为"集市"，如中药材批发市场、农贸市场就是这种意义的市场。

（2）市场是商品交换关系的总和，这是市场的经济学概念。市场不仅是指具体的交易场所，而且是指所有卖者和买者实现商品交换的各种关系的总和。

（3）市场是对某种产品现实和潜在需求的总和，这是从市场营销学角度理解和界定的市场概念。在市场营销学的范畴，"市场"往往等同于需求。如"随着老龄化问题日益严重，我国的老年人药品市场很大"，指的就是老年人对相关医药产品的需求很大。

2. 医药市场 从市场营销学角度讲，医药市场是指个人和组织对某种医药产品现实和潜在需求的总和。医药市场由人口、购买力和购买欲望三种要素构成，这三种要素相互影响、缺一不可，只有三者结合起来才能构成市场，才能决定医药市场的规模和容量。

（二）医药市场的分类

对医药市场进行分类可以更加准确地理解医药市场的概念，分类的目的是对其归类总结，以寻找出其特点、现状与发展趋势，为医药企业市场营销工作提供正确的指导。通常对医药市场可按以下标准进行分类。

1. 按研究角度分类 可将医药市场分为宏观医药市场和微观医药市场。宏观医药市场指一定时期内一个国家或地区的全部医药产品市场的需求总量。微观医药市场则是指某类、某种具体药品在一定时期和一定范围内的市场规模。

2. 按市场主体分类 可将医药市场分为消费者市场、生产者市场、中间商市场和政府市场。医药消费者市场，是指由某类、某种医药产品的最终使用者组成的顾客集合。生产者市场即医药工业市场，由为了进一步生产其他药品再出售而从事生产经营活动的医药原料药、中间体的顾客构成这个市场的顾客。医药中间商市场由医药商业公司和各级各类医疗机构组成。政府市场是指政府消费而形成的市场，政府医药市场是指那些为执行政府的主要职能而采购医药产品的各级政府单位。政府市场的规模较大，所采购的医药产品用于国防、抗震救灾、计划生育、司法等公共事业等。

3. 按地域结构分类 医药市场按营销区域首先可分为国内市场和国际市场。国内市场又可分为城市市场和农村市场，东部市场、中部市场和西部市场等。国际市场按地域又可分为北美市场、南美市场、欧洲市场、澳洲市场、非洲市场、亚洲市场等。

4. 按医药产品分类 可将医药市场分为药品市场、医疗器械市场和药学服务市场等。按药品的大类还可分为中药市场、化学市场、生物制品市场等。

（三）医药市场的特点

企业营销活动的开展离不开市场，不同类别的市场因为运作对象的性质和活动规律不同具有不同的特点。正是因为医药产品的特殊性，使得医药市场与其他产品市场相比具有不同的特点。

1. 相关群体主导性强 医药产品的使用关系到患者的生命、健康和安全，需要对症使用，但是患者往往对于医药产品的适应证、性能、毒副作用、疗效等缺乏专业了解，不敢自行决策，需要医生或药师给予指导和决策。在购买或使用时，消费者处于被动状态，缺乏自己选择医药产品的能力，其选择权掌握在处方医生或驻店药师这些相关群体手中，他们对医药产品的购买和使用有很大影响。

2. 需求缺乏弹性 医药市场的需求缺乏弹性是指消费者对医药产品的价格变动不是很敏感，整个市场的需求受市场价格变动的影响较小。医药产品的价格升高一般不会引起整个消费需求的明显减少，尤其是用于治疗危重疾病的医药产品，其需求的价格弹性更小。

3. 需求波动大 这一特点主要是由于突发性、流行性疾病等造成的突发性、流行性疾病会使相关的医药产品在一定时期、一定区域的需求量迅速增加，呈现大幅波动。

4. 公共福利性强 由于医药产品关系着人类健康，为了保证民众能买得起药、用得到药，国家逐步建立健全基本医疗保险制度和国家基本药物制度，医药费用一般由政府、社会、保险和个人共同承担。

三、医药市场营销学的概念

（一）市场营销学的含义

从经典意义上说，市场营销学最早是从某一个具体的生产者、经营者或某种商品出发来研究市场营销学的，它主要涉及产品的研发策略、市场定位、定价策略、销售策略和销售促进策略等。因而曾有人把它定义为狭义市场营销学："引导商品与劳务从生产者到消费者或使用者的一切商业活动过程"。

随着时代的变化，市场营销学研究的范围早已不再局限于制成产品后到达消费者手中的过程，而远在制造产品之前就已经开始了。例如，市场调查、产品设计开发、产品定价、确定销售路线和推销方法以及产品的商标、包装的确定、广告的制作、媒体选择等，都在产品被制造出来之前或制造过程中就预先进行。另一方面，成功的企业也不会仅满足于把产品或劳务送到消费者手中，还需要了解企业的产品是否使消费者满意、消费者是否乐意继续使用或购买、是否乐意向亲友或同事推荐，以此来获得产品销路的增加和公司（企业）形象与声誉的扩展。在此意义上说，不仅要把产品制造前企业所需做的工作（通常所说的售前服务）包括在市场营销过程中，而且即使是产品销售出去后，市场营销过程仍然没有结束，还应把企业的售后服务包括在内。

美国经济学家包尔·马苏提出了一种广义市场营销学的解释，即"市场营销是给社会传送生活标准"。哈佛大学的马尔康·麦克纳教授认为："市场营销是给社会创造和传送生活标准"。他们均认为市场营销活动绝不仅仅在企业中孤立地进行，而是与整个社会的生活观念、价值标准紧密地结合在一起。市场营销是综合的经济活动过程，对于企业而言，其根本目的是在于满足现实的和潜在的消费者的需要。

本书着重从企业角度来阐述市场营销学，属于微观经济的范畴。因此对市场营销学的基本解释是：在市场经济的条件下，企业所有的生产经营活动都应围绕市场展开，从消费者的需要出发，以满足消费者的需要为中心，提供适销对路的产品或满意的服务，制定适当的价格，采取合适的销售渠道和促销方法，选择适当的时机和地点，针对合适的消费者出售商品或服务，从而取得良好的经济效益。其中包含了企业从研制开发到生产销售、从企业营销战略决策到营销战术实施等全过程。因此，本书所涉及的内容应该是广义的微观市场营销学。

（二）医药市场营销学的含义

医药市场营销学，就是医药企业根据市场营销学的基本原理，认真研究医药市场的发展变化，围绕市场需求和医药科技的发展，在国家有关法律法规指导下为市场提供合适的产品，制定合适的价格，采用高效的销售渠道和促销措施，向合适的顾客销售产品，以取得良好的经济效益和社会效益。

（三）医药市场营销学的内涵

从上述定义中可以看到，搞好医药市场营销的基础和前提要掌握以下四点：市场营销学的基本原理与技巧；医药市场的特征及医药科学技术的发展；国家有关医药产品科学研究、药品生产销售等环节的政策法规；具体企业具体产品的具体情况。

1. 市场营销学的基本原理与技巧 市场营销学的基本原理和技巧可以说都是前人社会实践经验和智慧的结晶，并经过了漫长岁月的考验和各种营销实践过程的检验，作为人类的共同知识财富，理应为人们所掌握和采用，这样可以大大提高我国医药行业的营销水平。因此，认真学习研究西方经典的市场营销学理论、掌握科学的营销技巧，是搞好医药市场营销的重要基础。

2. 医药市场与医药科技 医药市场是医药市场营销学生存与发展的客观社会基础。医药行业是国际公认的高科技、高投入、高风险、知识密集型行业，竞争十分激烈，它涉及资金产品、管理、技术、人才等各个方面。因此，认真调查研究医药市场的现状和变化趋势，把握医药行业科技最新动态是医药企业生存与发展的重要前提。

3. 药事法规 国家有关部门通过行政、法律、经济、舆论等手段来监督管理医药行业与医药市场，已经出台的有《中华人民共和国药品管理法》《药品注册管理办法》《药品生产监督管理办法》《医疗用毒性药品管理办法》《麻醉药品管理办法》《精神药品管理办法》《中药品种保护条例》等。它们共同构成了我国医药管理方面的法律法规体系，是医药行业经营销售的依据和保证，认真学习研究和掌握这些法律法规，无疑是搞好医药市场营销的重要保证。

知识链接

国家基本药物

"基本药物"的概念由世界卫生组织于1977年提出。2009年8月18日，中国正式公布《关于建立国家基本药物制度的实施意见》《国家基本药物目录管理办法（暂行）》《国家基本药物目录（基层医疗卫生机构配备使用部分）》（2009版），标志着中国建立国家基本药物制度工作正式实施。中国国家基本药物制度是对基本药物目录制定、生产供应、采购配送、合理使用、价格管理、支付报销、质量监管、监测评价等多个环节实施有效管理的制度。国家基本药物制度可以改善目前的药品供应保障体系，保障人民群众的安全用药。

2015年2月13日，国家卫生和计划生育委员会等九部委对《国家基本药物目录管理办法（暂行）》进行修订，形成《国家基本药物目录管理办法》。根据规定，政府举办的基层医疗卫生机构全部配备和使用基本药物，其他各类医疗机构也都必须按规定使用基本药物。2017年2月9日，国务院办公厅印发《关于进一步改革完善药品生产流通使用政策的若干意见》，规定公立医院要优先使用国家基本药物，强化药物使用监管，促进合理用药。2018年9月30日，《国家基本药物目录（2018年版）》正式印发，自2018年11月1日起施行。

4. 企业及产品特点 我国医药企业数以万计，各企业拥有资源、生产经营产品各不相同，其营销战略和侧重点都各有差异，因此，要使营销策略具有实际意义，切实联系本企业的实际、联系生产经营产品的特点，就显得尤为重要。

总之，认真研究市场营销学的基本原理，结合医药行业医药产品的特色，联系我国医药企业经营管理的实际，才是我国医药行业的市场营销学本质的内涵，也是其生命力之所在。

第二节　医药市场营销学的产生与发展

一、市场营销学的产生和发展

（一）市场营销学的产生

市场营销学是适应现代商品经济高度发展而产生和发展起来的一门管理学科，也是一门多学科交叉渗透、实用性很强的新兴学科。它于20世纪初起源于美国，但那时只是市场营销学的初期或萌芽阶段。到了20世纪50~60年代，市场营销学才有了比较成熟的理论作指导，并随着市场营销实践的变化而不断创新、不断丰富、不断发展和不断完善。市场营销学作为一门学科而言，从它产生到现在虽只有百余年的历史，但作为培育它和为它提供实践场所的商品市场，却是一个非常古老的经济范畴。

市场是社会分工、商品生产和交换的产物，从人类发展历史角度来看，它经历了几种社会形态，有着几千年的发展历史。

在原始社会，自从发生了畜牧业与农业分离的第一次社会大分工，出现了农产品和畜产品交换的需要，从而也就相应出现了交换的场所，这就是市场的雏形。人类社会第二次大分工，使手工业和农业产生了分离，形成了两大物质生产部门，出现了直接以交换为目的的生产活动，即商品生产，它为市场的进一步发展提供了物质基础。第三次人类社会的大分工产生了一个不从事生产而只从事产品交换的商人阶级，兴起了一种专门从事商品交换的行业——商业，这使得市场的扩大和发展有了组织条件。

进入奴隶社会，商品生产和商品交换进一步发展，能够交换的不仅仅是产品，就连奴隶本身也被当作可交换的商品。到了资本主义社会，商品生产和商品交换发展到了极高水平。在那里，一切产品包括劳动力都变成了商品，其商品生产和交换的规模是以前几种社会形态所不能望其项背的。总之，无论何种社会形态，只要有商品生产和商品交换存在就离不开为之提供场所的市场。因此，从简单意义上讲，市场是商品和服务交换的场所，是沟通供需的纽带。

在市场经济条件下，市场就如同战场。追求利益的最大化是商人们天经地义的本能，商人们为了在激烈的市场竞争中获胜，就必须认真研究有关市场与交换产生的学问。据专家考证后认为，世界上最早提出市场营销观念的国家是日本。早在公元1650年，日本三井家族的成员就在东京开设了第一家百货公司，并提出了一套经营销售的方针：如商店要成为顾客的采购员；要为顾客设计和生产合适的商品；保证顾客满意，否则原款奉还等这些经营思想，应该说比较符合现代市场营销学的内涵。

19世纪中叶，美国国际收割机公司提出经营销售思想后，市场经营才真正出现于西方国家。麦克密克不但发明了收割机，而且发明了经营销售理论。他是西方国家中第一位清楚地认识到营销重要性的人，提出了早期市场营销的理论与方法。

20世纪初，泰勒《科学管理原理》一书的出版，标志着现代企业管理的开端。市场营销活动以及理论研究开始正式登上美国学术界和企业界实践与探索的舞台。

经济思想史的进程表明，任何社会条件的变化都将产生新问题，从而导致为解决此问题的新理论和新思想的产生。因此，市场营销思想首先起源于美国，也是和美国当时的社会经济环境密切相关，是美国社会经济环境发展的必然产物。

19世纪末20世纪初，美国开始从自由资本主义向垄断资本主义过渡，与过去相比，美国社会环境发生了深刻的变化。工业生产规模不断扩大，专业化程度日益加深，人口迅速增加，个人收入上升。日益扩大的市场需求为创新提供了无限的机会，市场的竞争也随之进入了一个新的阶段。人们对市场和市场实践的态度开始发生变化。所有这些因素共同促进了美国市场营销思想的产生，并逐步形成一门对商品营销活动进行全面综合分析的专门学科。其中最重要的因素有：市场交换规模的扩大，新的生产技术出现和生产条件的改善，新的消费思想和需求观念，中间商作用的变化，政府管理社会与经济职能的提升等。

（二）市场营销学的发展

市场营销学起始于 20 世纪初，至今已有一百多年的历史。这期间，市场营销学的发展大体经历了 4 个发展阶段。

1. 市场营销学萌芽时期（1900—1920 年） 20 世纪初，越来越多的学术研究关注并开始投向商业系统中一个快速发展、大有作为的组成部分——分销体系。美国高校承担大学商科教学的教师们开始注意到交换领域的定价、分销和广告问题的研究，在这一时期的后半段，学者们开始运用发展起来的产品研究法、机构研究法、职能研究法进行市场营销研究。同时，学术界陆续提出一些本学科的新概念，初始的学科体系逐渐形成。这一时期的市场营销实践内容局限于分销和流通领域，以经济学理论为背景，以生产观念为导向，侧重产品供给，研究内容偏重于推销和广告，尚未形成真正的市场营销观念。然而，市场营销已经从企业生产活动中分离出来，这是企业生产经营管理的一大进步。

2. 市场营销学形成时期（1920—1950 年） 自 20 世纪 20 年代开始，市场营销从学术讲坛开始走向实践应用。尤其是 20 年代末至 30 年代，西方主要国家发生了资本主义经济危机，造成了生产过剩，商品积压在仓库中销售困难，企业纷纷倒闭。企业的首要问题不再是扩大生产和提高产量，而是如何解决产品的销售问题，即如何把仓库中的产品卖出去。为了帮助企业解决销售问题，学术界开始建立相关组织，对市场营销进行深入研究。1937 年，美国成立了市场营销权威组织——美国市场营销学会，标志着市场营销学真正进入了社会应用阶段。面临需求复杂、竞争激烈的买方市场，以研究推销为主的旧市场营销理论体系已经无法适应企业的需要。于是，市场营销学者开始转而从新的角度提出以顾客为中心的新的市场营销理论，代替了以产品、推销为核心的旧市场营销理论。

3. 市场营销学迅速发展时期（1950—1980 年） 这一时期，营销思想的领域被相当程度地扩大了，行为科学和数学几乎同时出现于市场营销学主流之中，对市场营销思想的发展起到了很大的促进作用。这一时期市场营销学的主要特征如下。

（1）致力于从管理角度观察市场营销领域，提出了许多意义重大的概念，如营销观念、4P 组合理论（产品、价格、促销和渠道）、品牌形象、营销管理及营销近视症等。

（2）广泛吸收其他学科的概念、原理，使理论体系更加系统，并注重市场营销决策研究和定量研究。

（3）市场营销理论的阐述更加准确。

（4）市场营销学从总论性研究分化出许多子学科，如服务营销学等。

（5）市场营销实践开始强调社会责任、社会义务和商业道德（表 1－1）。

表 1－1 市场营销学迅速发展时期营销新概念列举

时间	概念名称
20 世纪 50 年代	营销组合、产品生命周期、品牌形象、市场细分、营销观念
20 世纪 60 年代	4P 理念、营销近视症、生活方式、营销概念的拓宽
20 世纪 70 年代	社会营销、定位、战略营销、宏观营销、服务营销

4. 市场营销学重构时期（1980 年至今） 1980 年以来，营销内外部环境发生了巨大变化，如经济全球化的趋势更加明显，国际市场营销学进一步理论化、系统化，并在国际范围内迅速扩散，广为采纳，促进了市场营销学的分化和重构。进入 20 世纪 90 年代，专门化研究进一步发展，使得数据库营

销、网络营销、关系营销、直播营销、绿色营销、大市场营销、文化营销和体验营销等新的营销理论不断涌现和发展，极大地丰富了市场营销学的理论内容。总之，探索市场营销在新经济、新技术革命条件下的走向，成为这一时期市场营销学研究的热点问题（表1-2）。

表1-2　市场营销学迅速发展时期营销新概念列举

时间	概念名称
20世纪80年代	营销战、内部营销、全球营销、本土营销、直接营销、关系营销
20世纪90年代	顾客关系营销、体验营销、网络营销、赞助营销、营销道德
21世纪初	ROI营销、品牌营销、顾客资产营销、社会责任营销、数字营销、社交媒体营销、顾客浸入营销、内容营销等

二、医药市场营销学在中国的应用和发展

（一）市场营销学在我国古代的应用

我国是世界闻名的四大文明古国之一，许多发明创造为世界文明的进程作出了巨大的贡献。从辩证唯物主义角度来看，在我国五千多年的文明历史进程中，每一项变革、每一种社会制度的变迁，无一不渗透着商品生产和交换的推动作用。我国古代"市场营销"无论从交换的规模上还是营销理念上讲，都是当时世界其他各国所不能比拟的。从举世闻名的唐代"陆上丝绸之路"的兴起到明代郑和下西洋建立"海上丝绸之路"，其"国际贸易"的时间之早、规模之大令大部分现代人都为此感叹。只要有商品交换就会出现专业从事商品买卖的商人阶层，也会出现许多朴素的商品买卖理论（即所谓的生意经），这些诞生于早期商品交换过程中的营销理论不仅使得中华民族在商品经营上独树一帜，使华商成为世界上闻名的三大系列商人之一（其他为犹太商人和阿拉伯商人），而且许多实践与现代市场营销理念也不谋而合，至今仍然在指导着我国现代企业的营销活动（如商品买卖要讲究信用、童叟无欺等）。

但由于我国封建社会时间的漫长，长期处于自给自足的封闭的小农经济之中，商品经济得不到充分发展，加之我国古代占主导地位的"重农抑商"的经济思想的影响，客观上不具备产生现代市场营销观念的社会基础。需要指出的是，虽然从全社会的层面上讲我国古代商品交换的程度远不能与现代相比，因而也不可能产生与之相适应的现代市场营销理念。但这并不影响我国古代一个个著名营销天才的出现，只是由于我国古代政治、经济、军事常常密不可分，以至于我们现在都很难将他们一一区分开来。从这个意义上说有人将市场营销学的最早最原始的诞生地定为中国也应该是有案可稽的。

（二）理论发展

现代市场营销学于20世纪初起源于美国。从20世纪50年代起比较系统地传播到了日本和欧洲各国，逐渐被这些国家接受和使用，并与当地的传统文化相结合产生了具有鲜明特色的营销文化。它为当地经济的振兴和发展，企业经营销售的国际化作出了不可估量的贡献。

改革开放以后，我国确立了社会主义市场经济制度，这就为我国引进、研究和应用市场营销学创造了有利的环境和条件。虽然时间不长，但已经取得了许多可喜的成果，主要体现在以下几个方面。

1. 市场营销学理论已经经历了一个由引进、介绍到借鉴、创新的过程。即由最初单纯引进、介绍西方市场营销学原理与方法，转变为将西方市场营销原理同中国的客观实际相结合，并在局部有所创新，以便能较好地指导中国企业的营销实践。

2. 全国高等院校和研究机构的专家、学者撰写出版了数量可观的专著、教材、辞典、论文等，对市场营销在我国的推广普及起到了积极的作用。

3. 全国各种经济管理类本科、大专院校和中专、干部管理学校，几乎都开设了市场营销学课程。部分院校还开设了市场营销专业，或招收研究生或开办研究生班。全国已具备一支素质较高、规模可观

的师资队伍，在培养营销人才、传播和研究市场营销理论及指导企业营销实践等方面起了相当重要的作用。

4. 全国各地先后成立了许多不同类型的市场营销学会、协会、研究会等组织机构，广泛吸引学术界、教育界、企业界人士参加，在推广、普及市场营销知识，总结我国企业营销实践经验，提高理论水平和技巧，为企业提供咨询服务等方面发挥了积极作用。

5. 企业界人士充分认识到市场营销对企业生存发展方面的重要作用，并广泛参与到市场营销理论和方法的研究与应用中来。一些企业已将市场营销学原理灵活地运用到实践中去并获得成功，为企业带来了良好的经济效益，提高了企业的知名度和美誉度，增强了企业的综合竞争实力，使企业在激烈的市场竞争中处于主动，从而促进了企业的发展。

6. 市场营销学的研究、应用方面也取得了很大成绩，其领域已经从消费品市场拓展到了工业品市场（其中就包含医药产品市场）、旅游市场、服务市场等，并随着我国经济与国际市场的接轨，致力于各类企业的国际市场营销学的研究。

社会主义市场经济的建立，为我国市场营销学的研究和应用提供了更为有利的社会环境，开辟了更为广阔的天地。可以肯定，在"以我为主、博采众长、融合提炼、自成一体"思想的指导下，在继续学习和借鉴西方市场营销理论、科学营销管理方法及先进营销手段的基础上，结合我国市场经济的特点和东方管理文化的精髓，经过理论界、企业界和政府有关部门的共同努力，必将创立出具有中国特色的市场营销学。

（三）实践发展

我国医药企业的市场营销的活动始于20世纪80年代末90年代初。20世纪80年代之前，在计划经济体制下，我国医药企业根据上级主管部门计划安排进行生产活动，整个经济运行过程完全执行政府下达的指令和计划，生产和市场完全分离，加之当时医药产品供应短缺，医药企业的重点在生产产品，无需考虑市场营销的任何问题，客观上没有产生市场营销观念的条件。进入20世纪80年代，医药行业开始出现产能过剩的问题，一些产品出现供过于求的局面，市场竞争激烈，一些医药企业开始注重产品推销活动，把原来的销售部门和供应部门分离开来，组建专门的市场营销部门。但是，此时的医药企业大多数没有把市场营销与推销活动区分开来，在推销观念的指导下，雇用大量的医药推销员在医疗机构内面向医生等医务人员推销医药产品，甚至采用了带金销售等违法的推销手段。

20世纪90年代，我国医药市场基本结束了供不应求的局面，买方市场全面形成。随着我国在2001年加入世界贸易组织，大量外资企业涌入我国医药市场，市场竞争更加激烈，促使我国医药企业必须树立现代市场营销观念，在掌握市场需求变化的基础上，将市场营销原理与方法用于实践，采取各种营销手段满足市场需求。近年来，随着我国的医药产品招标采购制度、医疗保障制度、分级诊疗制度和医师多点执业制度等医药卫生政策的出台与逐步完善，医药行业向更规范、更高效、更合理的方向发展，医药市场营销实践也将面临更大的挑战。因此，一些营销学者和医药企业管理学者开始涉足医药市场营销学的研究，并取得了一系列研究成果，医药市场营销学作为市场营销学的分支学科开始独立出来。我国医药类高校普遍开设了医药市场营销学课程，部分医药高校还设置了医药市场营销或医药贸易相关专业。医药企业也开始积极开展以现代市场营销观念为基础的营销活动，聘用了大量的具有医药知识和市场营销学、管理学双重知识结构的专门人才开展营销活动，取得了良好的效益，提高了医药企业的综合经营管理水平。医药市场营销学在我国得到了进一步的发展和运用，初步形成了中国特色的医药市场营销体系与实践。

第三节　医药市场营销学的研究任务

一、医药市场营销学的研究意义

（一）学习医药市场营销学是应对市场竞争的需要

生物医药产业是我国重点培育发展的战略性新兴产业之一。目前，我国医药行业总体呈现企业数量多、规模小、管理水平低、经济效益低等特点，医药企业的市场竞争实力不足。因此，学习、研究医药市场营销学，进一步提高医药企业现代化经营管理水平，是提升我国制药企业核心竞争力的需要。

（二）学习医药市场营销学是促进医药产业健康发展的需要

目前，我国医药企业的市场营销普遍存在缺乏高层次营销管理人才、缺乏长远营销战略、缺乏国际化营销视野等问题，市场竞争的主要手段是价格战、广告战和带金销售，不规范的营销策略严重影响医药市场的健康发展。因此，学习研究医药市场营销学，进一步规范医药市场竞争秩序和提升营销层次，是促进医药产业健康发展和保障人民合理用药的需要。

（三）学习医药市场营销学是实现药学专业人员职业发展的需要

竞争是市场经济的基本特征。随着社会经济的快速发展和我国市场经济体制的不断完善，我国将成为全球药品消费增长最快的地区之一，面对的市场竞争也将更加激烈。对于药学专业人员，不论从事药物研究开发，还是药品生产经营工作，都必须树立市场观念，以顾客的需求为中心。因此，学习、研究医药市场营销学，进一步提高自身的综合能力，是药学专业人员职业发展的需要。

二、医药市场营销学的研究内容

（一）医药市场营销学研究的重点

现代医药市场营销是一种以整体（整合）营销活动为基础的顾客导向的营销活动，其根本目的是通过满足目标市场顾客的需要从而实现企业发展目标。它具体包含了三个重点：市场导向、整体营销、顾客满意。

1. 市场导向　是指医药经营企业要重视目标市场上顾客的需求，把了解掌握顾客的需要、欲望和行为特征作为自身营销活动的宗旨，努力为其提供所需的产品和服务，并以各种有效的营销手段去创造和满足其需要，在此基础上实现企业的营销目标。医药经营企业在以市场导向制订自己的经营方针时，应注意以下问题。

（1）了解市场需要　医药企业中每个具体从事营销活动的人员都应了解企业所服务的市场中具体顾客的基本需求，而不是简单地从企业现有的产品出发去寻找合适的顾客。虽然从表面上看企业制造和销售的都是防病治病的具体药品，但从本质上讲，顾客从购买行为中希望得到的并非药品本身，而是祛病强身、享受美好人生的需要的满足。因此，医药企业不应仅以现有产品为营销计划的起点，而应以市场机会为经营的起点，了解目标市场上顾客的真正需求，并将企业所提供的产品或服务与之有机地结合起来，才能使企业把握市场机会，制订正确的营销计划。

（2）进行市场细分　医药产品的消费者的需要因受多种因素（如年龄、收入、心理、医疗保障、个体差异、病因等）的影响而呈现多样性的特点，每一种需要又有多种形式，因而单一的药品已经难以满足所有顾客的所有需求。为此，企业要根据一些具体标准对市场需求进行细分。在市场细分的基础上，企业再根据自身的资源和外部的客观条件，选定合适的目标市场，提供相应产品，使其获得最大的满足。具体地讲，就是医药企业要用有限的资源，针对某些特殊的需要，使其获得完全的满足，而不是将所有的资源分散，去试图满足市场全部的需要。

（3）营销组合的差异化　　市场营销组合由产品、价格、渠道、促销四个要素组成。每个要素的不同变化，可以组合成多种不同的方案。营销差异化的要求不仅是单一营销要素的差异，也包括整个营销组合的差异。医药企业应针对不同的目标市场，实施不同的营销组合，这样才能使营销活动产生综合效果。

（4）顾客研究　　是指企业应充分认清顾客对于企业生存发展的重要作用，在其市场营销的各个阶段都认真研究顾客的消费心理、消费行为，并将顾客按不同标准进行分类，研究、探索其具体的行为模式和行为动机，从而制订相应的营销计划。

（5）合理利用资源　　从可持续发展要求出发，合理利用现有资源也应成为医药企业的自觉行为。对于医药企业而言，合理利用资源不仅体现在产品研究开发与生产阶段体现绿色营销的要求、减少浪费，合理生产，而且在产品流通、销售过程中也可以通过提高效率、改善服务、提升医药产品的合理用药率来实现医药资源的合理利用。

2. 整体（合）营销　　主要包括两个方面的要求。

（1）企业各职能部门的密切配合　　实现市场导向的企业，市场营销部门的任务主要是研究开发、认识了解、服务和满足顾客，其他职能部门均应围绕市场和企业营销目标，积极配合营销部门。医药企业中各职能部门必须在努力增进企业整体利益的前提下，采取各方面的协调行动，为争取顾客、占领市场发挥应有的作用。

（2）各营销因素的配合　　营销组合是企业实现营销目标、顺利打开市场、满足顾客需要的关键，而其发挥作用的关键则是其内在要素的统筹兼顾与统一协调。

3. 顾客满意　　医药企业的长期利益应建立在顾客满意的基础上。在争取顾客满足时，应注意做好以下工作。

（1）帮助顾客而不是取悦顾客　　企业在争取顾客时，不能一味地取悦顾客，而是在寻求满足顾客的时候，在兼顾顾客要求和社会利益的基础上，从顾客角度出发采取适当的措施给顾客以实际的帮助，从而获得顾客的满意。

（2）进行周密的市场研究　　企业进行市场研究的任务之一就是要调查竞争者的行为与动向，调查顾客对企业和产品的印象以及市场的需要变化趋势，作为衡量企业获得顾客满意程度和制定下一步行动计划的依据。

（3）经济效益与社会利益的统一　　医药企业应该积极寻求经济利益与社会利益的有机统一，体现"对社会、对市场有益的事情，终将有益于企业"这一现代营销理念的要求。

（二）医药市场营销学研究的主要内容

医药市场营销学作为市场营销学在医药领域中的具体应用，理应紧紧围绕医药产品与医药市场这个主题和环节，总结、归纳与探索医药产品营销的技巧与措施，对医药经营企业起理论与实际两方面的指导作用。因此，医药市场营销学研究内容主要涉及以下方面。

1. 营销策略的制订　　医药市场营销学首先涉及营销策略的问题，包括企业内外营销环境的客观分析、企业竞争策略的制定、产品市场定位、宏观微观营销策略的分工与结合等内容。

2. 营销组织机构　　包括专业营销组织部门的组建、职能界定、市场营销在企业中的地位、营销活动支持系统、非营销部门的营销职能与协调等内容。

3. 目标市场　　医药市场营销学主要研究医药产品消费者需求的特征与变化趋势，包括现实的和潜在的消费者。包括消费者的数量、构成和分布；消费者的购买动机与购买心理，购买意向与行为；消费者的购买模式与购买决策环境的影响因素，消费者的购买能力和构成、投向等内容。

4. 市场组织　医药市场营销学着重研究市场观念、市场功能、医药市场的结构、医药市场细分、目标市场的选择及市场调查与市场预测等内容。

5. 产品策略　包括产品结构、产品生命周期、新药开发与竞争策略、产品商标与包装策略的制定等内容。

6. 价格策略　主要包括价格概念、国家药品价格政策、药品的定价方法以及市场营销的价格策略的选择及调整等内容。

7. 促销策略　涉及药品广告宣传、人员推销、公共关系推广等内容。

8. 渠道策略　包括药品销售渠道的类型与选择、销售网络的筹建、高绩效销售队伍的建立与维持等内容。

三、医药市场营销学的研究方法

（一）医药市场营销学的理论基础

1. 传统市场营销的核心理论　传统市场营销学有着明显的"管理"导向，即着重从市场营销管理决策的角度研究企业的市场营销问题。1960 年出版的《基础市场营销学》、1967 年出版的《市场营销管理：分析、计划和控制》和 1975 年出版的《市场营销管理：分析和决策》，这三本传统市场营销学的经典著作都一脉相承地阐述了企业市场营销管理的核心理论：即企业应该紧紧围绕其"可控制变量"（4Ps）与外部"不可控制变量"（外部环境）相协调这一环节，制订可行的营销措施，采用市场营销组合策略，来满足目标市场的需求。

2. 整合营销理论　人们常说，市场竞争是整体的竞争。无论企业形象的树立，还是产品的市场竞争力，都渗透着整合观念的要求。因此，医药市场营销学十分强调管理的整合效果。企业良好的营销环境，依赖于企业多方面的努力，如信息系统、决策系统的健康运作，营销要素的组合、促销策略的组合等。

3. 绿色营销理论　医药市场营销学要求医药企业兼顾眼前与长远的利益、平衡企业与社会的关系，这样才能充分满足可持续发展的要求。医药企业的营销过程体现绿色营销的要求，既是社会发展的趋势，也应该成为医药企业本身的自觉行为。

（二）医药市场营销学研究方法

1. 系统研究方法　是指医药企业进行市场营销管理决策时，要把与具体营销活动有关的环境和营销活动过程看作是一个系统，按照系统论的客观要求，统筹兼顾其营销系统中的各个相互影响、相互作用的构成部分，内部一致、内外协调，千方百计地使各个部分协同行动，密切配合，产生"1 + 1 > 2"的效果。

所谓系统，是指由两个或两个以上的相互影响、相互作用的部分所构成的统一整体医药企业的所处的环境和营销活动过程实际上也是一个非常复杂的大系统，它一般包括以下一些相互关联的因素（构成部分）：企业自身（内部系统）；营销伙伴（渠道）；目标顾客（患者）；竞争对手；医药企业面临的公众（如政府、新闻媒介、银行、社团组织、合作者等）；外部宏观环境（技术环境、自然环境、政治法律、社会文化等）。

任何医药企业想要成功地为其目标市场服务，提高经营效益，在制定营销策略时必须统筹兼顾，全面审视和考虑企业本身、目标市场、营销渠道、竞争对手、周围公众和宏观环境力量等各个方面的情况，使市场营销系统的各个因素（或称构成部分、或称子系统）在行动上步调一致，密切配合，从而产生"增效作用"。这与目前较为流行的整合营销观念是不谋而合的。

2. 管理（或决策）研究法　就是医药企业在制定市场营销管理决策时，要按照目标市场的需要，全面分析研究外界"环境因素"（即企业不可控制因素），同时考虑企业内部资源和能力，权衡利弊，选择最佳的市场营销组合，以满足目标市场的需要，扩大销售、增加盈利，提高企业经济效益。这就是从管理（决策）角度分析研究市场营销问题。医药市场营销与其他有形产品领域的营销一样，其营销战略中应包括两个相互关联的部分，即目标市场和市场营销组合。医药企业为满足目标市场的需要，必须对"4Ps"作出最佳的组合。但企业的营销活动不是在真空中进行的，它必须全面考虑企业的目标与资源外界制约因素（即经济因素、技术因素、社会文化、政治法律因素等）。医药企业市场营销管理的工作任务和重点是：合理安排市场营销组合，使企业的营销管理决策与外界不断变化的环境相适应。这是医药企业经营管理能否成功、企业能否在竞争中获得生存发展的关键。

第四节　营销理论发展脉络演进

一、营销理论的发展阶段

现代市场营销学着重研究企业的市场营销管理问题。企业市场营销管理是一个企业为了得到目标市场交换的预期结果所做的种种努力。其中，市场营销管理的指导思想是企业市场营销管理的基础。因为企业的市场营销计划要靠企业管理人员和市场营销人员去分析制定、执行和控制，而企业管理人员和市场营销人员都是按照一定的商业哲学去进行市场营销管理工作的。正因为如此，企业市场营销管理的指导思想是否符合客观形势需要、是否正确，对于企业市场营销管理能否成功、企业兴衰成败关系极大，中外企业市场营销的实践也充分证明了这一点。支配企业营销行为的观念，并不是固定不变的，它是随着社会经济的发展和市场形势的变化而发展变化的。百余年来，西方工商企业市场营销的指导思想经历了一个漫长的演变发展过程。从总体上看，大体上经历了四个发展阶段：生产导向阶段、销售导向阶段市场导向阶段和社会导向阶段。

（一）生产导向阶段

生产导向，即企业以生产为中心阶段。20世纪20年代以前，西方社会产品生产能力还不高，产品供不应求，整个市场总的趋势是"卖方市场"。只要商品质量过硬，价格适中企业生产多少，就能销售多少。这时的企业家不用关心产品销售，而只要管好生产，在如何使生产得越多越好的目标上下功夫。这种以"生产为中心"的管理导向指导下的企业被称为"生产型"企业，其根本的特征是"以产定销"。市场的需求、消费者的爱好根本不能也没有必要引起企业的重视，市场消费处于被动消极的地位。不断开发新产品的热情、提高产品质量与改善服务水平的原动力处于被封闭状态。

（二）销售导向阶段

销售导向，即企业以销售为中心阶段。20世纪30年代至50年代，西方世界商品生产能力有了很大提高，尤其是当军事生产技术转移到民用产品上以后，消费品生产采用了现代化的大批量生产体制和科学管理方法，生产效率突飞猛进。产品快速成倍增长的结果使得消费品市场由供不应求变为供过于求，由卖方市场变为买方市场。产品从紧缺到大量普遍过剩，使一些企业被迫减产、转产，甚至是倒闭。在这种产销矛盾尖锐、市场竞争激烈的情况下，企业只埋头于内部生产而不顾市场销售的经营方法显然行不通了。为了求得生存和发展，大部分企业不得不把主要精力由生产管理转移到市场销售上来，由"以生产为中心"转变为"以销售为中心"阶段。严酷的社会现实，诱导企业关注市场销售，市场能销售什么产品，企业就生产什么产品，只要能够销售出去，企业就进行生产。在这样的社会背景下，各种销售技巧、广告宣传、经营管理被重视起来。由于此时的企业经营仅仅关注市场销售，通过各种手段追求销售量最大化目标，因此被称为"推销型"企业。

（三）市场导向阶段

市场导向，即企业以消费者为中心阶段。20世纪50年代以后，西方世界经济增长迅速，消费品大量普及，市场日趋饱和。其结果是，即使产品价廉物美，加上绞尽脑汁地推销，仍然不能将产品全部销售出去，市场竞争空前激烈。面对千变万化的消费者提出的多样化、个性化、高级化和时代化的要求，不能满足市场需求的企业不断被淘汰的残酷现实，企业被迫由"以销售为中心"进入"以消费者为中心"的阶段。其本质内涵是，消费者需要什么，企业就生产什么、销售什么，并且销售技巧完全按消费者的喜好而改变，企业的生产经营活动也随着市场需求的变化而不断变化。这种经营理念上的脱胎换骨式的飞跃开创了企业市场营销的新天地，使企业经营管理跨上了新台阶，也为市场营销学理论研究注入了强劲的活力。以这种经营理念为指导的企业被称为"经营型"企业。

（四）社会导向阶段

社会导向，即企业以社会为中心阶段。这是20世纪70年代以后发展起来的一种新型市场营销观念，这是为解决市场营销与社会利益之间可能发生的矛盾而提出来的。市场导向观念的本质是企业在满足消费者需求的基础上实现企业的利润目标，但在实际执行过程中，经常会出现消费者个人需求与社会利益不一致的现象。另外，越来越多的人认识到了社会资源的有限性。现代市场营销学的应用表明，如果不加以适当的约束和引导，企业一味地迎合消费者的需求，则可能导致产品更新过分加速、社会资源的浪费和环境污染，并且这种现象随着新科学技术的发展有越来越严重的趋势。例如已经引起人们广泛关注的塑料快餐盒的"白色污染"等。为解决这些问题，出现了社会市场营销的新观念，它比单纯的市场经营观念增加了两个考虑因素：①社会市场营销观点认为在满足消费者某些需要的同时，还应考虑和兼顾他人的需求和社会利益；②更加强调了消费者和社会长期的福利。社会市场营销学的观念要求企业进一步参与社会、生态环境和可持续发展等诸多方面的协调工作，不仅要考虑企业的微观效益，也要考虑整个社会的宏观效益。

二、营销学的经典理论 🔲 微课

现代市场营销学，是在资本主义经济迅速发展和市场问题日益尖锐化的过程中形成和发展的。现代市场营销学从低级到高级的演变过程，产生了一系列经典营销理论，指导市场营销活动的开展。

（一）4P理论

4P理论是四个基本策略的组合，即产品（product）、价格（price）、渠道（place）、宣传（promotion），这四个词汇加上策略（strategy），也称为4Ps。4P理论产生于20世纪60年代的美国，随着营销组合理论的提出而出现的，成熟发展后引入中国，对市场营销理论及其实践产生了深刻的影响，被称为经典的营销理论。

1. 产品（product）　重视产品的功能特点，把产品的功能作为第一位，也是四个策略中最优先考虑的。

2. 价格（price）　根据不同的市场定位，制定不同的价格策略，产品的定价依据是企业的品牌战略，注重品牌的含金量。

3. 渠道（place）　企业注重与经销商的管理，让经销商与消费者建立关系网络，在合作上强调双赢，这也拓宽了销售渠道，建立了多种合作。

4. 促销（promotion）　企业注重销售行为的改变来刺激消费者，以短期的行为（如让利、买一送

一、营销现场气氛等）促成消费的增长，吸引其他品牌的消费者或导致提前消费来促进销售的增长。

4P 营销理论是站在企业的立场，比较注重对产品的推销，是从管理的角度处理市场营销问题。产品策略，主要是企业向目标市场提供各种产品来实现产品策略，注重产品的质量和生产。定价策略，指的是企业按照市场规律的价格浮动来制定产品价格，用以达到实现营销的目的，在价格上针对不同的人群、区域来制定不同的价格，包括打折促销、补贴等方式的运用。渠道策略指的是建立多个销售渠道，与各个区域分销商合作，拓宽销售渠道，建立多个合作关系，从而达到互利共赢的最终目的。促销策略主要是指企业以各种传播方式、销售行为来刺激消费者，以此让消费者产生想要购买的欲望。4P 营销理论发展至今，对企业的营销策划构建了一个十分有用的框架，为企业日后的发展提供了有力的工具，是企业常用的营销手段之一。至今为止，4Ps 理论模型仍然是营销决策实践中一个非常有效指导理论。

然而 4P 理论也有它自身的局限性，例如它只是追求产品的质量和特点，保障价格和供货渠道，但是它缺少对消费者需求的了解，缺少对市场的把握，所以在具体的实施过程中就会面临很多问题，比如商品堆积、供大于求等现象，严重的可能会导致企业破产。

（二）4C 理论

随着市场竞争日益加剧，互联网的出现使传播速度越来越快，传统的 4P 理论受到新事物的挑战。1990 年，美国学者罗伯特·劳特朋（Robert Lauterborn）教授提出了与传统营销的 4Ps 相对应的 4Cs 营销理论，4Cs 理论以消费者需求为基本导向。

4Ps 营销组合向 4Cs 营销组合的转变，具体表现为产品（production）向顾客（consumer）转变，价格（price）向成本（cost）转变，渠道（place）向便利（convenience）转变，促销（promotion）向沟通（communication）转变。这些营销策略都是以消费者的需求和希望为主，从消费者层面考虑问题。

1. 顾客（customer） 主要指顾客的需求。企业必须首先了解和研究顾客，根据顾客的需求来提供产品。同时，企业提供的不仅仅是产品和服务，更重要的是由此产生的客户价值（customer value）。

2. 成本（cost） 不单是企业的生产成本，或者说 4P 中的价格（price），它还包括顾客的购买成本，同时也意味着产品定价的理想情况，应该是既低于顾客的心理价格，亦能够让企业有所盈利。此外，这中间的顾客购买成本不仅包括其货币支出，还包括其为此耗费的时间，体力和精力消耗，以及购买风险。

3. 便利（convenience） 是为消费者提供最大的便利，包括售前、售后等各项服务，让顾客在购买的过程中充分享受到便捷，时刻把消费者的需求作为首位，考虑到顾客的体验感受。

4. 沟通（communication） 企业应该与消费者建立双向、有效的沟通，不再是企业单向地进行促销，而是可以在与消费者的沟通过程中根据顾客的需求，找出让企业和消费者实现共赢的方式。

4Ps 理论和 4Cs 理论也存在关联，从顾客对产品的需求角度思考如何制造商品，从顾客花费成本的角度考虑定价，从如何为消费者提供更大的便利的角度来确定企业的各项服务，从与顾客的沟通中考虑企业促销的方法。

作为营销的基本理论，4Ps 和 4Cs 的营销策略的综合运营模式，已经被大部分企业所采用并认可，在营销实践中被广泛地应用。

以顾客需求为核心的 4Cs 理论，随着时代的发展，其局限性也显露了出来。顾客需求（物美价廉）和企业需求（盈利）往往是相冲突的，这就会导致使用 4Cs 理论的企业很容易陷入一种被动的状态。

（三）4R 理论

网络时代的到来，使企业的营销环境发生了根本性的变化，迫切需要新的营销理论来补充和发展之前的营销理论，以适应日益发展的营销环境。

21 世纪初，艾略特·艾登伯格在《4R 营销》一书中提出 4R 营销理论。4R 理论以关系营销为核心，重在建立顾客忠诚。它既从厂商的利益出发又兼顾消费者的需求，是一个更为实际、有效的营销制胜术。4R 理论认为，随着社会的发展，公司需要在更高层次上以更有用的方式在公司与顾客之间建立起有别于传统关系的新型互动型关系。

1. 关联（relevancy） 是指企业以种种方式在供需之间形成价值链，与顾客建立长期的、较为固定的互需、互助、互求的关联关系。

2. 反映（reaction） 即市场反应速度，指企业对瞬息多变的顾客需求变化迅速作出反应，快速满足顾客需求的营销策略与能力。

3. 关系（relation） 指关系营销，它是以系统论为基本思想，将企业置身于社会经济大环境中来考虑企业的营销活动，认为企业营销是一个与消费者、竞争者、供应者、分销商、政府机构和社会组织发生互动作用的过程。通过建立、维护和巩固企业与顾客及其他利益群体的关系的活动，以诚实的交换及履行承诺的方式，使企业的营销目标在与各方的协调关系中得到实现。

4. 回报（reward） 指企业通过贯彻营销思想，以满足顾客需求为前提，在顾客满意、社会满意和员工满意的基础上来实现企业满意，企业满意在很大程度上取决于企业的回报。

4R 理论在新的平台上构筑了营销的新框架，其优点是以竞争为导向，体现并落实了关系营销的思想。4P、4C、4R 三种理论不是互相替代的关系，而是完善与发展的关系。可以预见的是，随着市场环境的变化以及营销理论研究的深入，还会出现更新的市场营销理论。

（四）4D 理论

移动互联时代，人们的认知和行为逐渐发生改变，媒体多元化，信息碎片化，活动社群化。互动营销是在传统营销模式面临多重挑战的大背景下提出来的，通过人的创造性、创新力以及创意智慧，将大数据、物联网、区块链、虚拟现实等新技术融合应用于营销领域的新思维、新理念、新方法和新工具，其本质是用新兴科技的手段提升营销的精准度和转化效率。

1. 需求（demand） 了解用户需要、符合用户需求的产品和服务、超出消费者最高期望。聚焦用户需求策略是指利用网络环境收集和整理消费者信息，了解、预测和创造消费者需求。其特征是"我了解消费者"为核心竞争力。

2. 数据（data） 充分挖掘分析网民的网络痕迹、行为数据、交易数据等，预测消费者行为。data 强调通过大数据挖掘分析，为了解、预测和创造用户需求提供支撑。

3. 传递（deliver） 将产品的各项价值更加便利地传递给客户。Deliver 要求企业以消费者为中心，在有效识别消费者需求的基础上，快速响应，将产品价值传递给顾客。

4. 动态（dynamic） 适应多对多、立体化的动态沟通机制。随着社交网络的出现，沟通已不再是企业与消费者之间一对一、点对点的静态沟通机制，转而演变为多对多、立体化的动态沟通机制。

新营销的本质是沟通，以需求为核心的。传统营销注重的是规模经济，卖得越多越好，新的营销强调的社群经济，卖给对的人，而不是所有人，不求大而全，但求小而美。传统营销体系中，消费者只能使用和消费。而互联网时代下，消费者向用户转变，个体的智慧得到培养，并将其"创造和分享"的能力进行无限次的释放。

（五）4V 理论

20 世纪末 21 世纪初，科技的迅猛发展使得产品与服务不断更新迭代。互联网、移动通信工具的持续推陈出新，营销方法也得到了极大的完善和创新。信息透明化程度不断提高，企业与消费者之间沟通也得到了极大提升，信息不对称的现象得以明显改善。企业与消费者的沟通渠道和沟通方式越来越多元化，4V 营销理论应运而生。4V 理论的核心内容如下。

1. 差异化（variation） 要求企业所生产和提供的产品必须具备一定的不完全替代性，即企业为顾客提供的产品、服务乃至营销模式上都要和竞争对手进行区隔，具备竞争对手不可取代的特性。

2. 功能化（versatility） 是以产品的核心功能为前提和基础，针对消费者不同的个性化需求的基础上，按照不同的个性化需求提供对应不同功能的产品，消费者可按照个人的消费习惯和对产品的价格敏感度选择与之需求匹配的产品。

3. 附加值（value） 企业所生产出来的产品主要由基本价值和附加价值两部分构成。基本价值是企业在生产和销售某种特定产品的过程中，由所付出的劳动消费所决定的，这种劳动包括物化劳动和活劳动。附加价值则由企业在实际运营过程中涉及的为消费者提供的服务、打造知名品牌等来体现。

4. 共鸣（vibration） 指企业为保持在市场中的领先地位，进而通过创新的手段为消费者带来产品或服务的"价值最大化"体验，通过为消费者提供"价值最大化体验"让消费者形成对品牌认同与好感，进一步实现企业"利润最大化"。

（六）4I 理论

4I 理论是由美国西北大学市场营销学教授唐·舒尔茨提出的整合营销理论，旨在根据企业的目标设计战略，并支配企业各种资源以达到战略目标。4I 理论的核心内容如下。

1. 趣味（interesting） 在信息爆炸的时代，营销内容需要具有吸引力，能够在第一时间抓住消费者的注意力。

2. 利益（interests） 营销活动需要为目标受众提供实际或心理上的利益，包括信息、功能或服务、心理满足等。

3. 互动（interaction） 充分利用网络的交互性，让用户参与到营销过程中，提高用户的参与度和满意度。

4. 个性（individuality） 根据用户的个性化需求，提供定制化的营销内容，满足用户的个性化需求。

4I 理论特别适用于网络营销和新媒体营销，能够帮助企业在注意力经济时代获取用户的注意力，提高品牌知名度和市场竞争力。例如，在 O2O 电商中，4I 理论提供了有效的营销策略和方法，帮助企业更好地与消费者互动，提高营销效果。

思考题

答案解析

DD 快药 2014 年在北京成立，2015 年创立了"FSC 药企联盟"，2017 年发布医药新零售战略"线上线下一体化运营"，2018 年覆盖近中国 30 多个城市，2019 年，被授予"2019 年度最具影响力医药健康互联网平台"荣誉，在短短几年内跃升而出，成为医药电商零售企业当中的领头羊。

1. 医药 O2O——外卖平台策略 2015 年 2 月，DD 快药 APP 上线，联手某平台外卖上线了药品板块配送。DD 快药把握住了与外卖平台展开战略合作的商业机会，提出并实现"核心区域 28 分钟送到家"的服务理念。"送药上门"开始成为了外卖平台服务的新兴领域。DD 快药成为了药店销售合作方式的先驱者，重新定义了药品销售方式的概念以及链接了传统药店零售店的固态销售端口。

2. 线上线下一体化新零售模式　DD 快药打破以往传统药店的销售模式，推行新的电商模式 O2O 闭环，让线上线下实现了共赢的机会。DD 快药赋能传统药店建立起了新的"智慧药店"，"网订店送、网订店取"是 DD 快药借助大数据、技术等支持对线下药店重新定义的新零售理念。

3. 建立"医、药、保、养"销售生态，提供全场景——垂直一体化服务　DD 快药增加延伸场景建设力度，打通线上线下整体运输途径，深化细分消费者消费意愿，解决用户急、私、懒、夜等购药需求，提供全方位场景服务，是完善服务需求体系的核心点。同时形成线上线下自营药店、网上 24 小时专业医师在线服务配药，药品快速物流配送、FSC 药企联盟强大供应链供给药品。

DD 快药将互联网与医院联系起来，建立 DD 布局新生态的垂直一体化服务，形成了"医、药、保、养"销售生态，始终围绕着服务百姓健康这一目标，优化供应品类结构，将健康服务系统化、专业化。

通过上述案例，请完成下述思考题。

1. 结合本案例，谈一谈什么是医药市场营销？

2. 医药市场营销在企业发展中能起到什么作用？

3. DD 快药的市场营销之路中，最成功的因素是什么？

书网融合……

本章小结	微课	习题

第二章　医药市场营销环境分析

学习目标

1. 通过本章的学习，掌握医药市场营销环境的内涵与意义，营销环境分析方法；熟悉医药市场微观营销环境的本质及各种影响因素，能举例说明这些因素如何影响医药市场微观营销环境；了解医药市场宏观营销环境的因素，能以科学的方法对环境威胁和市场机会进行分析。

2. 能够根据案例清晰地表述医药企业所处的市场微观环境和市场宏观环境的影响因素；能够不断学习最新的市场营销环境分析的理论和方法，保持对医药市场环境动态的敏锐感知。

3. 树立正确的职业道德观念，坚持诚实守信、公平竞争，共同维护医药市场营销环境的健康发展。

现代市场营销学认为，市场是企业生产和经营的出发点与归宿，企业的一切活动都应围绕目标市场展开。因此，对一个医药企业来说，能不能对医药市场营销环境作出正确的分析与判断，对于企业生产和经营决策的成败关系重大。在市场经济的竞争格局下，盲目地靠运气或靠个人主观经验去经营，企业是难以生存和发展的。想要实现高质量发展，企业必须首先对医药市场和营销环境作出科学的分析与判断，进而根据消费者的需求，决定企业的营销策略。

第一节　医药市场营销环境的内涵与方法

一、医药市场营销环境的内涵

医药市场营销环境是指与医药企业经营有关的、影响企业生存与发展的所有内外部客观要素的总和，亦即企业赖以生存的内外部社会条件。市场营销环境极其复杂，具有确定与不确定、可控制与不可控制、机会和威胁同时并存等特征。医药企业的一切活动都必须适应其内外环境变化，才能具有生命力。医药企业市场营销活动的实质，就是谋求和保持企业的外部环境、内部条件和企业目标三者之间的动态平衡。在上述三个系统要素中，企业的外部环境是最重要和最活跃的因素，又是企业不能支配和控制的因素。

二、医药市场营销环境系统

医药企业的市场营销环境是一个复杂的系统工程，它由相互作用、互相依赖的若干要素组成，一般可以分为宏观和微观两个方面。

（一）宏观营销环境

医药市场宏观营销环境，是指影响医药企业生产经营的经济环境、科技环境、政治法律环境、社会文化环境和自然环境等，是企业不可控制的因素。这些因素直接或间接、有形或无形地影响着企业的生产经营活动。因此，医药企业在进行市场营销环境分析时，首先应对外部宏观环境进行科学严谨的调查研究，以期把不利变为有利，使其营销活动完全符合环境的要求。

（二）微观营销环境

医药市场微观营销环境是指对医药企业营销活动产生直接影响的、介于4Ps策略（产品 product、价格 price、推广 promotion、渠道 place、策略 strategy）与宏观环境之间的一种营销环境。它既包括医药企业内部的营销资源和非营销资源，如产品、质量、人员、政策、机构设置等，还包括企业外部的与本企业相关的供应商、营销中介、顾客、信息服务提供商、竞争者和公众等。因此，医药企业微观营销环境还可细分为企业内部和企业外部两个方面。一个医药企业能否成功地开展营销活动，不仅取决于能否适应宏观环境的变化，还要取决于能否适应和影响微观环境的变化。

三、医药市场营销环境分析的意义

医药企业的营销活动离不开对市场需求的科学研究和对市场信息变化的及时掌握，要想在激烈的市场竞争中取得良好的营销效果，医药企业就必须对市场营销环境作出正确的分析与判断。医药市场营销环境分析的意义表现在以下3个方面。

（一）医药企业市场营销活动的基点

医药企业的生产经营活动离不开社会环境、经济环境和技术环境。社会生产力水平的高低、医药科学技术的变化趋势，以及社会经济管理体制如医药保险制度的改革和药品分类管理办法的出台等，都会直接或间接地影响着医药企业的生产经营活动，进而左右着医药企业的发展方向。任何一个医药企业都必须认真调查与分析经营环境，抓住一切有利机会、避开可能的风险，动态地适应社会经济变化的要求，及时调整市场营销战略与策略，使企业的生产经营活动与国家医药事业发展的要求相互协调、相互适应、相互促进，进而实现企业生存与发展的目标。

（二）企业寻找市场机会的前提

医药企业市场营销环境的变化最终都会集中地反映在医药市场的需求与供给上。只有认真分析并掌握营销环境和医药市场供求、竞争状态的变化，才能发现和把握医药市场机会，选择正确的目标市场，生产经营适销对路的医药产品。

（三）企业制定战略和策略的客观依据

医药企业的生产经营活动因其产品的特殊性而受到更多环境因素的制约。因此，医药企业制定科学合理的营销战略与策略，离不开对营销环境的详细科学调研。

综上，医药企业的市场营销活动必须适应和服务于其内外部环境变化，唯有充分利用企业的内外部条件优势，寻找和发现经营的机会，并制定正确的战略，使内外环境和条件协调平衡，才能实现其市场营销目标。

四、医药企业营销环境分析的主要方法

（一）企业外部营销环境分析方法

宏观营销环境是指医药企业外部的社会性约束条件，这些条件通常无法精确地用量化来表示，因此对市场营销环境的分析通常以定性分析方法为主，通常采用以下两种方法。

1. 专家分析法　主要是对有关医药市场专家进行相应的咨询和调查，进行整理和分析得到某种结论。专家分析法实施的前提是选择合适的市场营销专家，要了解这些专家对所研究问题的关注程度和掌握相关资料的多少等信息。常见的有个别专家询问调查、专家会议法、头脑风暴法和德尔菲等法（详细内容请参阅本书有关市场调研内容的章节）。

2. 机会－威胁对比分析法　所谓机会是指市场营销环境中对医药企业有利的方面，威胁则指市场营销环境中对医药企业不利或存在障碍的方面。企业面临的内外部环境包括若干因素，例如，市场需求方面包括市场销售增长率、利润率及增长潜力等；社会政治方面包括医药行业发展趋势、产业政策和相关政策法规等；企业内部条件包括产品的市场占有率、生产能力、技术能力和营销能力等。

在进行具体的市场营销环境分析时，可由企业市场营销人员事先进行广泛的市场调查研究，然后进行相关因素的评分，填写医药企业机会－威胁程度分析表（表2－1），并绘制机会－威胁坐标图（图2－1）评价医药企业的市场营销环境状况，从而作出相应的决策。

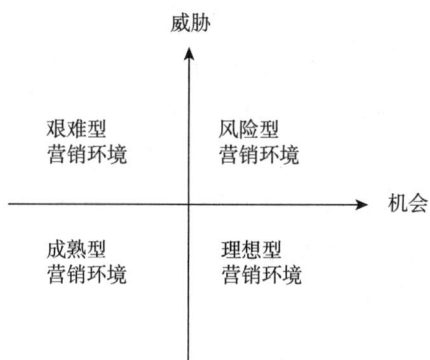

图2－1 机会－威胁坐标图

表2－1 医药企业机会－威胁程度分析表

分析因素	威胁			机会	
	−100%	−50%	0	+50%	+100%
一、市场需求					
销售及增长率					
利润率					
增长潜力					
二、市场竞争					
同类产品生产					
竞争者的状况					
营销策略动态					
三、社会政治经济					
医药行业趋势					
医药产业政策					
医药政策法规					
四、企业内部条件					
市场占有率					
生产能力					
技术能力					
营销能力					
财务能力					
五、其他因素					

在相同的市场营销环境中，机会多而威胁、障碍少的环境称为理想型营销环境；机会多同时威胁也大的环境称为风险型营销环境；机会少而威胁大的环境称为艰难型营销环境；机会少但同时威胁也少的环境称为成熟型营销环境。

需要指出的是，以上的分析都是相对而言的。因为随着市场营销环境的改变，企业所面临的机会和威胁都在不断地发生变化，今天的机会有可能成为明天的威胁，反之亦然。并且在企业的努力下，也可能使对他人而言是威胁的因素，转变为对自己有利的因素。这一切的变数全要依靠企业充分重视市场营销环境的研究分析工作，并及时相应调整营销策略，使市场营销环境向有利于企业生存发展的方向变化，使之成为企业发展的加速力。

（二）医药企业内部营销环境分析方法

1. 医药企业相关能力分析

（1）营销能力分析 分析医药企业的品牌认知度和美誉度、市场份额、产品和服务质量、生产成本与定价效率、分销成本与分销效率、促销能力、研究开发与创新能力、地理优势、原材料优势。

（2）财务能力分析 分析医药企业的资金成本与筹资能力、盈利能力、资金稳定性、流动性指标（资产周转率、存货周转率、应收账款周转率等）、安全性指标（流动比率、速动比率、负债比率、权益比率等）。

（3）生产能力分析 ①员工素质分析：企业管理人员、专业技术人员、其他职工；②设备与工艺水平分析：专业工艺特性、设备平均役龄人均固定资产；③生产规模分析，经济规模分析；④交货能力分析：是否具有产能优势。

（4）组织能力分析 领导者行为分析（素质、能力、价值观、对职工人性的假设）、员工奉献精神分析、组织结构分析、企业应变能力分析。

2. SWOT 分析 医药企业常用的环境分析方法之一，通过详细的市场调查与研判，根据企业自身的条件进行分析，找出企业的优势、劣势及核心竞争力，从而将公司的战略与其内部资源和外部环境有机结合。其中，S 代表 strength（优势），W 代表 weakness（弱势），O 代表 opportunity（机会），T 代表 threat（威胁）。S、W 是内部因素，O、T 是外部因素。按照企业竞争战略的完整概念，战略应是一个企业"能够做的"（即组织的强项和弱项）和"可能做的"（即环境的机会和威胁）二者的有机组合。

如表 2-2 所示，SWOT 分析实质是把企业营销工作所面临的内外环境所形成的机会（opportunities）、风险（threats）、优势（strengths）、劣势（weaknesses）四个方面的情况，结合起来进行分析，并从中寻找制定适合本企业营销实际情况的销售战略和策略的方法。

表 2-2　SWOT 矩阵表

外部条件	内部分析	
	优势S	劣势W
	列出优势	列出劣势
机会O	SO战略	WO战略
列出机会	发挥优势利用机会	克服劣势利用机会
威胁T	ST战略	WT战略
列出威胁	利用优势回避威胁	减少劣势回避威胁

第二节　医药市场宏观营销环境分析

宏观层面对于医药企业营销工作产生影响的就是宏观环境因素，主要包括人口环境、经济环境、自然环境、科技环境、政治法律环境和社会文化环境。

一、人口环境

人口环境就是指人口的特征特点，包括人口数量、人口结构、人口分布等。市场是由具有购买愿望同时又具有购买力的人构成的，人口的多少直接决定市场的潜在容量，人口越多、市场规模就越大。

（一）人口数量与增长速度对医药企业营销的影响

从统计意义上分析，某一商品在一国或一地区的市场需求量与该国或该地区的人口总数成正比。医药产品也是如此，一般情况下，如发病率一定，如果人口数量基数大、人口增长速度快，则发病者势必会增多，对医药产品的需求量就大，因此该市场规模就变大；反之则变小。

（二）人口结构对医药企业营销的影响

人口结构包括自然构成和社会构成，自然构成主要有年龄结构、性别结构；社会构成包括家庭结构、民族结构等。

1. 年龄结构　不同年龄的消费者对商品的需求不一样，比如老年人对中药材的需求主要集中在心脑血管疾病，少年儿童则主要集中在上呼吸道感染、退热、消化不良等疾病。

2. 性别结构　人口的性别不同，其消费需求结构和需求方式必然会有明显的差异。例如保健品市场上，男性关注护肝和抗疲劳产品，女性则关注复合维生素类、安神补脑类以及补充胶原蛋白类等产品。

3. 家庭结构　家庭是购买、消费的基本单位。家庭因素有总户数、每户人口数、居住环境（指建筑面积、水电气等）等。家庭总户数与商品的需求量密切相关，是研究市场需求的基本数据。

4. 民族结构　民族不同，用药习惯会存在差异。例如，许多藏民更倾向于使用传统藏药，反馈到市场上是各民族的市场需求不同。因此企业应当研发适合各民族用药习惯和民族特性的产品，并注意民族药的差异化市场营销。

（三）人口分布对医药企业营销策略的影响

人口分布涉及人口密度、人口流动趋势、疾病流行情况和地理环境等方面。人口密度越高，市场越是集中，企业进入这类市场就越有利；人口流动趋势以及不同地区人们的疾病流行情况，会影响医药产品的消费方式和消费水平；有些疾病的发生与地理环境密切相关，如气候、地形等。这些因素会直接或间接影响医药企业市场营销策略。

二、经济环境

经济环境是指能够影响顾客购买力和消费方式的因素，是医药企业营销活动所面临的外部社会条件，其运行状况及发展趋势会直接或间接地对企业营销活动产生影响。

（一）国家宏观经济

1. 国民经济运行情况　国民经济是生产、分配、交换和消费各环节构成的有机整体，各部门、行业及企业间紧密相连，相互促进、相互影响。就医药行业而言，它与我国的医疗卫生、劳动保障、化工、机械、包装等多领域紧密关联，经济兴衰直接影响着市场需求与生产状况。国民经济水平的提高往往伴随着国民健康意识的提升，居民会更加注重健康，对预防、保健和治疗的需求也会增加，进而推动医药市场的多元化发展。

2. 国民经济生产总值与国民收入情况

（1）**国民生产总值**　是一个国家（或地区）所有国民在一定时期内新生产的产品和服务价值的总和。

（2）**国民收入**　是为生产这些产品和劳务而向生产要素所有者支付的全部收入的总和。这是衡量一个国家经济实力与购买力的重要指标。通过对国民生产总量、国民收入、消费与积累的比重，以及国民经济发展计划确定的规模与结构的分析，可以预测其对行业发展和产品需求的影响状况。

（3）**人均收入**　是指消费者从各种来源获得的全部经济收入，是用国民收入总量除以总人口而得到的指标。企业营销人员应当着重关注这一指标，因为它与消费者的购买能力和消费水平密切相关。

一般情况下，这三项指标会影响医药市场的购买力和市场规模。

（二）财政金融政策

财政金融政策也称财政金融手段，是一个国家用来调控社会发展、保障经济健康稳定增长的主要宏观工具。

1. 公共财政政策　通过政府开支和税收影响市场营销。政府订货和补贴影响企业运营，税收变动直接或间接影响企业生产和市场需求。

2. 金融政策　主要是指国家通过银行利用利率、贷款条件等手段来影响经济的发展。银行调整利率与贷款条件，影响企业投资规模及营销。通过提高或降低储蓄利率，影响消费者行为，进而影响企业营销活动。

（三）外贸管理制度

国际贸易是国际经济关系的基本形式，是世界所有国家经济发展的重要杠杆。一个国家的贸易制度对企业市场营销的直接影响如下。

1. 汇率　是用另一种货币所表示的一种货币的价格，也是一个国家的货币可以兑换成其他国家货币的比率。它之所以重要，是因为它影响进出口企业的价格和利润。汇率的变动，会制约一个国家出口商品国内价格的变动。

2. 贸易保护政策　是指对国家之间的贸易给予的限制措施。一国政府通常要采取保护措施来减少与其他国家的贸易赤字，或者保护需要保护的特殊行业和企业。贸易保护通常的措施有关税壁垒和非关税壁垒。这些措施都会直接影响出口企业的市场营销活动。

（四）消费者总体状况

1. 消费者的收入变化　消费者的购买力来自消费者的收入，因此，消费者的收入高低，直接影响购买力的大小，从而决定了市场规模的大小和消费者的支出模式。消费者的收入包括其个人的工资、红利、租金、退休金、馈赠等。

2. 消费者的支出变化　是指其消费模式和消费结构的变化。消费模式和消费结构的变化既受收入的影响，也会受年龄、职业、价值观念、消费观念、社会风尚、生活负担等影响。

3. 消费观念与心理的变化　消费观念受个人收入、年龄的影响，也随着人们对未来的预期心理和社会保障、社会福利事业的变化而变化。生活水平的提升使得人们更加关注身心健康，从而促进医疗器械和保健产品的销售；人口老龄化趋势推动老年人用药市场的增长。

（五）其他经济状况

影响医药企业市场营销活动的经济环境因素除了上述内容以外，还应包括能源、交通运输、邮电通信以及商业基础设施等因素。这些基础设施在各国、各地存在着很大差异，医药企业市场营销更倾向于基础设施比较发达的国家和地区。

三、自然环境

一个国家、一个地区的自然环境包括该地的自然资源、地形地貌和气候条件等，这些因素都会不同程度地影响企业的营销活动，有时甚至对企业的生存和发展起决定性作用。

（一）自然资源

自然资源是进行商品生产和实现经济繁荣的基础，和人类社会的经济活动息息相关。比如，中药企业设置在中药种植基地附近，一般会降低原材料价格及运输成本等，这样在其他方面类似的情况下，选择在基地附近建厂其产品价格方面就具有竞争优势，这会给企业营销带来益处。

（二）地理环境

一个国家或地区的地形、地貌和气候，是企业开展市场营销所必须考虑的地理环境因素，这些地理特征对市场营销有一系列影响。例如经营成本上，平原地区道路平坦，运输费用比较低；而山区、丘陵地带道路崎岖，运费自然就高。

（三）区位条件

所谓区位条件，即区位本身具有的条件、特点、属性、资质。其构成因素主要包括自然资源、地理位置，以及当地的社会、经济、科技、管理、政治、人文、教育、旅游等方面。医药企业的区位条件优劣对企业的经营管理的影响是多方面的。例如从营销层面，若处于经济发达、人才济济的东部沿海地区，关于营销重点领域的选择、营销目标的确定、营销人才的选聘等都相对于内陆地区来说要重要与容易得多。

四、科技环境

科学技术是影响人类前途最大的力量。科学技术的不断进步，给医药企业带来契机和发展。

（一）科技环境对企业营销的影响

1. 消费者的购买行为 生活水平的提高促使个性化消费行为出现。同时，随着人们医疗卫生知识的增长，自主诊治的现象越来越普遍。这给医药企业目标市场的定位，以及产品及服务的确定带来了挑战。

2. 药品流通方式与结构 随着医药科学技术的发展，传统的商业机构与药品消费模式逐渐被新型的商业机构和消费模式所替代。出现了新型的零售方式，如送货上门和网上销售等。这些改变为消费者购买带来极大的方便，同时也为医药企业开拓更广阔市场创造了有利的条件。

3. 新技术促使开发新产品 科学技术的发展为消费者提供品种不同、功效各异的医药新产品。同时，企业采用新技术开发新产品，有利于企业获得长期利润，有利于提高我国医药行业技术水平。

（二）新技术环境下的营销策略

科学技术的发展给企业市场营销带来了发展机遇，但同时也是一种挑战。医药企业想充分利用科技环境，必须及时调整营销策略。

1. 积极开发新产品 由于科学技术的迅速发展，新产品开发周期大幅缩短，产品更新换代越来越快。这种形势下，开发新产品是医药企业开拓新市场和赖以生存发展的唯一途径。因此，医药企业要不断创新，做好医药新技术的专利保护、开发工作，给消费者带来更多更好的新产品。

2. 改变传统分销方式 由于科技迅速发展，人们的生活方式、工作方式、兴趣与爱好等差异性日益明显。不仅要求 OTC 药品范围不断扩大，而且使销售方式更多地从传统的人员推销、医生决定变成较多的自我诊疗服务。

3. 采用有效的促销方式 科技革命引起促销方式的多样化，尤其是广告媒体和宣传方式的多样化。因此，根据医药科技发展和国家有关规定的要求，医药企业的促销手段今后将主要地集中于研究医药信息沟通效率、促销组合的效果、降低促销成本、采用新的广告手段以及加强广告管理等方面。

（三）医药科技环境

对于医药生产经营企业而言，其科技环境是指新技术、新工艺、新材料的研究开发以及应用情况。分析医药科技环境的目的在于判明医药行业生产力发展水平和工业化程度，并通过对技术装备条件的考察来具体了解医药企业面向未来的能力。通过对以上"三新"的考察，了解新旧产品的替换范围、程度及时间，掌握医药产品的寿命周期以及需求发展的层次趋向。

医药企业必须掌握以下情况：①当前本行业本产品的生产技术、工艺发展水平及其变化趋势；②本企业的生产技术和工艺水平，与当前国内、国外先进水平的差距及变化趋势；③国内外与本企业有关的新产品开发及上市程度；④产品所处的寿命周期阶段及新旧替代情况；⑤医药新产品研究开发的重点领域和趋势等。

五、政治法律环境

政治环境是指与医药企业市场营销活动有关的国内、国际的政治环境。国内政治环境是指国家从发展国民经济的全局出发，制定的经济和社会发展的战略、方针和政策。国际政治环境则包括世界局势、各国关系和世界和平等。法律环境包括国际法、国际惯例和本国政府、地方政府、主管部门所颁布的各项法律法规、法令、条例等。

（一）国家或地区的政治局势

政治与经济是密不可分的。各国各地区，在政治制度、法律、经济体制以及发展状况等方面存在不同的特点，甚至存在较大的差异。建立国家经济、文化、外交等政策的基础是各国的体制，即政体、国体、制度。各个不同的政党、政权，代表了不同阶级、阶层的利益。判别政局稳定与否对于市场营销是至关重要的。我国的对外开放政策和政治稳定性吸引了大批国外大制药公司来华投资和建厂。

（二）医药行业政策与法规

医药行业的政策与法规是国家及有关政府部门为推动医药行业发展而制定的行为规范与准则。由于医药行业是一个复杂的系统，从而决定了医药行业的政策与法规必然也是复杂的，它表明国家一定时期内在医药科研、生产、经营销售等活动中提倡什么、鼓励什么、限制什么、反对什么，并以此调动或约束企业在医药行业各项活动中的行为。

医药企业一方面可以凭借这些行政管理、法律法规维护自己的正当权益，例如，政府通过完善法律法规和加大执法力度等措施，加大对医药领域知识产权的保护力度，进而保护企业的创新成果；另一方面，医药企业必须严格依据其要求来进行生产和营销活动，把它当作市场营销工作的指南，近年来，我国在医疗保险、带量采购、新药研发和药品监管等领域不断出台新政策，这些政策影响着企业的利润空间、成本控制、研发能力和市场布局等方面。

我国近年来颁布的与医药企业有关的法律法规主要有《药品管理法》《药物临床试验机构监督检查办法（试行）》《药品上市许可持有人落实药品质量安全主体责任监督管理规定》《医疗器械监督管理条例》《化妆品监督管理条例》《疫苗管理法》等。

六、社会文化环境

社会文化环境包括一个社会的基本价值、观念、偏好和生活准则等。它对市场营销的作用不像其他环境那样显而易见和易于理解，但无时无刻不在影响市场营销活动。对其影响比较大的主要有以下几个方面。

（一）教育水平

消费者的受教育程度在社会文化因素中占据主导地位。受教育程度高的消费者对商品的内在质量、外观形象以及技术说明和服务有着较高的要求，而教育水平低的消费者则往往需要更多的实物样品和通俗易懂的说明书。药品不同于一般商品，在其消费过程中，需要有一定的文化知识作支撑。因此，医药企业在制定产品营销策略时，应使产品的复杂程度、技术性能与目标消费者的受教育水平相适应。在文盲率较高的国家或地区，做广告宣传最好不用文字形式，而改用电视、广播或当场示范表演等方式。

（二）价值观念

价值观念可被看成对某一事物所具有的信念、看法和道德判断。消费者的价值观念会引导他们的消费观念，影响他们的购买决策。因此，营销人员在开展营销活动之前，应预先了解当地消费者的价值观念，例如对生命的理解、对待财富的态度、时间观念、对新事物的态度等，并据此设计产品和组织营销。

（三）宗教信仰

宗教信仰对社会体系及营销方式的影响不可低估，它决定着教徒的人生观、生活方式、风俗、购买偏好等。例如色彩方面，佛教崇尚黄色，象征太阳、华丽与光辉，红色为吉庆色，白色则用于丧事；伊斯兰教喜爱绿色，代表沙漠中的绿洲，象征吉祥与相爱，视黄色为死亡象征，避之不及。

（四）风俗习惯

各国家和各民族的人们有各自的价值观念、行为规范，其风俗习惯与审美观念也有很大差异，会有一些独特的喜爱和忌讳。因此，从事市场营销必须重视对目标市场的风俗习惯与审美观念的研究。针对不同的习惯和审美，设计不同的产品、包装、商标和广告。

第三节　医药市场微观营销环境分析

具体来说，医药市场微观营销环境是指能够直接影响企业营销活动的各种参与者，包括企业本身、供应商、营销中介、顾客、竞争者及公众。

一、医药企业内部营销环境及资源

营销管理者在制订营销计划时，不仅要考虑企业外部环境力量，而且要考虑企业内部环境力量，必须考虑到专业营销部门与公司其他部门（如计划、财务、采购、生产、研究与开发、主管部门等）的协调，以及其他业务部门的情况，最高管理层的意图，并与之密切协作，以企业任务、目标、战略和政策等为依据，共同研究制定年度和长期计划。

（一）企业的经营目标

医药企业是以盈利为目标的生产经营单位，它在为社会创造提供物质财富、帮助人民防病治病的同时，也需要获得合理的利润，以保证其简单和扩大再生产的顺利进行。为实现这个目的，企业必须根据实际的外部市场营销环境和企业内部的生产条件，确定每一个时期的企业经营目标，作为企业营销工作的奋斗方向和行动指南。

1. 高层管理者的意图　任何一个企业的市场营销活动不是企业某个部门的孤立行为，药品市场营销部门也不例外。企业内由最高管理层负责制订企业的任务、目标、发展战略及重大决策。药品营销部门在制定和执行营销战略或具体的市场营销计划时，必须在企业总体发展战略的指导下，获得企业最高管理层的批准和支持，并与其他部门搞好分工协作，要考虑最高管理层的意图。

2. 企业经营目标　通常，医药企业可供选择的经营目标包括以下内容。

（1）投资报酬率　是指一种产品、一条产品线或一个企业的投资额与其盈利额之比。投资报酬率的确定是一个比较复杂的过程，生产技术水平、生产成本与价格状况、产品供求与市场竞争、经营管理水平等都会对其产生重大影响。

（2）产品市场规模和销售增长率　指企业以扩大产品生产规模，增加本企业产品的市场占有率为其主导的经营目标。

（3）市场占有率 以不断提高产品质量，扩大新品种，在追求质量中求效益，以期长期占领市场，讲究长久效益为企业经营目标。

（4）市场渗透目标 指在新产品上市、原来产品开拓新市场、为扩大市场占有率或迎接同行竞争挑战时所采取的企业经营目标。

（5）树立企业信誉和产品声誉的经营目标 企业经营目标是互相关联的和互相促进的，相互之间并不矛盾，只不过是在不同的时期和不同的市场条件下，企业的经营目标和策略有所侧重而已。

（二）医药企业生产经营能力

医药企业的生产经营能力是企业生产能力、技术能力和营销能力的综合反映，它是实施市场营销策略的具体执行者，是企业生存发展的主力军。无论多么远大宏伟的企业经营目标或营销计划，如果没有坚定有力的生产经营能力作后盾，那也只能是一纸空文。

生产能力是指生产产品的最大产量和转变生产产品的适应能力；技术能力包括企业新产品开发设计能力、生产技术装备和检测手段、职工的技术水平等；营销能力则是指企业营销机构的设置、营销网络的建立、营销人员及其素质状况、处理和协调营销关系的能力、市场占有率、销售服务水平等。这些因素都直接影响和制约企业的生存与发展。

（三）医药企业财务状况

企业财务状况是企业经营管理成果的集中反映，也是企业市场营销的重要内部条件。它包括企业经营资金状况、资产负债状况、资金盈利水平、产品盈利能力与水平等，这些都是制定企业经营决策的基础。

（四）医药企业经营管理水平

企业经营管理水平不仅影响企业的整体竞争实力，而且也是市场营销顺利开展的保证。企业管理能力的高低强弱决定企业生产经营产品的数量和品种的多少、销售地域的宽窄、销售队伍的规模大小等。

1. 组织结构与企业文化 组织结构的合理与否直接关系到企业的经营效率，简洁、高效、畅通的组织结构安排无疑是市场竞争力的有力保证。医药企业需要审视的不仅仅是公司及中层相关机构设置的合理性，还需要公司根据其具体的经营目标科学地组织安排营销队伍数量与结构模式，特别是包括各类终端区域组织与管理模式，这样才能满足医药行业普遍存在的做精做细终端的工作要求。企业文化是企业核心竞争力的重要组成部分，是企业所有成员在困难面前团结一致、面向未来的内在向心力，也是药品销售人员能够忠于企业、接受挑战的内在动力。

2. 各职能部门的协同能力 一个合格的药品从原辅料采购开始，一直到售后服务是一项系统工程，离不开药品生产企业各职能部门如生产部门、采购部门、研究与开发部门、质保部门、营销部门、财务部门等密切协作。能否与企业的其他部门协调配合将直接影响药品营销部门的绩效。此外，新药品的开发计划能否实现，不仅取决于新药品本身是否有市场，还取决于与各部门的协作是否和谐。

3. 相关配套政策的作用 科学合理的政策能够激发员工潜在的能力，特别是在日益激烈的市场竞争中就更需要企业相关政策科学、合理，这样才能做到即使在同等条件下，自己的企业、自己的产品、自己的员工更具市场竞争力，这更是企业经营管理水平的具体体现。

总之，企业的管理者必须整合所有资源，有效地集中并合理利用所有的人力、物力、财力及信息，才有可能实现共同的企业营销目标。

二、医药企业外部微观营销环境因素

医药企业外部微观营销因素是指与营销工作相关的条件，它们是营销活动的参与者如竞争者，或者是医药企业的合作者如各种类型的医药中间商，或者是营销工作争取的对象如各种类型的社会公众等。

（一）供应商

供应商是指企业资源的供应者，即向企业供应原材料、部件、能源、劳动力和资金等资源的企业和组织。供货的稳定性与及时性、供货的价格变动和质量水平是影响企业营销活动能否顺利进行的因素。

1. 供货的稳定性与及时性　合格的原辅包装材料的供应保证，是产品生产和营销的前提。供应商提供材料的交货时间会影响企业的生产能否正常进行，如企业在开发新产品时，若无开发新产品所需的原材料或设备的及时供应，就不可能成功。企业为在时间上和连续性上保证得到适当的资源，应该和供应商保持良好的关系，以此保证企业的正常运行。

2. 供货的价格变动　供应物资的价格水平会直接影响产品的成本、价格和利润，这些很明显会影响企业产品的销售，从而影响产品在市场上的综合竞争能力。这就意味着企业在营销中应密切注意供货价格的变化趋势，特别要密切注意对构成药品关键部分的材料价格的变化。

3. 供货的质量水平　供应商提供的原材料的数量和质量直接影响产品的数量和质量，从而影响产品的销售。当然，供货的质量还包括各种服务，尤其是一些制药机设备的供应，如果没有配套的服务如安装、调试、零部件供应等，药品生产就没有保障，药品营销就会陷入被动状态。

（二）营销中介

营销中介是指协助医药企业促销、分销其产品给最终购买者的公司，包括中间商、实体分配公司、营销服务机构和财务中间机构。企业要达到实现潜在交换、满足顾客需要的目标，离不开这些营销中介的共同配合。

1. 中间商　是指介于生产者与消费者之间专门从事药品流通活动的经济组织，包括零售商、批发商和代理商，如药店、连锁药店、药材公司、医药公司及代理机构。中间商的市场影响力、销售渠道和销售经验对医药企业的产品推广和销售效果具有直接影响。通过与知名中间商合作，医药企业可以提升品牌知名度和市场影响力。

2. 实体分配公司　包括药品的运输和储存机构。企业应结合自身药品的特点，在综合考虑储存和运输的费用、安全性、速度等因素后，选择最适宜的药品物流公司。这关系到药品的供应稳定性和市场响应速度。把储运工作交由专业的现代化物流企业完成，可以提高效率、降低运输成本。

3. 营销服务机构　是帮助药品生产或经营企业寻找目标客户和帮助企业促销药品的机构，主要有市场调研机构、广告公司、传播媒介公司、市场营销咨询机构等。大多数药品经营企业要借助这些服务机构来开展销售活动。这些机构为医药企业提供市场调研、广告宣传和营销策划等服务，帮助企业更好地了解市场需求、制定营销策略和推广产品。

4. 金融机构　又称财务中介机构，是指那些协助厂商融资或保障货物购销储运风险的机构，如信托公司、保险公司和银行等部门。通过金融机构的支持，医药企业可以获得更多的资金来源和融资渠道，降低经营风险并提高盈利能力。金融机构的稳定性和可靠性对于医药企业的长期发展具有重要意义。

（三）顾客

医药企业的一切营销活动都是以满足顾客的需要为中心的，因此，顾客是医药企业营销最重要的环境因素。顾客是医药企业服务的对象，也就是医药企业的目标市场。顾客市场一般可以分为五种。

1. 消费者市场　即指为满足个人或家庭需要而购买商品和服务的市场。消费者市场的需求和偏好直接影响医药企业的产品研发、定价策略、销售渠道选择以及市场推广活动。

2. 生产者市场　即指为赚取利润或达到其他目的而购买商品和服务来生产其他产品和服务的市场。

生产者市场的采购行为对医药企业的销售业绩和市场份额具有重要影响。

3. 中间商市场　即指为利润而购买商品和服务以转售的市场。中间商市场的选择和合作策略影响着医药企业的销售渠道和市场覆盖率。

4. 政府市场　即指为提供公共服务或将商品与服务转给需要的人而购买商品和服务的政府和非营利机构。政府市场的采购政策和标准对医药企业的产品研发、生产流程和质量控制等方面提出了一定的要求。

5. 国际市场　即指国外买主，包括国外的消费者、生产者、中间商和政府等。国际市场的竞争环境、政策法规和文化背景等因素影响着医药企业的营销策略和市场布局。

（四）竞争者

市场经济最突出的特征之一就是竞争，优胜劣汰是市场竞争的根本法则。医药企业欲在竞争中取得胜利，必须熟知并适应竞争环境。在一定的时间、地点和条件下，企业所承受的竞争压力是不同的。竞争环境分析的目的就是要深入了解每一种竞争力量的势态，并将本身的各方面情况与竞争者作一比较，这样才能辨别竞争优势与劣势之所在，进而制订出有效的竞争策略。

1. 竞争者分类　从消费者需求角度看，把医药企业的竞争者分为愿望竞争者、普通竞争者、产品形式竞争者和品牌竞争者。

（1）愿望竞争者　是指提供不同产品以满足不同需求的竞争者，如生产药品的厂商可以将生产医疗器械、卫生材料等满足不同需求的厂商作为自己的竞争者，因此，如何使顾客首先购买药品、更多地消费药品是这种竞争的实质所在。

（2）普通竞争者　是指提供能够满足同一种需要的不同产品的竞争者。例如生产青霉素 G 的厂商可以将生产头孢菌素、头孢氨苄的厂商作为自己的竞争对手。

（3）产品形式竞争　是指生产同种产品但不同规格、型号、式样的竞争者，例如生产青霉素 G 的公司可能认为所有青霉素生产者都是自己的竞争者。

（4）品牌竞争者　是指生产相同产品，并且规格、型号、样式也相同的竞争者，例如，生产青霉素 G 的公司的主要竞争者是生产价格、规格、剂量、档次相似青霉素产品的一些企业。

2. 竞争环境分析的主要内容

（1）确认企业的竞争者　竞争者包括现有竞争者和潜在竞争者。现有竞争者是指医药行业内生产同类产品的企业。一般来说，从竞争对手的数量、目标、战略、实力等四个方面进行分析。潜在竞争者是指由新建企业以及老企业转产后加入本行业的竞争者。

（2）确认竞争者的策略　对于竞争者策略的分析，主要包括竞争者的产品质量、特性及组合、顾客服务、价格政策、目标市场、销售策略、广告与销售促进计划、新产品开发与研究、财务以及其他功能性的战略和策略等内容。

（3）判定竞争者的目标　明确竞争者所追求的是短期利润还是长期利润，追求"满意的"利润还是"最大的"利润等。拥有商品所有权的商人中间商和不拥有商品所有权的代理中间商。

（4）评估竞争者的优势与弱点　搜集竞争者资料，例如销售额、市场占有率、利润率、投资报酬率、回款额、呆坏账额、新投资计划、产能利用率等。围绕竞争对手的企业文化、团队精神、营销队伍与人员素质等进行定性的分析，以找出竞争对手的优劣势。

（5）了解竞争者的反应形态　竞争者的反应是指竞争者对于降价、促销活动或新产品上市等可能采取的行动及强度。通常竞争者反应的形态有沉默回避型、勇猛反击型、选择反击型和不定型四类。掌握主要竞争者的反应形态有助于企业在制定营销策略时充分地预见相关策略的直接后果。

3. 常用的营销竞争战略　竞争战略是在竞争对手行动的市场上，分析和正确地确定本企业在竞争中的地位，形成有利的战略。

（1）低成本战略　即通过科学的经营管理使企业的全部成本低于竞争对手的成本，从而取得价格竞争优势。只要成本低，企业即使面对强大的竞争对手，仍可获得高于平均水平的收益。企业降低产品成本的途径是多方面的，如通过提高经营管理水平大力降低产品的生产成本、仓储费用、运输费用、资金占用、销售费用等。

（2）差别化战略　差别化是指企业要提供与竞争对手不同的产品和服务。具体地说，企业在品种、质量、价格、包装、服务、促销手段等方面具有独特的优势。产品差别化是一种使用越来越广泛的竞争战略，这一方面是由于市场需求的差异化越来越明显，另一方面是由于产品同质化现象越来越严重。

（3）重点战略　是指企业并不追求全方位的竞争优势，而是把竞争的重点放在某些特定产品或某些特定目标市场上，通过提供比竞争对手更为有效的产品或服务，取得这些重点领域的绝对优势。

（五）公众

公众是指对企业实现其目标的能力有兴趣或有影响力的各种团体或个人。社会公众对企业的存在和发展产生巨大的影响，对企业的各项营销活动既可能产生积极的推动作用，也可能出现消极的妨碍作用。一般来说，对医药营销有决定性的公众主要有以下六种。

1. 融资公众　指关心和影响企业融通资金能力的各种金融组织和社会集团，如银行、投资公司、证券、保险业等。医药企业需要通过与融资公众的沟通与合作，确保获得稳定的资金来源，以支持产品研发、生产和市场推广等活动。

2. 媒介公众　指那些联系企业与外界的传播媒体，主要指报纸、杂志、广播、电视、网络等。媒介公众对医药企业的品牌形象和声誉有重要影响。他们通过报道和评论，向公众传递企业的信息和价值观。

3. 政府公众　指负责管理企业业务、经营活动的有关政府机构，如药品监督管理部门、环保部门、市场监管部门、物价部门、税务部门等政府机构。政府公众的政策法规影响着医药企业的运营和市场准入。

4. 群众团体　指各种保护消费者权益组织、环境保护组织及少数民族组织等，如消费者协会、绿色和平组织。群众团体的意见和诉求对医药企业的社会责任和品牌形象有重要影响。

5. 地方公众　指企业周围的居民和团体组织。他们对企业的态度会影响企业的地域形象。

6. 企业内部公众　指企业内部从上到下的组织成员，包括股东、管理人员、职工等。内部公众对医药企业的运营效率和市场反应速度有重要影响。

（六）第三方服务

1. 物流

（1）中国医药物流现状　近年来，医药物流规模稳步增长，产业结构持续优化，集约化水平不断提升，展现出了强大的韧性、巨大的潜力和充沛的活力。

（2）医药物流基本趋势　近年来，随着医药行业利好政策的不断出台，医药流通行业呈现出市场规模持续扩大、行业整合加速、医药电商等新兴模式快速发展和智慧医药供应链体系逐步健全等趋势。

🔗 知识链接 --

随着"健康中国"战略的持续推进，以医药电商为代表的"互联网＋医疗健康"模式正在成为新趋势，此模式通过优化医药服务资源的配置，提高了医药服务的效率，满足了人们日益增长的医疗卫生健康需求。医药电商已成为互联网医疗的盈利增长极，是必不可少的重要环节。目前涌现了各式各样的医药电商平台，这些医药电商平台给广大群众带来了方便快捷且高效的医药服务。iiMedia Research（艾媒咨询）分析师认为，随着网售处方药逐渐放开等一系列规范政策颁布，医药电商市场将迎来巨大机遇，未来规模将持续增长。

---

2. 金融

（1）金融在现代生活中的作用   现代市场经济中，金融处于核心地位，金融市场是现代市场体系的重要构成。发达的市场经济通常具有功能强大的金融市场体系，如美国的华尔街，不仅是美国资金交易的中心，也是全球金融中心。金融市场也是创新最多、最具活力的市场，即市场交易主体不仅包括各类金融机构，企业、个人和政府都是市场参加者；交易工具和市场形态的创新层出不穷，金融衍生产品、资产证券化、金融机构多元化、金融市场一体化等成为政策制定者和投资者关注的焦点。

（2）企业经营离不开金融   金融市场是指资金供应者和资金需求者双方通过信用工具进行交易而融通资金的市场。广而言之，是实现货币借贷和资金融通、办理各种票据和有价证券交易活动的市场。所谓资金融通，是指在经济运行过程中，资金供求双方运用各种金融工具调节资金盈余的活动，是所有金融交易活动的总称。在金融市场上交易的是各种金融工具，如股票、债券、储蓄存单等。金融市场对经济活动的各个方面都有着直接且深刻影响，如个人财富、企业的经营、经济运行的效率，都直接取决于金融市场的活动。

（3）金融市场的特点   ①在金融市场上，市场参与者之间的关系不是单纯的买卖关系，而是一种借贷关系或委托代理关系，即以信用为基础的资金使用权和所有权的暂时分离或有条件让渡。当购买股票、债券等金融资产时，意味着出让了资金的使用，所以交易虽然完成，但契约仍然存续，还要享有获取利息、股息和收回本金的权利。②交易对象是一种特殊的商品，即货币资金。交易者让渡货币资金的使用权是为了在将来获得更多的回报和收益。由于收益是在不确定的未来获得，所以让渡资金意味着承受风险。③市场交易的场所在大部分情况下是无形的，主要通过电信及计算机网络等进行交易，而且有越来越无形化之势。这是因为在无纸化货币形态下，金融市场交易的产品本身没有形态，所以无需库存、仓储、物流等交易场所，可以瞬间完成交易，交易成本低廉。

第四节 医药营销中社会责任和伦理道德 🅴微课

一、医药企业社会责任和伦理道德

（一）医药企业社会责任与伦理道德的定义

医药企业社会责任是指医药企业在追求经济效益的同时，积极履行对社会、环境和利益相关方的责任。包括医药企业的道德、法律、环境和人权等方面的责任，旨在促进社会公正、环境保护和人类福祉。有学者研究发现，自 2005 年企业社会责任首次写入《中华人民共和国公司法》后，我国政府日益重视企业社会责任的落实，但我国医药企业社会责任尚处于起步阶段并落后于其他行业。美国通过制定完善的医药政策法规、非政府组织参与监管、建立完善的金融激励机制等多路径提升企业的社会责任；德国、英国等欧洲国家的政府部门在推动企业社会责任中扮演着重要的角色。

企业伦理又称为企业道德，是企业经营本身的伦理。不仅企业，凡是与经营有关组织都包含有伦理问题。只要由人组成的集合体在进行经营活动时，在本质上始终都存在着伦理问题。一个有道德的企业应当重视人性，不与社会发生冲突与摩擦，积极采取对社会有益的行为。

（二）医药企业营销中社会责任的分类

1. 对企业管理者和员工的责任　医药企业应树立以人为本的理念，关爱企业员工，尊重企业员工，重视员工的教育和发展，保障员工劳动权益。营销过程中，注重经营环境的改善，增强职工的安全意识，保障员工生产安全。需要通过一定的制度，提供公平的工作环境和工作机会，促进员工的发展。了解员工的需求，提高管理者和员工的满意度。医药行业是个高新技术的行业，企业里人的素质高低对企业的发展起着决定性作用。医药企业用好人、留住人、发展人，是企业对员工的义务，也是医药企业竞争制胜之宝。

2. 对消费者的责任　医药产品用于治病救人，关系到人的生命安全，进行医药市场营销时，必须确保药品是安全有效的。树立"生命至上，安全第一"的理念，严格履行对消费者的责任。①保证医药产品的质量，提供安全有效的医药产品。②不能对消费者进行虚假宣传和其他欺诈行为。药品、医疗器械、保健食品的宣传广告符合注册证和说明书等文件内容，符合相关法律规定。③准确无误地告知消费者药品不良反应及过敏反应。④医药企业有对消费者进行医药产品知识传播和健康教育的义务。有学者通过结构方程模型检验研究的模型及假设发现，利他或利己归因对企业社会责任与企业形象关系具有调节作用。

3. 对债权人和合作商的责任　进行营销活动过程中，医药企业需按时、按合同还本付息的责任，保证经营的偿债能力，注重偿债风险的预防，降低债权人的风险，维护债权人的权益。对于债务，不应拖欠，否则可能会导致企业信用的缺失，最终影响营销活动的进行，乃至医药企业的发展。医药企业要本着相互协作、相互信任、对他人负责任的意识结成稳定的营销合作伙伴，互相促进，从而形成一种稳定而忠诚的战略合作伙伴关系。

4. 倡导和遵守社会信用和法律的责任　成为"重承诺，守信用，遵纪守法"的企业。信用是企业生存之本，是社会发展之源。遵守法规，是企业最低限度的道德义务是企业发展的保障。

5. 对社会慈善、福利事业的责任　医药企业对社会负责是一种自愿行为，也是一种更高境界。医药企业应有回报社会、积极参与社会慈善活动的责任，进行营销活动中，如对社会治疗需要的医药产品的捐赠、社会福利资金的筹集活动、对社会文化教育事业的扶持、关注社会弱势群体、提供社会帮助等责任。

> **知识链接**
>
> #### 白云山板蓝根　温暖回家路
>
> 白云山板蓝根是"普药精制、古药新香"的杰出代表，承载着千年的中医药智慧，融入了现代科研的精髓。在全国众多板蓝根生产厂家中，白云山板蓝根凭借其卓越的品质与广泛的市场认可度，占据了同类市场的50%以上。
>
> 面对多元化的市场需求，白云山和黄中药不断创新，推出了板蓝根颗粒、复方板蓝根颗粒、小儿板蓝根颗粒及无糖型板蓝根颗粒等多种品类，以满足不同消费群体的健康需求。特别是针对儿童用药，白云山儿童装板蓝根颗粒在用药用量上更加精准，以安全性、疗效、品牌与口感为核心，赢得了市场的广泛好评。
>
> 在春运流感高发的特殊时期，白云山和黄中药作为有社会责任的厉行担当，在2024年春运开始前五天，正式开启白云山板蓝根"温暖回家路"暨春运爱心公益大行动。通过为100位归家人减免车票、征集1000名"爱心带药志愿者"为老乡送上含有白云山板蓝根颗粒、橘红痰咳颗粒的"爱心大礼包"、给坚守在春运一线的高铁工作人员送上20000袋白云山板蓝根颗粒等活动，给有需要帮助的人送去温暖，守护了归家人的健康。

二、我国医药企业社会责任和伦理道德缺失的表现

（一）医药企业没有将履行社会责任上升到社会责任营销的高度

部分医药企业致力于社会公益事业，积极践行社会责任。如汶川大地震、雅安大地震期间，各药企纷纷贡献出自己的一份力量，致力于抗震救灾。然而，部分医药企业履行社会责任时秉承"雷锋做好事不留名"作风，对自己的社会责任之举采取了低调处理的方式，因此，在媒体上几乎看不到对此进行的宣传。有调查报告显示，国内医药企业的公益形象不容乐观，在企业的公益形象建设上面或是投入不多，或是做了很多公益事业却没有宣传。这些医药企业默默地做着好事，并不注重通过社会责任活动与社会公众进行沟通。这样的社会责任行为虽然有益于社会，但对企业的形象、品牌美誉度、自身持续发展却没有起到积极作用。

（二）医药企业的社会责任营销缺乏战略性

部分医药企业为了改善自身运营活动对社会造成的影响所付出的努力，往往是一时兴起或者跟风，导致在社会层面、企业层面还是消费者层面，其效果都不理想。社会责任营销在这些医药企业并没有发挥出它应有的作用。这些企业只是泛泛地考虑社会责任营销，没能将社会责任营销列入企业的战略规划中，从切合企业发展战略的角度来思考该问题。社会责任营销不是做一两次"好事"，也不是一个个单纯的社会责任活动的叠加。医药企业责任营销需要设立一个长远的目标和一个具体的战略规划，保持一个社会责任营销活动的持续。

三、促使我国医药企业履行社会责任的途径

（一）以患者利益为中心进行医药营销

医药企业应深入了解患者的需求和痛点，以患者利益为中心进行医药市场营销，设计符合患者需求的营销活动，提供安全、有效、经济的医药产品和服务。通过市场调研和数据分析，精准定位目标患者群体，制定个性化的营销方案。重视患者的用药体验，收集患者的反馈意见，不断优化产品和服务，提高患者的满意度和忠诚度。同时，医药企业应积极参与社会公益活动，如捐赠药品、健康知识宣讲等，增强公众的健康意识和自我保健能力。

（二）将社会责任营销战略纳入企业整体战略

医药企业应当把社会责任营销战略纳入企业的整体战略和公司经营管理的内循环中，并应当坚持不懈地付诸到营销战略发展的实践行动中。医药企业应加强对整个行业的内外部环境进行分析，对整个行业的竞争进行分析。企业可以采取细分市场战略、低成本战略、差异化营销战略。确定了这些战略之后，就可以在社会责任营销中充分运用。通过战略规划，选择适合自己的社会责任营销主题，赢得受众的关注。

（三）运用媒体对社会责任行为进行传播宣传

企业留名社会责任营销战略要持续不断地进行传播宣传。医药企业社会责任营销的成功实施，必须整合企业本身的资源，通过具有吸引力和创意性的活动，使之成为大众关心的话题、议题，成为具有新闻价值的事件，因而吸引媒体的报道与消费者的注意，使这一事件得到传播，从而达到提升企业形象、促进销售的目的。目前单一媒体的投放已经不能达到很好的宣传效果，这就需要通过新旧媒体的通力合作对企业社会责任进行传播宣传，为积极履行社会责任的医药企业留下美名，强化目标受众对品牌和产品的认识，使受众对产品从熟悉到认可到购买，实现社会责任营销的效果。

（四）医药企业营销需选择最适合和最具成效的项目

选择舍近求远、浮光掠影式地承担社会责任都是不恰当的。医药企业承担社会责任最好能够完美地体现企业业务上的专业性，如此便可以提高品牌在社会大众中的认知度、美誉度、忠诚度，可以有效地完成品牌形象、品牌价值与社会责任的相互叠加。只有充分体现了医药企业的专业性和责任性，才可以在消费者群体中留下深刻的品牌形象，带来积极的品牌效应。

（五）营销时需锁定特定的社会问题并成为其倡导者和推动者

随着社会的发展和进步，传统的推销手段日益显示出它们的局限性。医药企业可以聚焦一些特定的社会问题进行支持和赞助，以达到产品销售推广和对社会作出贡献的双重目的。譬如，拜耳德国总部有支持体育活动的悠久历史，设立了多种多样的体育俱乐部，通过提供体育运动的机会而对社会公众的健康作出贡献；扬子江药业集团独家支持中国医药卫生行业科学技术最高奖——"中华医学科技奖"和"中国医师奖"的评选，广泛资助各大行业协会的学术活动，从而很好地实现了企业和社会"双赢"的目的。

思考题

答案解析

HCC 是一家专注于心血管疾病治疗领域的医药公司。其最新研发的抗高血压药物 Hydro Voxin（以下简称 HVX），经过严格的临床试验，证明其具有良好的降压效果和较低的副作用。HVX 的目标市场是中老年高血压患者，这是一个庞大且不断增长的群体。然而，HVX 面临着来自多个竞争对手的挑战，这些竞争对手已经在市场上建立了品牌忠诚度和稳定的客户基础。

HCC 进行了深入的市场分析。通过市场调研，公司了解到患者对于高血压药物的主要关注点是疗效、副作用和价格。此外，随着健康意识的提高，患者越来越倾向于选择具有良好品牌形象和专业医疗服务支持的产品。

基于市场分析的结果，HCC 制订了以下营销策略。①进行品牌建设，HCC 投入资源提升 HVX 的品牌形象，通过专业的广告和公关活动，强调 HVX 的安全性和疗效，以及公司在心血管疾病治疗领域的专业性。②进行患者教育：公司开展了一系列的患者教育活动，包括在线讲座、健康论坛和印刷材料，旨在教育患者关于高血压的正确知识，以及如何选择适合自己的药物。③强化医生关系管理：HCC 与心脏病专家和全科医生建立了紧密的合作关系，通过学术会议、临床研究支持和专业培训，确保医生对 HVX 有深入的了解，并愿意向患者推荐。④进行患者支持计划：为了提高患者的用药依从性，HCC 推出了患者支持计划，包括用药提醒、免费咨询服务和药物优惠券等。⑤利用数字营销：利用社交媒体和移动应用程序，HCC 直接与患者沟通，提供个性化的健康建议和疾病管理支持。

在策略实施过程中，HCC 密切监控市场反应和销售数据，及时调整策略以应对挑战。例如，公司发现数字营销的效果低于预期，于是加大了对目标患者群体喜好的社交媒体平台的广告投入。经过一年的努力，HCC 的营销策略取得了显著成效。HVX 的市场占有率稳步提升，患者满意度高，医生对产品的认可度也显著提高。此外，通过持续的合规性管理，HCC 确保了营销活动的合法性和道德性，没有收到任何违反医疗广告法规的投诉。

通过上述案例，请完成下述思考题。

1. 医药市场宏观营销环境包括哪些因素？

2. 医药市场微观营销环境包括哪些因素?

3. 简述 SWOT 分析法在医药市场营销环境分析中的作用。

4. 案例中 HCC 的成功案例表明了什么?

书网融合……

本章小结	微课	习题

第三章 医药市场营销战略

学习目标

　　1. 通过本章的学习，掌握医药市场营销战略的定义，医药市场营销战略和竞争战略的内容；熟悉影响医药市场营销战略和竞争战略制定的社会因素；了解医药市场营销计划的制定过程。

　　2. 具有医药市场环境分析能力，能够通过企业内外部信息的收集与整理，分析有利于本企业的外部环境和企业内部优势。具有战略规划能力，能够为本企业制定长、中、短期市场营销战略，并为短期战略制定具体可行的市场营销计划。

　　3. 树立正确的职业道德观念，坚持诚实守信、公平竞争，维护医药市场的健康发展。树立依法经营的法律观念，了解并遵守医药市场营销相关法律法规，依法经营，保护消费者和企业的合法权益。

　　从全球视野角度来看，医药企业管理已开始全面进入以战略为中心的时代。医药企业的市场竞争愈演愈烈，在时空上超越了国家、地区的界限而引申至地球的每个角落，在深度上超越了单纯的产品功能、质量、价格的范畴而引申至包装、商标、服务、销售渠道、市场促销、技术人才等全方位的对抗。国内药企不仅要有能力对企业外部生存环境的瞬息变化作出反应，而且必须高瞻远瞩，在一个非常长的时间内审时度势，把握企业内部与外部环境的动态平衡，以取得长期生存与发展。

　　在市场经济条件下，任一企业会面对竞争，在很多情况下，只有打败竞争对手，才能够赢得市场，竞争者的营销策略和行为往往会影响自身营销行为的调整，因此，医药企业只有认真研究竞争者的优势和劣势、战略和策略，明确自己在竞争中的地位，才能够有的放矢地制定竞争战略，才能在激烈的竞争中求得生存和发展。

第一节 医药企业市场营销战略与计划

　　随着全球市场竞争的加剧，国内医药企业面临着日益复杂多变的激烈的市场竞争，市场营销战略也越来越受到企业的高度重视。研究市场营销战略的目的就是要使国内药企在纷杂的市场竞争中，能够集中有限的资源为社会提供更具有竞争力的产品，从而获得生产和发展的机会。然而，如何使国内药企适应国内外市场环境的变化，寻找成功的机会，是国内药企市场营销战略管理的主要内容。

一、医药市场营销战略的概念与意义

（一）医药市场营销战略构成

　　医药市场营销战略（marketing srategy）是指医药企业在市场营销活动中，在通过对营销内外部环境客观分析研究基础上，对企业未来营销工作的总体规划与安排，以及所应采取的行动。它是企业经营战略中的重要组成部分，是在企业总体战略指导下生成的，又为企业总体战略的实现发挥重要作用。医药企业战略构成体系如图 3－1 所示。

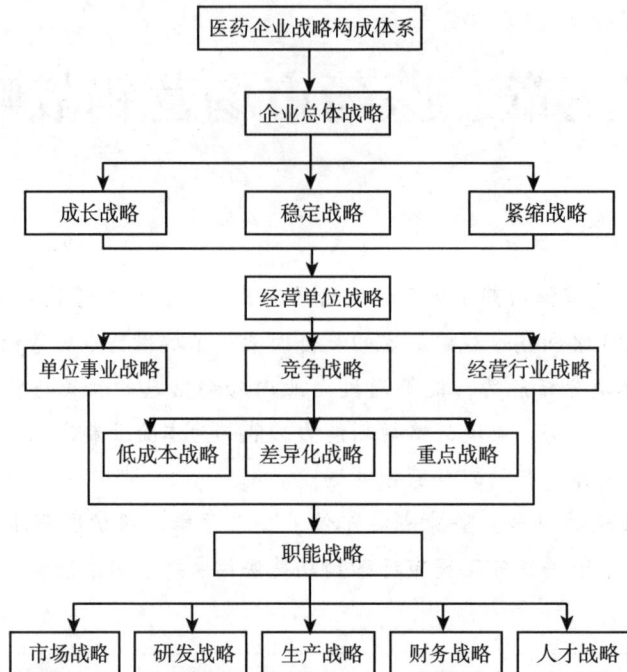

图 3 - 1　医药企业战略体系构成图

（二）医药市场营销战略的相关概念

医药企业营销战略是国内药企全部经营活动中最高层次的战略，对企业的生存发展具有明显的决定性，因此它与企业发展战略一样具有一些明显的特点，即长远性、全局性、对抗性、应变性和特殊性。企业营销战略的制定，包括两个不同的层次：企业总体营销战略和营销业务部门营销计划。

1. 医药企业总体营销战略　从战略规划角度来看，国内药企的总体营销战略是企业战略的分（子）战略，是在市场营销领域内的战略。医药市场营销战略（marketing strategy）是指国内药企在现代市场营销观念下，为实现其经营目标，对一定时期内市场营销发展的总体设想和规划。市场营销战略作为一种重要战略，其主旨是提高企业营销资源的利用效率，使企业资源的利用效率最大化。由于营销在企业经营中的突出战略地位，使其连同产品战略组合在一起，被称为企业的基本经营战略，对保证企业总体战略实施起关键作用。

2. 医药市场营销计划体系　是有关未来的纲领性、指导性的安排，而战术是为实现战略目标所采用的具体措施。企业市场营销战略和战术安排的最终体现的是各种长短期营销计划。因而营销计划是具体落实营销战略的行动计划，可以说是直接实现企业销售收入的一连串过程的安排。亦即依据销售预测、设定营销目标、编制产品销售量与回款计划。医药企业营销计划体系如图 3 - 2 所示。

（三）医药企业市场营销战略的意义

1. 企业营销战略是企业生存和发展的根本保证　企业能否在激烈竞争的市场上求得长期的生存和发展，在很大程度上取决于企业的经营活动是否能适应外部环境的变化。企业营销战略确定了企业经营活动的方向、中心、重点和发展模式，以及结合企业的资源情况，去适应环境的变化，是企业在竞争中求生存求发展的关键。就像当前在仿制药一致性评价的大环境下，企业就需要选择"过与不过"的营销战略，这种战略将决定企业未来市场竞争力。

2. 企业营销战略可以保障企业资源得到最优配置　也就是说，企业营销战略使企业的各部门、各环节都能按一个统一的目标来运行，得到一个协调性的运转机制，才会为企业的经营活动的有效性提供

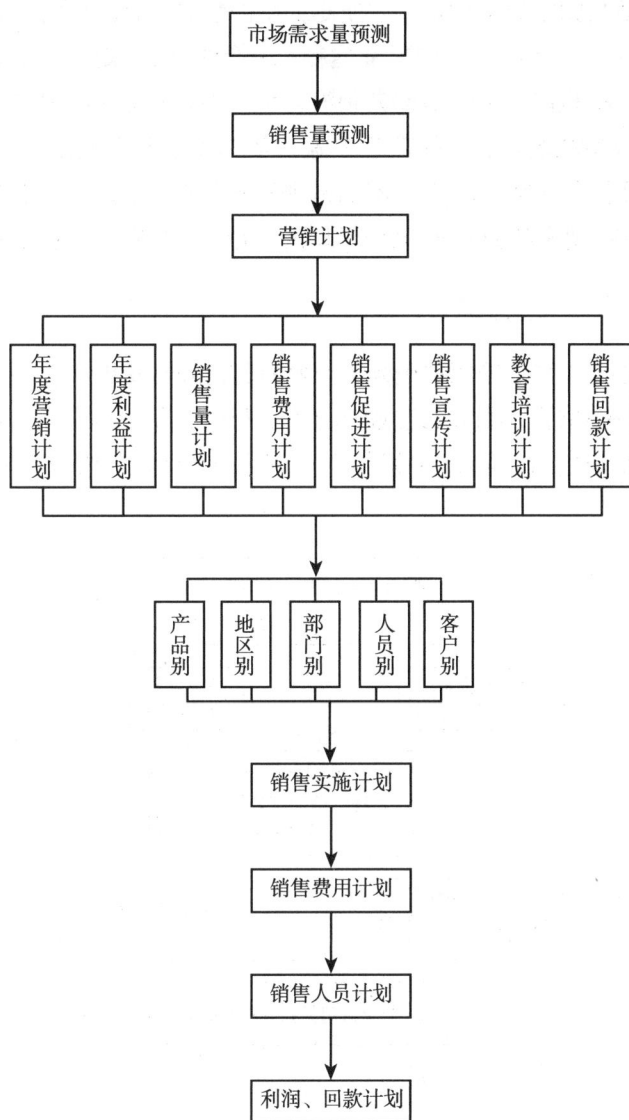

图 3-2　医药企业营销计划体系

相应的保证。当前政府对制药企业进行严格的财税稽查，使得部分国内药企调整营销队伍，如将直营改为独立代理商，以化解风险。企业营销战略计划本身就是从诸多的可以达到既定目标的行动方案中选择一个对于企业来说最好的方案。因此，凡是制定得合理和正确的、并得到了正确执行的战略计划，就能够保证企业的资源得到最有效的配置和最充分的利用。

3. 企业营销战略增强了企业活动的稳定性　由于企业外部环境的不断变化，企业经营战术活动也需不断地变化和调整，任何调整都不应是盲目的、随心所欲的或仓促被动的。因此，只有在企业营销战略计划的规定下，企业才能主动地、有预见地、方向明确地按照营销环境的变化来调整自己的战术活动，主动适应环境变化，减少营销活动的盲目性，使企业始终能够在多变的环境中按既定的可行的目标稳步前进。

4. 企业营销战略是经营者竞争智慧的体现　如同在军事上存在着无数的以少胜多、以弱胜强的战役一样，企业在市场竞争中主要还是同竞争对手比较谋略。要想在市场竞争中取得胜利，首先必须有正确的、高人一筹的或能出奇制胜的战略谋划。因为市场竞争和军事上的敌我较量的原理是相通的，竞争双方的实力固然重要，但并不是决定性的因素，决定性的因素是人，是具有更高谋略和智慧的人。所以，制定正确的并得到有效贯彻的战略计划，才能使企业在竞争中取得预期的成功。

5. 企业营销战略是企业职工参与管理的重要途径 从管理原理来说，管理必须强调统一意志、统一指挥。但是，管理工作同时也应该最大限度鼓励被管理者的创造性和积极性。在具体的管理工作中，对于全局性的谋划，对于战略的制定，需要集思广益，从而使企业人员上下同心，明确奋斗目标。因此，在战略计划工作中，吸引广大职工参与，不仅体现管理的民主性，也便于管理者汲取群众的智慧，使企业的所有职工都能明确企业的发展远景和奋斗目标，增强企业职工对企业的向心力和凝聚力。

二、医药企业营销计划的制定过程

医药企业营销计划的制定工作就是设计规划本企业的营销战略安排，它包括设定正确的企业营销战略目标、选择正确的营销战略措施，通过营销战略的计划管理实现企业的营销战略目标。

医药企业营销计划的制定过程，是一个对环境变化不断分析比较、权衡选优的动态过程。具体内容如图 3 - 3 所示。

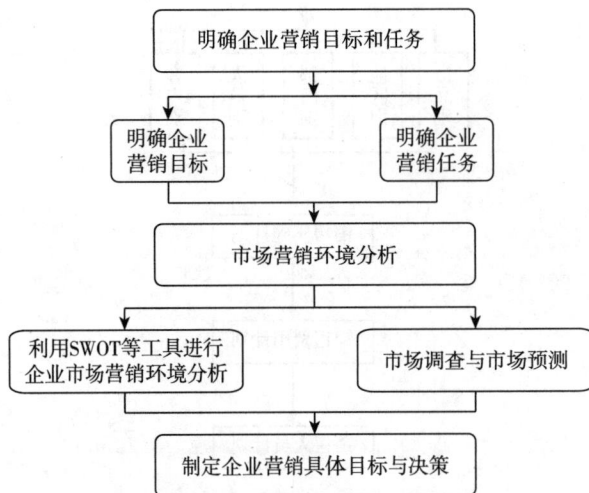

图 3 - 3 医药企业营销计划的制定过程

（一）明确企业营销目标和任务

1. 明确企业营销目标 一个组织的存在和发展是为了在一个更大的环境中完成某些目标，一个医药企业要明确和完成自己的使命，必须回答下述几个根本性问题：①我们的企业是干什么的；②我们的顾客是谁；③我们对顾客的价值是什么；④我们的业务将是什么；⑤我们的业务应该是什么？

这些听上去很简单的问题正是医药企业时时必须作出答复的营销战略问题。成功的企业经常向自己提出这类问题，并慎重而全面地作出回答。如在带量采购中，一些原研药报价过高而失标，失去大部分市场，而一些仿制药低价中标，扩大了市场份额，这些价格决策都受到药企营销目标的影响。

2. 明确企业营销任务 在企业总体战略框架下，营销部门应明确自己的任务。必须在企业总战略规定下，对本部门的业务范围作出更为详尽的界定。如本部门需要调研哪些需求，应该提供什么样的医药产品，依靠哪些技术才能实现，目前市场中的竞品竞争力大小评估，相比之下我们的药品市场优势与劣势等，只有明确这些问题，才能够制定更好的营销战略。

（二）市场营销环境分析

1. 利用 SWOT 等工具进行企业市场营销环境分析 医药企业营销环境包括企业内外部环境，具体而言就是企业所处的外部环境（宏观、微观环境）和企业内部环境。营销环境的分析对外是要充分掌握外部制约因素对于企业而言是机会还是威胁、是有利还是不利；对内则是为了弄清企业现状，确定自己的优势、劣势、长处、短处和内部潜力，研究利用市场机会和避开威胁的可能性，从而制定经营战略。因此，制定可行的营销行动计划，需要对企业外部环境和企业内部条件等的相关内容进行综合分析，从而得到符合实际的真实结果。可以利用 SWOT 等工具进行分析，如表 3-1 所示。

表 3-1 某医药企业 SWOT 分析表

	威胁（treat）	机会（opportunity）
外部环境	1. 国家药品价格管制 2. 原材料价格涨幅 40% 以上 3. 医疗单位实行药品集中招标	1. 国家药品实行优质优价 2. 药品专利保护加强 3. 大众自我保健意识增强
	优势（superiority）	劣势（weakness）
内部条件	1. 技术开发能力强 2. 产品质量稳步提高 3. 管理基础工作较好协作 4. 客户关系紧密	1. 产品专利保护即将到期 2. 营销人员知识结构不合理 3. 资金回款问题严重 4. 产品开发不及时

2. 市场调查与市场预测 国外有人把市场调查比喻为市场分析的显微镜，把市场预测比喻为市场规划的望远镜，可见市场调查与市场预测在市场经营中的重要地位。任何一项营销决策的科学性与准确性取决于营销决策者对营销环境的正确了解与对营销未来的准确把握，而这些基础工作必须完全建立在企业营销信息系统的健全与市场信息制度建设之上。市场调查是企业进行科学的市场预测，制定正确的营销决策和策略，提高经济效益的重要基础，这项工作开展得好坏取决于企业对其认识的程度及相关方法的正确与否。

（三）制定医药企业具体营销目标与决策

1. 制定企业营销目标 在对外部和内部环境的调查与分析基础上，企业需将营销战略任务转化为具体的目标，即制定业务单位在战略周期内要达到的目标，这些目标必须量化，才能够有利于执行和考核。就总体上来讲，企业最常见的目标有盈利、销售增长、市场份额改进、风险分散以及创新等几类。

2. 确定市场营销决策 所谓市场营销决策是指在可执行的各种营销方案中按一定的标准进行选优的工作。企业营销决策内容一般包括目标市场的选择、营销组合策略制定、区域销售策略及人员配备、营销费用策略等。

在制定战略计划的过程中，企业要不断追踪计划执行的结果，并对环境中出现的变化进行监测。如果执行中出现了偏差，通过结果的反馈，可以对计划进行必要的调整，以保证目标的实现。如果环境中出现了重大的变化，企业就要重新进行战略评价，对计划、必要时甚至对战略目标进行修正。一旦一个企业因为没有适应环境的变化而失去了原有的市场地位，要想恢复是非常困难的。所以对任何企业来讲，生存和发展的关键是对环境的适应性，在环境动荡的年代，企业必须具有较强的适应能力和应变能力。

三、医药市场营销组合

（一）概念

市场营销组合（marketing mix）是市场营销学中一个十分重要的概念，最先是由美国哈佛大学商学院教授鲍敦（N·H·borden）于 1964 年提出来的。

医药市场营销组合是指医药企业可以控制的、用来影响市场需求的各种市场营销因素和手段的综合运用与最佳组合。影响医药市场需求的因素很多，大体可分为可控因素和不可控因素两大类。不可控因素是指医药企业不能完全控制或完全不能控制的外部环境，如社会文化环境、竞争环境、科技环境和政治法律环境、经济等。而可控因素指的是医药企业为达到市场营销目标，针对不同的市场环境所采取的能满足目标市场需求的市场营销因素。

市场营销因素多种多样，鲍敦在其"市场营销组合的概念"一文中，将企业市场营销因素划分为十二种：产品计划、定价、品牌、分销路线、人员销售、广告、促进销售、包装、陈列、服务、实体分配、市场调查和分析。麦卡锡（Y·J·Mecarthy）把市场营销因素概括为四大类，即产品（product）、价格（price）、分销地点（place）和促进销售（promotion）。由于这四个单词的字头都是 P，所以简称4P，这种分类方法得到大多数市场营销学家和企业界人士的认可。

（二）特点

1. 医药市场营销组合是指企业可控因素的组合　医药市场营销组合作为市场营销手段，企业可以自由选择不同的方案，进行最佳组合，使它们互相协调。

但是，在实际的市场营销活动过程中，医药企业不是在真空中生存，市场营销组合还要受到外部营销环境因素的影响和制约。对这些环境因素企业难以控制，它们既影响消费者，也影响市场营销组合。一方面，市场营销环境影响消费者的生活方式、生活标准以及对产品的需求和爱好。由于市场营销的职责在于不断发展和调整市场营销组合，以满足消费者不断变化的需求，所以，外部环境因素对消费者的影响也必然影响市场营销组合。另一方面，市场营销环境也会直接影响企业的某些营销活动。

面对国内医药政策的不断调整，尤其是带量采购政策，让许多国内药企也在不断的调整营销组合策略，一些国内药企由原来的重产品数量、轻渠道开发营销组合，转变为重产品竞争力、建立自营渠道的营销组合。

2. 医药市场营销组合是多层次的组合　医药市场营销组合是医药产品策略、价格策略、渠道策略、促销策略等营销策略的组合，而每一种策略内部又包括许多具体的营销因素，如产品策略又可分为医药产品设计、质量、商标、包装、专利、服务等具体因素。这些具体因素形成每一营销因素的次级组合，如图 3 - 4 所示。围绕目标市场，市场营销活动就形成了多层次的大系统。医药企业进行市场营销活动，可以用图中4P各个子因素组成多层次、多维向、多角度的市场营销组合，然后从中选择最佳组合，以适应目标市场的需求和企业外部环境的要求。

3. 市场营销组合是动态的组合　医药企业所面临的营销环境不是固定不变的，因此，这些企业的市场营销组合应是一个变化多端的动态组合，而且营销组合中某一因素发生变动，也会带动其他因素的变化，从而出现新的营销组合。如在带量采购中，一些未中标的原研药转战院外渠道，采取较低价格＋院外渠道＋轻促销的营销组合策略，也可以获得较好的市场效果。

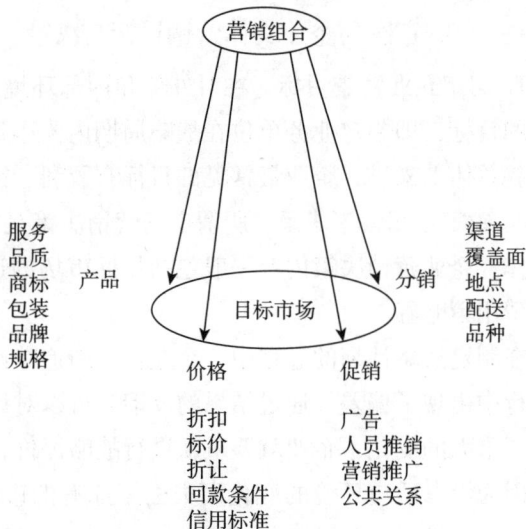

图 3 - 4　医药营销组合 4P 及各子因素

（三）意义

1. 市场营销组合是制定营销战略的基础　制定市场营销组合是为了完成医药企业的战术（短期）目标，而完成战术目标则是为完成企业的战略（长期）目标打下良好基础。对于贯彻市场营销观念的企业，营销战略本质上就是企业经营管理的战略。在激烈的市场竞争中，医药企业充分评估自己的优势与劣势，合理运用市场营销组合，可以更有效地扬长避短，夺得优势地位。市场营销组合作为医药企业营销战略的基础，既可以将四个因素综合运用，也可以根据产品和市场的特点，分别侧重使用一两个因素。如"双通道"政策实施后，让一些纳入医保目录的创新药获得更广阔的销售渠道，有利于提升药品整体销售额，这些政策有利于国内药业实行"创仿结合"战略。

2. 市场营销组合是应付竞争的有力手段　在市场经济中，竞争是无所不在的。在千变万化的市场竞争中，一家医药企业具有全面的优势是极为罕见的，通常情况是竞争企业之间各有其优势与劣势。医药企业在运用市场营销组合时，要善于分析自己的优势与劣势，扬长避短。过去，医药企业之间的竞争一般着眼于价格因素，其实价格竞争是最不利的竞争方式。因为改变价格是任何竞争者最容易采用和效仿的手段，而且价格竞争的结果必然是众败俱伤，对企业的盈利极为不利。特别是随着市场需求的日益多样化，消费者并不一定十分重视产品价格的差异。因此，在市场营销组合中，除价格以外的其他因素的竞争，即非价格竞争，显得越来越重要。

3. 市场营销组合是协调企业内部各部门工作的纽带　运用市场营销组合，不只是市场营销部门的职责，还要涉及医药企业的生产、管理、财务、人事等各个部门。例如，医药企业市场营销部门根据市场需求的变化，要研制某种新产品，或者改变现有产品，生产技术部门就必须考虑企业现有技术开发力量和资源设备的能力；如果需要增加研究人员，人事部门就要负责招聘引进工作；如果需要添置新机器设备，财务部门就要考虑企业的财务能力。

因此，实施市场营销组合是医药企业执行经营战略的重要体现，再好的营销组合，没有医药企业各个部门的协调配合，效果都要大打折扣。

（四）医药企业运用营销组合时的注意事项

在医药企业营销战略管理中，营销组合具有特别重要的意义，它是医药企业制定营销战略的基础，是医药企业应对竞争的有力手段。在激烈的市场竞争中，合理运用营销组合，可以更有效地扬长避短、夺得优势地位。正确运用营销组合策略就必须注意以下几个方面的问题。

1. 重视各层次营销因素的分析　如前所述，营销组合因素中每一个因素具有许多次组合，这些次要因素可能还有更低层次的各种因素存在。各种因素在市场竞争中的作用是不同的，企业只有逐一地加以研究，才能规划出适当的营销因素组合战略，才能借以战胜对手。

2. 重视各营销因素的综合效果　营销组合的本质是各营销因素的综合运用。这好比一个交响乐队，如果没有好的配合，单件乐器演奏得再好，也不可能取得理想效果。

3. 重视各营销因素的交互作用　很明显，各营销因素有时彼此间具有替代性，在有经验的营销经理头脑中，对于特定的营销因素之间的交互作用往往存在其固定的观念。

4. 灵活使用各种营销因素　不同的医药企业、不同的药品、不同的目标市场，应侧重使用不同的营销因素。如处方药品与OTC药品在销售渠道与促销方法上就有很大不同，消费者在对待普药与新特药品的态度和要求上也有本质区别，城市药品市场与农村药品市场其所需药品及对广告宣传的敏感程度也大不相同。因此，医药企业在使用营销组合策略时，必须针对具体的产品和具体的目标市场灵活采用，方能产生预期效果。

第二节　竞争者分析

医药企业要制定正确的竞争战略和策略，就要深入地了解竞争者。国内很多仿制药企业竞争对手不是通用名相同的药企，而是仿制药与创新药之间的竞争。

一、识别竞争者

（一）竞争者概念与层次

1. 竞争者概念　竞争者是那些提供的产品和面临的市场完全一致或颇为相似的组织或个人。如生产降压药的药企，均为竞争者，我国带量采购政策让通过一致性评价的仿制药与原研药同台竞争，这样极大地压低中标价格。还如生产降压药、降血脂药和糖尿病的药企，主要是把产品卖给老年人，因为老年人的收入有限，所以，这些药企与专门向老年人卖保健品的企业，甚至以老年人为对象的旅游公司都是竞争者关系。

2. 竞争者层次　对于竞争者来说，可以根据产品差异性、消费者偏好等因素分为四类。

（1）**品牌竞争者**　是指满足同一需要的同种形式产品不同品牌之间的竞争。如降压药市场竞争比较激烈，原因是同一款降压药会有几个、十几个国内药企通过仿制药一致性评价。这类竞争者主要依靠品牌忠诚度吸引患者，药物本身疗效和质量差异性不大，这种竞争是最为惨烈的竞争。

（2）**形式竞争者**　是指生产同种产品、不同规格、剂型的竞争者。由于这些产品是属于同种产品，因此其之间存在竞争关系，但又由于这些产品的形式不同，因此其之间的竞争激烈程度低于品牌竞争者。如口服液与片剂之间的竞争，对于很多制药企业倾向于将儿童感冒药制成口服液，或者是能够冲服的颗粒，以获得儿童消费者的青睐，但是市场中的糖衣片剂由于口感不错，仍然拥有较大的市场。

（3）**属类竞争者**　又称为一般竞争者，是指行业内提供不同产品以满足同一种需求的竞争者。如中医和西医之间的竞争，在非典时期，中药疗法是指将中成药与中药汤剂联合应用，主要涉及退热类、清热解毒类、活血化瘀类、祛湿化痰类、扶正类等药物，而西医在治疗过程中，大量应用了多种药物，如糖皮质激素、抗病毒药物、抗菌药物、免疫调节剂等。

（4）**愿望竞争者**　指提供不同产品以满足不同需求的竞争者。如药品与其他消费品之间存在一种竞争关系，在消费者收入一定的条件下，购买药品的花费增加了，就会减少其他消费品的购买。

（二）市场结构与竞争者识别

处于同一市场中的企业之间存在较大的竞争，而不同市场中的企业也会存在一定的竞争关系，属于潜在的竞争。因此，了解市场结构有助于分析企业之间的竞争关系。从经济学上来看，可以将市场分为四种：完全垄断市场、寡头垄断市场、垄断竞争市场、完全竞争市场等。

1. 完全垄断市场　是指只有唯一供给者的市场类型。其特征是：①整个市场的产品或服务都由一个供给者提供，而消费者众多；②没有任何替代品，消费者不可能购买到性能等方面相近的替代品；③市场存在较高的进入门槛，其他企业很难进入。在完全垄断市场中，由于缺乏竞争，因此，企业的产品定价是垄断价格。一般而言，一些头部药企研发的创新药由于缺乏竞争对手，所以，市场价格相对较高。最典型的例子是原料药市场，当全国只有一家原料药供应企业时，其原料药价格就会大幅度升高。

2. 寡头垄断市场　是指少数企业供应整个市场，根据产品特征，寡头市场可以分为纯粹寡头行业和差别寡头行业两类。在纯粹寡头行业中，厂商生产无差别的产品；而在差别寡头行业中，厂商生产有差别的产品。在寡头垄断市场，往往会形成企业合谋行为，因此，竞争不是很激烈。典型的例子是在带量采购中，竞品数量较少的品种价格降幅相对较小，竞品数量较多的品种降幅相对较大。

3. 垄断竞争市场　是指一个市场中有许多厂商生产和销售有差别的同种产品。由于垄断竞争厂商销售的产品是存在某种差别的，因此，往往不会采用价格竞争方式进行竞争，而从其他方面进行竞争，如品质竞争、广告竞争。如在治疗癌症时，一些创新药往往突出自己的品质，如用能给患者带来更少的副作用、更长的生存期等进行宣传，与已上市的仿制药进行竞争。

4. 完全竞争市场　是指市场中存在无数的卖者和买者，产品是同质的，可互相替代而无差别化，生产要素在产业间可自由流动,不存在进入或退出障碍,卖者对市场都不具有某种支配力,在这种市场中,所有企业都是市场价格的接收者,企业之间的竞争不是很激烈,很多企业均会采用随行就市的策略。比如说一些医疗易耗品,纱布、针头等产品的竞争基本属于这类市场。

由此可见,在垄断竞争市场中,竞争是比较激烈的,而其他三种市场结构中的竞争相对不是很激烈,但是市场结构是变化的,当条件改变时,会引起竞争的变化。

二、竞争者战略分析

(一)判定竞争者的战略和目标

1. 判定竞争者的战略 战略群体指在某特定行业或市场中推行相同战略的企业集合。企业在市场中面临的最直接的竞争者是那些处于同一战略群体的企业。常见的方法如图 3-5 所示。战略群体具有以下几个特征。

(1)不同战略群体的进入与流动障碍不同 如图 3-5 所示,高技术、高成本的战略群体进入难度与低技术、低成本的进入难度不同。如仿制药领域,多数属于低技术、低成本战略群体,而创新药领域,基本属于高技术、高成本群体。做仿制

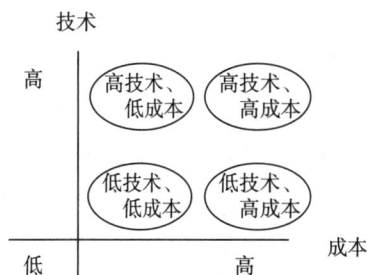

图 3-5 战略群体之间的竞争

药的企业要转型做创新药,难度系数较大,需要更长的周期,短期内,与创新药难以形成竞争关系。

(2)同一战略群体内的竞争最为激烈 如仿制药战略群体内的药企,在院内主要依靠价格竞争,在院外主要依靠终端促销竞争。创新药在院内主要依靠学术推广进行竞争,在院外则依靠处方外流平台实现引流。

(3)不同战略群体之间存在现实或潜在的竞争 如我国一些传统仿制药企业正在积极进行转型升级,从原料药生产企业转型到制剂生产企业,从仿制药企业转型到创新药企业。从成本角度来看,原料药制剂一体化战略转型更容易成功,因此,在最初那几批集采中,像华海药业、海正药业等一批国内企业转型较为成功。

2. 判定竞争者的战略目标 由于药企的战略、市场地位、产品生命周期等方面存在差异,企业所制定的目标是有差异的,具体的战略目标有:获利能力、市场占有率、现金流量、成本控制、一体化战略等。除此以外,每个企业还会有不同的竞争侧重点和目标组合。只有了解竞争对手的目标,才能够制定合适的竞争策略,进而避免直接竞争带来的损失。

若是一家药企战略目标是追求获利能力,那么其他竞争者若采取营销策略提高市场占有率,则不会引起这家企业的强烈反应;相反,作为其他企业若是追求获利能力,则可能与该企业进行正面竞争。在带量采购政策实施一段时间后,一些原研药企业没有按照降幅要求进行降价,被挤出院内市场,院内市场被国内药企占领,但它们在院外的销售额反而增加很多,说明原研药企业战略目标是获利能力,而最低价中标国内药企战略目标是市场占有率第一,二者并未产生太多竞争。

(二)评估竞争者的实力和反应

评估竞争者的实力可以分为以下程序:收集信息、竞争情报研究、确定竞争对手的优势和劣势、评估竞争者的反应模式。

1. 收集信息 在导入期,主要由销售人员收集信息,通过互联网、人脉关系等方式,以及与顾客接触等方式收集信息,此阶段的收集方式较为简单。

进入成长期,收集信息的人员比较专业,可能会成专门的信息收集部门,重点是搜集竞争对手的情报和其他市场信息,收集方式是市场调查、网上查询、人际沟通等。此阶段市场竞争比较激烈,企业应

加强对竞争对手信息的收集与分析，才能做出有的放矢的营销策略。

进入成熟期，收集信息的人员比较固定，并且直属于市场总监，此时期的竞争相对比较缓和，收集信息的工作相对比较稳定，属于例行检查、监督工作。具体内容如表3-2所示。

表3-2　生命周期各阶段中收集信息的人员、资源和方式

	人员	所需资源	收集方式
导入期	销售人员	互联网、人脉、与客户接触	网上查询、人际沟通
成长期	专门的市场信息部门	竞争对手情报、市场信息	市场调查、网上查询、人际沟通
成熟期	市场总监领导下的市场信息部门	竞争对手情报、市场信息、决策支持系统	市场调查、竞争对手分析

2. 竞争情报研究

（1）竞争情报概念　竞争情报是指关于竞争环境、竞争对手和竞争策略的信息总和。包含竞争信息和竞争战略两大部分，其核心是关于竞争对手信息的收集和分析，主要涉及环境监测、技术跟踪、竞争对手分析、策略制定、商业秘密保护等领域。

（2）竞争情报的性质　竞争情报具有对抗性，通过公开的渠道了解、分析对手，其目的是取得相对竞争对手的竞争优势。一些公开的网站可以查询竞争对手的相关信息，如国家药品监督管理局药品审评中心上可以查询一些正在审批审评的项目等。竞争情报必须是通过正当的、合法的渠道所获取的各式各样的信息，并通过科学的分析、研究这些信息，最终发现、找到很有价值的竞争情报。根据统计，在企业得到的竞争情报中，约有95%都可以通过合法的、符合道德规范的途径获得。

（3）竞争情报的价值　竞争情报已经成为一些头部药企经营过程中资金、技术、人才之后的第四大资源。据工业发达国家统计，一项科技成果的研究费用假设为1，则发展推广费用为10，生产费用就高达100，而情报费用只要0.05，而情报对于决策来说，其价值和意义则会超过1。由此可见，国内药企要获得更好的竞争优势，应重视竞争情报的收集、分析和整理，进入那些竞争不是很激烈的、市场规模足够大的、门槛足够高的赛道，避免产品一窝蜂上市后的价格竞争，这就是竞争情报的价值。

（4）确定情报来源　在收集情报的过程中，主要有两种来源，一是来自企业外部，二是来自企业内部。企业外部来源主要包括：客户或消费者、批发商、政府人员、竞争对手相关人员、亲戚朋友、其他利益相关者。企业内部来源主要包括：内部销售人员、公司互联网、资料库等。

（5）情报具体内容　①供应、客户、新进入者、替代者等情报信息。②竞争者信息：竞争对手的市场定位、市场覆盖率、市场占有率、产品线、研发人员与技术、生产设备与规模、营销模式与效果、管理效率、人力资源情况、资产状况、企业短期和长期战略等。

3. 确定竞争对手的优势和劣势　对竞争对手的信息进行广泛搜集后，要了解竞争对手的优势与劣势，特别是主要竞争对手的优势劣势要进行重点分析，以便做到避实击虚，避免与竞争对手的优势进行竞争。这种分析也可以从SWOT分析中得到启发，在自己的优势领域和市场机会中精耕细作。

4. 评估竞争者的反应模式　对竞争者的优势与劣势进行全面分析后，要找到竞争者的薄弱环节，然后以自己的优势来攻击对方的劣势，以取得竞争的成功。竞争者类型可分为以下6种。

（1）主宰型　这类药企在市场中起领导作用，如一些创新药头部药企发现一些新的靶点，并开发全球首创药物。他们能够主宰药品价格、市场销量、市场需求等，其他竞争对手则不具备这种实力。

（2）强壮型　这类药企往往会拥有较强实力，如资金充足、强大的生产能力和销售量，在市场中属于强悍的竞争对手，其他竞争对手很难短期内与之竞争，或者不具有竞争的资格。国内一些传统的国有制药企业，基本属于这类竞争者。

（3）优势型　这类药企往往在某些方面具有一定的优势，如价格、技术、服务、渠道等方面，在这些方面比其他竞争对手具有优势。如一些国内药企依靠一个产品（属于品种保护）也可以在自己的

细分领域内获得不错的销售收入，还有一些大输液企业，依靠之前渠道在部分区域内也可以有一定的市场竞争优势。

（4）防守型　这类药企的市场地位不高，针对竞争对手的竞争，只有招架之功，没有还手之力，或者说只是疲于奔命，处于防守状态，经营中存在一定的问题。如带量采购政策实施后，一些国内仿制药企业在院内的市场份额被抢走，甚至退出市场。

（5）虚弱型　这类药企的经营状况更加不能令人满意，一旦竞争对手发起进攻，这种药企往往会陷入经营困境。

（6）难以生存型　这类药企经营状况很差，难以生存，或者是马上要退出市场。

三、确定竞争者及其战略

（一）竞争者地位分析

根据医药企业在市场中的竞争地位，可将参与竞争的药企划分为市场领导者、市场挑战者、市场跟随者与市场补缺者等四种竞争者类型。

1. 市场领导者　指本行业或本地区市场占有率最高，对产品技术、质量、价格、渠道等因素起领导作用的企业。一般来说，大多数行业都存在一家或几家市场领导者，他们的市场占有率、技术水平、规模等都居行业前列，他们的营销策略都会对其他竞争者产生一定的影响。如江苏恒瑞、齐鲁制药等制药企业，在某些细分领域内属于市场领导者，他们的行为会对其他医药企业带来深远的影响。

2. 市场挑战者　指在本行业或某市场上处于次要地位但又具备向市场领导者发动全面或局部攻击的企业。市场挑战者往往具有一定的优势和实力，具有一定的竞争能力，他们并不甘心居于第二位，一旦条件、时机成熟，就向市场领导者发起进攻，追求市场占有率的扩大，并试图成为领导者。如上海医药、南京医药等医药流通企业都已成长为本地区实力较强的挑战者，并进一步实现进一步的扩张。

3. 市场跟随者　指在市场上实力更弱，自身不具备领导市场和向市场领导者挑战的资格，只能跟随市场领导者或挑战者的营销策略，进而保证自身市场占有率的问题。

4. 市场补缺者　是指实力更弱，只能进入一些不为领导者或挑战者注意的市场，利用企业自身优势，从而占领这些空白市场。对于整个市场来说，这些企业往往能够起到拾遗补缺的作用，或者是在市场"缝隙"中求生存。

（二）竞争者竞争战略

1. 创新战略　即竞争者会根据市场需求不断开发出新药品，通过创新以赢得市场竞争的胜利，这是一些头部药企始终坚持的战略，依靠产品力实现竞争优势。

2. 优质战略　即竞争者向市场提供的产品在质量上应当优于其他竞争对手，以赢得市场的青睐，很多顾客对优质的产品拥有较大的偏好，因此，优质战略会吸引这些顾客的购买欲望。如一些原研药企业，放弃院内带量采购，依靠品牌影响力扩大在院外的销售额，他们执行的是优质战略。

3. 廉价战略　即竞争者制定低于竞争对手的价格，赢得市场竞争，理智的购买者会优先选择"物美价廉"的产品。因此，价格低廉对于这部分顾客来说是一种最好的吸引手段。如在院外药店的药品价格相对较低，且在网上购买还会更低。

4. 服务战略　即竞争者提供比竞争者更完善的售前、售中和售后服务，从而吸引消费者，提高顾客忠诚度。DTP药房之间的竞争，多数依靠药学服务和其他服务来吸引患者。

5. 先入为主战略　即竞争者比竞争对手更快的速度推出新产品和新的营销战略，抢先占领市场，很多消费者一旦购买某种产品，就有可能对其他产品失去购买欲望，因此，抢得市场先机是一种不错的竞争手段。如国内很多药企抢首仿，也是为了争夺原研药专利期过的那个市场空当，往往也能获得较为丰厚的销量和利润。

6. 促销战略 即竞争者应当运用广告、公共关系等促销手段大力宣传企业和产品，提高知名度和美誉度，而顾客往往对知名度和美誉度较高的产品更感兴趣，在院外市场，这种战略会更有效。

第三节 竞争策略分析

对于很多顾客来说，由于精力和时间有限，在选购产品的时候往往只会在几种产品中作出选择，而非将各种产品进行综合排序。因此，对于市场中的竞争者来说，最好的竞争策略是"要么第一，要么唯一"，即第一种竞争策略是在同类产品中要做到第一，要在顾客心目中做到排名第一位才能拥有市场，这也是很多竞争者要争夺市场领导者的原因之一，排名第三位以后的产品，很少有顾客能够记住。因此，其市场影响力是有限的，销量是不稳定的；第二种竞争策略是做到唯一，即"人无我有"，若是市场中只有一种产品，消费者别无选择，那么这种产品基本不用担心市场销路问题，可以制定垄断价格，顾客别无选择，也会接受这种价格，保持一定的购买量。

一、市场领导者的竞争策略

（一）积极竞争策略

市场领导者通常在价格、新产品开发、市场覆盖和促销等方面均能够影响其他竞争者。市场领导者往往成为其他竞争者的众矢之的，竞争者或者向其挑战，或者模仿之。一些最著名的医药市场领导者有强生、辉瑞、诺华、江苏恒瑞、中国生物制药等，这些公司在某市场领域内占据市场领导者的地位。市场领导者要保持其市场占有率第一的地位，会采用相应的策略，一般情况下会采用以下三种策略。

1. 扩大市场 一般来说，如果整个市场容量扩大，则市场占有率第一的市场领导者则收益最大。具体策略可以通过寻找新使用者、发现新用途或者是扩大现有顾客的使用量等策略来扩大市场，扩大市场是一种积极的竞争策略，由于扩大市场并没有侵占其他竞争者的市场份额，并且能够带动其他竞争者的销量，因此，不会引起其他竞争者的抵制或者是反对，不会引发激烈的竞争。

（1）创新药出海 国内医药市场领导者可以通过寻找新使用者来扩大市场，具体策略是市场开发策略，如国内创新药企业通过出海战略，销售到其他国家，从而扩大市场。

（2）增加新用途 可通过发现并推广产品和新用途来扩大市场。如在比利时、英国、荷兰等国家，吗丁啉曾被当作止吐药，但是市场反应并不理想。而在德国、法国、意大利、加拿大等国家，吗丁啉定位于治疗消化不良的药物，市场销量较大。而 1989 年吗丁啉在中国上市时，也是定位为止吐药，但是销售效果不好，于是公司重新进行定位，提炼出一个新的概念——"胃动力"，并进行了相关的学术推广活动。最终，医师们均接受了吗丁啉作为"胃肠动力药"概念。

（3）提高患者依从性 市场领导者扩大市场的第三种策略是就是要求患者按照说明书使用药物，对于乙型肝炎、高血压、糖尿病、关节炎等疾病，患者需要长期治疗，甚至终生服药，但是有一些患者自我感觉良好后，会自我停药，导致治疗效果欠佳。根据 WHO 数据显示，全球约有12.8 亿的高血压患者，然而不到五成的患者获得了有效的诊断和治疗，全球高血压的控制率仅仅只有13.8%。因此，可以通过一些方法提高患者依从性，如增强患者教育、简化治疗方案、提高药物安全性、建立良好的医患关系、鼓励患者家属参与、借助科技手段提醒患者按时服药，帮助患者追踪服药情况，从而提高其药物治疗的依从性。

2. 确保市场占有率 市场领导者在努力扩大整个市场规模时，也要保护自己现有市场份额，以免受到竞争对手的攻击而损失市场占有率。这种策略是一种积极的进攻策略，即在于竞争对手的积极竞争中，保持市场占有率不变，而非消极的保证市场占有率不变，俗话说，"取法其上，得乎其中，取法其中，得乎其下"，如果企业要保证市场占有率第一的地位，则必须积极拓展市场，否则，仅仅保证市场占有率，可能会导致市场占有率的下降。如在带量采购政策中，还是有一些市场占有率较高的国内药企选择低价中标，在院内市场中占有较大市场份额。

3. 兼并其他竞争者　为确保市场占有率第一的地位，市场领导者还可以通过兼并其他竞争者的手段来实现。如2008年德国拜耳斥资10亿元成功并购东盛集团白加黑，从而巩固了拜尔公司在中国非处方药市场中的地位。2024年，远大医药完成对天津田边制药有限公司，以及南昌百济制药有限公司和江西百安百煜医药科技有限公司100%股权的变更登记，可以看出远大医药加强在心脑血管急救板块和鼻喷制剂板块的竞争力量。

（二）防御策略

除了积极的竞争策略，市场领导者面对市场挑战者的进攻，还有可能采用防御策略，防御策略分为两类，一类是积极的防御策略，另一类是消极的防御策略。积极的防御策略有先攻防御、侧翼防御、反攻防御；消极的防御策略有阵地防御、撤退防御。

1. 积极防御策略

（1）先攻防御　一种更积极的防御战术是在竞争者对自己发动进攻之前，先发制人抢先攻击竞争者。面对我国带量采购的压力时，辉瑞积极调整战略，2020年，辉瑞旗下的辉瑞普强与迈蓝成功合并，成立了全新的跨国药企——晖致公司，合并后的晖致宣布已收到剥离几乎所有非处方药业务的要约，剥离完成后，晖致将专注于眼科业务。

（2）侧翼防御　除了先攻防御之外，市场领导者还可以实施侧翼防御，即改善薄弱的营销环节，增强自身竞争力。我国百强企业也在弥补短板，加强研发投入，提高产品力赢得市场份额。

（3）反攻防御　市场领导者还可以通过攻击竞争对手，来实现防御。面对跨国药企在国内市场中争夺市场份额，国内一些头部药企，也正在实施出海战略，进军海外高端市场（欧美发达国家）。

2. 消极防御策略

（1）阵地防御　市场领导者的阵地防御策略的核心是维持市场现状，事实上，维持市场现状是一种消极的防御策略。

（2）撤退防御　有时，市场领导者认为某些市场已经无法占据有利的地位，因此，会退出这些市场，这种策略比固守市场可能更有意义，目的是减少损失。在带量采购政策中，多数原研药弃标或失标，便是很好的例证。

二、市场挑战者的竞争策略　📱微课

（一）进攻策略

市场挑战者指在行业中占据二三位次的竞争者，具有一定的实力对市场领导者和其他竞争者采取攻击行动，希望夺取市场领导者地位。市场挑战者策略可以分为三种，一种是正面进攻，与市场领导者进行正面的竞争，从销量上获得第一，从而打败市场领导者，这种策略损失较大，往往会导致两败俱伤，是一种下策；第二种策略是采用迂回策略，即另辟战场，在新的战场上获得先入为主的优势，从而逐渐发展壮大，成为市场领导者，这种策略是上策；第三种策略是蚕食策略，即逐步蚕食其他竞争对手的市场份额，从而壮大自己，从而逐渐成为市场领导者。

1. 正面进攻策略　即正面直接攻击市场领导者，以获得市场第一的地位，如市场挑战者可以通过价格战、广告战，向市场领导者发起进攻，正面争夺市场，这一策略风险较大，往往会引起领导者的强烈反击。在带量采购政策中，很多"光脚"企业，往往会采用这种策略，以极低的报价中标，正面进攻原有的市场领导者。

2. 迂回策略　是指进入竞争对手薄弱环节，可以进入其他竞争对手，特别是市场领导者未进入的领域，从而积累更多的实力。

3. 兼并策略　市场挑战者可以选择兼并或收购其他小企业，逐渐壮大实力，从而赢得与市场挑战者竞争的实力。

（二）模仿超越策略

1. 概念　作为市场挑战者，具有一定的实力，但是这种实力还不足以与市场领导者进行正面的对抗，即使对抗成功，往往也会带来更大的损失，因此，他们会选择另外一种策略，即模仿超越策略，这种策略的要点是在模仿中实现超越，因为市场领导者往往是市场的先行者，作为先行者，最大的好处是先入为主，在市场中影响力较大，但也会存在缺点，作为先行者，往往是在摸索市场规律，如何设计产品，才能让顾客满意，广告宣传侧重点有哪些，如何培养顾客忠诚度等问题，如果对这些问题处理不当，则会遇到一定的市场阻碍或困难，而作为后进者，也会拥有一种后发优势，即可以避免这些困难，这就是模仿超越策略。

2. 国内药企的创新之路　由于我国医药行业的历史原因和企业自身实力问题，导致国内制药企业97.5%的化学药均属于仿制药，虽然销售额较大，但是利润水平较低，因此，作为国内制药企业要赢得竞争优势，必然要执行模仿超越策略，但是如何超越却成为很多国内企业的难以逾越的难题之一，其突破点是速度、质量、低价与创新，速度是要尽快入市，以赢得市场份额，质量是要尽可能达到专利药的疗效，低价是指低于专利药进行销售，降低患者负担，从而赢得市场，创新是要突破专利药的剂型、包装等限制，进行市场细分，开发患者服用方便、副作用较小的创新仿制药。

三、市场追随者的竞争策略

在市场中，更多的竞争者可能缺乏市场挑战者的条件和资源，因此无法与市场领导者和挑战者进行竞争，因此，这些企业往往只能采用其他策略，有一类策略是追随策略。追随策略是指追随市场领导者或挑战者的营销策略，这种策略优点是避免与市场领导者或市场挑战者正面进行竞争和对抗，从而减少竞争压力，试想，对于实力较弱的竞争者，若要采取挑战者的策略，必然会导致市场领导者的强烈反击，损失较大，因此，采用跟随策略则有效减缓这种反击，毕竟与强大的竞争对手有段距离，也不会引起他们的注意。

（一）紧随其后

市场追随者采用紧随其后的策略是指尽可能在市场模仿领导者，而且尽可能地与市场领导者保持一致，这些市场追随者有点类似挑战者，这种追随者往往实力较强，具有很强的模仿能力，通过紧随市场领导者或挑战者的营销策略，从而获得更多的市场份额和竞争力，但是，这种策略也是具有一定的风险，即若是跟得太近，容易引起市场领导者或挑战者的警惕，从而导致这些竞争者的反击。在医药市场中，一些头部仿制药企业会采用"专利挑战"方式，对专利药进行步步紧逼。

（二）有距离追随

对于一些实力较小的追随者可以采用有距离的跟随策略，这种策略是指在营销策略上，与市场领导者和挑战者保持一定的差距，即存在一定的差异性。从而避免引起竞争对手的强烈反应，从而使得竞争变得相对温和。近几年，国内一些药企选择有距离的追随策略，如在带量采购中，选择较为温和的降价策略，获得较高的市场份额，而不是选择最低报价获得最高的市场份额。

（三）有选择追随

有选择的追随策略对公司的实力要求还是比较高，与竞争对手虽有差距，但不是很大，在市场中还是有大量的中小企业，他们的实力更弱，怎样才能够生存和发展，从自身角度来看，难以实现有距离的跟随，但是有利的一面是自身还存在某些方面的优势，所以，可以采用有选择的跟随，即在自己优势的方面进行跟随，而不是全面跟随。

在面对带量采购政策、医疗反腐和创新药优先审评审批政策下，国内还是有一些中小企业不愿意加大研发投入，依然坚持做仿制药，在院外市场进行市场竞争，这些药企多数是做出有选择的追随策略，因为，他们难以承受巨额的创新药资金投入，以及较大的上市风险。

四、市场补缺者的竞争策略

很多中小企业，为了在市场中生存与发展，还有一种策略是补缺市场空间，即进入那些大企业不愿意进入的细分市场。当然要进入这些市场，必须具备一定的条件，从而能够降低经营风险，基本条件如下。

（一）细分市场应具备的特征

1. 具有相当的规模和购买力而足以盈利，太小的市场不足以支撑企业的销量，即使进入这样的市场，也会无利可图，因此在选择市场时，应了解这些市场的规模。

2. 市场有发展潜力，具有一定发展潜力的市场才能够为企业未来的发展提供支持，发展潜力还不能太大，太大会引起强大竞争对手的兴趣，从而引来较大的竞争。

3. 强大的竞争者对这些市场不感兴趣，要了解为什么强大的竞争对手对这些市场不感兴趣，其原因有哪些。

4. 企业具有满足这个市场的能力和资源，从而保证进入这个市场后，能够获得足够大的市场占有率和顾客忠诚度，从而能够盈利。

5. 公司能够在市场中建立良好的信誉与品牌忠诚度，从而能够有效抵御强大竞争者的攻击。

因此，市场补缺者最有效的竞争策略是专业化，专业化策略可以分为市场专业化、产品专业化、服务专业化、渠道专业化等。

（二）市场补缺者的专业化策略

1. **市场专业化**　是指企业可以集中全部财力、物力、人力，为某一市场进行集中性营销，从而能够获得较好的营销效果。如国内许多医药企业利用本地人脉，建立较为强大的营销网络，成为地区性龙头企业，如某医药立足长三角地区，深耕医药批发、医药零售业务、医药"互联网＋"业务、医药第三方物流服务等业务，成长为长三角地区的医药物流头部企业。

2. **产品专业化**　是指企业可以集中力量研发一种产品，并努力推广这种产品，当然这种策略也会存在一种风险，即"把所有鸡蛋都放在一个篮子里"，但是对于资金实力较小的企业来说，这是一种迂回策略，等到公司发展壮大后，转型做创新药。在国内，很多类似企业采取这种策略成长为行业中的翘楚，如长三角某医药公司，始终坚持研发乙肝类药物，并建立自己的营销团队，从而在该领域内成长为市场领导者。

3. **服务专业化**　对于很多中小企业来说，对于那些技术、质量拥有较大实力的竞争对手来说，可以采取在产品方面与竞争对手差别较小，适当提高自身的服务水平，从而赢得那些喜欢服务的消费者。

4. **渠道专业化**　渠道专业化是指采用特殊的渠道销售产品，目的是避免竞争。

🔗 **知识链接** --

医药数字化营销与合规医药营销

医药数字化营销是指实现对医药产品销售过程全量数字化管理，从新客户开发到上量维护，从代表的行为管理到行为分析；从绩效的设定到奖金分析，从市场数据获取到数据提炼，不断深入医药产品的销售过程数字化改造和赋能。

医药合规营销是指药品在流通、销售、推广、处方使用全过程和财税处理上的全面"合规"，即合乎现有的法律法规。

思考题

2019 年发生缬沙坦事件，导致 A 公司海外业务受限，因此，A 公司则改变战略，积极开拓国内市场，参与集采，多个品种中标，冲抵了海外市场的损失，业绩持续高增长。

从 2022 年沙坦类原料药国内出口量来看，国内沙坦类原料药重点出口企业主要包括 A 公司、B 公司等，重点出口品种主要包括氯沙坦、缬沙坦、厄贝沙坦、替米沙坦和坎地沙坦，其中 A 公司以 272.79 吨的出口量位列企业榜首。B 公司现拥有 8 家全资子公司、6 大生产基地、6 大研发中心，其中 B_1 分公司主要承担原料药中间体研发生产，B_2 分公司主要承担沙坦及其他中间体的生产，B_3 分公司为 CMO 研发和配套生产，B_4 分公司为制剂研发生产销售，B_5 分公司为 CDMO 研发中心。由此可见，B 公司目前采取的战略为抢仿原料药 + CDMO + 制剂协同战略。

2023 年，全球原料药需求面临疫情后的去库存压力，大宗原料药出口竞争加剧，价格持续下降；但同时心血管类、抗肿瘤类、中枢神经类、胃肠消化道类等特色原料药市场需求持续扩大，全球特色原料药和专利原料药仍保持持续稳定增长。

面对激烈的市场竞争，A 公司采取以下措施调整竞争战略：一方面，不断地挖掘商业化产品的潜力；另一方面，集中优势资源加速新产品的研发与发展。在新产品上市选择中，一是重点围绕心脑血管、中枢神经、自身免疫、消化代谢、呼吸系统以及皮肤科等领域发展系列产品，逐步打造产品集群优势；二是聚焦"难、偏、新"这些竞争较少的深蓝领域，持续拓展高价值的品类。2023 年，公司共立项 16 个新品类的品种，同时实现新产品销售收入翻番。

在市场扩展方面，公司注重提升销售团队的专业度，持续增强海外销售团队的 BD、注册、技术等方面的专业能力。不仅提升了团队的规模和能力水平，也为公司全球原料药业务的中长期发展提供了强大的动力和基础。

通过上述案例，请完成下述思考题。

1. 医药企业战略调整的影响因素有哪些？
2. 医药市场竞争者分析的主要方法有哪些？
3. 案例中 A 公司战略调整的依据和逻辑是什么？

书网融合……

本章小结　　微课　　习题

第四章 医药消费者市场与购买行为

PPT

学习目标

1. 通过本章的学习，掌握医药消费者市场的定义，医药消费者市场分析的内容；熟悉影响消费者购买行为的社会因素；了解医药消费者市场的特征。

2. 能够使用问卷调查、访谈、焦点小组讨论等方法收集一手数据，以及善于利用现有的二手数据资源；能够利用大数据、网络日志、社交媒体数据等分析医药消费者的购买行为和习惯；能够清晰地表达医药市场分析和消费者行为分析的结果，并向决策层和团队成员传达。

3. 树立服务意识，客户至上，珍视消费者的需求，尊重消费者的选择，具有人道主义精神，始终以维护消费者利益为出发点。

市场营销学分析市场，是以消费者的需求和动机为基础的，而不是以产品特点为基础。如果从购买者的需求和动机来看，医药市场主要由消费者市场、生产者市场、中间商市场和政府市场等构成。在现代市场营销学中，消费者市场是主要的研究对象，因为满足消费者的需求是企业市场营销的宗旨，也是实现医药企业自身生存发展目标的必由之路。一切企业，无论是生产企业还是流通企业，也无论是否直接为消费者服务，都必须研究消费者市场，因为只有消费者市场才是商品的最终归宿，即最终市场。从这个意义上，可以说，消费者市场是一切市场的基础，是最终起决定作用的市场。

第一节 医药消费者市场分析

一、医药消费者市场概述

（一）医药消费者市场的含义

医药消费者市场是指个人或家庭为了满足其防病治病、健身强体等生活需要而购买药品和服务所形成的市场。随着社会经济的不断发展，整体文化素质和自我保健意识的提高，人们越来越讲究生命质量，不仅从总量扩大了医药市场的规模，而且对不同品种、质量、疗效都提出了更新的要求。我国已参照国际通行的管理办法实施药品分类管理。根据药品的安全性、有效性原则，依其品种、规格、适应证、剂量及给药途径等，将药品分为处方药（prescription drug, Rx）和非处方药（over the counter, OTC）并作出相应的管理规定。其中，OTC 药品市场是医药消费者市场的重要构成部分。这既让广大医药企业看到了希望，但又提出了新的挑战，只有动态地研究分析消费者市场的全面情况，提供适销对路的医药产品，并采取正确的营销策略，才能把握住市场机会。

（二）医药消费者市场的主要特征

1. 医药消费者市场规模大，但人均消费水平较低 我国人口基数庞大，在目前经济水平的条件下，大部分人还是倾向于选择疗效确切、价格低廉的药品，同时也预示着一旦提高了我国人均用药水平，市场前景是无比巨大的，这也是国外大型跨国医药制药企业纷纷进入中国市场的一个重要原因。

2. 经济发展不平衡，地区、城乡市场差别较大 我国城市和农村的经济发展水平和医疗资源配置存在较大差异，表现在药品的使用上也是如此。农村市场在药品品种、质量价格档次、用药知识、观念与习惯等方面都与城市有相一定的区别。但由于城市市场竞争激烈，努力开发农村市场将逐步成为医药经济中新的增长点。此外，由于地区之间存在着地形地貌、气候条件等区别，因而不同地区的居民，需求的药品品种也不相同，如北方冬季气候寒冷、空气干燥，呼吸系统疾病（如感冒、支气管炎、肺炎）高发。使用较多的药物包括抗菌药物、止咳药和祛痰药。南方气候温暖潮湿，春季易发花粉过敏和哮喘，使用较多的药物包括抗过敏药、哮喘药等。

3. 非专家性　由于医药产品在使用过程中需要相对多的专业知识，而大部分消费者是无法达到这一要求的，一般消费者（患者）缺乏鉴别药品质量的能力，仅凭外观根本无法衡量药物的价值，所以其非专家性的特点可谓特别突出。人们或者习惯于听从医生的"命令"，由医生来决定用药的品种、数量和方式；或者容易受到药品广告、宣传和他人的影响。但这并不意味着医药企业可以无视消费者基本权利（如知情权），相反应该采用合适的方法，开展消费者相关消费教育，科学合理地指导消费者用药。

4. 消费上单一性和多样性并存　药品不同于其他商品，潜在消费者要变为显在消费者条件是唯一的，只有当一个人生病后，才会产生购买欲望，其诱导性相对一般商品而言比较小。而且消费的直接目的只有一个，那就是身体的康复，它不像一般商品那样，人们使用它不仅由于其使用价值，也受其精神价值或其他因素的影响（如奢侈品），这就是药品消费上的目的单一性。因而药品促销过程中的"诉求点"就不像一般商品那样丰富。

同时，由于存在消费者个体上的差异，如民族传统、宗教、经济收入、文化程度、风俗习惯、兴趣爱好、性别、年龄、职业等，使其在药品的购买行为方面产生一定的区别，如有的关注价格、有的关注品牌、有的自己能够简单诊断、有的完全听别人的意见。所以生产经营 OTC 药品的企业应充分认识到消费者方面的差异，针对不同市场采取相应的营销策略，更好地满足消费者的需求。

二、研究医药消费者市场的意义

近年来，由于人们生活水平的不断提高及人们对生活质量的高标准要求，人们对医药的需求越来越多。WHO 提出的"人们有权利也有责任以个体和集体的方式参与他们的卫生保健的计划和实施"的观念日益得到认同，现代卫生保健的概念已经发生了根本改变，由被动转为主动积极参与，自我保健一方面可以防病治病，另一方面能提高生活质量。分析和研究消费者的需求及其影响因素，研究消费者的购买行为及其特有规律，才能有效地开展市场营销活动，实现其营销目标。在市场经济条件下，分析研究消费者市场情况，对于医药企业来说有以下重要意义。

（一）保证企业生产经营活动的顺利进行

按照现代营销理念的要求，医药企业要开展生产经营活动，首先必须对其所处环境进行科学的分析研究，除了国家政策、法律法规、生产技术与生产能力外，药品市场情况特别是消费者的需求及其变化趋势，并结合企业自身的资源条件，决定生产经营的品种和规模，采取有力的营销策略，企业的再生产才能顺利进行。否则，就有可能发生盲目的生产经营，导致竞争力的下降，最终影响企业的生存。

（二）企业制定营销规划、进行营销决策的重要依据

医药企业的生产经营可以说是一个复杂的体系。市场营销规划是其中心一环，占有举足轻重的地位，它又包含许多重要的营销决策内容，如产品研发、品牌包装、定价促销、地区分布、时间安排等。这些营销决策的正确与否，对企业经营乃至于生存都至关重要。而要保证做到这一点，就无法离开详细周密的消费者市场分析。只有建立在对消费者市场现状与动态、消费者心理及变化、消费者行为特点等完全把握基础上的营销决策才有生命力，才会有利于医药企业成功地进行市场营销工作。

（三）有助于提升服务质量，提高医药企业市场竞争力

医药企业市场竞争力包括多方面的因素，除了产品、技术之外，其内涵随着市场竞争的加剧则越来越丰富，其中服务日益成为市场关注的焦点。服务也是广义的概念，除了人们理解一般意义上的在销售过程中的服务（如态度、优惠政策等）外，现代市场营销进一步要求企业树立社会责任意识，如实地向消费者宣传药品及相关卫生知识，指导消费者科学合理地选药用药。这不仅可以帮助企业树立良好的社会形象、增加品牌影响力，扩大企业产品的市场占有率，而且可以大大地节约医药资源。

总之，在市场经济条件下，市场是企业的衣食父母、生命之源，医药企业千方百计迎合消费者的要求是天经地义之举，而了解它、掌握它则是其重中之重的要诀。

三、医药消费者市场分析的内容

由于市场具有错综复杂的内涵，其涉及的内容十分复杂。通常的分析方法是围绕"6W1H"展开消费者市场的分析工作。这6个W是指：购买者和购买决策者是谁和谁（两个who）、他（或她）为何购买（why）、在市场上要购买什么（what）、什么时候购买（when）、在哪里购买（where）、如何购买（how）等。

这六项内容可以说涵盖了市场营销人员在进行消费者市场分析时所需掌握的完全情况，也是搞好医药企业市场营销的前提和基础。例如，一家医药企业要生产一种新药，它事先必须经过分析研究，回答以下几个问题：目前市场上最需要什么药品？顾客为什么要购买这种药品？哪一类顾客会选用这种药品？他们在什么情况下（何时、何地、如何）进行购买？如果对这几个问题的分析是正确的，那么对这种药品的市场需求、消费者的消费心理和购买行为也就清楚了。下面就按这个思路展开阐述。

（一）购买者和决策者

1. 谁是产品的购买者　了解谁是购买者，主要是要求医药企业了解特定药品的购买者情况，如需求总量、消费者年龄构成、收入情况、职业、地区分布、受教育程度等。这是企业研究消费者市场的基础和开始，找准消费者后才能展开进一步研究工作。例如，OTC药品市场的购买者一般是：成年人；有一些医学常识，具备一定的药品使用经验者；在经济上有一定的来源，可以自主支配药品费用者；文化程度较高、医疗保健意识较强或工作节奏快的人。

2. 购买过程中的决策者是谁　在消费者市场中，消费者的购买活动一般以消费者个人或以家庭为单位，但是购买的决策者，通常不是家庭这个集体，而是家庭中的某一个或几个成员。因此，企业就必须进一步了解各家庭成员在购买决策中所起的作用和影响。掌握这方面的情况，有助于确定营销组合因素的调整，从而有助于进行有效的营销活动。家庭各成员或有关人员对购买决策的影响力，是个非常微妙的问题。有时候，购买药品的决策者似乎是患者本人，但实际上有可能是其家庭成员中的一员施加了决定性的影响，也更有可能是医生。这时，医药企业的产品特性和各种促销方法，就必须尽量符合那些真正具有决定性或影响力的顾客的需求。

在消费者的实际购买活动中，人们可能以不同的身份出现。

（1）倡议者（initiator）　首先想到并提出要购买某种药品的人，一般是患者，包括儿童、老年人、成年人在内。

（2）影响者（influencer）　对最终的购买决定有直接或间接影响的人，包括家人、朋友、医生、药店店员、广告代言人等。

（3）决策者（decider）　最后决定整个购买意向的人，如买不买、买什么、买多少、怎么买、什么时候买或到哪里买。

（4）购买者（purchaser）　购买行动的实际执行人。

（5）使用者（consumer）　所购药品的最终使用者。

儿童药品的消费者是儿童，决策者和购买者一般是父母。家庭中，妻子可能帮助丈夫购买保健品和药品。既然不同的家庭成员对购买商品具有不同的影响力，因此研究不同的家庭特点，了解家庭各成员对购买决策影响力的差异，对市场营销活动是十分必要的。为了研究这些差异，就必须从家庭的不同特性来着手。

第一个特性是家庭权威中心所在。由于各种家庭的情况不同，家庭权威就可能不同，赫伯斯特（Herbst）把家庭分成四种不同的类型。①家庭 AA 制型：每个家庭成员相对独立地作出各自的购买决定。②丈夫至上型：丈夫支配一切，包括购买决定。③妻子至上型：家庭购买决策权掌握在妻子手中。④共同支配型：大部分购买决定由家庭各成员协商作出。虽然各种社会里这四种类型的家庭所占比重各不相同，但都会同时存在。随着受教育程度和收入的增加，越来越多的家庭由丈夫支配型转变为共同支配型，这种转变对市场营销有着很深刻的意义。

第二个特性是家庭的文化和社会阶层背景。一个家庭的社会地位或主要成员的职业不同，家庭成员的分工和形成的"自我观念"就不同，这也会影响不同家庭成员在购买决策中的地位。

第三个特性是家庭生命周期。在家庭生命周期的不同阶段，家庭对商品的兴趣和需求会有明显的差别；家庭处于不同阶段，家庭各成员对购买决策的影响力也有明显的区别。

总之，对于消费品购买者的研究，其根本宗旨在于准确地吸引消费者。

（二）为何购买

即消费者的购买目的。消费者自行购买药品的原因有以下几点：治疗不严重的疾病、缓解轻微伤痛、方便、省时、节约费用等。

大量消费者表示：自己去药店最主要的原因是得了小毛病，自身能够察觉症状并且判断缓解的程度。所以乐于自我保健、自我药疗，治疗日常小病。

患者对自身一些常见的、轻微的小病症进行自我药疗，大大节省了他们去医院排队看病、等待治疗的时间。同时，非处方药的市场销售价格比处方药便宜，因此消费者可以节约费用。

（三）购买什么

消费者购买医药产品核心是购买健康。药品的疗效、包装、外观、说明书、使用方便性、口感、毒副反应、起效速度、安全性、品牌等，都可能是影响消费者选择的因素。在研究消费者购买什么时，除了要回答企业目标顾客最想得到的产品和服务以确定企业的市场营销定位外，更重要的是市场营销人员要掌握企业目标市场中的消费者在购买药品时所关心的是什么、考虑的是什么、担心的又是什么等内容。由于消费者的差异，使同一类药品的不同消费者在购买药品时所关心考虑的内容不可能一样，有人关注疗效、有人关心价格、有人关心品牌，也有人注重广告宣传或完全听从医生的建议。这样就可使医药企业在市场营销中很好地把药品的利益与消费者的需要结合起来，解决其根本问题，使需要得到充分满足。

（四）何时购买

由于药品作用的特殊性，大部分消费者是什么时候生病什么时候购买，也有一些消费者（如慢性病患者、老年人等）会在家中存储少量药品。但从医药市场总体上考察，与其他商品相比，药品更具有季节性。有时在药品营销过程中会因为某些疾病的发生具有时间上或季节上的规律性而产生旺淡季之分。如一年中冬春季节就是病症的高发期，例如感冒咳嗽，因而感冒类药品的销售就会比夏季高出许多。掌握消费者在购买药品时可能存在的时间性规律后，就可以在生产和经营上有一定的提前量，以把握最佳的销售时机，扩大药品销售。

一些预防药、常用药消费者习惯方便时购买、顺便购买，因而医药企业加强流通渠道管理，使其更贴近消费者、更方便消费者购买显得至关重要。

（五）何处购买

在我国药品消费中最基本的购买地点是两个：一是医院（医疗单位），二是药店。随着互联网的发展，药店又包含了网上药店这种新形式。

在医院销售的药品一般以处方药为主，由于需要专业知识做后盾，消费者自主消费的情况很少发生，所以以服从型消费为主。随着互联网医药的发展，也有部分消费者会在网上医院进行问诊，由有处方权的医生在网络上开具处方，随后消费者在网络上进行处方药的购买。消费者购买处方药的品种、数量等基本仍由医生决定。

OTC 药品通常在药店出售。由于 OTC 药品是消费者可以完全自主消费的药品，而且可以利用大众媒体做广告宣传（处方药则不能在大众媒体，只可在药监部门与卫生部门指定的专业媒体上宣传），所以药品品牌、知名度及广告效应对药品的销售作用就非常大。医药企业在做 OTC 市场时，可以多采用一些普通消费品做市场时的方法，通过广告宣传和企业，公关行为，努力提高企业和产品的知名度和美誉度。同时还需要注意药品的外观、颜色、包装等是否具有很强的吸引力和冲击力。此外，药店所处位置、药品柜台的布置、主要客源的状况、药店销售人员的服务态度和服务质量等，均对药品的销售产生直接的影响。

（六）如何购买

消费者的购买行为，是指其在具体购买药品时表现出来的心理和行为特征。受购买者的经济收入、受教育程度、专业知识、个性、地点、时间等因素的影响，药品消费者在购买药品时的行为并不是完全一致的。根据购买者的特性，药品购买行为一般可分为 6 种类型。

1. 服从型购买　这类消费者由于缺乏相应的医学和药学专业知识，在医药商品消费过程中基本上听从医生的意见或药品导购人员的推荐。前者常见于医院诊疗过程中，后者则发生在社会零售药店为多。

2. 盲目型购买　这类消费者由于缺乏应有的医药学知识，因而不能理智地决定购买计划，往往容易受药品广告、外观、包装、说明书或促销人员的诱导，盲目冲动地购买某种药品。这样的情况经常发生在减肥药品市场和保健品市场中。

3. 理智型购买　这类消费者在实际购买以前，对于自己所要购买的商品，持十分慎重的态度。事先都经过较周密的考虑和反复的比较，所以在购买时早已胸有成竹，或者具备相应的医学和药学专业知识，因而不会贸然做出购买行动。

4. 习惯型购买　这类消费者要么具备一定的药品知识，要么属于久病成医者，因而往往忠诚于一种或数种老牌、名牌产品，习惯于购买自己熟知的常用药品，不轻易购买别种同类产品。他们对新产品不敢贸然做出购买决定，属于保守型的购买者。

5. 经济型购买　这类消费者由于经济条件的限制，因而特别重视价格，对药品价格非常敏感，廉价药品对于他们最有吸引力。

6. 方便型购买　可以用于自我诊疗 OTC 药品通常在日常生活中消费者会采用方便型购买方式，如就近的零售药房或者网上药店。

第二节　影响医药消费者购买行为的因素 ⓔ微课

消费者购买行为，是指消费者为了满足自己的某种需求，在寻找、购买、使用以及评估药品营销或服务时所表现出的行为。医药消费者需求实际上是指人们想要在市场上获得所需要的药品并具有实际购买能力的欲望。这种特定欲望的实现过程，就具体表现为各种各样的购买行为。研究消费者购买行为，就是要了解消费者购买药品或服务的原因，凭以预测他们可能的购买行为，从而使企业可能通过各种营销活动，影响和控制未来消费者的购买行为，使其向有利于企业经营的方向发展。消费者用药过程中虽然目的动机比较单一，但由于收入水平、生活水准和消费习惯等的不同，其购买行为也就会有很大的差异。

医药消费者购买行为的形成也是一个相对复杂的、受一系列相关因素影响的连续行为。一般地说，是由于消费者首先受到了某种刺激（内在的或外部的）产生某种需求，由于需求而产生了购买某种商品的动机，最后产生某种购买行为。

一、影响消费者购买行为的个人因素

影响消费者购买行为的因素很多。通常，人们认为决定消费者购买行为的因素，主要是病情和经济因素。现代市场营销学除了十分重视经济因素外，还日益强调社会因素和消费者心理因素的作用。因为消费者生病后的购药行为，更多是经济因素、社会因素和个人心理因素综合作用的结果。

影响消费者购买行为的个人因素也称为消费者生物的或内在的因素，具体可细分为以下4类。

（一）个人需求

心理学家认为，消费者的购买行为和任何其他行为一样，都产生于某种尚未得到满足的需求（needs），但是需求要被强烈地诱导与刺激才能形成动机（motives）。心理学家虽然不同意把人的需求机械地归纳为若干层次，但是美国心理学家马斯洛（Abraham·Maslaw）在1954年发表的《动机与人》一书中提出的"人类需求层次论"（hierarchy of needs），在西方还是被公认为是有用的理论，在市场营销学中占有很重要的地位。他的理论是基于以下两种前提。

第一，人类是有欲望的动物，需求什么，要看已有了什么。只是尚未满足的需要才影响人行为，已得到满足的需求不是一种动力。

第二，人类的需求按重要性被划分成几个层次，当某种低层次的需求获得某种程度的满足时，人们才会去追求更高层次的需求，如图4-1所示。

1. 生理需求（physiological needs）　是人们为了求得延续生命的基本需求，是最低层次的需求，例如满足其解饥、御寒和睡眠等所需的食、衣、住等方面的需求。

2. 安全需求（safety needs）　是保障人身安全，以免遭受危险和威胁，如保险、保健、药品等的需求。

3. 社会需求（social needs）　是指人的一种归属感。人类在社会中生活，往往很重视人与人之间的交往，希望成为某一团体或组织有形或无形的成员，得到人们的重视和友谊等。

图4-1　马斯洛需求层次理论

4. 尊重需求（esteem needs）　人类具有自尊心和荣誉感，希望得到别人的尊重，希望在才能、品

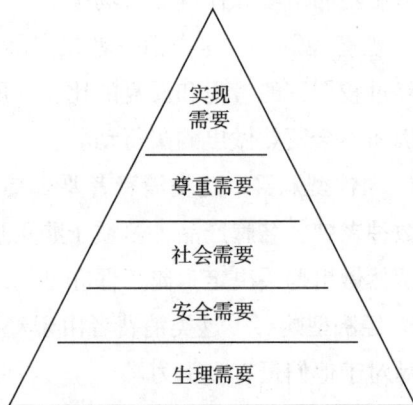

德及成就等方面得到他人的好评，受到公众的承认。

5. 自我实现需求（self – actualization needs） 是指人本身的潜力、才智与能力能得到充分发挥的需求，这是最高层次的需求。马斯洛对这一需求是这样解释的："一个健康的人总是被要充分发挥自己的才能的需求所鼓舞，别人能干什么，他就要干什么。"

人们行为的推动力，是没有得到满足的需求。当低层次需求得到某种程度的满足后，人们就开始追求更高一级的需求；当一种需求得到满足以后，它就失去对行为的刺激作用。需求层次理论对市场营销学产生了巨大的影响。例如，根据购买者不同的需求层次，可以将市场细分为若干市场，生产和出售不同品种的产品。在生产力水平很低的地方，大部分消费者为获得基本的生存条件而劳动，因此他们的主要需求是基本的食物、衣着、住房和其他与生存有关的商品。在这种市场上，消费者对商品的选择不很复杂，因而需要的销售技术也比较简单。随着生产力的提高和生活条件的改善，消费者的需求会不断变化，市场也会越来越复杂。在发达国家，支配人们购买行为的心理需求往往占重要地位。这样，许多商品销售的成败关键，就取决于产品的象征性意义以及能不能满足消费者的心理需求。

药品是特殊商品，按上述需求理论来分析，其购买行为的背后是消费者身体康复的欲望未被满足。因此可以说消费者购买药品行为的根本原因是生了病。然而，从现代市场营销理论来看，生病后需吃药是无疑的，但具体吃什么药、吃多少药、如何吃药等问题就不是仅由"生病"这一点来决定的了。这比其他的决定或影响因素作用更直接，也是市场研究人员最感兴趣的东西。同时，相对于其他可以刺激或诱导的需要而言，服药治病的需要就不是随便可以刺激的，因而医药企业更需要在其他方面做文章。

（二）心理感受

1. 心理感受过程 心理学认为，感受是人们通过感觉器官接受外界环境的刺激后在大脑中留下的评价与反映。

潜在消费者产生了购买动机以后，其购买行为还要取决于对刺激物的感觉。任何消费者购买商品，都要对通过用自己的五官感觉（视觉、听觉、嗅觉、味觉或触觉）得到的印象，进行综合分析，才能决定是否购买。所以，一切产品和广告宣传，只有通过人的感觉，才能影响消费者的购买行为，这个作用过程如图4－2所示。

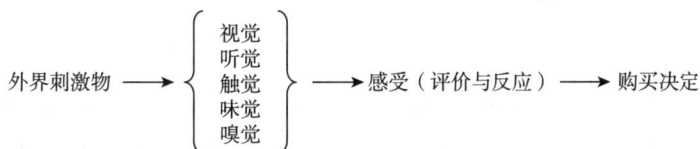

外界刺激物 ⟶ { 视觉 听觉 触觉 味觉 嗅觉 } ⟶ 感受（评价与反应）⟶ 购买决定

图4－2 心理感受对购买行为的影响

由于任何外界事物都会通过每一个人的感觉器官在心中留下印象，而由于个体的差异，每一个人的感觉器官的感觉能力是不同的，因而即使是完全同样的事物作用在不同的人身上时，各人心中的所得到的感受是绝对不可能一样的。

但是正如前述，从市场营销学的观点来看，消费者的感觉，并不是完全由外界刺激物的特点决定的，它还受到消费者固有的文化、社会和心理评判标准、价值观念等主观因素的影响。例如，同样的一种药品，其产品名称、包装外观、广告方式和用语、价格等，有人会得出好的评价，而另一部分人却认为不好，从而直接影响其买与不买行为的发生。

2. 过滤效应 特别值得注意的是，并不是每一件事物都能在所有人的心里产生感觉效应。因为每一个人从感觉器官接受外界刺激后到形成感受的过程里，会发生过滤效应（心理学上称知觉的选择性），即所谓的选择性注意、选择性理解、选择性记忆。

（1）选择性注意　心理学家发现，由于兴趣、精力等原因，人们在五彩缤纷的世界中往往注意预期的刺激物和变化较大的刺激物。一个想买保健品的消费者，会十分注意相关保健品的广告和商店、生产厂家，并留下各类保健品的印象；尽管他也同时接触到许多洗涤剂和杀虫剂的广告，但大脑里不会留下什么印象。

（2）选择性理解　人们对感觉到的外界刺激物进行理解时，往往按自己的想象（如个人经历、偏好及当时的情绪）去解释。如一则药品广告宣传某药品同时具有的助消化功能和助睡眠功能时，消化不良者会注意其助消化功能，而失眠症患者则会根据其助睡眠功效来判断其疗效的好坏。

（3）选择性记忆　人们每日接触到的信息可谓是不计其数，但真正在大脑中留下印象、产生记忆的东西不会太多，能记住的往往是与个人的兴趣、爱好、态度、信念相一致的事物，这也得益于大脑的过滤功能，否则大脑里要乱成一锅粥了。

根据消费者这样的心理特点，医药企业为了使药品能在潜在消费者心中形成预期的感觉，提高其在消费者心中的形象，从而刺激消费需求，就有必要采取多种方式，把商品的形状、颜色、功效、味道、剂型、成分、包装等特性，通过有别于其他药品的方式全部展示给消费者。另外，为增加对消费者的刺激作用，还要增加广告宣传的频率或实际接触的次数，如此反复宣传、"强化"作用，才能加深消费者的印象。这也是现实生活中要想扩大销售产品广告必须经常做，甚至于天天做的理由。

3. 自我形象　每个人都有多方面的精神面貌，心理学家称之为"自我概念"（self concept），它影响着人的具体行为。"自我"由四部分组成：①"真实的自我"（real self）是一种客观存在；②"自我形象"是指消费者心目中首先把自己看成什么样的人，或者使别人把自己看成什么样的人；③"别人眼中的自我"（looking - glass self），是指每个人估计别人怎么看他（她），他怎么看自己和别人怎么看他，存在着一些差距；④"理想的自我"（ideal self），是指一个人希望能达到的一种形象，也就是理想中想追求的一种形象。在实际生活中可以看到，许多消费者的购买行为，是由于期望保持或美化"自我形象"，达到"理想的自我"而采取的购买决策。他们选购商品时，如果认为某种商品与自己的"形象"相一致就会购买；与自己的"形象"不相称就会拒绝购买。

消费者的"自我形象"越来越成为企业市场营销重要的因素，了解消费者的自我形象类型，将有助于医药企业正确地确定药品的市场定位策略。

（三）学习能力

学习能力是指人们从实践经验中获得知识的能力。心理学家认为，人类除本能驱使力（如饥、渴等）支配的行为外，其他所有的行为皆属学习行为。与市场营销密切相关的概念有保留、强化和选择等。

1. 保留　是指人们在实践中会把与自己爱好、兴趣相关的内容记忆在大脑中。当人们通过感觉器官接受外界（刺激物或提示物）的刺激后，会产生相应的感受，无论是好的感受还是坏的感受，人们都会产生一定的记忆。

2. 强化　如果上述感受反应带来的结果是令人满意的，下次再遇到类似的刺激物或提示物时，他就可能再次作出相似的反应，这就是反应的进一步"强化"。相反，如果反应的结果令人失望，下次作出类似反应的可能性就缩小，甚至不存在。

3. 选择　是指好的并经过若干次"强化"的感受反应会支配人们以后消费者行为。即当类似的需要再产生时，消费者就会在相同的药品中挑选那些自己感觉好的产品。

例如，一个不小心将手划破的人，初次使用云南白药创可贴后，如果其止血护创、伤口痊愈等效果令其十分满意（会自动保留感受），几次使用后良好的效果会进一步"强化"其对创可贴的良好印象。当以后再遇到类似情况，他就会不假思索地去购买使用（选择功能）本产品。

（四）消费者态度

态度是人们对某一事物的喜爱或厌恶的情绪表现，态度的形成是经验累积的结果，而且具有持久性和行动性特点。消费者对于一种商品的态度，常由三个相互联系的要素组成，即信念、感性和意向。人们对商品的信念可以建立在不同的基础上：有的信念是建立在"知识"基础上，例如对于缓释剂可以减少服药次数的信念；有的信念是建立在"见解"的基础上，例如认为长期服用滋补保健品可以延年益寿；有的信念是建立基在"信任"的基础上，例如对某种品牌的药品的信赖。大多数消费者往往并非根据"知识"，而是根据自己的"见解"和"信任"决定购买。

消费者的态度来源：①实际使用药品后的亲身体验，如感冒患者服用几种感冒药后，哪些有效、哪些作用不明显就一清二楚了；②相关群体的介绍与推荐，除了医生的作用外，日常生活中关系密切的普通人也会对当事人产生影响；③媒体、广告的宣传作用，它对药品消费者的影响也越来越大。

态度的持久性是指人们一旦对某产品形成态度后，很长时间内不会改变，要想使其转变具有相当大的难度。态度的行动性是指态度对消费者行为的指挥作用，喜爱的就会合作，厌恶的就会排斥。因而医药企业营销工作的重点就是通过各种方式影响、促使消费者建立对本产品的固定喜爱态度以及对本企业的信任，争取消费者的好感。在产品日益丰富、市场竞争日趋激烈的今天，这可谓是医药企业销售工作取得成功的先决条件。

医药企业如何使得购买者的态度倾向于其产品，做法有两种：一种是保持或改变消费者对其产品的原有态度，使其转向对企业有利的方面；另一种是先摸清消费者对某些产品的倾向性后再生产出投其所好的产品。前者是非常困难的，企业应倾向于后一种做法，改变产品款式、包装，改进剂型，使其符合消费者的需求。

二、影响消费者购买行为的社会因素

人既是自然人，更是社会人，这是人的两重性体现。一个人的消费习惯和爱好，并不是天生就有的，往往是在一定的社会里受别人的影响而逐渐形成的。这种直接或间接影响他人消费行为的个人或集团的作用，就是这对个人行为的社会影响。每一个人的行为在很大程度上要受社会背景和社会环境的影响，人类的需求、欲望与行为受其所处的社会地位、文化素养和相关群体的影响。社会因素的影响主要反映在以下方面。

（一）家庭

家庭是以婚姻为基础、以血缘为纽带的社会组织的基本细胞，也是消费行为中最基本的群体。家庭是每一个消费者接受影响最早最多的外部环境，消费者的一些基本的价值观念、消费爱好与模式、风俗习惯都直接来自家庭。市场营销学者研究家庭对个人购买行为的影响时，最感兴趣的是家庭结构、家庭生命周期、家庭成员之间的关系与影响等内容。

1. 家庭结构　是指家庭的组成模式与规模，家庭结构和规模会影响那些直接以家庭为基本消费单位的商品营销，如电视机、电冰箱、空调器等，其尺寸、容量、功率等都受家庭规模、住宅条件等的限制。我国的家庭规模有小型化的发展趋势，三口之家越来越多。另外，在家庭中谁来做购买决策也很重要，日本、韩国等家长制家庭，较偏重长辈意见，而欧美等民主型家庭则偏重子女的意见。由于这两种家庭中决策者的价值观念不同，从而导致购买决策有所不同或完全不同。

2. 家庭生命周期　营销学研究家庭影响时，会根据家庭的生命周期（不同状态）来分析其购买力的高低和需求商品的差异，因为一个家庭的收入变化和需要商品的重点，会随家庭生命周期的变化而变化。

西方营销学者一般将家庭划分成七个不同阶段：①独身阶段；②新婚阶段；③满巢期一，年轻夫妻且有 6 岁以下孩子；④满巢期二，年轻夫妻且有 6 岁或 6 岁以上孩子；⑤满巢期三，年纪较大夫妻且有已能自立的孩子；⑥空巢阶段，年纪较大的夫妻，没有孩子与他们住在一起；⑦寡居阶段，单身老年人。结合医药市场的特点，也可将家庭简单地划分为以下几个对市场营销有意义的阶段。

（1）新婚阶段　此阶段包括从刚结婚开始一直到生育后代之前，基本属于青年型家庭。由于没有其他经济负担，加上双方父母会给予一定的经济资助，因此购买力旺盛。因为是成立一个全新家庭，所以需要商品基本是家庭生活中的必需品。根据我国的传统习惯，逢年过节和一些有特殊意义的日子里结婚的人特别多，这是商家销售的黄金时间。此阶段对药品企业而言不存在太多的特殊商机，因此只能按常规的营销策略从事。

（2）哺养子女阶段　此阶段包括从生育、哺育后代开始到子女工作、结婚独立为止，属于中青型家庭。自从有了小孩，家庭生活的重心由此转移到了后代身上，望子成龙心态使得孩子的成长、教育成为家庭的最大支出项目。整体购买力相对下降，而且需要的商品比较集中在小孩的用品上，从刚开始的衣、食、玩到后来的文化、体育，无一不是父母们乐意购买的商品。等到孩子长大工作，父母又要为其筹措婚姻大事。总之，在这一阶段里，父母的精力透支到了极限、经济压力最大，在消费行为上根本无暇顾及自己太多的需要。这一阶段中，对医药企业有利的是儿童药品市场，总体上说每年出生的新生儿越多，其药品市场规模就越大。而且出于年轻父母对独生子女的爱护，加上经济条件普遍改善，因此只要药品效果好、作用快、副作用小、易于小孩服用，价格高一些家庭也会接受。此时，生产经营儿童药品的企业的营销战略可以使用名牌、高档次、精包装、高价格的方法。

（3）子女独立阶段　此阶段包括所有子女结婚另立门户开始，一直到原来家庭消失的过程，国外称为空巢期和寡居期。这一阶段的特征是，夫妇经济负担减轻，收入达到一生的顶峰，住房条件达到最好，也有时间来满足自己的消费需要（如外出旅游等）。但随着年龄的增大，各种疾病也随之而生，看病吃药成为常事，与年轻家庭相比整体消费趋于保守并有很强的针对性。这一阶段对于医药企业来说是最具吸引力的时期：各种形式的疾病的存在，为其提供许多商机；经济收入的提高、经济条件的改善，消费者能够承受较多的医疗开支；追求生活质量和保健意识的增强，使消费者愿意朝这方面投资（虽然大部分人或大部分情况下是无奈的）。这种不得不买、买得起、愿意买的市场特征，往往使得相应的营销工作要容易得多。当然具体到企业和产品，还是要深入研究中老年消费者的心理、爱好、观念等，制定有效的营销策略，才能谈得上占领这个市场。

3. 家庭成员　家庭成员间关系是亲密还是疏远，是独立还是依赖，是支配还是从属等都会在消费行为中得以体现。营销学中特别注意家庭成员中的影响者和决策者角色，因为他们对消费行为的影响是最直接和彻底的。因而营销人员要结合产品特点和家庭成员的关系，特别是药品促销工作，采用一些能引起消费者联想或情感的方法或词语，以促进产品的销售。常见的方法有利用年轻人要给老年人送礼的习俗、"其实男人或（女人）更需要照顾"、子女回报父母等。

（二）相关群体

相关群体也称咨询群体，指的是消费者在日常的学习、工作、生活、社交中建立起来的相对稳定的各种社会联系，如同学、老乡、同事、邻居等。人们在生活中的各种行为，无时无刻不受到各种相关群体的影响。不过，由于关系不同，其影响程度也不同。研究相关群体对消费行为的影响，对于企业的营销活动是十分重要的。因为人们在需求上有很强的模仿性和可诱导性，在购买上经常体现为从众行为。某些明星的消费行为常常成为普通消费者竞相模仿的对象就是一个最好的例证。

按照与消费者关系的密切程度，相关群体可分为直接相关群体和间接相关群体两大类。直接相关群体又称成员群体，是指个人所从属的群体或与其有直接联系的群体。直接相关群体又可分为首要群体和次要群体。首要群体是指与某人直接接触、经常交往的一群人，如家庭成员、亲戚朋友、同事同学、邻居等。他们对消费者的购买行为影响最大，通常通过意见、建议或社会压力直接影响消费者的选择。间接相关群体则包括那些对消费者的决策有间接影响的群体，如公众人物、行业专家、社交媒体影响者等，他们的影响更多地体现在社会认同或模仿行为上，虽然不直接与消费者互动，但通过传播信息和塑造潮流间接影响消费者的决策过程。

（三）社会文化

任何人都在一定的社会文化环境中生活，其认识事物的方式、行为准则和价值观念都会区别于不同社会文化环境中的人们。如我国北方人与南方人、沿海人与内地人、城里人与农村人，他们的审美观、爱好、需要产品都有很大的差别。

另从市场营销学的角度来看，每个社会的文化又可分为若干亚文化群。①民族亚文化群：不同的民族有其独特的风俗习惯和文化传统。②宗教亚文化群：不同的宗教信仰有着不同的文化倾向和戒规。③种族亚文化群：不同种族各有不同的文化特点和生活习惯。④地理亚文化群：各地因自然地理环境、地形气候等的不同，其地方特色和生活方式有很大不同。

研究社会文化对人们生活方式的影响，目的在于了解不同文化群的消费者的购买行为，从而确定和制定相应的营销策略。这一点对于国际市场营销显得更为重要。

第三节 医药消费者购买决策

一、医药消费者购买行为类型

消费者在购买不同商品时，其购买行为的复杂程度差异很大。有些购买行动非常简单，有些购买行为则极其复杂，不仅参与购买决策的人员多，而且决策过程也长。因此，在研究消费者购买决策之前，有必要先对消费者购买行为类型进行划分。根据购买参与程度和产品品牌差异程度，可以把消费者购买行为划分为四种类型，如表4-1所示。

表4-1 消费者购买行为类型

品牌差异程度/购买参与程度	高	低
大	复杂型	多样型
小	寻求和谐型	习惯型

（一）复杂型购买行为

复杂型购买行为指消费者购买参与程度和品牌差异程度都高的商品。由于消费者缺乏专业知识，在首次购买价值大、品牌差异也大的医药产品时，消费者往往需要经历一个完整的决策过程。在被唤起需求以后，他们经常会花大量时间收集有关产品的信息，对可供选择的品牌的各种特性进行评价，然后凭借以往消费对一些品牌形成态度和信念，最后再作出谨慎的购买决策，购买参与程度非常高。而积累了一些消费经验，再次购买同类产品时，购买行为和决策过程就会大大简化。对于复杂型购买，医药企业应注重对新药的宣传推广，分别以医生和患者为对象，展开双向的、不同层次的立体宣传。针对患者的广告应以提高产品的知名度和宣传品牌，达到家喻户晓为目的，以期对消费者的购买行为产生有利的影响，促使其简化决策过程。

（二）寻求和谐型购买行为

寻求和谐型购买行为指消费者购买品牌差异程度小但购买参与程度较高的商品。由于品牌差异不明显，消费者一般不会花很多的时间收集信息并对品牌进行全面评价，其往往更关心价格、购买时间和便利性等因素。因此，这类商品的购买过程迅速而简单。但也正因为购买决策过于迅速，消费者在购买以后更容易出现因发现所购商品的缺点或其他商品的优点后的不协调感，从而对其购买决策的正确性产生怀疑。为追求心理平衡，消费者这时才注意寻找其所购买产品的相关信息，以期消除其心理的不和谐感，证明自己决策的正确性。对此类购买行为，营销者一方面要通过价格、渠道、人员推销等手段引导消费者的品牌选择；另一方面，还要通过完善的售后服务与购买者保持联系，及时提供信息，使消费者相信自己的购买决策正确无误。

（三）多样型购买行为

多样型购买行为指消费者购买价值量小但品牌差异大的商品。在购买一些安全性高、疗效确定、质量稳定、使用方便等特点的药品时，购买决策过程相对简单，消费者购买参与程度低，显示出与其他日常消费品类似的购买特征。但因为同一治疗类别的药品品牌众多，差异较大，表现在功效、价格、包装、品牌声誉上的不同，因此消费者寻求多样化的购买行为。由于价格不高、品种规格多样，即便购买不慎所承担的风险也很小，消费者在购买时往往经常更换品牌。他们一般不会主动寻找信息并评价品牌，而是在消费时才加以评价，但下次购买时又可能转换其他品牌。转换品牌并不是因为对以前购买的品牌不满意，只是为了尝试一下新品牌。对多样型购买行为，大型医药企业的营销策略是通过占领更多货架、避免脱销以及提醒式广告来留住消费者；而中小型医药企业一般的营销策略是通过有吸引力的各种促销手段来鼓励消费者尝试新品牌。

（四）习惯型购买行为

习惯型购买行为指消费者购买价值量小、品牌差异也小的商品。消费者不需要深入收集信息和评价品牌，而是根据经验或习惯购买。对习惯型购买行为，医药企业可以通过各种营销手段吸引消费者试用，或开展连续性的广告宣传强化消费者的记忆，或通过增强产品的差异性来引起消费者的注意，从而引发消费者的购买欲望。

二、医药消费者购买决策过程

消费者的购买决策，从表面上看，似乎就是"买"与"不买"，非常简单，而事实上，这是一个复杂的过程。消费者的购买，实际上在购买行为发生以前就已经开始，并且在购买商品以后并没有完结。购买决策过程一般可分为一个连续的不同阶段，如图4-3所示。

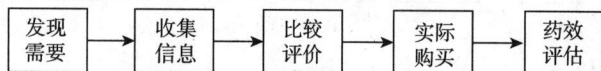

发现需要 → 收集信息 → 比较评价 → 实际购买 → 药效评估

图4-3　药品购买行为过程

（一）发现需要

消费者首先要认识到有待满足的需求，如身体有了疾病，才能产生购买药物动机。引起消费者自行购买药品的因素有：可能是疾病发作，身体产生不适的症状；或者疾病多发季节即将到来，提前预备药品；或者受购药环境影响，比如设在超市、药店的产品展示，医药企业促销活动也会引起非计划购买行为发生。

医药消费者购买药品，都是为了满足某种需求或解决某种问题，购买行为的发生常源于以下情况。

1. 突发性需要　这是医药市场中最常发生的购买行为。对于一个具体的消费者而言，由于疾病的发生一般情况下都是没有规律的，所以对药品的需要不具备预见性和预期性。只有生病后，才会产生购买某种药品的需要。

2. 经常性需要　这种购买行为如发生在个体身上，则是由于患了某种慢性病所以会经常购买某种药品。消费者对这类药品的品牌、效能、价格都非常熟悉，一般不需花时间考虑。对于这种购买行为，医药企业的主要营销工作是：①保持产品质量、价格和一定的存货水平，对现有顾客进行"强化"工作；②利用适当的提示物，例如通过广告宣传、营业推广等，吸引潜在顾客对本产品的注意，改变他们原来的购买习惯。

3. 无意识需要　①指患者本身已经存在某种病症，但由于一些原因没有引起注意，所以也没有用药的需要；②某种新药的宣传力度不够，消费者不知道这种药品的存在，所以也就没有购买药品的需要。针对这类情况，医药企业首先需要做的工作就是增强消费者的健康卫生意识，珍惜生命；其次是进行合理的广告宣传，提高产品知名度，使无意识的需要变成现实的需要。

（二）收集信息

当医药消费者进行经常性购买时，其需求能很快得到满足。但如果是因突发性需要而购买药品时，由于消费者不具备相应的专业知识，不能完全自我作出用药的判断。这时消费者常见的做法要么去医院、诊所，要么去零售药店，由医生或专业药师对疾病作出诊断并决定用药品种和数量。也就是向一些有经验的人咨询，着手收集有关产品、品牌、价格、性能、规格等的信息资料，这种情况在 OTC 药品市场较为常见。医药企业营销人员最重要的工作之一是要根据药品种类并结合研究消费者的行为以及影响消费者判断，选择各种信息来源。医药消费信息来源有下列 4 类：①个体的来源（家庭、朋友、推销员、邻居、同事等）；②商业来源（医院、诊所、零售药店零售商、药品包装、说明书等）；③大众来源（广告宣传、科普教育、药品展览、义诊服务等）；④经验来源（以前用药经验、已有的健康卫生知识等）。

每一种信息来源因所患病情不同和药品种类的不同，在影响消费者购买决定时的作用也不同。一般而言，商业和大众来源的信息起宣传和告知的作用，个体和经验来源的信息发挥权衡和抉择的作用。医生在消费者用药方面有绝对的权威和指挥权，零售药店和广告宣传对 OTC 市场影响较大。

（三）比较评价

医药消费者需对已经获得的药品信息进行比较、评价、判断和选择后，才能最后做出购买什么（品牌）、购买多少（数量）的决定。比较评价是一个复杂的过程，在 OTC 药品市场上，除了消费者本身因素如病情、经济条件、知识水平、身体状态等外，影响判断选择的因素还有以下几个方面。

1. 药品方面　影响医药消费者判断和选择的内容有药品质量、品牌形象、适应证、药品的疗效、价格、毒副作用、广告宣传等；对药品的选择主要看其是否能快速解除痛苦，其可靠性、副作用和价格等。

2. 服务方面　药品零售网点的数量、所处位置、零售药店的形象、知名度、店堂布置、POP 广告、销售人员的服务态度和质量等也会影响消费者对药品的需要。

3. 政策制度　指消费者在医院看病时除由医生影响用药的品种和数量外，国家或地区的医药保险目录也直接影响（限制了）消费者用药的品种和数量。

（四）实际购买

医药消费者经过上述几方面的权衡比较后，才能最后作出购买决定并发生购买行为。购买决定的确定和购买行为的最后发生，除了消费者自己的判断选择外，还受其他因素的影响。

1. 他人态度　这是影响购买决定与实际购买的因素之一，消费者行为受很多因素影响，他人的影响是不能忽视的。这些人包括家庭成员、直接相关群体、医生、药品零售人员等，如果他们的否定态度愈强烈，且与该消费者的关系愈密切，那么消费者的购买意向就愈低或直接取消购买决定和购买行为。

2. 风险因素　也可称未知因素，是指消费者的预期与实际之间可能存在的差异。消费者仅有购买意向并不能导致实际购买，购买行为是购买意向与未知因素相互作用的结果。这些风险因素是消费者在购买前竭力想得到证实或解决的，如财务风险、功能风险、生理风险、社会风险、服务风险等。

市场营销人员应该了解那些有可能使消费者改变购买决定与行为的因素，并提供降低风险的资料和进行购买帮助的尝试。

（五）药效评估

市场营销学非常重视消费者的购后感觉与再购行为之间的关系，因为消费者的购后评价具有巨大的"反馈"作用，关系到这个产品在市场上的命运。西方许多企业信奉一句名言："最好的广告是满意的顾客"。判断消费者的购后行为有三种理论。

1. 预期满意理论　即认为消费者对产品的满意程度，取决于预期希望得到实现的程度。如产品符合消费者的期望，购买后就会比较满意；反之，期望与现实距离越远，消费者的不满就越大。因此，企业对药品的广告宣传要实事求是，不能夸大其词，否则消费者的期望不能兑现，就会产生强烈的不满，进而影响产品和企业的信誉。

2. 认识差距理论　即认为消费者购买商品后都会引起程度不同的不满意感。原因是任何产品总有其优点和缺点，消费者购买后往往较多地看到产品的缺点。而别的同类产品越是有吸引力，对所购产品的不满意感就越大。企业除了要向消费者提供货真价实的一流产品外，还要采取积极措施，消除顾客认识上的差距和不满意感。

3. 实际差距理论　药品使用后的实际效果受很多具体因素的影响。前面已经分析，药效既受药品本身又受患者个体的制约，它不可能与理论上的或统计上的有效率完全一致。医药企业市场营销人员的任务是要指导消费者（有时甚至是专业医生）合理正确地评估药效，从而帮助其合理用药。

知识链接

近年来，医药消费者市场与购买行为的研究取得了显著进展，主要集中在个性化医疗、数字健康平台的普及以及患者参与度的提升等方面。

1. 个性化医疗　随着基因组学和生物技术的发展，个性化医疗逐渐成为医药市场的重要趋势。消费者越来越关注针对自身特定病情和体质的定制化治疗方案，而不仅仅依赖传统的"一刀切"式药物。研究表明，个性化药物可以提高治疗效果，并减少副作用，从而改变了消费者的购买行为，使其更倾向于选择高度个性化的产品。

2. 数字健康平台的崛起　数字技术的发展推动了在线健康咨询和药品购买平台的普及。通过这些平台，消费者可以轻松获取药品信息、比较价格，并作出更为理性的购买决策。最新的研究还表明，数字平台的普及显著提升了医药市场的透明度，减少了信息不对称带来的购买误导。

3. 患者参与度的提升　现代消费者越来越注重自身在医疗决策中的参与度。研究表明，当消费者更多地参与到治疗选择中时，他们对药物的依赖度和满意度都会显著提升。这种趋势促使医药企业加强与消费者的互动，提供更多的教育资源，以帮助消费者作出更明智的购买选择。

随着医药消费者市场的发展，消费者权益在个性化医疗、数字健康平台的普及以及患者参与度提升的背景下，变得尤为重要。首先，个性化医疗的趋势要求消费者能够获得透明且准确的基因信息和个性化治疗方案，以确保其权益得到充分保障。其次，数字健康平台的崛起增加了消费者的选择权，但同时也带来了数据隐私和信息安全的风险，确保平台的合规性和信息的可靠性至关重要。最后，患者参与度的提升强调了消费者在医疗决策中的自主权，医药企业和医疗机构应积极支持并尊重消费者的选择，确保他们在整个治疗过程中享有充分的知情权和参与权。这些方面的进展共同推动了消费者在医药市场中的权益保护和维护。

思考题

答案解析

某大型连锁药店推出了一款针对中老年人的新型膳食补充剂，声称该产品能够有效增强免疫力和改善睡眠。为了促进销售，药店不仅在店内展示，还通过线上平台进行推广，提供详细的产品介绍和使用指南。药店还组织了一系列健康讲座，邀请专家讲解中老年人的营养需求，并在讲座后提供产品的优惠购买。张先生是一名60岁的退休教师，因长期失眠和免疫力低下，决定购买该补充剂。在购买前，他通过线上的健康问卷评估，获得了个性化的用量建议，并在药店现场进行了咨询。

张先生购买并开始服用该膳食补充剂后，最初感觉身体状况有所改善，但几周后，他发现睡眠质量没有明显提升，且出现了轻微的胃部不适。张先生开始怀疑这款产品是否真的适合自己，并考虑是否继续服用。

通过上述案例，请完成下述思考题。

1. 张先生在决定购买这款膳食补充剂时，受到了哪些消费者行为因素的影响？
2. 药店在推广这款产品时，如何利用消费者市场细分来吸引像张先生这样的目标群体？
3. 在张先生出现胃部不适后，他的购买决策过程如何可能受到"认知失调"理论的影响？
4. 药店如何通过售后服务来应对张先生的顾虑，确保消费者满意度？
5. 张先生在购买决策前，药店应如何进一步加强消费者教育，以帮助他作出更理性的选择？

书网融合……

本章小结　　　　　微课　　　　　习题

第五章 医药组织市场与购买行为

PPT

📖 **学习目标**

1. 通过本章的学习，掌握医药组织市场的定义、医药组织市场购买行为的决策过程、医药中间商市场的购买行为；熟悉医药组织者市场的特征、医药组织购买行为的影响因素；了解医药政府和非营利组织市场购买行为。

2. 能够获取、收集、处理、运用数据和文献资料，对医药组织市场的行为模式与决策过程进行分析；能举例说明这些因素如何影响医药组织购买行为，具备发现问题、分析问题、解决问题的能力；能够根据医药组织市场不同购买行为的决策过程，为医药企业制定合适的营销策略，具有一定的医药市场营销策划的能力。

3. 树立良好的职业道德，坚持质量为本、真诚守信、人民利益至上的医药行业发展理念；树立法治观念，遵纪守法，树立服务至上的营销理念。

医药市场与其他商品市场一样，其需求也由两大部分构成：一部分是药品直接消费者组成的市场，另一部分是由医药生产企业、医药商业企业、药品零售企业、各级各类医院和诊所、政府机构等所组成的组织者市场。根据国家有关规定，药品生产企业不能够进行药品的直销活动，其产品大部分需经过医药商业公司、医院或零售药店才能到达消费者手里。另外，生产原料药的企业面对的客户则是医药生产企业。与医药消费者市场相比，医药组织市场的购买者是组织而非个人，其购买目的是为了进一步生产或销售，而不是为了个人使用。它们都具有组织购买、团体决策的共同特点，因而组织市场与消费者市场的购买行为存在着显著的差异。研究医药组织市场的特征、特点，掌握其购买规律，无疑对医药企业的市场营销有重要意义。

第一节 医药组织市场类型及特征

一、医药组织市场的定义和构成

医药组织市场指由所有这样的个体和组织构成，它们采购医药产品或劳务的目的或是为了进一步加工生产成其他产品然后出售，或是直接销售，从而获得经济利益。换言之，这种市场购买行为的直接目的不是为了自我个人的使用，而是为获利。由于医药商品的特殊性，一些需求还来自各级政府机构和非营利组织市场等。在这个市场上，因为购买者主体是组织，所以其购买也称为集团性购买。医药组织市场一般由医药产业市场、医药中间商市场、各级各类医院和诊所市场、政府机构和非营利组织市场等组成。

（一）医药产业市场

医药产业市场指购买医药产品、医药中间体、原辅材料和服务用于进一步加工、制造其他医药产品或服务，并用以销售或租赁以获取利润的企业和个人所组成的市场。作为朝阳产业，我国医药产业市场发展迅猛，市场规模正在不断扩大。医药产业与生命、健康、生活质量等密切相关，是永远成长和发展的产业，医药产品的需求弹性较小，医药产业与宏观经济的相关度较低，在经济萧条时期也能保持较高的增长速度。

在全球医药行业迅速变革的浪潮中，中国制药业正经历一场深刻的转型，从传统的仿制药生产逐步迈向创新药研发的前沿。化学制药是我国医药产业的支柱，在医药市场中占据着主导地位。中国化学制药行业市场规模在过去几年中持续扩大，已经成为全球最大的化学药品生产和消费市场之一。受益于国内庞大的市场需求和人口红利，中国化学制药行业的产值和销售规模不断扩大。近年来，我国生物医药产业发展成效显著，产业规模持续增长。中药行业随着国家一系列的新政策出台，迎来政策红利推动发展的时期。

（二）医药中间商市场

医药中间商市场指购买医药产品直接用于转卖或租赁以获取利润的企业、机构和个人，由各种医药批发商和零售商、各级各类医院和医疗诊所等组成。医药批发商和零售商介于医药生产企业和医药消费者之间，专门从事药品流通活动。患者是药品直接的、最终的消费者，但是，医院和医生是药品的中转站，也就是间接消费者，我国 80% 以上的药品都要通过医生处方开给患者。药品知识的专业性较强，没有医生处方，消费者不能买到处方药。消费者在购买和使用 OTC 药品时，也十分关注专业人士如医生、药剂师等的意见。药品消费者（患者）行为的依赖性，使医生在药物消费过程中处于一种控制、支配消费的地位。

（三）医药政府和非营利组织市场

医药政府和非营利组织市场指为行使政府职能和履行非营利组织职能而购买医药产品和服务所构成的市场。政府的医疗卫生保健制度、我国的基本医疗保险政策、应对战争和突发性公共卫生事件的要求等，使各级政府部门成为医药产品和服务的购买者。红十字会、慈善机构、救助机构等非营利组织既不同于企业，也不同于政府机构，它们具有稳定的组织形式和固定的成员，独立运作，发挥特定社会功能，以推进社会公益而不以营利为宗旨，也是医药产品和服务的购买者。

二、医药组织市场的特征

与医药消费者市场相比，医药组织市场具有以下一些特征。

（一）市场需求方面

1. 购买者数量少，但购买数量大　一方面，医药组织市场上购买者的数量远比医药消费者的数量少得多，组织市场营销人员比消费者市场营销人员接触的顾客要少得多。另一方面，组织市场单个用户的购买量却比消费者市场单个购买者的需要量大得多，医药市场上所有药品都要经过它们的手才能形成或销售，每个购买者购买的数量之大，是任何个人消费者所不可比拟和不可想象的。2018 年 12 月由国家医疗保障局主导的"4 + 7"城市药品带量集中采购在上海正式开标。国务院办公厅印发《深化医药卫生体制改革 2024 年重点工作任务》中提出：推进药品和医用耗材集中带量采购提质扩面。2024 年各省份至少开展一批省级（含省际联盟）药品和医用耗材集采，实现国家和省级集采药品数合计达到 500个、医用耗材集采接续推进的目标。完善提升医药集采平台功能，加强网上采购监督，提高药品和医用耗材网采率。

2. 购买者地理位置相对集中　购买者所处位置与国家的经济政策、经济布局、经济条件、自然资源、投资环境等因素密切相关。组织市场购买者往往集中在一定的地理区域，从而导致这些区域的采购量占据整个市场的比重很大。例如我国的医药企业密集的地区以东部沿海经济发达的地区为主，如江苏、浙江、天津、山东、广东等。大型医药商业企业、零售企业和大型医院都集中在大中城市里。

3. 购买者的需求是派生需求，但需求价格弹性小　派生需求也称衍生需求，医药组织市场的需求是从消费者对医药最终产品和服务的需求中派生出来的。医药组织市场购买者的需求最终取决于医药商品市场对最终产品的需求，如对原料药、中间体、化工原料、中药材等的需要，直接来自药品市场对这些产品的制剂产品的需求。并且其需求对其中间产品价格的波动敏感性不大，在短期内更是如此。不像医药消费者，会因为价格的变化而改变需求，但由于经济学上的加速原理，受经济前景和医药科技发展影响较大。

（二）购买单位方面

1. 更多的购买参与者　医药组织市场的购买决策受更多机构和人的影响。大多数企业和医院有正式的采购组织，即采购中心，重要的购买决策一般要由技术专家和高级管理人员共同作出，审批程序复杂、审查严谨。这就要求营销人员也具备良好的专业素质，掌握相应的营销技巧。

2. 组织购买属于理性购买，专业性较强　与医药消费者市场不同，医药组织市场购买的理性程度极高，面对的采购人员都是专业人士，对所要采购产品的性能、质量、规格和技术要求了如指掌，不像消费者市场有那么多的冲动购买。对营销人员的要求极高，既要具备专业医学、药学知识，又要具备必需的市场营销知识，为了应对受过良好训练的采购人员，供应商必须对其销售人员进行严格培训。

3. 购买具有连续性，业务关系相对稳定　由于医药组织购买技术性强、产品替代性差、质量要求严、需求具有连续性和稳定性，因此组织购买经常需从供应厂家直接购买，并且一旦合作成功，其关系会长久维持下去。

（三）购买决策行为方面

医药组织市场的购买决策类型可以分为 3 种。

1. 直接采购　医药组织市场的购买者往往直接向供应商采购，不经过中间环节，特别是在采购价格昂贵或技术复杂的产品和服务时。

2. 购买过程复杂但规范　医药组织市场购买常常涉及大量的资金、复杂的技术、准确的药价成本－效益评估，以及采购中心中不同层次人士之间的人际关系。因此，医药组织市场购买往往要经历较长时间。调查显示，产品销售从报价到产品发送通常以年为单位。另一方面，组织购买过程比较程式化，大宗药品购买通常要求提供详尽的产品说明书、书面采购订单等，对供应商有严格筛选和正式批准的过程。

3. 互惠购买　医药产业市场中的医药原辅材料购买者之间往往相互依存，在采购过程中经常互换角色，即在采购过程中经常互惠采购，即"你买我的产品，我就买你的服务"，有时这种互惠体现在三方甚至更多。

三、医药组织购买行为的影响因素

医药组织购买行为根据其需要不同，大致分为两大类：一是新任务采购，指为了适应制造新产品或扩大销售品种而增加的需要；二是连续型采购，指由组织正常的生产经营计划所产生的采购需要。

医药组织市场的购买行为与医药消费者市场购买行为截然不同。例如个人消费者经常会因受到众多非技术性的干扰和影响而改变需要，比如医生和药店店员的建议，但医药组织市场则不然。医药组织购买行为的动机比较单纯，表面的目的是为了生产或经营的连续，降低生产经营成本，但根本的目的还是为了获得经济利益。当然绝不是说经济因素是影响其行为的唯一因素，环境因素、社会因素、心理因素等都会对组织购买行为产生影响。按其影响范围可分为四类：环境因素、组织内部因素、人际关系因素及购买参与者个人因素（图 5-1）。

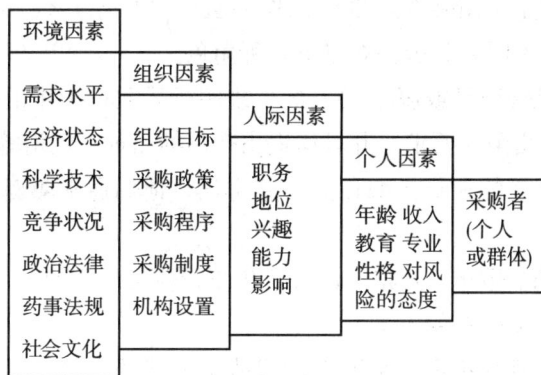

图 5-1 影响组织市场购买的主要因素

1. 环境因素 是指影响医药组织市场购买者生产经营的外部环境因素，它包括政治法律、医药科技、市场竞争、经济、人口、社会文化等。在正常情况下，这些外部因素既可以为它们提供市场机会，也可能制造生存障碍，它直接制约着医药组织购买者的经营内容、市场规模，规范着它们的生产经营行为，并用经济的、行政的、法律的、舆论的等手段对他们的市场行为作出公平的评判与选择，只有适者才能生存。因为药品的特殊性，国家的监督管理非常严格，如药事法规对医院进药环节制定有明确而具体的要求。由于医药企业生产经营者与组织购买者存在着一荣俱荣、一损俱损的相生相克的依存关系，所以营销人员必须密切注意这些环境因素的发展变化，对这些影响因素可能对组织购买者的作用方向和力度作出正确的判断，并及时调整营销策略，力求将问题转变成机会。

2. 组织因素 是指医药组织市场购买者内部状况对购买行为的影响。组织市场购买者本身也都是一个一个按照国家有关法律要求组建而成的生产经营企业或机构，就其采购工作而言，它的经营目标、采购政策、业务程序、机构设置、采购制度等都一应俱全。企业营销人员与这些组织客户打交道时，也必须对这些内容进行充分的了解，如医院的进药程序、药事委员会的构成、参与采购工作的所有人员及对供货时间、产品质量、付款时限具体规定等，从而规范自我的营销行为并尽量与这些具体的要求相吻合。

3. 人际因素 是指组织市场购买者内部的人事关系等，这些也可能影响其采购活动。在这些组织内部，由于参与购买过程的部门和人员较多，所承担的角色和作用各不相同。他们相互之间的关系和影响程度，经常是市场营销人员费尽心机想了解的内容，但往往也是最难掌握的东西。因为变化太大，且没有太多的规律性。例如组织与组织不一样，并且每一个人的影响程度也会随他所处的环境条件（如心情、职位、需要等）的变化而变化。对于这些人际因素切不可盲目猜测，而是要深入了解，仔细辨析。寻找并满足决策者的需要，是营销成功的关键要素之一。

4. 个人因素 医药组织市场购买经常被认为是"理智的"行为，如医院采购药品。但当供应药品的质量、疗效、价格、服务等相类似时，医院采购人员的个人因素就会产生较大的作用。这些因素通常指采购人员的年龄、收入、教育程度、职位、性格、兴趣、爱好及职业道德、敬业程度、与医药代表的关系等。人是感情动物，在其决策过程中不可能不掺入感情色彩。所以医药企业营销工作不仅要在药品质量、价格、服务等"硬件"上下功夫，也要在与采购人员经常沟通、建立良好稳固的私人关系等的"软件"上做文章。

四、医药组织市场购买行为的参与者

医药组织购买行为以专业性强、参与人员多、机构稳定（医院里只有药剂科专门负责药品的采购工作）等为其特色。研究分析每一个组织购买过程中参与者及担当的不同角色，有助于医药企业在营销过程中采用正确促销策略，这对于专门做医院推广工作的医药（厂家）代表而言就显得尤为重要。从采购行为中参与者所承担的任务不同来分析，有以下几种角色。

1. 使用者　是实际使用某种药品或服务的人员，或例行采购行为中的药品仓库有关管理人员。在大多数情况下，由他们首先提出采购要求，并具体提出药品的品种、规格等。

2. 影响者　是影响采购决策的人员，如相关科室主任，他们通常对新特药品进行审查把关，协助采购工作正常进行。

3. 决策者　指有权决定药品数量、规格、品种、价格及供货厂家的人，例如药剂科主任、院长。

4. 采购者　指实际完成采购任务的人员。

5. 批准者　指那些有权批准决策者或采购者所提购买方案的人员，如医院药事委员会成员或医院院长。

需要指出的是，在实际采购工作中这些人员的组成或担当的角色经常会变动。首先是不同单位（医院）情况不同，因此营销人员必须具体问题具体分析；其次是医院基本目录药品采购与医院新特药品的采购又有很大区别。在医药营销过程中做新特药品的"进医院、上量"等工作难度最大。

五、医药组织购买行为的决策过程

药品的采购工作是保证医药公司、零售药店、医药正常经营和杜绝假冒伪劣药品、保证药品质量和患者用药安全的重要环节，因此无论是国家药事法规还是每个医院、医药公司、零售企业都对采购工作制定有严格的规章制度。一般所需采购的药品在数千种左右，其特征是品种多、数量大、周转快。采购工作总的要求首先是保证全部采购药品的优质和安全有效；其次是根据经营的需要保持一定数量的药品品种和数量，保证"基本药品目录"中的常用药和主要品种不断货，以供医生和患者选用；最后是按国家有关规定认真做好毒、麻、精神、贵重药品和有效期药品的管理工作。

药品采购工作要经过什么样的环节，主要依据采购药品的不同或政策规定的不同而定。现以医院为例介绍说明各类药品的采购、进药过程。

（一）基本目录药品的采购

1. 提出采购计划　根据有关规定，医疗单位药品采购由药剂部门统一管理，其他科室不得自购、自制、自销药品。采购的药品以本院基本用药目录为依据，不得购销与医疗无关的各种生活用品或化妆用品。为保证药品质量，严禁从个人手中或未取得药品经营许可证的非法药品经营单位采购药品。

药品采购计划，首先由药品仓库有关人员根据库内药品的使用消耗情况及临床需求等，掌握所需药品的品种、规格、数量等，按管理规定制订药品进购计划，填写药品计划申购单（表 5-1），最后由药剂科主任审定签字。

表 5-1　×××医院药品计划申购单

品名	规格	现有库存量	计划数量	进货价	批发价	金额

院长：　　　　　　　　　　　科（室）主任：　　　　　　　　　制表人：

2. 采购调研　接到采购任务后到具体洽谈前，药品采购人员需进行较为详细的情报调研工作，对有关货源、质量、价格等进行多方的比较。由于医疗单位比较重视当地医药经营部门这个货源主渠道，药品生产企业应事先与医药公司签订营销合同，采取合法的促销措施，力争使医药公司把本企业药品作为主打产品。同时，本企业的营销人员（医药代表）也应采用上门推销的方法做好推广工作，帮助医药公司做好医院工作。当然，详细的印刷精美的企业资料和产品资料（说明书、报价表、有关证明材料）在任何时候都是药品推销中不可缺少的东西。因为它既能提供采购人员所想知道的各种信息，又是企业形象和实力的一种体现与拓展。

3. 采购洽谈　医院采购人员在掌握供应厂商和产品情况的基础上，根据医院采购计划，就药品品种规格、数量质量、价格、供货方式、供货时间、结算方式、违约责任等内容进行谈判。

4. 签订合同　即以法律文书的方式确定供需双方的权利与义务。

5. 评估履约情况　即药品采购合同履行情况的追踪与评价。一方面监督医药公司或厂商按合同规定按质按量按时供货，同时根据合作情况确定以后是否继续合作。所以医药企业要增强法律意识，既严格履行合同，如果必要也应学会用法律武器维护自己的利益。

（二）常规用药的集中招标采购

药品集中招标采购工作的程序如下。

1. 医疗机构提出采购要求　医疗机构依据临床需要和减轻患者药品费用负担原则，组织有关部门或人员编制本期拟集中采购的药品品种（规格）和数量计划，经单位药事管理机构集体审核后提交药品招标采购经办机构（可以是医疗机构联合组织的招标采购机构，也可以是依法设立、从事药品集中采购代理业务并提供相关服务的社会中介组织）。

2. 药品招标采购经办机构按国家有关规定组织招标活动

（1）认真汇总各医疗机构药品的采购计划。

（2）依法组织专家委员会审核各医疗机构提出的采购品种、规格，确认集中采购的药品品种、规格、数量，并反馈给相关医疗机构。

（3）确定采购方式，编制和发送招标采购工作文件。

（4）审核药品供应企业（投标人）的合法性及其信誉和实力，确认供应企业（投标人）资格。

（5）审核投标药品的批准文件和近期质检合格证明文件。

（6）组织开标、评标或谈判，确定中标企业和药品品种品牌、规格、数量、价格、供应（配送）方式以及其他约定。

（7）决标或洽谈商定后，组织医疗机构直接与中标企业按招标（洽谈）结果签订购销合同。购销合同应符合国家有关法规规定，明确购销双方的权利和义务。

（8）监督中标企业（或经购销双方同意由中标企业依法委托的代理机构）和有关医疗机构依据招标文件规定和双方购销合同做好药品配送工作。

（三）新特药品的采购

以上采购过程适用于医院必须的、常用的、"医院基本药品目录"品种范围内药品的采购工作，医院新特药品的采购工作不在此列。医院新特药品，是指不属于"医院基本药品目录"品种范围内的，虽然国家已有生产或进口，但本院临床使用极少或国内上市不久，临床使用经验不多，或本院尚无使用先例，或虽有先例但使用经验不足以推广于临床的药品及制剂。

1. 申购计划的提出　由于医院新特药品不属于基本用药，故一般不列入常规性计划申购。只有当个别医生或科室因医疗、教学或科研需要，指定使用某一新特药品时，才给予计划申购。医院新特药的计划申购必须先由申请医生或科室填写"新特药品计划申购单"（表5-2），经有关领导和部门（新特药品必须经药事委员会的审批，无药事委员会的县以下医疗单位由院长负责审批）签署意见、审核批准后，才能正式列入申购计划。

表 5-2 ×××医院新特药品计划申购单

年 月 日 NO：

药品名称：	企业名称或产地：
规格：	数量：
参考资料：	
申购理由：	
申购人：	科室负责人：
药剂科领导意见：	药事管理委员会或院长意见：
药品采办记录	

2. 医院新特药计划申购审批程序 具体程序如图 5-2 所示。

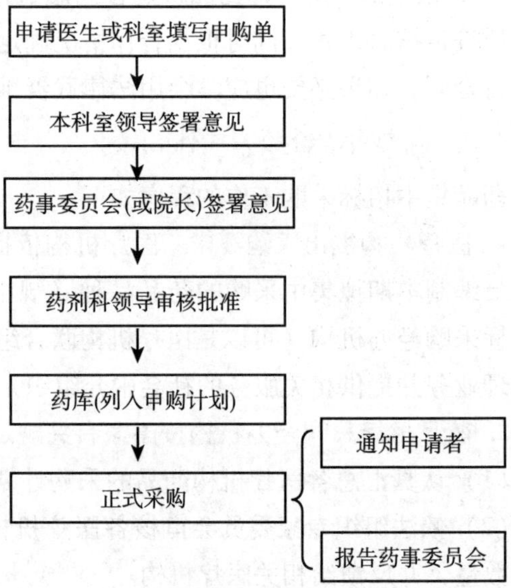

3. 采购使用 药品仓库接到经批准的"新特药品计划申购单"后，将所申购药品的名称、规格、数量填入药品计划申购单，交采办人员采办。药品采购后通知申请医师或科室使用，同时让其填写"新特药品使用情况报告单"（表 5-3）。在药品使用完毕后，回收报告单，并与原"新特药品计划申购单"一并归档，作为日后筛选基本药品目录的依据。

对于大多数医药企业而言，开发新特药品不仅仅是因为药品具有生命周期的特征，更是企业不断增加市场竞争能力、促进其经营管理上台阶的必由之路。然而，想使新特药品顺利走向市场、走进医院，医药企业及医药营销人员只有全面熟悉医院的进药程序与要求，提供必需的资料与证明，才能在药品销售过程中少走弯路，提高成功率。

图 5-2 新特药品计划申购审批程序

表 5-3 医院新特药品使用情况报告单

承用科室（医生）_____ 药品名称_____ 启用日期_____ NO：

使用一般情况	申购数：	实购数：
	实用数：	剩余数：
	使用病例数：	
	统计病例数：	
临床疗效情况	有效：	治愈：
	与其他药物联用情况：	
不良反应情况	毒性反应	
	过敏反应：	
	其他副作用：	
药动学情况		
评价意见	使用医师意见：	
	使用科室意见：	
	药剂科主任意见：	
	药事管理委员会意见及其他：	

本单一式二份，一份药库申购办理人员归档备查，一份交药事委员会。

夯实医疗机构主体责任，及时合理配备、使用谈判药品

医疗机构是谈判药品临床合理使用的第一责任人。各定点医疗机构应落实合理用药主体责任，建立院内药品配备与医保药品目录调整联动机制，要根据临床用药需求，及时统筹召开药事会，"应配尽配"。对于暂时无法纳入本医疗机构供应目录，但临床确有需求的谈判药品，可纳入临时采购范围，建立绿色通道，简化程序、缩短周期、及时采购。对于暂时无法配备的药品，应建立健全处方流转机制，通过"双通道"等渠道提升药品可及性。应健全内部管理制度，加强临床用药行为监管，规范医疗服务行为，确保谈判药品合理使用。

第二节　医药产业市场的购买行为

一、医药产业市场的购买行为模式

医药产业市场购买行为模式也是一种"刺激－反应"模式。在该模式中，营销活动和其他环境刺激对医药产业市场购买者产生影响，并引起购买者作出某些反应。医药产业市场购买者所受到的刺激与医药消费者一样，都来自两个方面：营销刺激和外界环境刺激。这种刺激进入医药产业组织后产生的反应，表现为对产品或服务的选择、对供应商的选择、订单的数量、配送和服务、付款条件等。刺激如何转化为反应，则要看医药产业市场购买组织是怎样活动的。在购买组织内部，购买活动由两部分组成：一是采购中心，二是购买决策过程。采购中心由涉及购买决策过程的所有人组成；购买决策过程则受到医药产业组织内部因素、人际关系和个人因素的综合影响。

研究医药产业市场的购买行为，需要逐项回答以下问题：医药产业市场的购买对象、参与购买过程的人员、产业购买行为的主要类型、影响产业购买的主要因素、产业购买者的购买决策等。

二、医药产业市场的购买对象

1. 生产设备　包括医药生产企业的主要生产设备、厂房建筑和价值昂贵的装备，如发酵反应器、动态提取设备、生产线、包装成套设备等。这类产品大都价值昂贵、技术性能要求高，对采购方的生产效率及产品质量至关重要。它是采购企业的一项重大决策，往往多人参与采购，过程复杂且相当程序化。

2. 原辅材料、中间体及零部件　化学制药工业属精细化工，有有机合成、无机合成、生物合成以及物理处理等工艺。其中合成又分为全合成、半合成两种方法。所以制药工艺是很复杂的，所用原料也较多，有的产品用料达三四十种，每道工序对中间体的质量要求也很高。在实际生产过程中，有的原材料并不参加某一化学反应过程，而只是为化学反应创造条件，例如溶媒和触媒等，有利于真正参加化学反应的原料和别的原料去反应，或是起到促进和加速化学反应的作用。还有一些起到保护反应过程良好条件的作用，如直接控制反应液的温度的材料，二氧化碳吸收热量变成气体逸出，它并不参加反应，只起到保护成品不受高温破坏的作用。这些产品大多有规定的标准、等级和规格，企业需要定时、定点重复采购。采购方对供应商的供应时间、供货能力、价格、数量折扣以及运距等比较关注。

3. 附属设备和消耗品　附属设备主要是一些价值较低，在医药生产过程中不起关键作用的设备，如运输工具、办公设备等，这些产品在采购时一般会有规格标准方面的要求，采购行为比较简单。消耗品是那些单价低、消耗快、需要经常购买的产品，如办公用品、清洁用品、润滑油等，通常这些属常规购买，购买决策过程简单。

4. 服务 在很多情况下，服务与实体产品一起被购买，如维修服务、广告、运输、人员培训、市场调研、审计及各项咨询服务等。服务产品的无形特征使得服务销售和采购比较复杂。服务质量是服务采购中非常重要的因素，但它不仅表现为技术质量，还表现为职能质量。因此，对医药服务的提供者来说，要从多方面构建服务质量体系。

三、医药产业市场的购买类型

医药企业购买决策的复杂性取决于其决策类型。医药企业主要有三种决策类型：直接重购、修正重购和新购。

1. 直接重购 即用户按过去的订货目录继续订购。需要重复购买产品时，采购方通常选择熟悉并满意的供应商，持续采购，而且不变更购买方式和订货条款，甚至建立自动订货系统。直接重购行为对原有供应商和新的供应商的影响有很大不同。对原有供应商来说，他们应当努力保证产品和服务的质量，并尽量简化买卖手续，争取稳定供应关系。对新的供应商来说，他们几乎没有什么机会。当然，可以通过提供一些新产品或消除不满意来争取下一次获取订单的机会，也可以通过接受小订单来打开业务。

2. 修正重购 当医药组织市场的购买决策者认为选择替代品能带来很大的益处时，往往发生修正重购。修正重购即用户为了更好地完成采购任务，部分调整采购方案，如改变需采购产品的规格、型号、价格等，或重新选择新的供应商。修正重购通常比直接重购涉及更多的决策参与者。与直接重购相比，修正重购在对原供应商增加了压力的同时却给新供应商提供了机会。修正重购对原有供应商提出了更高的要求，供应商需要做好市场调查和预测，根据医药生产者需求的变化，努力提高产品的质量，降低成本，并不断开发新产品，从而迎合采购商变化的需求。对新的供应商而言，修正重购则意味着一个获得新业务的机会，需认真对待。

3. 新购 即第一次购买某种医药原料、中间体、辅助产品或服务，这是最复杂的购买行为。在决策过程中，采购的成本或风险越大，参与决策的人数就越多，他们收集信息的工作量也越大。这种购买行为为所有潜在供应商提供了平等竞争的机会，同时也意味着最大的挑战，他们在设法对采购方施加尽可能多的影响的同时，还需为他们提供尽可能多的帮助。

四、医药产业市场的购买决策过程

最复杂的医药产业市场购买需要经历八个阶段，当然，直接重购和修正重购可以省略其中的某些环节，下面分析典型的新购过程。

1. 认识需求 当医药产业出现新的变革，产生新技术、新工艺，或研制出新产品或某些专利药品保护期已满，医药生产企业很快就会认识需求，并寻找到解决问题和实现需求的方法。需求的产生可能是内部刺激所致，如消费者对产品剂型有了新的要求、生产新产品需要新设备和原料、原有设备发生故障需要更新等。需求也可能由外部刺激引发，如采购人员参观展览会、浏览广告或接受供应商推销人员的访问后发现了更好的产品。因此，更多地了解医药产业市场的发展趋势，可以使营销人员对产业市场的需求有更好的了解，从而也更有机会获得订单。此外，加强推销和宣传也不失为一种激发潜在需求的好办法。

2. 确定需要 就是确定所需医药产品和服务的种类和数量。如果是简单的重复采购，这个过程很简单。如果是复杂的新购项目，购买者需要和技术人员、操作人员甚至高层管理者共同确定项目的条件。供应商此时应设法向采购者介绍产品特性，协助他们确定需要。

3. 说明产品规格　说明所购医药产品的品种、性能、规格、特征、数量、质量和服务等。这常常需要采购中心做价值分析，价值分析的目的是降低成本。通过价值分析，确定能否对它进行重新设计或实行标准化，从而将生产成本降到最低。随后，专业人员将确定最佳产品的特征并确定详细的说明书，作为采购人员的采购依据。对医药产业市场的营销人员来说这是一个非常关键的阶段，认识这些购买影响者并认清他们之间的相对关系和重要程度是最好的竞争优势。此外，供应商也可以将价值分析作为工具，帮助寻找新客户。

4. 寻找供应商　医药产业市场采购人员通常利用工商名录或其他资料查询供应商。如今，越来越多的公司通过国际互联网来寻找供应商。为此，供应商应充分重视"工商企业名录"和计算机网络系统，为自己入选采购商名单打下基础。

5. 征求供应建议书　医药产业市场购买者向合格的供应商发函，请他们提交供应建议书。对于复杂、贵重产品的新购，采购方往往要求每一潜在供应商提出详细的书面建议，经选择淘汰后，请初选合格的供应商提出正式的供应建议书。为了提高自己的入选概率，医药产业市场的营销人员必须熟悉供应建议书的书写要点和提交程序。提交的文件不能只是包含技术内容，还要能使采购方产生购买信心。

6. 选择供应商　医药产品采购中心的人员对供应商提供的有关资料进行具体分析和评价，最后作出决策。他们主要考虑供应商产品的质量、规格、价格、信誉、服务、交货能力、地理位置等属性。采购人员在不同情况下，对上述条件的重视程度会有所不同。过去，为了保证充分的供应和获得优惠的价格，很多公司乐意选择多一些的供应商，现在，由于供应链理论和技术的推广使这种情况发生了变化，许多公司都在大量缩减供应商的数量，并期望他们选中的供应商在产品开发阶段就能和自己密切配合，共同工作。作为供应商，必须了解这一变化，以便更充分地作好准备。

7. 签订合约　医药产业市场购买者根据所购产品的技术说明书、订购数量、交货时间、退货办法、产品保证条款等内容与供应商签订最后的订单。为了设备的维修、修理或操作，采购者常常签订一揽子合同。一揽子合同能建立一种长期关系，不仅可以节约订货洽谈的时间和金钱，还可以减少采购者的订货成本和仓储成本。

8. 绩效评价　医药产业市场购买者对各个供应商的供货状况进行检查，通过询问使用者，按照一定的标准对供应商的履约情况进行评估，以决定维持、修正还是中止供货关系。供应商需要关注采购者的评估标准，以保证自己能让客户满意。有关研究表明产业供应商对于顾客意见或投诉的处理速度至关重要。迅速处理、解决问题和纠正错误会提高获得新订单的概率；如果反应迟缓，则会降低顾客的满意度。

第三节　医药中间商市场的购买行为

医药中间商介于生产者和消费者之间，专门从事医药商品流通活动。从根本上来说，它承担着医药产品采购代理人的职能。医药中间商在地理位置上比医药产业市场购买者分散，比医药消费者集中。他们比较关心产品的价格、折扣、交货，以及供应商的市场支持如广告合作等。中间商的购买行为与购买决策同样受到环境因素、组织因素、人际因素和个人因素的影响，其复杂的购买决策过程与产业市场中的新购十分接近。尽管如此，医药中间商市场的购买行为及决策，与医药产业市场购买行为有一定的差异。

一、医药中间商市场的购买类型

1. 新产品采购　即医药中间商采购以前从未购买过的某类新产品。此类决策首先要决定是否采购，其后再决定向谁采购。医药中间商往往综合分析市场需求、毛利、市场风险等因素后再作决策，其购买决策过程的主要步骤与医药产业市场的购买大致相同。

2. 选择最佳供应商   即医药中间商已经确定了采购的产品，只是在寻找最合适的供应商。选择最佳供应商往往基于两个原因：一是受制于经营场地，中间商只能选择经营若干品牌；二是中间商（特别是大型零售商）为自有品牌选择供应商。

3. 改善交易条件的采购   即医药中间商希望现有供应商在原有交易条件上有所让步，从中获得更多的利益。医药中间商会在同类产品供应商增多或其他供应商提供更优惠的交易条件时向现有供应商提出此类要求。

4. 直接重购   即医药中间商的采购部门按照过去的订货目录和交易条件，继续向原先的供应商购买产品。只要中间商对原来的供应商并无不满，在其存货水平低于订购点时就会要求续购。

二、医药中间商市场购买过程的参与者

医药中间商市场的购买参与者会由于其规模的不同而有所差异，其采购组织也有正式和非正式之分。有些情况下，中间商（小型零售商）把采购任务交由外部专业人员（采购代理）承担，以期获得更合适的商品，或更低的价格实惠。国家规定凡具有药品经营企业许可证的单位，可以经营处方药与非处方药（包括甲、乙两类）；经省级药品监督管理部门或其授权的药品监督管理部门批准的其他商业企业可以零售乙类非处方药。以连锁药店为例，参与购买过程的人员主要如下。

1. 商品经理   总部的专职采购人员，分别负责各类商品的采购任务，收集不同品牌的信息，最终选择适当的品种和品牌采购。当然，有些情况下商品经理不具有采购的最终决策权，而要由采购委员会决定。

2. 采购委员会   由医药公司总部的各部门经理和商品经理组成，负责审查商品经理提出的新产品采购建议，并最终作出决策。一般情况下，商品经理对决策起到关键性作用，采购委员会则起着平衡各种意见的作用，对新产品评估和购买决策的影响重大，并负责向供应商说明拒绝购买的理由。

3. 门店经理   掌握着门店一级的采购权。由门店经理掌控医药产品采购能力提高企业对不同地区市场环境的适应性和快速反应性，也便于提高门店经理的积极性，并有利于对其业绩进行考核。但在今天强调集中管理的背景下，门店经理即便掌握一部分商品采购权，比例通常也很有限。

三、医药中间商市场的购买决策过程

医药中间商对新产品的采购也需经历八个阶段，这与医药产业市场的购买是一致的。而最佳供应商选择、改善交易条件的采购及直接重购则会跳过某些阶段。

1. 认识需求   当医药中间商通过销售分析发现现有产品不适销对路，或通过广告、展会、供货企业的推销和消费者的询问等多种渠道了解到有更适销对路的新产品时，就产生了购买欲望。

2. 确定需求   指医药中间商根据其配货策略决定其产品经营范围的广度、深度和相关性。医药中间商的配货策略主要有以下4种。

（1）独家配货   即在同类产品中只销售同一品牌或同一厂家的产品。

（2）专深配货   即销售不同品牌不同厂家的不同花色品种的同类产品。

（3）广泛配货   即经营某一行业的多系列、多品种的产品，它比专深配货的产品组合要宽。

（4）混合配货   即经营跨行业、没有关联性的多种产品。与广泛配货相比，其产品组合的关联性弱。

3. 说明需求   指医药中间商写出采购说明书，详细说明所要购买产品的品种、规格、质量、价格、

数量和购进时间。医药中间商对采购的时间非常关注，因为销售时机将直接影响产品的销路。医药中间商对购买数量的确定则要考虑消费需求、存货水平以及药品成本/效益的比较。

4. 寻找供应商　指医药中间商市场的购买人员根据购买说明书的要求寻找合适的货源。只要不是直接重购，这个过程都可能存在，差异只是复杂程度有所不同。

5. 征求供应建议　指医药中间商市场的购买人员邀请合格的供应商提交供应建议书，中间商进行初步筛选。

6. 选择供应商　医药中间商的职能是为卖为买，因此它最关心的是商品采购能否让其实现快速销售以及毛利率。一般来说，医药中间商在选择供应商时，比较关心以下问题：供应商的合作欲望和合作态度、产品质量及与其目标顾客的吻合程度、价格及折扣和信用条件、交货时间、促销支持、售后服务、退货制度等。

7. 签订合约　与医药产业市场购买者相似，医药中间商也倾向于签订长期合同，以保证稳定的货源，并降低存货成本。

8. 绩效评价　指医药中间商对各个供应商的绩效、信誉、合作态度等进行评价，以决定是否继续交易。

第四节　医药政府和非营利组织市场的购买行为

一、医药政府购买行为分析

由于各国政府的医疗卫生保健制度的需要，在许多国家，各级政府的相关部门都是医药商品和服务的购买者，他们的采购带给很多医药企业机会。政府采购和医药产业市场的购买有许多相似之处，但也有不少差异。政府采购往往按照年度预算进行，在购买中，通常提出详细的要求，通过竞争性的招标，经过反复谈判，考察投标者的实力，经过认真评估才作出选择。因此，企业营销人员必须找出政府采购中关键的决策者，掌握影响其购买行为的各种因素，了解他们的购买决策过程。政府采购的根本目的是为了行使政府的职能、维护国家安全和社会公众的利益、稳定医药市场、对国外进行商业性、政治性或人道性的援助等。政府采购的主体有两类：卫生行政部门的购买组织和军事部门的购买组织。

（一）影响政府购买行为的主要因素

在医药市场，政府部门的购买行为也要受到环境因素、组织因素、人际因素和个人因素的影响，此外还受以下因素的制约。

1. 社会公众的监督　政府采购花费的是纳税人的钱财，必然受到广大社会公众的关注。从国家权力机关、政治协商会议、行政管理和预算办公室，到媒体公众以及公民和社会团体，都是政府采购的监督者。一般而言，政府的重要预算项目必须提交国家权力机关审议通过，并在经费使用上接受它们的监督。为此，政府采购部门常常要求供应商提供全面详尽的书面材料。

2. 受到国际国内政治形势的影响　政府采购的医药商品门类众多，治疗用药、预防用药、突发性社会公共卫生事件的应急用药，还有药用机械装备、原辅材料、包装材料和其他服务需求等。其采购投向和数量则受国内外政治形势的影响。如果国际政治形势紧张导致国内安全受到威胁甚至引发战争，政府采购的需求就会增大；如果政局稳定，政府采购中用于建设和社会公众福利的支出必然较大。

3. 受到国际国内经济形势的影响　一方面，国际国内的经济波动，会导致一国的财政收入增加或减少，从而影响政府支出；另一方面，一国经济形势不同，政府用于调控经济的支出也会随之增减，总的趋势是国家在医疗保健方面、医疗保险方面的开支会随着经济的增长而不断增加。同时，各国政府的政策对医药市场的影响很大。

4. 受到自然环境和因素的影响 一国在遇到自然灾害时，政府采购中用于抗灾的医疗支出必然会增加，例如为应对禽流感，我国政府专门采购了"达菲"等药品。

5. 受到医药卫生政策的影响 一个国家的医药卫生政策会深刻影响着政府购买行为。例如，随着我国医药卫生体制改革的不断深入，药品"零差率"政策的全面实施，各地在实行"省级药品采购平台统一招标采购"的模式下，对药品集中采购模式进行了不断探索创新，相继衍生出集团采购模式、跨区域联合采购等模式。各采购模式交互运行局面的出现，不仅有助于合理管控药品价格，解决药价"虚高"问题，而且将为医疗机构和生产企业提供更大的选择空间，对药品交易市场格局产生深远影响。

（二）政府采购方式

政府采购方式主要包括公开招标、邀请招标、竞争性谈判、竞争性磋商、询价、单一来源采购和框架协议采购七种方式。每种方式都有其特定的适用情形。

1. 公开招标 是政府采购中最主要、最常用的采购方式。它指采购人（招标人）以招标公告的方式邀请不特定的供应商（投标人）参与投标，通过竞争确定中标者的采购方式。按照竞争程度，公开招标可分为国际竞争性招标和国内竞争性招标。适用情形如下。

（1）货物、服务采购项目达到公开招标数额标准 当采购项目涉及的金额或规模达到法定标准时，必须采用公开招标方式。

（2）技术要求明确、规格标准统一 项目的技术要求和规格标准清晰明确，便于供应商理解和响应。

（3）市场竞争充分 市场上存在多个潜在的合格供应商，能够形成有效的竞争。

2. 邀请招标 也称选择性招标，是指采购人根据供应商或承包商的资信和业绩，选择若干家合格供应商（不得少于三家），向其发出招标邀请书，由被邀请的供应商投标竞争，从中选定中标者的采购方式。适用情形如下。

（1）采购项目具有特殊性 只能从有限范围的供应商处采购，如特定技术或专利产品。

（2）公开招标费用占比过大 采用公开招标方式所需费用占政府采购项目总价值的比例过大，不经济合理。

3. 竞争性谈判 是指谈判小组从符合资格条件的供应商名单中确定不少于三家的供应商参加谈判，通过谈判确定最终供应商的采购方式。适用情形如下。

（1）招标后无供应商投标或无合格标的 经过公开招标后，没有供应商投标或投标均不符合要求。

（2）技术复杂或性质特殊 项目技术复杂或性质特殊，无法确定详细规格或具体要求，需要通过谈判进一步明确。

（3）紧急需求 项目需求紧急，无法等待招标所需时间。

（4）无法提前计算总价 项目总价因多种因素难以提前确定，需要通过谈判协商。

4. 竞争性磋商 类似于竞争性谈判，但更侧重于在谈判过程中与供应商进行多轮磋商，以达成更为细致和全面的采购协议。适用情形如下。

（1）政府购买服务项目 如公共服务、社会管理等领域的服务项目。

（2）技术复杂或性质特殊 项目技术复杂或性质特殊，需要通过多轮磋商明确规格和要求。

（3）艺术品购买、无法预测时间数量的服务 如艺术品采购、科研服务等。

（4）科研项目市场竞争不足、科技成果转化需扶持 科研项目因市场竞争不足或科技成果转化需要特殊支持，需要采用竞争性磋商方式。

5. 询价 是指询价小组向符合资格条件的供应商发出询价单，供应商一次报出不得更改的报价，询价小组在报价基础上比较并确定最优供应商的采购方式。适用情形如下。

（1）货物规格统一　采购的货物规格、标准统一，便于比较和选择。

（2）现货货源充足　市场上现货货源充足，供应商能够迅速响应。

（3）价格变化幅度小　货物价格相对稳定，不会出现大幅波动。

6. 单一来源采购　也称直接采购，是指达到了限额标准和公开招标数额标准，但所购商品的来源渠道单一，或属专利、首次创造、合同追加等特定情形的采购方式。适用情形如下。

（1）只能从唯一供应商处采购　如特定技术或专利产品只能从唯一供应商处购买。

（1）不可预见的紧急情况　出现无法预料的紧急情况，需要迅速从特定供应商处采购。

（3）保证原有采购项目一致性　为保证原有采购项目一致性或服务配套要求，需要继续从原供应商处添购且添购资金总额不超过原合同采购金额的10%。

7. 框架协议采购　是一种较为灵活的采购方式，通常与多家供应商签订框架协议，明确采购的基本条件和要求，并在协议有效期内根据实际需求进行具体采购。适用情形如下。

（1）小额零星采购　如与采购目录内耗材、配件配套的小额零星采购。

（2）跨部门行政服务　需要跨部门协作的行政服务项目，如政府办公系统的软件开发和维护等。

（3）对外服务项目　需要供应商自主选择两家以上的对外服务项目。

（4）研发创新产品　以研发创新产品为基础，形成新范式或新的解决方案的项目。

（三）统一谈判

在推进公立医院药品集中采购过程中，采取统一谈判的方式，把价格偏高的专利药品和独家生产药品价格降至合理区间，是国际通行的做法。2015年10月，我国卫生计生委等16个部委（局）组织开展了首批国家药品价格谈判试点工作。2018年国家医疗保障局的成立，为我国的医疗改革注入了新的动力。医保价格谈判工作经过几年的实践，其实施过程已基本定型，包括企业申报、形式审查、专家评审、谈判竞价、结果公布5个环节，药品通过谈判纳入医保目录。近年来，医保谈判已从单纯降价的"战略购买"逐步转向"价值购买"。医保谈判的药价主要基于药品的临床价值，在全面科学评估的基础上确定社会意愿支付价格，与企业谈判协商。企业在"以量换价"的市场机制下，在不超出医保基金和广大参保人员经济承受能力的前提下，最终确定谈判药品的成交价格。独家药品的价格需要通过谈判，同时发挥政府干预的作用；而非独家的药品则可以发挥市场机制，通过多家竞价的方式来降低药品价格。

疫苗作为一种特殊药品，事关公共安全，其采购、运输、追溯等每个环节都比普通药品更为严格。2019年颁布的《中华人民共和国疫苗管理法》第三十二条规定，国家免疫规划疫苗由国务院卫生健康主管部门会同国务院财政部门等组织集中招标或者统一谈判，形成并公布中标价格或者成交价格，各省、自治区、直辖市实行统一采购。国家免疫规划疫苗以外的其他免疫规划疫苗、非免疫规划疫苗由各省、自治区、直辖市通过省级公共资源交易平台组织采购。

二、非营利组织购买行为

汉斯曼根据组织收入的来源方式和管理方式对非营利组织进行的分类得到了普遍的认可。按照收入来源，非营利组织分成"赞助型"和"商业型"。前者指组织收入的大部分来自外界的捐赠，如红十字会、慈善机构、敬老院等；后者指通过销售产品或服务为自己筹集绝大部分资金，如医院。按照组织管理方式，非营利组织则可分成"自理型"和"企业型"。"自理型"指组织是由自己的服务对象管理，如乡村俱乐部；"企业型"指组织成立专门的董事会，由其聘请总经理进行管理。当然，它们之间也会出现交叉的情况。

非营利组织和政府的购买活动往往由采购委员会担纲。采购委员会实际上就是一种正式的购买中心。这样做的目的在于：①征求不同的观点和广泛的经验运用到购买决策过程当中；②更为科学地决策；③减轻买卖双方关系的压力。非营利组织的购买具有以下特点。

1. 预算低 许多非营利组织的资金来自外界捐款，相对于无限的福利需求来说，其采购经费总是低的，也不能突破。

2. 价格低廉且保证质量 非营利组织由于经费有限，在采购中必然要求商品价格低廉。同时，它购买商品并不是为了利润，也不是使成本最低化，而是为了维护组织运行和履行组织职能。因此，它们要求采购的商品必须保证一定的质量和性能。

3. 控制严格 为了更好地发挥资金的效用，非营利组织在采购上往往控制严格，采购人员只能按照规定的条件进行采购，不得自行更改。

4. 程序复杂 与政府采购一样，非营利组织的采购也烦琐复杂，参与者众多，它的许多决策由集体作出，常常由管理者、专业人员甚至外部咨询顾问一起参与供应商的评估。

非营利组织的购买方式有公开招标选购、议价合约选购和直接重购三种主要方式。

三、我国集采政策下的营销策略

我国的药品集中采购制度从 2000 年 1 月 1 日开始实施，至今已有二十余年。国家组织药品集中带量采购是根据党中央、国务院决策部署，国家统一组织，按照"国家组织、联盟采购、平台操作"的总体思路，即国家拟定基本政策、范围和要求，组织试点地区形成联盟，以联盟地区公立医疗机构为集中采购主体，探索跨区域联盟集中带量采购。采取带量采购、量价挂钩、以量换价的方式，与药品生产企业进行谈判，在严格保证质量的前提下，达到降低药品虚高价格，减轻患者医药费用负担的目的。国家集采政策给医药企业带来了史无前例的冲击，同时也引导企业转变营销模式，推动医药行业高质量发展。一方面，国家集采政策的实施使得一些医药企业面临市场份额的下降和销售额的减少，需要寻找新的市场机会和营销策略；另一方面，国家集采政策也为一些企业带来了新的商机，促进企业获得新的发展。在战略规划方面，部分企业逐渐将目光转向创新药与优质仿制药的研发，通过提高产品的核心竞争力，在转型中提升利润空间。集采政策背景下，医药企业的营销策略如下。

1. 产品策略 实施药品带量采购政策以后，仿制药的高毛利被大幅压缩，进入了低毛利时代，企业为了生存与发展，必须进行产品策略优化。企业可以利用技术优势、资金优势，抓住机遇努力研发推出新产品，进入新的药品领域特别是专药特药领域，拓展新的市场空间。

2. 价格策略 带量采购政策的实施，使得药企之间、包括跨国药企竞争更为激烈，很多药企为了能够进入中标名单，不惜花血本大幅降价，与共同投标方展开价格战，形成了恶性的竞争。未来企业如果想在原有的市场领域继续保持优势或者说维持原有的市场份额和利润，会被迫与对手公司打价格战，原有利润不及预期的风险和威胁必然加大。在医院渠道执行国家统一招标价格；在零售渠道市场拓展过程当中，要求企业不超过最高零售限价的情况下，考虑不同地区的消费能力、收入水平等实际情况企业自主定价，即坚持地区差异化的定价原则，做好综合布局和统筹工作。

3. 渠道策略 在实施药品带量采购政策背景下，企业如果中标，根据中标企业数量的多少就能计算出企业的采购量，因此只需要开足马力提高产能，不再需要对医院和医生进行公关上花费更多的精力和人力的投入，既往设立的营销团队可以大幅压缩或解散。带量采购模式的实施为药企节省了营销费用。但是，为规避代理渠道可能产生的市场风险，新的渠道策略必须建立在加强自有营销团队建设的基础上，提升自主销售公司产品的能力。

4. 促销策略 带量采购下选择促销方案，应该将重点放在差异化组合的促销战略上，包括理念、形式、时机选择等各个方面，还要增加产品的组合营销功能，把重点放在产品的核心功能上，有助于实现产品组合销售的"规模经济"和"范围经济"。

5. 数字化营销策略　随着医药集采政策的深入推进，医药数字化营销将成为未来发展的趋势。医药数字化营销更加注重精准、个性、便捷和全面的服务，需要结合线上和线下的方式，建立全渠道销售体系。通过数字化营销手段，如社交媒体广告、搜索引擎优化、内容营销等，扩大品牌影响力，提高品牌知名度和美誉度；同时加强数字化团队的建设和管理，以适应数字化时代的发展需求。

思考题

答案解析

2024 年 7 月 12 日，重庆市医保局发布《关于做好国家组织胰岛素专项接续、易短缺和急抢救药联盟集中带量采购中选结果执行工作的通知》。机构范围为重庆市公立医疗机构和军队医疗机构，鼓励社会办医疗机构和医保定点零售药店自愿参加。药品范围指国家组织胰岛素接续集采中选产品清单、重庆市参与的广东联盟易短缺和应急抢救药联盟集中带量采购中选产品及备选产品清单。

胰岛素集中带量采购接续中选结果自中选结果执行之日起至 2027 年 12 月 31 日。易短缺和急抢救药联盟集中带量采购周期原则上到 2026 年 12 月 31 日，自中选结果自执行之日起，可视实际情况，将采购周期缩短不超过 1 年。

采购周期内采购协议每年一签。续签购销协议时，中选产品约定采购量原则上不少于该中选药品首年协议采购量。采购周期内，易短缺和急抢救药联盟集中带量采购药品，如国家组织药品集中采购的药品与本次联盟带量采购的药品存在重复的，按国家集采中选价格执行；属于国家集采流标的则按本次联盟带量采购中选价格执行，并重新签订购销合同，原合同中止执行。

通过上述案例，请完成下述思考题。

1. 医药市场中影响政府购买行为的主要因素有哪些？
2. 我国药品集采政策对医药企业的影响是什么？
3. 医药企业如何建立适应我国药品集采政策的营销模式？

书网融合……

本章小结　　　微课　　　习题

第六章　医药市场调研与预测

学习目标

　　1. 通过本章的学习，掌握医药市场营销工作相关信息收集方法与途径；熟悉医药市场调研与预测的相关概念、调查内容、分析、方法和步骤；了解医药市场信息系统的含义和构成。

　　2. 具备医药市场信息收集和信息整合的能力，能够利用科学技术，问卷调查、大数据调研等手段分析复杂的医药市场营销问题，得出医药市场信息分析的结果。

　　3. 树立正确的职业道德观念，加强信息观念，始终注重消费者的需求与权益。

　　进入 21 世纪后，人类社会就开启了信息时代。信息的种类、数量、内容和范围远远超过以往任何时代，并以前所未有的速度不断地生成、集聚、发展和膨胀，对人类社会的各个领域都发挥着深刻而巨大的影响。在经济领域，信息同资本、劳动力、原材料等生产要素一样，已成为社会再生产过程不可或缺的基本要素。特别是当代市场经济条件下，与市场运行有关的各种信息，更是宏观经济和微观经济活动得以进行的重要条件。

第一节　医药市场信息

一、医药市场信息概述

（一）医药市场信息的概念

　　医药市场信息是指一定时间和条件下，医药市场交易活动的各种信息、情报、数据资料的总称，亦即反映医药市场经营活动的信息、情报、数据资料，如药品交易数据、医药法规政策、医药用户偏好、医药市场构成等。

（二）医药市场信息的主要特征

　　1. 明确的来源和目的性　医药市场信息直接产生于医药市场经济活动和与此有关事物的动态变化之中。

　　2. 复杂性和多样性　信息时代的信息具有种类繁多、数量大、内容复杂和范围广泛等特征。医药市场信息在数量急剧膨胀的同时，内容和形式上也呈现出复杂性和多样性。

　　3. 可传递性　市场上各种经济活动的信息只有经过传递，才能被接受者接收，成为对经济活动现象及其内在联系的认识，因此，市场信息一经生成就要进行传递。

　　4. 效用性　医药市场信息的收集、整理、传递及使用等过程要讲求效用，其结果必须有利于经济效益的提高。如信息的时效性，信息的时间差可以使得企业快速占领市场份额。

（三）医药市场信息的类别

　　1. 按照信息产生过程分类　可以分为原始信息和加工信息。原始信息也称为初级信息，主要指医药企业生产经营活动的原始记录，如产量、销售额、利润和费用等。原始信息是最广泛、最大量的信息，也是加工信息的基础，当它按照既定的管理目标和要求进行加工处理后，就形成加工信息，也称二级信息或三级信息，如医药企业内部报表分析、医药商情动态报告等。

2. 按照信息来源分类　可以分为内部信息和外部信息。内部信息是来自医药企业内部生产经营过程及管理活动的信息。外部信息指来自医药企业经营管理系统以外的市场环境系统的信息，它包括国家计划、政策、法规条例、药价、市场供求变化、同行业竞争情况和消费趋向等信息。

3. 按照信息的时间属性分类　可以分为历史信息、现时信息和未来信息。历史信息反映已经发生的医药市场运行现象与过程的信息。现时信息反映正在进行的市场经济活动的信息，其时效性较强。未来信息指预测市场未来发展动向，揭示市场未来变动趋势的信息。

4. 按照信息来源的稳定程度分类　可以分为固定信息和流动信息。固定信息是系统化的信息资料，如统计资料、法律文件和各种标准定额等。这类信息，具有相对稳定性，是医药企业制定常规性决策的重要依据。流动信息是随时反映市场经济活动进程及变化动态的信息，时效性强，流动性大，通常只有一次性使用价值，是对生产经营活动及市场运行过程进行监督控制的重要依据。

（四）医药市场信息功能

1. 医药市场信息是企业经营决策的前提和基础　医药企业经营过程中，战略问题的决策，还是战术问题的决策，都必须准确获取市场信息，才能作出正确决策。

2. 医药市场信息是制订企业营销计划的依据　企业在市场营销中，必须根据市场需求的变化，在营销决策的基础上，制订具体的营销计划，以确定实现营销目标的具体措施和途径。

3. 医药市场信息是实现营销控制的必需条件　营销控制是指按照既定的营销目标，对企业的营销活动进行监督、检查，以保证营销目标的实现的管理活动。

4. 医药市场信息是进行内外协调的依据　企业营销活动时，要不断地收集市场信息，根据市场和内部条件的变化，调整企业目标之间，使企业内部因素与外部环境之间保持动态平衡和发展。

二、医药市场信息的收集与处理

（一）医药市场信息收集的分类与要求

1. 医药市场信息收集分类

（1）按获取信息资料的过程分类　可分为第一手信息资料和第二手信息资料。第一手信息资料，简称第一手资料，是指市场调查和预测人员通过对市场实地调查，直接向有关调研与预测对象收集的资料。第二手信息资料是指经过他人收集、记录、整理所积累的各种数据和资料的总称。

（2）按信息资料来源分类　可分为内部资料和外部资料。内部资料是指来自企业内部的各种相关的信息资料，包括以前的相关调研与预测资料和企业档案，即企业内部的有关的记录、数据、报表、账册、总结等。外部资料是指来自企业外部的各种相关信息资料，主要包括公告、统计、年鉴、报纸、杂志、图书、报告、会议资料、学术论文、广告等。

2. 医药市场信息收集的基本要求

（1）全面具体　医药市场信息要能够反映医药市场各个时期、各个经营环节的系统的信息。

（2）真实可靠　收集的医药市场信息要客观地、如实地反映医药市场的真实情况。

（3）灵敏迅速　对医药市场营销活动中各种信息要反应灵敏，在错综复杂的市场信息中善于迅速捕捉信息，并及时加工、整理、传递信息。

（4）经济适用　医药市场营销活动中要符合经济的原则。

（二）医药市场信息的处理

1. 医药市场信息处理的含义　医药市场信息处理，也称为市场信息加工，是指将收集到的各类医药信息资料，按照一定的程序和方法，进行分类、计算、分析和选择等，使之成为适用的市场信息资料的活动和过程。

2. 医药市场信息的加工处理程序　医药市场信息的加工处理常常经过现场管理→逻辑分析→数学分析→系统研究→结论和建议等五部分内容组成，每部分又可分为不同的环节（图6－1）。

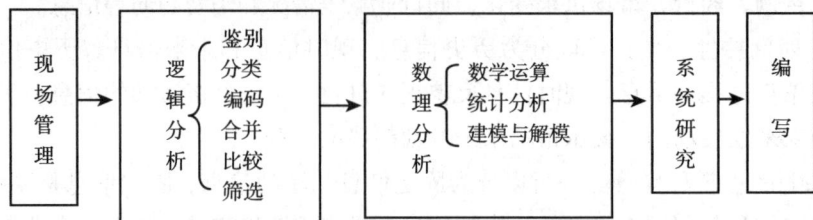

图6－1　市场信息处理的一般程序

三、医药市场信息系统

（一）医药市场信息系统的概念和功能

1. 医药市场信息系统的概念　信息系统是基于人员、计算机设备及程序构成的相互作用的人机结合的信息处理系统，它通过对信息的收集、整理、分析、评价和分配，最终为医药企业整体的管理和决策提供服务。

2. 医药市场信息系统的功能

（1）数据的收集和录入　是信息系统的首要任务与基本功能，也是整个企业信息系统的基础。它由三个环节组成：①数据的收集，将分散各种数据收集并记录下来，将其整理成信息系统所要求的格式和形式；②数据的录入，将整理过的数据录入数据存储设备，以便存放起来；③对录入的数据校验，以便确认所录入的数据准确无误后，方可输入系统内进行正式处理。

信息系统对这一功能的基本要求是：收集手段要方便、易行和完善；要有正确的校验功能；获得的数据要确保正确、及时；还得有足够的抵制破坏和抗外界干扰的能力等。

（2）数据的存贮　是信息系统进行数据处理的前提。对信息系统的数据存贮功能的基本要求是能够快速"存""取"和检索，存放的信息既要保证其使用方便，又要保证信息的安全性。

（3）数据传输　是指将信息从一个部门传送到另一个部门或者从一个子系统传送到另一个子系统，以实现信息系统对信息的收集和使用。

（4）数据处理（或数据加工）　是信息系统最基本的功能。只有经过数据处理或加工之后的信息才能提供给各级管理人员使用。

（5）数据输出　经过加工处理后的数据可以根据不同的部门需要，采用不同的形式和模式进行输出。

（二）医药市场信息系统的构成

医药市场信息系统由医药企业内部报告系统、医药市场情报系统、医药市场研究系统和医药市场分析系统等子系统构成（图6－2）。

1. 医药企业内部报告系统　反映企业内部目前市场营销活动状况的信息源，是市场营销信息系统中最基本的子系统。该系统主要提供和处理企业各类产品的开发、订货、销售额、存货量、现金流动、应收应付账款等方面信息。通过这些信息的分析，营销管理人员可以发现重要的市场机会与问题。

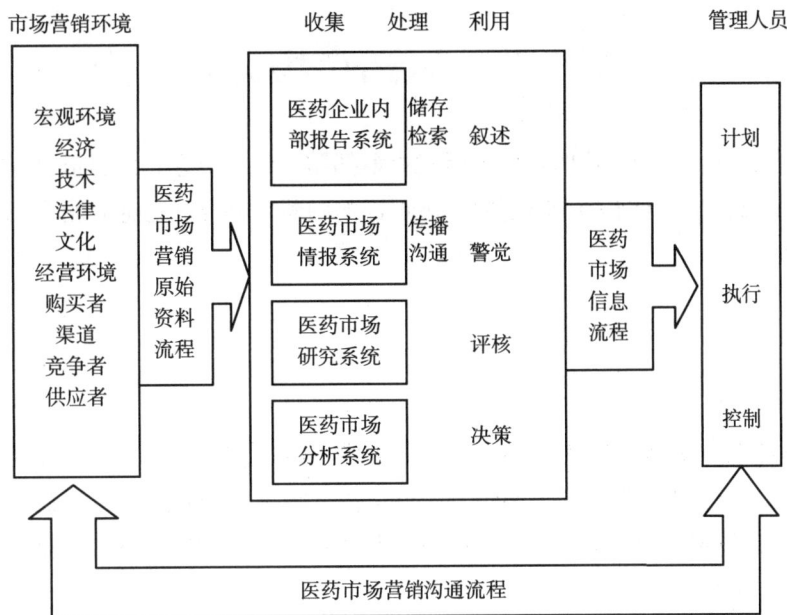

图 6－2　医药市场信息系统的构成要素

2. 医药市场情报系统　是指向企业最高决策者和营销管理人员提供市场日常发生的影响发展的信息来源和程序。它与医药市场内部报告系统的区别在于医药市场情报系统提供的是正在发生变化的市场信息；而医药市场内部报告系统提供的是事件发生后的结果资料。医药市场营销管理人员借助该系统了解有关医药市场最新发展趋势的各种信息，并将医药市场最新发展的各种信息传递给有关的管理人员。医药市场情报系统对市场营销决策的重要性，已为多数市场营销管理者所认同，问题在于采取何种措施来提高信息的质量与数量。

3. 医药市场研究系统　该系统的主要任务是搜集、评估、传递市场营销管理人员，在制定市场营销计划和决策时所必需的各种信息。市场研究系统的工作主要侧重于特定问题的解决，即针对某一特定市场现象或特定的营销问题进行收集原始数据，加以分析、研究，写成报告供企业最高管理层参考。

4. 医药市场分析系统　是指企业用来分析市场营销资料和问题的一些先进技术。该系统的任务是从改善经营或取得最佳经营效益的目的出发，运用先进的科学技术，通过分析各种模型，帮助市场营销管理人员分析复杂的市场营销问题。一个完善的市场分析系统应由资料库、统计库、模式库三部分组成。

（1）资料库　有组织地收集外部环境资料和企业内部记录的有关营销的资料。外部环境资料包括政府资料、行业资料、市场研究资料等；企业内部资料包括销售资料、订货资料、存货资料、推销访问资料和财务信用资料等。

（2）统计库　指一组具有意义的、随时可以用于汇总分析的特定资料统计程序。统计库的必要性在于：①有些原始资料固然可以直接展示和运用，但在多数情况下，资料须经过统计方法的分析，方可供管理人员作决策之用；②管理人员有时还需要测量各变数之间的关系，这就需要多种多变数分析技术；③统计库分析的结果，除展示给管理人员利用及储存于资料库外，还可以提供给模式库作为重要投入资料。

（3）模式库　是由管理科学家们运用科学方法为对某一管理问题达到理解、预测和控制而建立的。模式库收集和储存能帮助市场营销管理人员在制订计划和决策时的各种模式。模式库与资料库、统计库密切相关，模式库的投入资料来源有：一是资料库提供的原始资料；二是统计库的结果。

第二节 医药市场调研

现代市场经济背景下，医药企业的每一步营销决策都需要市场信息。医药企业能否有效地运用市场调研手段，汇集市场信息，并对市场未来走势作出正确的判断，将能决定企业能否在激烈的市场竞争中保持稳步的发展态势。

一、医药市场调研概述

（一）医药市场调研含义

医药市场调查和研究，简称医药市场调研。它指运用科学的方法和手段，系统地、客观地、有目的地收集、记录、整理、分析和研究与医药市场有关的信息，提出方案和建议，为企业制订市场营销战略提供参考依据。医药市场调研是医药企业营销活动的首要环节，是科学预测和正确决策的基础和前提。

（二）医药市场调研的内容

市场调研是为医药营销决策服务的，医药企业的市场调研包括一切与医药企业营销活动有关的经济、社会、文化、政策法规以及医生和患者用药需求、用药习惯等信息，以供医药企业了解市场营销环境，寻找利弊。因此，医药市场营销的有关内容均在调研之列，将医药市场调研的内容归类如下。

1. 对医药市场环境的调研

（1）医药宏观市场环境发展状况调研　包括政治法律环境、经济环境、竞争环境、科学技术环境和社会文化环境等。

（2）医药市场需求调研　包括医药产品总体市场需求的变化以及某种产品的市场需求，市场需求是企业营销人员最关心的信息。

（3）医药市场销售潜力调研　包括总体医药市场销售潜力的分析和地区性医药市场销售潜力的分析。

（4）医药消费构成变化及消费需求变动调研　包括总需要、相对需要、市场饱和点及消费率的调查研究。

（5）医药行业发展趋势调研　包括医药行业在国民经济中的地位、生产值、进出口量和发展趋势的调研。

2. 对医药消费者的调研　药品有双重的消费者，即直接消费者（患者）和间接消费者（医生）。

（1）消费者类别调研　包括购买者是个人还是集团，消费者的性别、年龄和职业等的调研。

（2）消费者的购买行为与购买习惯调研　包括购买对象、购买决策者、购买者和使用者等的调研。

（3）消费者购买能力、意向和计划调研。

（4）消费者购买动机调研。

（5）消费者个人平均收入及家庭平均收入的调研。

3. 对医药产品的调研

（1）该医药产品的需求情况、市场潜量及销售潜量的调研　国内现有生产能力、世界生产能力和打入国际市场的前景调研。如根据疾病谱的变化，调查疾病人群的市场容量。

（2）该医药产品的性质和用途、所治疗疾病的发病情况调研　该产品是治疗用药，是预防用药，还是防治结合的或滋补营养保健的食品。

（3）现有医药产品的使用情况，临床上又没有发现新用途，今后的发展趋势调研。

（4）该医药产品过去的销售量、销售额和价格变动情况的调研。

（5）同类医药产品的生产和竞争情况的调研。

（6）该医药产品的寿命周期位置、淘汰转产和新产品投入情况的调研。

（7）消费者对本企业及竞争产品的质量、价格、性能和服务方面的要求和意见调研。

4. 对销售活动的调研

（1）消费政策调研　包括对消费政策的执行情况与出现的新问题的调研。如处方药可以网络销售。

（2）销售方法调研　包括医药市场营销组合策略、市场促销组合策略等方法与效果的调研。

（3）销售渠道、销售网点与销售效果调研　包括对中间商的信誉、实力、能力、销售量及利润率的调研；对现有销售渠道、中间商数量、储藏手段和费用的调研；对销售量增减原因的调研。

（4）广告及其他促销手段效果调研　包括对处方药指定的广告媒体选择及其效果的分析调研；本企业与竞争者广告费用支出情况的调研；人员推销规模与结果的调研；各竞争企业的知名度、信誉及其促销绩效的对比调研。

以上所列的医药市场调研内容，是从整个市场调研工作来说的。至于某个企业在某一时期的市场调研应有所侧重。

二、医药市场调研的设计与实施

（一）医药市场信息资料的获取

医药市场信息的分布很广泛，获取资料信息大体可分为以下三种途径。

1. 常规途径

（1）向专业机构咨询　向国家发改委、统计局及其他经济综合管理部门以及各级医药行业协会等获取资料。

（2）相关政务网站检索　通过政府网站获取有关国家药品监督管理局、卫生健康委以及各省（自治区和直辖市）等相关部门网站，检索发布的各种政策、文件、通知等。

（3）向医药同行收集　通过与有关单位进行信息交换，以获取所需的资料和信息。

（4）利用医药专业会议　通过各种新药发布会、药品展销会、药品交易会、学术报告会、经验交流会等收集信息资料。

（5）通过公共媒体和平台收集　可以通过各类信息网站、公共平台来获取资料和信息，也可以通过电视、广播等大众媒体，各种户外广告等信息传播媒介来收集。

2. 从竞争对手处获取信息资料

（1）从竞争对手的离职或现职人员处搜集信息。

（2）从竞争企业的客户或顾客处获取信息。

（3）从公开出版物和文件中取得的信息资料。

（4）运用技巧调查、观察和分析对方获得信息。

3. 利用有偿途径获得信息资料

（1）请第三方市场调研人员。

（2）向一些收费的信息部门、咨询部门、统计公司购买所需数据资料。

（3）加入信息网络，交纳一些费用，定期获得丰富的信息资料。

（4）通过有奖征集取得所需的信息和资料。

（二）医药市场调研的类型

不同的调研项目要求采用不同类型的调研。

1. 探索性调研 又称非正式调研，即在企业对出现的问题性质不明，无法确定要调查哪些内容的情况下，可以采用探索性调研，以便尽早、尽快地发现问题和提出问题，进而确定调研的重点。如新药研发立项一般采用探索性调研等。

2. 描述性调研 当对企业问题已有了初步了解的情况下，应采用调查法或观察法了解问题的详细情况，以便统计和分析一些问题的基本特征，为解决问题提供依据。描述性调研一般并不细究问题的起因结果，而是着重于现象的描述。如药品零售新业态，医药企业的市场营销策略等，一般采用描述性调研。

3. 因果性调研 主要用于弄清问题的原因与结果之间的关系。一般在描述性调研的基础上，将收集的各种影响因素进一步鉴别，判断各因素的主从关系，找出哪些因素是因变量，哪些因素是自变量。又分定性调研和定量调研。定性调研就是在各种因素之间分析各种因素的相互作用，定量调研则是要研究各原因与结果之间的函数关系。因果性调研可采用实验法收集资料。如消费者购买动机、药物经济性评价等一般采用因果性调研。

4. 预测性调研 在取得过去和现在的各种信息资料的基础上，经过分析研究，运用科学的方法和手段估计潜在需求，把握销售机会，以便制定切实可靠、适合市场情况的营销计划，实现企业的目标。如医药市场区域发展格局变化趋势一般采用的预测性调研。

（三）市场调研的步骤

市场调研是针对特定的营销问题进行信息的收集、记录、分析、评价活动，其目的是为营销管理决策提供依据。市场调研人员必须掌握科学合理的市场调研方法以及医药市场调研的程序。有效的市场调研包括以下4个步骤（图6-3）。

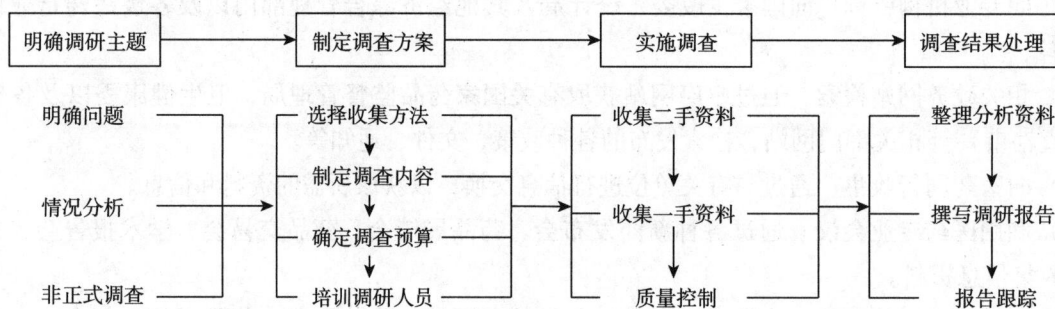

图6-3 市场调研的阶段和步骤

1. 明确调研主题 市场调查的第一步是确定具体研究的问题。问题的选择应该符合有用性、合理性原则。

（1）明确调查问题 市场调查的主要目的是通过收集、分析资料，研究解决企业在市场营销中所存在的问题，针对问题寻求正确可行的改进措施，市场调查首先要确定问题及其调查范围。

（2）初步情况分析 调查人员收集企业内、外部有关情报资料，进行初步分析，有助于初步掌握和发现各影响因素之间的相互关系，探索问题之所在。

（3）非正式调查 也称试探性调查。假设调查人员根据初步情况分析，推测近几个月销售量下降的原因是价格太高。但这种认识是否正确，调查人员可以进行非正式调查，向本企业内部有关人员、精通本问题的专家和人员主动征求意见。

2. 制定调查方案

（1）选择资料收集的方法 一般企业进行市场调查活动时，往往把收集的二手资料与一手资料结合起来，尽量使用二手资料，以节约时间和成本。

（2）选择调查方法　医药市场调查的主要方法有访问法、观察法和实验法等。

（3）制定调查方案　选择调查方法后，下一步是制定具体的调查方案。调查方案就是确定设计调查问卷和抽样方法。

（4）确定调查预算　调查预算是调查活动的资金安排。为保证调查的顺利进行实施，做好合理的预算安排是必要的。调研预算按可能支出的项目逐一列表估算。为防止意外情况发生，预算应留有一定的余地和弹性。

（5）培训调查人员，安排调查进度　首先组织调查人员的培训，帮助他们达到所需的能力水平；其次将调查工作明细化，明确各调查人员的工作职责，明确人员间的相互协调配合方法；安排调查进度，制定详细的进度时间表。

3. 实施调查　这是市场调查实质性的工作阶段，主要包括收集一手和二手资料。调查人员按调查计划中确定的调查对象、调查方法进行实地调查，收集一手资料。由于收集一手资料花费较大，调研通常通过各种渠道收集内部和外部的二手资料，然后对资料进行整理、评估、处理和加工，与一手资料结合起来使用。

在进行调查实施的过程中，要进行质量控制，保证调查过程中按计划进行，能够发现问题及时纠偏，核实现场工作，确保工作人员提交真实的调查资料，根据培训时的标准、调查执行完成情况、调查人员的作业标准等评估现场工作人员，能够有效提高调查成功率。进行质量控制，保证调查过程中按计划进行，能够发现问题及时纠偏。

4. 调查结果处理

（1）整理分析资料　这一步骤是将调查收集到资料和数据，进行编辑整理，剔除因抽样设计误差、问卷内容不合理、被调查者的回答前后矛盾等因素造成的错误，保证资料完整、真实可靠。

（2）撰写调研报告　调研报告是通过文字的表达形式，对调研成果的总结，它反映了调研的内容、质量，决定调研结果的有效程度。撰写调研报告时，应注意报告内容要紧扣调查主题，突出重点，并力求客观扼要；文字要简练、观点明确，便于企业决策者在最短时间内对整个报告有一个概括的了解。

（3）跟踪调研效果　撰写报告后，调研人员还应追踪了解调查报告是否已被采纳，采纳的程度和实际效果如何，以便总结调查工作的经验教训。

三、医药市场调查方法

（一）按照调查方式分类

市场调查方法按照调查方式可分为访谈法、观察法、实验法和邮寄法。

1. 访谈法　即调研人员通过各种询问方式向被调查者了解情况、收集信息的方法。在进行询问之前须事先做好调查问卷或提纲。典型调查多采用访谈法。根据询问方式访谈法又可分为以下几种形式。

（1）电话访谈　调查人员通过电话联络方式访问被调查者。由于通话时间和人的记忆力的限制，问题要少，而且问题的选项应采用两项选择题或打分题的形式。

（2）面对面访谈　调查人员按事先准备的调查问卷或问题纲目当面询问被调查者以获取信息。面谈包括一对一的访谈、一对多的访谈等，面谈具有直接性和灵活性的特点，能够根据被调研者的具体情况进行深入的询问，从而获得较多的第一手资料。

（3）留置问卷访谈　是由调研人员将调查问卷当面交给被调研者，说明填写要求，并留下问卷，让被调研者自行填写，再由调研人员按照约定的时间收回的一种调研方法。

2. 观察法　是指调查人员在调查现场进行实地观察，以获取所需信息的方法。比如，某药店想了解一周客流量的变化情况，可以安排调查人员在药店的入口处观察不同时间顾客人数变化情况。

3. 实验法　是指在给定的实验条件下，在一定的市场范围内观察经济现象中自变量与因变量之间的变动关系，并作出相应的分析判断，为预测和决策提供依据。实验法在市场调查中应用范围很广，比如医药产品在改良包装、价格、广告、陈列方法等因素时，都可应用这种方法。

4. 邮寄法　包括纸质版邮寄和电子方式等，调查人员把事先设计好的调查问卷通过邮寄、电子邮件或其他方式给被调查者，请他们按要求填好后再返回的方式。使用该方法要特别注意调查问卷的设计。

（二）按照选择调查的对象分类

市场调查按照选择调查的对象可分为普查法、抽样调查法。

1. 普查法　是对调查对象的总体进行全面的调查，例如人口普查、医药商品库普查、某种疾病的检查和预防等。

2. 抽样调查法　是从全体调查对象（称为总体）中抽取部分对象（称样本）进行研究，根据所得样本的分析结果推断总体情况的调查方法。根据抽样方式它又可分为随机抽样和非随机抽样两大类。

（1）**随机抽样**　也称概率抽样，是按随机原则抽取样本，即在总体中，每一个个体被抽取到的机会是相等的，它完全排除了抽样者主观地选择样本单位的可能性，因而样本具有很好的代表性。随机抽样主要有以下几种具体做法。

1）简单随机抽样　即在总体单位中不进行任何有目的的选择，完全按随机原则抽取样本单位，抽样是完全偶然的，每一个样本单位都有被抽中的可能，而且机会均等。如线下和线上方式的抽签法、投掷骰子法等。

2）系统抽样　即从总体中每隔一定的距离抽取一个样本单位，如要调查某市 4000 家药店，抽出 100 家进行调查，可每隔 40 家抽取 1 家，注意第一家抽取要用简单随机抽取。

3）分层抽样　先将总体按一定特性划分为不同的层，然后在每一层中随机抽取部分个体组成样本。

分层随机抽样法关键在于首先要正确地选择分层标志，然后再计算各层抽取的样本数。各层抽取的样本数按下列公式计算。

$$n_i = n \times \frac{N_i}{N}$$

式中，n_i 为第 i 层应抽取的样本数；N 为总体单位数；N_i 为第 i 层单位数；n 为样本总数。

其次，再按随机抽样的方法，从各层中抽样，以确定最终的调查对象。如调查医院，可以按照医院等级采用分层抽样。

4）分群随机抽样　即先将调查总体分成若干群，使每个群内具有相似比例的各种个体，即各群的调查对象构成相同，各个体的特性保持差异，然后在所有群中随机抽取部分群体单位进行普查，并以此推测整个总体情况的方法。如要调查药店和医院消费者的差异，直接选取一家药店，或者一家医院，就可以基本调查出两者的差异，因为药店之间的消费者特征是一致的，医院之间患者也有一致性的。

（2）**非随机抽样**　也称非概率抽样，是按照调查的目的和要求，根据一定的标准来选取样本，总体中每一个体抽取的机会是不相等的。一般是当总体太大、太复杂，无法采用随机抽样时才用。非随机抽样法主要有以下几种做法。

1）任意抽样法　即样本的选择根据调查人员方便与否来确定。在进行探索性调研时，常采用这种抽样方法。如医院内或药店内的拦截调查法。

2）配额抽样法　又称定额抽样法。依据调研总体中的某些属性特征（控制特性）将总体划分成若干类型，再按分类控制特性将各类总体分成若干子体，依据各子体在总体中的比重分配样本数额，然后由抽样者主观选定样本单位。如对医药企业的调查，可以按照规模分为大、中、小，并按照地理位置进行配额表的制作，并匹配样本数量。

3）判断抽样法　即根据专业调查人员的判断来决定如何抽取样本。采用判断抽样，要求调查人员必须对总体的特征有充分的了解。主要适用于总体的构成单位极不相同而样本数很小的情况。判断抽样有两种做法：一种由专家判断选取样本，一般选取"多数型"或"平均型"的样本为调研单位。"多数型"是在调研总体占多数的单位中挑选出来的样本，"平均型"是在调研总体中挑选代表水平的样本。另一种是利用统计判断选取样本。判断抽样的样本代表性情形，是根据调研者本身的知识、经验和判断能力而定。政策制定及其修改经常采用判断抽样。

4）滚雪球抽样　是指以若干个具有所需特征的被访者并对其实施调查，再请他们提供另外一些属于所调查目标总体的调查对象，根据所形成的线索选择继续此后的调查对象。滚雪球抽样往往用于对稀少群体的调查，如罕见病患者可以用滚雪球抽样方式，即分布很不集中的总体。

（三）大数据调查法

大数据调查法是一种通过收集和分析大量数据来了解归纳出被调查对象特征和共性的分析方法。这种方法利用现代信息技术手段，对大批量数据进行处理和分析，以获取有关被调查对象的系列详细信息。

1. 大数据调查法特点　一是大量资料，是指数据量庞大，涉及的信息范围广泛。二是资料或数据高速，是指数据生成和处理的速度非常快，能够实时反映变化。三是多样性，是指数据类型多样，包括文本、图像、音频等多种形式的资料。四是低价值密度，虽然数据量大，但有价值的信息可能非常少，需要有效的数据处理技术来提取有效信息。五是真实性，数据需要真实可靠，能够反映实际情况。

2. 应用领域　在应用方面，大数据调查法在消费者反馈、消费者偏好、文本数据等方面有着广泛的应用。例如，通过大数据技术对消费者数据进行挖掘和分析，可以预测消费者消费趋势，帮助企业洞悉消费心理和消费走向。这种方法能够更精确地分析消费模式和趋势，为企业的决策提供科学依据。

（四）样本容量

抽样调查除要选择抽样方法外，还需要确定样本容量的大小。一般来说，样本容量越大，抽样调查结果的正确性越高，但调查所需要的人力、物力、财力以及时间也越多。因此，在确定样本数量时，一方面要考虑一定程度的正确性，另一方面又要考虑费用节省和时间适宜。

样本容量的大小与总体的被调查特性有关。当总体的被调查特性差异不太大时，样本的数目可小一些；反之，当总体的被调查特征差异很大时，样本的数量就要大些，否则误差会太大。

知识链接

药品追溯制度

药品追溯是指通过记录和标识，正向追踪和逆向溯源药品的生产、流通和使用情况，获取药品全生命周期追溯信息的活动。在整个药品信息化追溯体系中，药品追溯系统是基石，包含药品在生产、流通及使用等全过程追溯信息，并具有对追溯信息的采集、存储和共享功能。2024年1月1日，国家市场监督管理总局公布并实施《药品经营和使用质量监督管理办法》，办法明确建立并实施药品追溯制度，药品经营企业不得经营疫苗、医疗机构制剂、中药配方颗粒等药品。办法进一步明确各层级职责划分，从三方面强化药品经营全过程全环节监管，确保无盲区：一是完善药品经营许可管理；二是夯实经营活动中各相关方责任；三是加强药品使用环节质量管理。

四、调查问卷设计 🅔 微课

调查问卷的设计是市场调查的一个重要环节。调查问卷要从所要了解的情况出发，明确反映调查的目的，问题要具体，重点要突出，促使被调查者愿意合作，协助达到调查的目的；问卷要能正确记录和反映被调查者回答的问题，提供正确的信息；问卷的设计还要有利于资料的整理加工。

（一）调查问卷的类型

根据市场调查中问卷填写者的不同，可将调查问卷分为自填式问卷和代填式问卷。

1. 自填式问卷　是指由调查者发给被调查者，由被调查者根据实际情况自己填写的问卷。

2. 代填式问卷　是指由调查者按照事先设计好的问卷或问卷提纲向被调查者提问，然后根据被调查者的回答进行填写的问卷。

（二）调查问卷的结构

问卷的基本结构一般包括三个部分，即说明信、调查内容和结束语。其中调查内容是核心部分，而其他部分则可根据设计者的需要进行取舍。

1. 说明信　是调查者向被调查者写的一封短信，主要用于介绍调查的目的、意义以及填写说明等，一般放在问卷的开头。

2. 调查内容　是调查问卷的最主要部分，也叫正文部分，主要包括各类问题、回答方式、问题的编码等。归纳起来问题可以分为两大类型，即开放式问题和封闭式问题。

（1）开放式问题　也称自由问答题，只提问题或要求，不给具体答案，要求被调查者根据自身实际情况自由作答。如：您认为药品价格居高不下的原因是什么？

（2）封闭式问题　一般给定备选答案，要求被调查者从中作出选择。封闭式问题的形式主要有以下几种。

1）两项选择题　也称是非题，一般只设两个选项，如"是"或"否"、"同意"或"不同意"等。

2）多项选择题　是从两个以上的备选答案中择一或择几。这是各种调查问卷中最常见的一种问题类型。如：您服用某保健品的主要原因是：

A. 增加食欲　B. 延缓衰老　C. 增加抵抗力　D. 改善睡眠　E. 朋友推荐　F. 其他

3）顺序题　即由被调查者根据自己的观点和看法，对所列出的选项定出先后顺序。如：您购买药品时，下列因素对您来说重要程度如何？请根据您的重视程度作出评价，从高到低，在相应□填写序号1、2、3…

□治疗效果好　□价格合理　□使用或服用方便　□厂家信誉好　□包装好

4）等级量表题　要求被调查者根据一定的等级评价某一个问题，适合评估态度和动机等，如李克特量表和沙氏通量表等，一般采用所谓"五点"量表。如：您认为文化水平与健康素养密切相关吗？

□非常同意　□同意　□无所谓（不确定）　□不同意　□非常不同意

5）评判题　即要求被调查者表明对某个问题的态度，一般应用于对同质问题的程度研究。如：您认为某感冒灵的价格如何？

□偏高　□略高　□适中　□偏低　□太低

3. 结束语　一般放在问卷的最后面，用来简短地对被调查者的合作表示感谢，也可征询一下被调查者对问卷设计和问卷调查本身的看法和感受。

（三）设计调查问卷应注意的事项

设计问卷时，在问卷中的问题措辞、问题排序等方面要格外注意。

1. 要注意问题措辞

（1）问题的陈述应尽量简洁，避免模糊信息，避免使用专业名词。

（2）避免提带有双重或多重含义的问题，双重或多重含义问题意味着一个问题问了两件或两件以上的事情，往往令人无法进行选择。

（3）避免使用引导性问题，如果问题的措辞不能保持中立，则有可能向被调查者暗示答案。

（4）避免使用断定性语句，断定性语句是前提已经被断定的语句。

2. 要注意问题的排序　问题的排序应遵循以下原则。

（1）按问题的难易程度排列次序。一般来说，先问事实、行为方面的问题，然后再问观念、态度方面的问题；开放式问题尽量安排在问卷的后面。

（2）按照一定的时间顺序对问题进行排序。

（3）同类问题和关联问题应尽量集中排列。

3. 调查问卷的排版　问卷的排版和布局总的要求是整齐、美观，便于阅读、作答和统计。

知识链接

问卷调查策略

为应对成本限制，研究人员常选线上问卷收集数据。提升填写效率，需要：①明确研究目的，设计高质量问卷，界定问题，简化结构，使用有效测量工具，并设甄别题筛选受访者。②控制题量，利用平台功能防作弊，确保数据真实性。③预测试问卷，根据反馈优化。④在收集过程中精准定位样本群体，适时激励参与。⑤数据清洗与评估，剔除异常数据，如过短答题时间、跳答等，确保数据有效性；检查内部一致性，利用逻辑、相关性分析等方法；对关键数据后测质控，如电话回访验证。⑥严格遵守数据伦理，透明告知参与者，确保数据匿名处理，保护隐私。此流程旨在高效收集高质量数据，同时维护研究伦理与数据安全。

第三节　医药市场预测

一、医药市场预测的作用与分类

（一）医药市场预测的概念与作用

1. 医药市场预测的概念　市场预测是指企业在市场调研的基础上，运用逻辑推理、统计分析等方法，对市场上商品的供需发展趋势和未来状况以及与之相联系的各种因素的变化，进行测算和分析，从而为市场营销决策提供科学的依据。医药市场预测就是在市场调查和市场分析的基础上，运用逻辑、数学和统计等科学的预测方法，预先对医药市场未来的发展变化趋势作出描述和量的估计。医药市场预测和医药市场调查之间具有既互相区别，又互相联系的密切关系。

（1）医药市场预测和医药市场调查的联系　医药市场预测是建立在医药市场调查的基础上。

（2）医药市场预测和医药市场调查的区别　医药市场预测和医药市场调查的区别见表 6-1。

表 6-1　医药市场预测和医药市场调查

类别	医药市场预测	医药市场调查
对象	依据对医药市场历史和现状的认识，了解和认识医药市场未来，掌握医药市场的未来发展趋势，其对象是尚未形成的医药市场经济现象	医药市场过去和现在已经发生和存在的现象和事件
重点	运用定性分析和定量分析方法对未来进行估计	资料收集和处理方法的运用

2. 医药市场预测作用

（1）有利于企业进行市场定位　企业内部条件和外部条件的分析，均需要运用市场预测分析，掌据市场发展变化的趋势。

（2）有利于企业制定与实施正确的医药市场营销战略　医药市场营销战略是医药企业为实现既定的目标，在复杂的营销环境中，对市场营销中较长期的、重大的、全局性的问题所作出的筹划和采取的对策。正确的医药市场营销战略要以医药市场预测为基本前提。

（3）有利于企业实行正确的医药产品开发与医药产品策略　通过医药市场预测，医药企业能有效地获取和把握医药市场消费的变化，同时为企业正确的产品开发和产品策略提供可靠的市场依据。

（4）有利于企业实行正确的产品定价与价格策略　医药企业通过市场预测，能充分利用各类信息，为医药产品定价和选择价格策略提供保证。

（5）有利于企业正确选择营销渠道　通过市场预测，医药企业可以根据消费者特点、市场区域、市场竞争、渠道成员、国家政策和法律等多种因素，正确作出销售渠道和销售策略选择的决策。

（6）有利于企业有效开展产品促销　促销是企业向目标市场传递各种信息，改善企业经营环境的综合性策略。医药市场预测能够为企业提供开展促销活动的各类信息，促进促销活动的有效开展。

（二）医药市场预测的分类及内容

1. 医药市场预测的分类

（1）根据预测的范围分类　可分为宏观市场预测和微观市场预测。宏观市场预测，是指在广泛的市场调查基础上，对影响市场营销的总体市场状况的预测。微观市场预测（又称销售预测）是从一个局部、一个企业或某种商品的角度来预测供需发展前景。

（2）根据预测时期的长短分类　可分为长期预测、中期预测、短期预测。长期预测是指五年以上的预测，主要是为企业制定长远战略规划提供依据。中期预测是指一年以上五年以下的预测，为企业中期经营发展战略决策提供参考依据。短期预测是指一年以内的预测，主要预测季度、半年度或年度的市场需求量，为企业适时调整产销结构，制定季度和年度营销计划提供决策依据。

（3）根据预测时所用方法的性质分类　可分为定性预测和定量预测。定性预测是根据调查资料和主观经验，通过分析和推断，估计未来一定时期内市场的变化。定量预测是根据市场变化的数据资料，运用数学和统计方法进行推算，对预测对象的变化及趋势作出数量上的推测。

（4）根据预测的空间区域分类　可分为国际市场预测、全国性市场预测、区域性市场预测。国际市场预测是以世界范围内国际市场的发展趋势为对象的市场预测。全国性市场预测是以全国范围的医药市场状况为预测对象的市场预测。区域性市场预测是指以某一个市场区域为对象的市场预测。比较而言，区域市场预测的预测面较小，收集资料相对容易，预测的难度相对小些，是最为普及的一类市场预测。

2. 医药市场预测的内容　
市场预测是为计划、决策、战略规划服务。企业所处行业不同，企业的计划、决策、战略规划的具体要求不同。医药市场预测包括宏观市场预测和微观市场预测两个方面。宏观方面包括预测医药生产及其发展变化、医药市场需求、医药市场价格、消费需求及其变化、医药产业对外贸易等内容。微观方面在宏观市场预测指导下，根据已有（或市场调查获得）资料预测企业目标市场未来发展趋势，预测企业的市场占有率变化等。因此，至少应包括以下主要内容。

（1）市场需求预测　市场需求是指在一定的市场范围内、一定时期、一定的市场环境下，特定的消费群体可能消费某种产品的总量。

（2）市场占有率预测　是对一定市场范围和未来时期内，企业产品市场占有趋势的分析和估计，这是企业产品销售预测的重要内容。

（3）商品资源预测　是对进入市场的商品资源总量及其构成和各种具体商品市场可供量的变动趋势的预测。商品资源预测同市场需求预测结合起来，可以预见未来市场供需状况的变化趋势。

二、医药市场预测的步骤

市场预测涉及面较广，为了提高预测工作的效率和质量，必须按照一定的工作程序进行。医药市场预测程序大致包括三个阶段6个步骤。

（一）医药市场预测的准备

1. 确定预测目标及方案　确定预测目标，并根据预测的目标拟定预测项目和实施方案调配预测人员，编制费用预算。

2. 收集整理市场信息资料　收集资料是市场预测的基础。市场预测的资料，包括历史资料和现实资料两大类。

（1）历史资料　即事物过去发展变化的资料，它能反映事物过去发展变化的客观规律。

（2）现实资料　即直接对预测对象进行实地调查所得到的资料，又称直接资料或第一手资料。

经过市场调查，获得的历史资料和现实资料，必须按照拟定的预测目标和要求对资料进行分类、统计、加工、整理，使之系统化，以便在预测中得到充分的利用。

（二）医药市场预测的实施

1. 选择预测方法　预测方面很多，既有定性分析的预测方法，又有定量分析的预测方法。在选择预测方法时，应根据预测的具体要求而定。

2. 建立预测模型　一个合理的预测，首先应该建立符合预测目标和要求的预测模型。

（三）医药市场预测的报告

1. 报告预测　结果通过书面等报告形式，对预测分析结果作出系统的分析说明，提出结论性的意见。预测报告主要有专业性报告，即供市场营销专业人员阅读，其内容要求详尽。另一种是非专业性报告，内容简明扼要，专业术语较少，主要供经济管理、职能等部门的管理人员阅读。

2. 评估预测　提交预测结果的报告，并非预测活动的结束，还应对预测结果进行评估，以便确定预测的准确性。

三、定性预测方法

（一）定性预测方法的概念

定性预测方法，也称判断分析方法，是指凭借预测人员在市场活动实践中积累的经验、知识以及综合分析能力，通过对有关资料的分析推断，对预测对象未来发展趋势作出估计和推断的预测方法。它属于经验性质的预测。

定性预测方法是一类常用的预测方法，它的优点是可以充分考虑政治、经济、社会等各种因素对预测对象未来发展趋势的影响，简便易行，不需要复杂的计算公式和预测模型等预测工具，使用面较广，且有一定的科学性。定性预测方法的不足之处是对预测对象未来变化趋势难以作出精确的说明，对各项预测目标之间相互影响的程度难以作出量的说明，对预测结果难以估计其误差和评价它的可信程度。

（二）定性预测的具体方法

1. 类推法　分为对比类推法和相关类推法。

（1）对比类推法　是利用事物之间的相似性，通过先行事物发展变化过程的规律类推后继事物，从而达到预测后继事物未来发展前景的目的。对比类推法可分为产品类推法、区域市场类推法、行业类推法等。

（2）相关类推法　即从已知相关的各种市场因素之间的发展变化，来推测预测对象的未来发展趋势。如国家政治法律因素、科学技术动向和经济发展趋势对市场的影响。

2. 经验判断法　是依靠与预测对象相关的各类人员的知识和经验，对预测对象的未来发展变化趋势进行判断，得出有关结论的一种预测方法。主要有经理人员意见评判法、销售人员综合判断法等。

（1）经理人员意见法　由熟悉市场情况的经理人员根据已收集的信息资料和个人积累的经验，对未来市场作出主观判断和预测，最后由组织者把预测方案、意见集中起来，最终取得预测结果的预测方法。

（2）销售人员综合判断法　企业经理人员召集与销售业务有关的本企业各部门销售人员和与本企业有联系的外企业销售人员，就预测项目进行广泛交换意见，最后由经理人员把销售人员的意见综合起来进行判断，得出预测结果的方法。

3. 消费倾向调查法　是指预测者在调查潜在购买者未来购买某种产品倾向的基础上，对产品销售量作出量方面推断的方法。消费倾向调查法常用于消费品购买者，产业用品购买者的调查，并采用抽样调查及典型调查，然后再推断总体。

4. 专家意见法　是一种应用广泛的预测方法，它是依靠专家的学识、经验和分析判断能力，对过去发生的事件和历史数据进行综合分析，对未来的发展变化趋势作出判断预测。专家意见法包括两种基本方法，即专家会议法和德尔菲法。

（1）专家会议法　就是预测者邀请有关方面的专家，通过召开会议的形式，对预测目标的未来发展前景作出判断，在此基础上，综合专家们的意见，对预测目标作出量的估计。

（2）德尔菲法　它是以匿名的方式，逐轮征询各自专家意见，最后由组织预测者进行综合分析，得出预测结果的预测方法。具有匿名性、反馈性和收敛性的特点。德尔菲法是一种集科学性、适用性、可操作性于一身的预测方法，在定性预测中占有重要位置，因此，被广泛用于产品市场供求变化预测、产品价格走势预测、产品销售预测、市场占有率预测等。特别是因缺乏必要的数据资料，而应用定量分析方法有困难时，德尔菲法是最佳预测方法。

四、定量预测方法

（一）定量预测方法的概念及应用

1. 定量预测方法　是依据大量的数据资料，利用统计和数学方法建立预测模型，对预测对象的未来发展变化趋势进行量的分析和描述的方法。

定量预测法的特点是数据资料齐全是条件；统计方法和数学模型是工具；量和质的分析相结合。其长处是预测结果精确度较高，并能在一定条件下指出误差的发生范围，比较科学地说明预测目标未来发展的量度及其结构关系。不足之处是对市场现象中非量化的因素，如政治、法律、社会文化无法用数学模式表达；应用定量分析进行预测，对数据资料要求较高，即需要系统、完整、可靠的数据，同时需要现代化数据处理手段等条件。

2. 定量预测方法的应用　主要用于具有时间序列特征的事件，如产品的年产量、季度产量，产品的年销售额（量）、季度销售额（量）等。其次用于具有因果关系特征的事件，如国民经济发展对市场供求关系的影响，居民收入变化对消费的影响等；企业生产过程材料、能源消耗的增多，必然导致产品成本的增加，从而产品销售价格不具竞争力等因果关系。

（二）定量预测的具体方法

1. 时间序列预测方法　是将同一变数的一组观察值（如销售额），按时间顺序加以排列，运用数学方法进行分析其变动规律，预测未来的发展变化趋势的方法。时间序列预测的具体方法很多，下面介绍几种常用的方法。

（1）简单算术平均法　是依时间序列数据求平均数，并作为预测值的方法。其预测模型为：

$$\overline{X} = \frac{\sum_{i=1}^{n} X_i}{n} \quad (i = 1, 2, 3 \cdots n)$$

式中，$\overline{X}$ 为平均数（即预测值）；X_i 为第 i 期的数值；n 为期数。

（2）加权平均法 是根据预测期内各资料重要性不同，分别给予不同权数，并以加权算术平均数作为预测值的方法。其预测模型为：

$$\overline{X} = \frac{W_1 X_1 + W_2 X_2 + \cdots\cdots + W_n X_n}{W_1 + W_2 + \cdots\cdots + W_n} = \frac{\sum_{i=1}^{n} W_i X_i}{\sum_{i=1}^{n} W_i X_i} \quad (i = 1, 2, 3 \cdots n)$$

式中，$\overline{X}$ 为简单算术平均数（即预测值）；X_i 为第 i 期的数值；W_i 为第 i 期对应的权数；n 为期数。

如果 $\sum_{i=1}^{n} W_i = 1$，即各期所对应权数 i 和等于 1，则加权平均数的公式可简写为：

$$\overline{X} = \sum_{i=1}^{n} W_i X_i$$

（3）移动平均法 是一种时间序列预测方法，通过计算一定跨越期内数据的算术平均值来平滑数据，从而观察数据的趋势。该法是将观察期的数据由远而近按设定的跨越期进行分组，求出每个跨越期内观察期数据的平均数。随着观察期的推移，观察期数据也向前移动，每向前移动一步，去掉最前面一个数据，增添原来观察期之后的一个新数据，并逐一求得新的移动平均值。这样移动平均数会随着观察期的推移而更新，最后将接近预测期的最后一个移动平均值，作为确定预测值的依据。

（4）指数平滑法 是市场预测中常用的方法。它是移动平均法的发展，实际上是一种特殊的加权移动平均法，加权的特点是对离预测期较近的数据给予较大的权数，对离预测期越远的数据给予较小的权数，权数由近到远按指数规律递减，所以这种预测方法被称为指数平滑法。它一般用于观察值有长期趋势变动和季节变动的预测。指数平滑法，可分为一次指数平滑法和多次指数平滑法。

2. 长期趋势预测方法 又称趋势延伸法，它是根据已知历史资料数据的发展趋势，寻求市场发展与时间之间的长期趋势变动规律，用数理统计方法找出长期变动趋势增长规律的函数表达式，据此预测市场未来发展的可能水平。商品的销售（或需求）增长规律、耐用产品的发展和更新换代过程等，均可用其趋势增长线来描述，进行预测。

长期趋势预测法研究的是事物发展与时间的长期变化关系。它不仅要假设市场发展过程存在着某种长期趋势变动样式，而且要假设这种长期趋势变动样式所表现出的增长趋势线规律，在未来发展过程中按此增长趋势线渐进变化，不会出现跳跃变化。市场预测中以大量经济指标的历史数据编制的时间序列，长期趋势预测法常用的有直线趋势法、曲线趋势法、指数趋势法等趋势延伸法。

（三）相关分析预测方法

1. 相关分析的含义和内容

（1）相关分析的含义 相关分析研究的对象是相关关系。相关关系，亦称非确定性关系，它是指社会现象之间客观存在的数值不确定的依存关系，即变量之间相互关系中不存在数值对应关系的非确定性的依存关系。一个变量的确定值为 X，与其有相关关系的另一个变量的对应值 Y 并不确定。例如，某种药品价格与该种药品的需求量之间的关系就是一种相关关系，即该种药品价格（X）变动，其需求量（Y）怎样变动并不确定。

从不同角度出发，可以将相关关系分成不同的类别。①按照涉及变量的多少，可分为单相关和复相关；②按照表现形态，可分为线性相关和非线性相关；③按照相关的方向，可分为正相关和负相关。

（2）相关分析的主要内容 相关分析就是对客观现象之间具有的相关关系进行分析和研究。进行相关分析的目的，就是帮助我们对现象之间关系的密切程度和变化规律有具体的、数量上的认识，以便于作出某种判断、推算和预测。

相关分析主要有以下几方面内容：①确定现象之间有无依存关系，其表现形式如何；②确定相关关系的密切程度；③测定变量之间的一般关系值；④测定因变量估计值与实际值的差异。

2. 相关分析与回归分析 相关分析是对变量间的相关关系进行分析和研究的方法。主要包括两个方面：①确定事物之间有无相关关系；②确定相关关系的密切程度。相关关系的密切程度用相关系数或相关指数来衡量。回归分析是对具有相关关系的变量，在固定一个变量数值的基础上，利用回归方程测算另一个变量取值的平均数。它是在相关分析的基础上，建立相当于函数关系式的回归方程，用以反映或预测相关关系变量的数量关系及数值。所以，相关分析与回归分析都是研究变量之间相互关系的分析方法。

3. 相关分析预测的一般步骤 应用回归分析方法进行市场预测，应遵循以下四大步骤。

第一步，确定相关关系。

第二步，建立回归方程。建立回归方程，是根据变量之间的相关关系，用数学表达式给予表示。由于变量之间的数量关系不同，回归方程分为线性回归和非线性回归两种。线性回归方程的一般表达式是：

$$y = a + b_1 x_1 + b_2 x_2 + \cdots + b_n x_n$$

当线性回归是一个因变量与一个自变量之间的回归时，称为简单线性回归，即直线回归，其表达式为：

$$y = a + bx$$

第三步，求解方程，确定预测值。求解方程，首先要计算方程式中的各项参数，如方程 $y = a + bx$ 中的参数 a 和 b。

第四步，评价预测结果。常用的方法有方差分析、相关分析，以及运用正态分布原理测算置信区间等。

思考题

答案解析

案例一 某公司上市一种治疗 2 型糖尿病的新药，现市场部须知患有该种疾病的人群年龄、身体特征、家庭情况、用药需求和居民对该药的认可度，各个医院以及企业对于该种药品的认可度以及国家对该类药品的相关政策，目前需要进行医药市场调查获取相关信息，为该药的生产量、渠道、包装、推广等一系列活动提供决策支持。请问：

1. 针对该新药，医药市场调研获取信息的方式有哪些？

2. 针对该新药医药市场信息的特点有哪些？

3. 预测该新药未来医药市场发展走向的方法有哪些？

案例二 某种治疗白血病的中药汤剂，目前已经上市 2 年，该企业计划进行调查获取药物疗效和价格的反馈，现需要运用企业内部和外部市场的医药信息系统进行调研，通过反馈获得医药市场信息，从而进一步确定生产量，修订药品价格，改进药品疗效。请问：

1. 针对该中药汤剂的医药市场信息的调研方法有哪些？

2. 医药市场信息系统调研步骤有什么？

3. 该企业进行医药信息调研的意义是什么？

案例三 一家医药科技公司成功研发了一款结合传统中药与现代生物技术的创新药物，旨在同时治疗糖尿病并发症与促进免疫调节，目前该产品已上市并进入市场初步阶段。为进一步优化市场策略，提升产品竞争力，公司决定进行全面市场调研与策略分析。请问：

1. 综合市场调研应包含哪些关键维度和具体方法？
2. 医药市场信息分析时应关注哪些特点，以指导市场策略优化？
3. 基于调研与分析结果，如何制定具体的市场策略优化措施？

书网融合……

| 本章小结 | 微课 | 习题 |

第七章　医药市场细分与目标市场选择

PPT

📖 **学习目标** ----------------------------------

1. 通过本章的学习，掌握医药市场细分的概念和意义，医药市场细分的方法、步骤和标准；熟悉医药目标市场的概念、选择与策略及目标市场选择应考虑的主要因素；了解医药产品定位的概念、方法与定位策略及差异化竞争策略。

2. 能够对一个医药企业或医药品牌进行市场细分，通过调查了解其经营竞争环境和目标消费者的需求特点，挖掘可以拓展的新目标市场，并提出重新定位的主张以及具体的差异化营销策略实施方案。

3. 培养创新发展意识和企业责任，具有大国工匠精神，珍视消费者的需求，尊重消费者的选择，始终以维护消费者利益为出发点。

我国的药品市场是比较开放的市场，进口药、合资药、国产药都已竞争了多年。因此，任何医药企业，无论其规模如何，都难以满足整个医药市场的不同需求，而只能根据企业的内部条件和能力，为自己选定一定的市场经营范围，满足一部分消费者和用户某些方面的需求，这就要选择企业的目标市场。只有目标市场选得准确，企业才能更好地满足市场的现实的和潜在的需求，从而不断地挖掘和寻找有利的市场机会。在营销理论中，市场细分（segmentation）、目标市场选择（targeting）与定位（positioning）都是企业营销战略的要素，被统称为STP营销战略。

第一节　医药市场细分理论与方法

一、医药市场细分的概念及意义

（一）医药市场细分的概念及内涵

1. 概念　医药市场细分（market segments），又称医药市场细分化、医药市场分割、医药市场划分或医药市场区隔，它是指医药企业把某一整体市场的消费者，按一种或几种因素加以区分，使区分后的消费者的需求在一个或几个方面具有相同特征，以便企业相应地用特定的市场营销组合去满足这些不同消费者群体的需要。

市场细分是由美国的市场营销学家温德尔·斯密（Wendell·R·Smith）于1956年提出的一个概念，它既是市场营销学中的一个重要的原则，又是一项非常有价值的技术。市场细分一经提出，就受到企业界和学术界的重视，并被广泛采用。

2. 内涵　过去，企业在生产观念的指导下，从企业自身和产品出发，把消费者看作是具有同样需求的整体市场，生产大量单一品种的产品，并采用普遍而广泛的分销渠道，采用同样的广告宣传方式。虽然这样可以降低成本，但因品种单调，消费者无挑选余地，需求得不到真正的满足，市场也无法拓展。这时候，不同企业之间的竞争主要是价格竞争，市场也只区分成高价商品市场和低价商品市场。

到了20世纪50年代，随着市场营销观念的形成和发展，一些企业相信营销已进入更大的和更加丰富的细分市场时代，逐渐意识到开发市场的最有效方法之一，就是要确定和满足消费者需求，以消费者为中心。但要做到这一点，营销人员就应认识到不同消费者有不同的需求，由于他们的支付能力、消费心理和消费行为不同，对不同类型广告的反应不同，如有些是被信息性很强的长篇广告所说服，有些则是被产品形象广告所推动……因此，不同的顾客有不同的需求。这些似乎给营销人员出了难题，其实这正是进行成功营销的机会。只要能识别具有类似需求的购买者，有针对性地提供相应的产品，并且运用恰当的分销渠道和广告宣传方式，企业就能在这部分市场经营的过程中获利。温德尔·斯密正是在总结这些企业的成功实践经验的基础上，提出了"市场细分"这一概念的。

因此，市场细分不是通过产品分类来细分市场，而是划分不同的消费者群体来细分市场。所谓医药市场细分就是辨别具有不同欲望和需求的医药消费者群体，将大的综合市场按不同标准进行分类，并用自己的产品服务于这些子市场的过程。在医药产品普遍产大于销、生存压力增大的情况下，由于营销手段单一，致使市场份额下降，严重影响企业的经济效益。在药品的广告宣传中，往往给人以"包治百病"的印象，这恰恰是没有对医药市场进行深入研究和细分，没有找准目标市场的表现。因此，医药企业应树立市场营销观念，运用市场细分原则，针对消费者的不同需求，开发新品种、新剂型，更好地拓展医药市场，积极参与国际竞争，使消费者的需求得到真正的满足。

（二）医药市场细分的意义

在市场营销学中，市场细分是一个十分新颖且具有革命性的观念，它改变了企业以为通过大量生产、推销、宣传单一产品，成本与价格降到最低就可创造最大的潜在市场来获得最大利润的旧观念，使企业意识到应该从市场上挖掘尚未得到满足的消费需求，并开发研制出新的产品来满足这些消费需求，从中获得生存与发展的机会。市场细分对企业正确制订营销计划和策略，顺利实现营销目标有着极其重要的意义。

1. 有利于企业发掘新的市场机会　企业在市场营销中，可以根据市场竞争现状和已经上市的产品在满足社会需求方面不足的情况，发掘新的市场机会，开拓新市场。市场机会是指市场上客观存在的未被满足或未被充分满足的消费需求。例如，市场上通常以一种廉价快速的普通胶片来满足放射性医疗的需要，但是某照相器材公司经过调查发现这种需求并没有充分得到满足，许多医院和医疗单位需要更加节省时间的产品。该公司研制了两种新产品，一种是特制相机，一种是立即感光胶片，它们能够在病理检查中立刻显影，不必到暗室冲洗，而且可以避免误差。这些新产品很快畅销，为该公司带来新的市场机会，赢得厚利。

2. 有利于中小企业提高竞争能力　中小企业一般人、财、物力资源有限，在整体市场或较大的细分市场上，缺乏竞争能力。如果中小企业善于发现易被大企业忽视的一部分特定消费者未被满足的需求，推出相应的产品，往往能变整体市场上的相对劣势为局部市场上的相对优势，取得较好的经济效益。

3. 有利于企业提高经济效益　一方面，企业可以根据细分市场的特点，集中使用人、财、物等资源，避免力量分散，从而取得理想的经济效益；另一方面，在实施市场细分之后，企业可以专门为自己的目标顾客，生产出适销对路的产品，加速商品周转，有效地利用企业资源和发挥企业特长，提高产品质量，从而降低企业的生产和经营成本，既使消费者需求得到更好满足，又可提高企业的经济效益。

4. 有利于企业及时调整营销策略　一般来说，企业为整体市场提供单一产品，制定统一的营销策略，实施起来相对容易，但是信息反馈比较迟钝，对市场需求发生变化的反应较慢。而进行市场细分后，由于企业同时为不同消费者群体提供不同的产品，因而比较容易察觉和估计消费者需求的变化，市场信息反馈迅速及时，有利于企业及时调整营销策略，发展新产品，满足消费者不断变化的需求。

二、医药市场细分的理论依据与细分条件

（一）医药市场细分的理论依据

1. 整体市场消费需求的差异性 按商品类别，市场可分为同质市场和异质市场。所谓同质市场，就是消费者对商品的要求和对营销策略的反应具有一致性的商品市场。例如食盐市场，所有的消费者对这一生活必需品的需求基本相同，定期购买量、购买频率也大致相同。只要价格合适，包装便于使用即可，没有更多可挑选之处。在同质市场上，不同的生产者向市场提供的商品和使用的营销策略大致相同，无需采用更多的促销手段，竞争的焦点主要集中在价格上。现实生活中只有很少一部分商品市场属同质市场，而大部分商品市场，消费者对商品的质量、特性要求各不相同。例如，药品市场中患者使用的制剂药品，其剂型、用法、用量、疗效、适应证各有不同，这就是异质市场。在异质市场上，消费者购买商品，总是抱着不同的意图和目的，寻找自己适用的产品，这样就产生了不同的购买动机和购买行为。即使同一种商品，由于购买者的病因、病情乃至收入、文化素养、专业知识、价值观念、享受医疗保障的不同，对商品的价格、规格、型号、剂型、包装等也会提出不同的要求。因此，无论是医药消费者市场、生产者市场、中间商市场，还是政府市场、国际市场，消费需求的差异性都是客观存在的。有差异就能进行分类，从而区分出不同的具有个性特点的细分市场。

2. 消费需求的相似性 在社会经济生活中，人们的基本消费需求既有差异的一面，也有相似的一面。人们受居住环境的影响、民族文化传统的熏陶，在生活习惯、需求爱好等方面表现为一定的相似性。这种相似性又使划分出来的不同消费需求再次进行聚集，形成相似的消费者群体，每个相似的消费者群体，就构成了具有一定个性特点的细分市场。每个细分的市场，其消费需求都是相似的，但不可能达到纯粹的同类，而且细分市场也不是一成不变的。随着市场的变化，细分市场相似的内容、消费者重视的商品属性也在不断发生变化，需要再次细分。

（二）医药市场细分的条件

为了保证经过细分后的市场能为企业制定有效的战略和策略奠定良好的基础，医药企业在市场细分时，必须对细分后的市场进行考察。作为一个有效的细分市场，除了必须有实际意义外，还必须同时具备以下三个条件。

1. 可测量性 市场细分的标准和细分后市场的范围、容量、潜力是可以测量的。各细分市场要有明显的区别，具有自己的特征，表现出自己这一群体独特的购买行为，并且获得能够反映该群体消费者购买特征的信息资料。

2. 可达到性 医药企业的人、财、物力和市场营销组合必须足以达到被选中的细分市场，能够有效地进入并占领。一方面细分后的市场范围不能太小，必须有一定的人口和购买力，否则就没有开发的价值；另一方面如果细分后的市场是企业现有能力所达不到的，也不能贸然去开拓，否则会造成不应有的损失。同时，目标市场上的消费者要了解企业的产品，并且能通过销售渠道购买到企业的产品。

3. 实际性 即可盈利性，医药企业能在细分后的市场上取得良好的经济效益。细分市场的规模必须足以使企业有利可图，而且有一定的发展潜力，使企业生产和经营规模在选定的目标市场上能得到扩充，从而不断提高企业竞争能力；细分市场应有一定的稳定性，企业在占领市场后的相当一段时期内，不需要改变自己的目标市场，这样有利于企业制定长期的市场营销战略。

三、医药市场细分的标准 [e]微课

根据市场细分的三大条件，企业就可以着手有效地细分市场了。市场细分有着不同的标准和方法。市场细分的作用能否得到充分发挥，往往取决于企业采取什么方法对整体市场进行划分，划分的标准是否合理有效。市场细分的标准也就是影响消费需求差异性的因素，掌握好市场细分的标准才能有效进行市场细分。消费者市场与生产者市场由于其影响需求的因素不同，市场细分的标准也不一样。

（一）医药消费者市场的标准

消费者需求的差异性，是市场细分的基础。消费者的生理特征、健康意识、医药知识、社会经济地位、心理性格都各不相同，他们对产品的信赖、品牌偏好、追求的利益、广告感受度、价格的承受能力和对销售渠道的信任程度也各不相同，因而消费需求存在很大的差异，这些都可以作为市场细分的标准。具体而言细分消费者市场的标准有以下内容。

1. 地理因素　按照消费者所处的地理位置、气候条件等来细分市场。这是一种传统的划分市场的方法，但是市场营销学中把地理因素作为细分市场的标准是从消费需求的角度出发的。这是因为地理分布不同对药品需求会产生极大的影响。因为各地的水土风情各异，人们的体质、饮食习惯不同，流行病学方面的特点也不同，致使各地的患病者人数差异较大。较为重要的地理因素如表7-1所示。

表7-1　按地理因素细分市场

细分标准	具体因素
地理因素	地区：沿海、内地；华东、华南、华北、东北、西北、西南、中原、城市或乡村 城市规模：少于10万人，10万～50万，50万～100万，100万以上，200万以上，…500万以上，…1000万以上 地形：高原、平原、森林、山地、盆地、丘陵…… 人口密度：稠密、稀少 气候条件：热带、亚热带、温带、寒带

（1）**地区**　在我国，生活在南方和北方的消费者，东部与西部的消费者对许多产品的要求有极大的差别。

（2）**城市或乡村**　城乡居民对医药商品的需求差别很大，受到收入和基本医疗保险制度的影响。一般来说，城市居民对营养保健滋补类用品、新药特药、进口药的需求高，而广大的农村对普药、中草药、中成药的需求相对较高。目前全国各地农村医药市场除了少数经济发达地区以外，几乎都存在一个普遍的规律，即从用药总量、用药数量、用药品种、用药档次、单位药品价格、新品种普及率等几个方面，都按照逐级递减的方式发展。

（3）**气候条件**　对医药商品需求的影响不容忽视。由于气候、环境、生活方式等因素的影响，心脑血管病及肿瘤病成为我国的高发病之一。因此，心脑血管类药、抗肿瘤药和抗生素类药物应是医药行业研究、开发和生产经营的重点。我国东南部地区炎热潮湿，而北部地区气候严寒干燥，这就使人群的疾病具有地域性特征；而高原、平原、森林、盆地地区的居民，也有不同的生活方式和发病特点。一些地方病、传染病及突发性疾病与气候条件密切相关，这些都应引起医药企业足够的重视，以生产出适销对路的产品。

地理因素相对来说是一种静态因素，比较容易辨别和区分。由于同一地区的消费者需求还有很大的差异，市场还要按照其他因素进一步细分。

2. 人口因素　就是按照人口统计资料所反映的内容，如年龄、性别、家庭规模、家庭生命周期、

收入、职业、文化水平、宗教信仰、民族、国籍、社会阶层等因素来细分市场。消费者对商品的需求、爱好和使用频率，常常与人口因素有着密切的关系，如表7-2所示。

表7-2　按人口因素细分市场

细分标准	具体因素
人口因素	年龄：3岁以下、学龄前、儿童、少年、青年、中年、老年 性别：男、女 家庭规模：1~2人小家庭，3~4人，5人以上的复合型大家庭 收入：高、中、低 职业：专业技术人员、管理人员、公务人员、教师、科研人员、普通职员、工人、农民、文艺工作者、离退休人员、学生、待业…… 文化水平：小学及以下、初中、高中、中专、大专、本科、硕士、博士 民族：汉、满、回、壮、藏、蒙古族…… 宗教：佛教、基督教、伊斯兰教…… 国籍：中、日、美、英、法、德…… 社会阶层：低、中、高

根据消费者的年龄结构可以细分成许多各具特色的医药市场，如老年人市场、成年人医药市场、青少年医药市场和儿童医药市场等。不同年龄层次的人群，对药品有着不同的需求。

经济发展水平的高低影响人们的收入和用药结构、用药习惯和消费观念。高收入阶层的消费水平较高，选择药物时，较多考虑疗效，接受新特药的观念较强；而低收入阶层则用药水平较低，选用药时多考虑价格因素。追求疗效是患者的共同目标，但收入高的患者更多地考虑副作用和复发等因素，而收入较低的则较偏重近期的治疗效果，所以在用药选择上也有较大的区别。

男性和女性的生理特点和社会角色不同，对于药品的需求以及购买行为有着明显的差别。

在人口因素中，还有文化程度、家庭规模大小、民族等多种因素可以分析。文化程度的高低，直接影响消费构成。在一般情况下，受教育程度愈高，购买时的理性程度也愈高，喜欢格调和品质较高的产品。现代家庭是社会的基本"细胞"，也是商品采购的单位。一个国家或地区家庭单位的多少及家庭规模的大小，对于市场影响很大。我国是个多民族国家，各民族有着各自独特的风俗习惯和生活方式，与传统的中医药一样，蒙、藏等医药也有着一些独特的医治疑难病症的方式和用药，这些都是祖国源远流长、博大精深的宝贵医药财富。

3. 心理因素　人们常常发现，在人口因素相同的不同消费者当中，对商品的需求爱好也不尽相同，因为消费者对商品的购买不一定完全取决于人口因素，它同其他因素特别是心理因素也有密切的关系。心理因素比较复杂，主要包括消费者的生活方式、个性、价值观念等因素，如表7-3所示。

表7-3　按心理因素细分市场

细分标准	具体因素
心理因素	生活方式：简朴型、赶时髦型、浪漫型、追求地位型…… 性格：内向、外向、被动型、主动型、自信、乐观、自卑、悲观、独立、依赖、开放、保守、孤僻、野心勃勃…… 价值观念：实惠、经济、求实、求美、求新、求奇……

（1）**生活方式**　是指一个人或群体对工作、生活、消费和娱乐活动的特定习惯和方式。人们的生活方式不同，对商品的爱好与要求就有差异。生活朴素型的消费者更看重商品的内在价值，崇尚时髦的消费者追求包装新颖独特的商品。企业从事市场营销活动，应注意消费者中的不同购买者的生活方式，善于细分出某些追求相同生活方式的购买者，为他们专门设计、开发能更好满足其需求的产品。

（2）**消费者的个性和价值观念**　消费者的个性和价值观念不同，其购买动机也就不一样。有些消费者追求商品的实际效用，重视商品的内在质量、讲究实惠；有些消费者追求新颖、时尚商品，讲究商品的个性特点和象征意义；有些消费者对价格特别敏感，专门选择价格低廉的商品，而有些消费者专门选择高价商品，以示其具有与众不同的消费水平。根据消费者的个性和多种多样的价值观，所追求的利益就有明显的差别。因此，心理因素是重要的消费者细分市场的标准。

4. 购买行为因素 消费者由于生活、经济状况不同，民族风俗习惯、消费心理的差异，购买行为也就各不相同。因此，可以根据消费者的购买行为细分市场，如表7-4所示。

表7-4 按购买行为因素细分市场

细分标准	具体因素
购买行为	购买状态：无知、知晓、有兴趣、愿尝试、试用及常用 购买动机：经济实惠、显示地位、方便耐用、对产品偏爱 购买频率：不用、偶尔购买、一般、常用 购买习惯：购买时间、地点 对价格、服务、广告的敏感程度（各分三级） 对商标、产品、分销渠道的信任程度（各分三级）

（1）购买状态 消费者对某种商品或某个品牌的商品处于不同的认识阶段。例如，有的根本不知道有这种商品，有的对这种商品详细了解而且有兴趣，有的正打算购买等。企业对于处于不同购买状态的消费者要进行细分，采取不同的营销策略。如对毫无了解的消费者，做广告时要内容简要，但必须增加广告频率，广告用语力求切中消费者心理，以引起他们的注意；对已经了解的消费者，广告中要突出商品带给他们的利益；对于打算购买者，要告诉他们销售地点及服务项目。

（2）购买动机 有些市场可以根据使用者的购买动机进行细分，可以分成经济实惠、显示地位、方便耐用、对产品偏爱等。企业掌握消费者的购买动机，便于发展和强调产品特色。

（3）购买频率 消费者对某种商品的使用数量和购买频率，也可以作为细分市场的标准。可以把某种市场按经常购买、一般购买和不常购买来细分。经常购买且大量使用某种商品的人数，可能在市场总人数中所占比重很小，但他们购买的商品数量比重却很大。掌握这些信息，有助于企业恰当地制订商品价格和选择销售形式和广告宣传促销的方式。

（4）购买习惯 消费者购买商品往往在购买地点和时间上有不同的习惯。消费者购买商品往往是根据商品在家庭消费中的地位、重要性来作出购买决策的。耐用品、价值高的商品，要经过在家庭中反复商量作好决策才去购买，而对大量的常用品则是即兴购买，随时随地作出购买决策。消费者购买商品的时间习惯有时受商品特性所影响，如有的商品是季节性消费的，消费者购买时间有一定的规律性。企业应根据消费者的购买习惯来细分出子市场，采取不同的营销策略。如对 OTC 药品要加强售前售后服务，提供购买方便，包括送货上门、用药指导，在宣传上应借助电台、电视等大众媒体广为宣传，提高产品知名度，以促进销售。

（5）购买偏好 是指消费者对价格、服务、广告等的敏感程度以及对品牌、分销渠道的信任程度。企业应根据消费者不同的购买偏好，从商品形式、品牌设计、价格制定、销售方法和广告宣传等各方面，去满足消费者的需求。

总之，购买行为因素是市场细分中的一个比较复杂的动态因素。医药企业必须根据消费者购买行为的变化，随时进行调查研究，才能获得可靠的衡量数据，用以确定企业的目标市场。

5. 医药企业进行消费者市场细分应注意的问题

（1）市场细分标准不是一成不变的，企业应根据市场的变化，树立动态观念。消费者的年龄、收入、家庭规模等会随着时间的推移而不断地变化，他们的习惯与爱好也会随年龄的增长和阅历的积累而有所变化。因此，按人口因素、心理因素、购买行为因素细分市场，就要树立动态观念，随时研究其变化，以便及时调整营销策略。即使是相对静态的地理因素，从长期看也是不断变化着的，城市的大小、人口密度甚至气候条件都会随着社会经济的发展而有所变化。

（2）消费者市场细分的四种因素往往相互影响，不能截然分开。在进行市场细分时，可以按一个标准细分市场，但大多数情况下是以多种标准结合起来细分。例如，一家企业研制开发高单位配方的复合维生素制品，用于治疗各种神经疾患，复活神经功能和消除疲劳，强调能缩短治愈时间，是把中老年城市脑力劳动者作为主要销售对象。这种划分就是把地理、职业、收入、年龄、心理、行为等因素综合起来进行的。

（3）市场细分不仅是一种重要理论，更是一门综合性的技艺。它是以市场调查研究和市场预测为基础，对市场进行分析研究，从而找出市场的不同特性，以便更好地满足消费者需求，给企业带来生存发展机会的一门综合技巧与艺术。不同企业在进行市场细分时，不仅要掌握市场细分的条件和标准，而且要善于和本企业的内部条件、机器设备、资源情况、研究开发能力销售能力以及市场竞争产品的情况联系起来综合考查，以便在细分市场的基础上选择好企业的目标市场。

（二）医药产业市场细分的标准

产业市场与消费者市场有很大的区别，产业市场与中间商市场、政府市场一样，都是有组织的市场，属于集团性购买。医药产业市场细分的标准如下。

1. 最终用户的要求　这是产业市场细分最通用的标准。产业市场的购买活动是为了不同的生产需要或再出售，最终用户往往有不同的要求，追求不同的利益，从而对产品提出不同的质量标准和使用要求。有时，最终用户的直接要求就是一个细分市场。

2. 用户规模与购买力大小　用户规模是产业市场细分的重要标准。用户的经营规模决定了其购买力大小，一些大用户，数量虽少，但其生产和经营规模大，购买的数量和金额就多；小的用户数量多，分散面广，购买数量和金额有限。企业应针对大、小用户的特点，分别采取不同的营销策略。工业用户规模和购买力的大小，可以通过用户的财务支出或营业额来衡量，也可通过对用户内部情况进行相应的分析得出。例如，可通过分析用户的职工人数、销售对象户数、销售规模、市场占有率等因素，得出用户的规模和购买力大小。在掌握用户规模的基础上，可对用户进行 A、B、C 分类。A 类为规模大、市场占有率高、销售面广的用户。这类用户购买力高，是企业销售商品的重要目标，必须采用相应的营销策略，以便建立和保持长期稳定的购销关系。B 类为规模中等的用户，企业要争取尽可能多的 B 类用户为自己的目标顾客，有必要派出销售人员访问联络、沟通信息和感情。C 类用户一般经营规模小、资金薄弱，对这类用户可通过加强促销策略，取得联系。

3. 用户的地理位置　每个国家或地区，大多根据资源、气候和历史传统形成若干产业集中地区。因此，生产者市场比消费者市场在地理位置上更加集中。按地理位置来细分市场，方法简便，易于细分，同时又会给企业带来经济效益的提高。因此，按用户的地理位置来细分市场，可使企业把一个地区的目标用户作为一个整体考虑。这样，企业的促销和广告宣传由于针对性强而可大大节约促销费用和广告成本，可以大大节省推销人员往返于不同用户之间的时间，还可以有效地规划运输路线，从而节省运输费用和提高效益。

4. 用户的行业特点　某类行业市场往往具有同类性质的需求，因此可以作为产业市场的细分标准。例如，我国零售药品销售结构与医院用药结构差异较大。大多数高价进口、合资药品主要通过医院药房消耗。按用户的行业特点细分市场，使得目标市场更加集中，容易分析研究市场的变化，及时掌握市场动态，有助于节省企业的研制和开发支出以及节省促销宣传费用。

对于上述产业市场的细分标准，同消费者市场的细分标准一样，企业并不只用一种单一的标准来进行细分，而是有层次地交错使用一系列因素来细分。

四、市场细分的步骤

美国市场营销学家麦卡锡（Y. J. Mecarthy）提出了一套简便易行的七步细分法，很有实用价值，其步骤如下。

1. 选定产品市场范围，确定经营方向 即在明确企业任务和战略目标的前提下，对市场环境充分调查分析之后，首先从市场需求出发选定一个可能的产品市场范围。购买者的需求和爱好，理所当然是细分市场的基础。选择目标市场范围既是企业成功的关键，又是一项复杂的任务。说它是成功的关键，是因为任何市场营销计划的成功，都取决于企业是否善于鉴别顾客需求并选择那些为这些需求服务的特定的极其有利的产品种类。说它复杂，是因为市场存在于变化的环境中，影响市场重要特征的因素十分复杂而且往往不易判断。

2. 估计潜在购买者的基本需求 即由企业决策者从地理因素、心理因素和购买行为因素等不同方面估计潜在购买者对产品的基本需求，为市场细分提供可靠依据。

3. 分析潜在购买者的不同需求 企业根据人口因素做抽样调查，向不同的潜在购买者了解上述需求哪些对他们更重要，初步形成几个消费需求相近的细分市场。

4. 剔除潜在购买者的共同需求 即对初步形成的几个细分市场之间的共同需求加以剔除，以它们之间需求的差异性作为细分市场的基础，筛选出最能发挥企业优势的细分市场。

5. 确定细分市场的名称 为细分市场命名要富有创造性和个性，要能抓住潜在购买者为细分市场命名要富有创造性和个性，要能抓住潜在购买者的心理。

6. 进一步认识各细分市场的特点，作进一步细分或合并 企业必须避免创造过多各种不同的产品或没有足够顾客需要的、过分的、毫无意义的产品。

7. 测量各细分市场的规模，从而估算可能的获利水平 市场细分使企业与市场更加协调一致，它还促使企业更加有效地利用企业资源，带来较高的销售额和较高的利润。

在具体运用时，企业可以根据实际情况对这七个步骤进行简化或拓展。

第二节 医药目标市场选择策略

医药企业在对整体市场作出必要的细分之后，总要选择某一个或几个细分市场作为自己的目标市场。市场细分和目标市场的选择是既有联系又有区别的。市场细分是目标市场选择的基础和前提。那么，怎样去评价细分市场的潜在价值，选择什么样的营销策略才能获得较好的经济效益，这些对于目标市场的选择，都是至关重要的。

一、医药目标市场的概念及条件

（一）医药目标市场的概念

所谓医药目标市场（target market），是指医药企业在市场细分化的基础上，依据企业资源和经营条件所选定的、准备以相应的医药产品或服务去满足其需要的那一个或几个细分市场。具体选择医药目标市场的原因如下。

（1）并非所有的医药细分市场对本企业都有吸引力，必须是能发挥本企业现有的人力、物力资源等优势的细分市场，才能作为企业的目标市场。

（2）企业没有足够的人力、资源、资金来追求过分大的目标。没有任何企业能孤军作战，独立满足整个医药市场的需求。

（3）各个细分市场和各个目标之间存在着矛盾，同时去满足它们，将造成企业效益的下降，人力、物力、财力等资源的浪费。

因此，经过医药市场细分，结合本企业的特点，扬长避短，才能为企业找到最为有利的医药目标市场，从而实现企业的计划与任务。

（二）医药目标市场选择的条件

医药企业目标市场选择是否适当，直接关系到企业的市场占有率和盈利。

1. 有足够大的市场容量　有一定的购买力，有足够的潜在需求量。从理论上讲，有两个以上的购买者，就可以进行市场的细分。但从实际和企业经济效益来看，由于细分市场的开发通常需要支付大量的资金，所以细分市场应该足够大，能提供效益。

2. 有充分发展的潜力　即该市场的需求尚未满足，企业能获得较多的销售机会，并有不断发展壮大的余地。反之，如果市场十分狭小，发展潜力小，那么企业的前景就十分黯淡，企业经营的风险就大。我国医药企业应走创新之路，以免低水平重复，相互压价竞争，影响企业的生存和发展。

3. 目标市场尚未被竞争企业控制或竞争尚不激烈　企业选择目标市场，在一般情况下，应选择竞争者比较少，或竞争者在实力、经营管理水平和营销能力等方面都比较弱小的细分市场。这样，有利于企业开拓市场，在竞争中取得优势。

4. 能发挥医药企业内部的相对优势　医药企业内部的相对优势一般指原材料、机器设备、技术水平、职工素质、企业规模、资金、研究开发能力、经营管理水平、交通运输条件、地理位置、气候条件等所表现出来的综合发展能力。只有企业内部的相对优势与目标市场上未被很好满足的消费需求相适应，医药企业与目标市场才能呈现平衡状况。

二、选择医药目标市场应考虑的因素及选择策略

（一）选择目标市场营销策略应考虑的因素

1. 企业规模和原材料供应　如果企业规模较大，技术力量和设备能力较强，资金雄厚，原材料供应条件好，则可采用差别营销策略或无差别营销策略。我国许多大型医药企业，基本上均采用这两种策略。反之，规模小、实力差、资源缺乏的中小企业宜采用集中市场营销策略。我国医药产业的整体水平相对落后，即使是国内一流的大型医药企业也难以与国外大医药公司相抗衡。采用集中营销策略，重点开发一些新剂型和国际市场紧缺品种，利用劳动力优势，建立自己的相对品种优势，不失为一条积极参与国际竞争，提高医药工业整体水平的捷径。

2. 产品特性　对于具有不同特性的产品，应采取不同的策略。对于同质性商品，虽然由于原材料和加工不同而使产品质量存在差别，但这些差别并不明显，只要价格适宜，消费者一般无特别的选择，无过分的要求，因而可以采用无差别营销策略。而异质性商品，如药品的剂型、晶型、复方等对其疗效影响很大，特别是滋补类药品其成分、配方、含量差别很大，价格也有显著差别，消费者对产品的质量、价格、包装等，常常要反复评价比较，然后决定购买，这类产品就必须采用差别营销策略。

3. 市场特性　当消费者对产品的需求欲望、偏爱等较为接近，购买数量和使用频率大致相同，对销售渠道或促销方式也没有大的差异，就显示出市场的类似性，可以采用无差别营销策略。如果各消费者群体的需求、偏好相差甚远，则必须采用差别营销策略或集中营销策略，使不同消费者群体的需求得

到更好的满足。

4. 产品生命周期　产品所处的生命周期不同，采用的营销策略也是不同的。若产品处于介绍期和成长期，通常采用无差别营销策略，去探测市场需求和潜在顾客；当产品进入成熟期或衰退期，无差别营销策略就完全无效，须采用差别营销策略，才能延长成熟期，开拓市场，维持和扩大销售量，或者采用集中营销策略来实现上述目的。

5. 竞争企业的营销策略　企业生存于竞争的市场环境中，对营销策略的选用也要受到竞争者的制约。竞争者采用了差别营销策略，如本企业采用无差别营销策略，就往往无法有效地参与竞争，很难占有有利的地位，除非企业本身有极强的实力和较大的市场占有率。如果竞争者采用的是无差别营销策略，则无论企业本身的实力大于或小于对方，采用差别营销策略，特别是采用集中营销策略，都是有利可图、有优势可占的。

（二）医药目标市场选择策略

企业确定细分市场作为生产和经营目标的决策，称为目标市场选择策略。可供医药企业有效地选择目标市场的策略有三种，即无差异营销策略、差异性营销策略和集中性营销策略。

1. 无差异市场营销策略　把整体医药市场看作一个大的目标市场。医药企业对构成市场的各个部分一视同仁，只顾及人们需求的共性，而不计其差异性，以单一的医药市场营销组合，推出一种医药产品，去试图吸引所有的购买者。

无差异性营销策略是生产观念的一种体现，企业的经营哲学是"生产好产品，自然有人买。"采用无差异营销策略的目的，是力求成本节约，视医药市场中顾客需求相同，因而营销方法也相同，套用医药工业生产的标准化、批量化。生产、储运、推销的平均成本比较低廉；同时，由于不需要细分市场，可以相应地节约市场调查研究费用和广告宣传、促销等开支。

然而，愈来愈多的市场营销人员对这一策略是否为最佳，表示了强烈的怀疑。今天，绝大多数医药企业都在寻找一种把市场加以细分的策略。事实上，市场细分化是社会进步最明显的特征之一。随着人们财富的增加以及有更多的休闲时间，他们追求更加丰富多样的生活，健康保健意识更强，对药品的疗效、稳定性、方便服用的要求更高。因而一种药品长期被所有消费者接受，是十分罕见的事情，人们需求的多样化及差异性正日益扩大。而且，当几家生产同类医药产品的企业，都采用无差异营销策略时，就会形成大的医药市场竞争异常激烈；而小的细分市场无人问津，消费需求得不到满足的状况。

2. 差异性市场营销策略　企业把整体医药市场划分成若干细分市场，针对不同的医药细分市场，设计制造性能及包装等各不相同的医药产品，采用不同的市场营销组合，去分别满足不同消费者的需要，完成销售目标，力争销售机会的极大化，即小批量、多品种生产。对医药行业来说，就可以在一种原料药多种剂型、复方制剂、缓释剂、控释剂、透皮给药等方面开展差异性营销。

3. 集中性市场营销策略　医药企业以一个或几个细分市场作为目标市场。企业可以集中力量进行专业化生产和销售。采取集中性营销策略的企业，追求的不是在较大的医药市场上占有较小的份额，而是在较小的市场范围内占有较大份额。这样，既可以扩大市场占有率，又可以减少生产和促销方面的费用。因为品种较单一，可以集中力量于设计、研制、工艺设备改进等方面，便于产品的精益求精，提高产品的知名度，便于创名牌优质产品，树立企业的信誉。结果由于市场占有率大，成本相对下降，企业的投资收益率就高，积累就快，企业就能发展壮大。

总之，选择适合于本企业的目标市场营销策略，是一项复杂的、随时间变化的、有高度艺术性的工作。企业本身的内部环境，如研究开发能力、技术力量、设备能力、产品的组合、资金是在逐步变化的；影响企业的外部环境因素也是千变万化的。企业要不断通过市场调查和预测，掌握和分析这些变化的趋势，与竞争者各项条件之对比，扬长避短，把握时机，采用恰当的、灵活的策略，去争取较大的利益。

第三节　医药产品的市场定位与差异化营销

一、医药产品市场定位的概念及策略

（一）概念

市场定位（positioning），又称为产品定位，是市场营销学和现代广告学中十分重要的概念，是由艾·里斯（Al Ries）和杰克·特劳特（J Trout）于1972年提出的。他们在《广告时代》发表名为"定位纪元"的系列文章，之后又写了成名作《头脑中的战争》，明确提出了市场定位问题。

所谓医药市场定位，就是确定医药产品在市场之中的位置，即根据顾客对某种产品属性的重视程度，给本企业的产品创造并培养一定的特性，树立一定的市场形象。在为数众多的产品概念中，发现或形成有竞争力的、差别化的产品特色及重要因素。医药市场定位，就是在顾客的心中为医药企业的产品和服务找到合适的位置，所以又称为"争取顾客心智的战略"。

市场定位，是关系到医药企业生死存亡的大事。因此，企业在制定市场定位策略时，一定要从实际出发，必须把产品定位建立在摸清、摸准国情、行情（市场情况）、厂情（企业情况）、心情（消费者心理）的基础之上。也就是说，必须先对环境、市场和产品进行调查研究，经过系统分析和综合之后才能确定产品在市场上的位置。

（二）市场定位策略

医药企业的产品特色，有的可以从产品实体上表现出来，如形状、成分、性能、结构等；有的可以从消费者心理上反映出来，如高档、经济、实惠等；有的则要通过与竞争者的产品，或者与本企业的其他产品相对比体现出来。市场定位策略，对于企业发展新产品，开拓新市场，充分发挥企业人、财、物力是一种相当有效的方法，市场定位策略还有助于医药企业树立在消费者心目中的形象。市场定位的策略主要如下。

1. 抢占市场空位策略　即医药企业通过对市场和现有产品的认真分析研究，发现消费者实际需求未能很好满足的部分，即市场缝隙，开发研制相应产品填补市场空白。采用抢占市场空位的策略，由于目标市场没有竞争者，企业产品可以长驱直入，易于被顾客接受，取得优势地位。

2. 匹敌策略　如果医药企业经过仔细调研也难以发现市场空隙，只要该市场需求潜力很大，而企业又能赋予产品新的特色和创意，不妨采用此策略，与竞争者一争高低。例如，市场上虽已有近百种感冒药品，但感冒有多种类型，是多发病、高发病。按中医理论，感冒可分为风寒感冒、风热感冒、感寒湿滞、表里双感、气虚感冒等；按西医又可分为普通型感冒、病毒型感冒、胃肠型感冒、肺炎型感冒等。病因不同，用药和治疗也有不同，因而其市场潜力巨大。某制药公司开发的"白加黑"感冒片，在国内首次采用日夜分开的给药方法，白天服用的白色片剂，由对乙酰氨基等几种药物组成，能迅速消除感冒症状，且无嗜睡副作用，可以正常坚持工作和学习；夜晚服用的黑色片剂，在白天制剂的基础上加入另一药物成分，抗过敏作用更强，能使患者更好地休息。其独特的品牌、包装和产品形象以及"清除感冒，黑白分明"的广告语，不仅获得专家的认可，也旋风般地渗透到全国市场，成为广大消费者青睐的感冒良药，在拥挤的感冒药市场上占得重要一席。

3. 取代策略　目标市场被竞争者占领，企业难以插足，如果医药企业实力雄厚，且产品比竞争者具有明显的优势，有把握将大多数消费者从竞争者那里争取过来，企业不妨取而代之。

值得强调的是，医药企业在进行市场定位的过程中，要避免三种定位错误：定位不足（under positioning）、定位过头（over positioning）和定位混乱（confused positioning）。定位不足就是不能有效与竞争企业的产品相区分；定位过头就是吹嘘自己的产品"包治百病"；定位混乱就是在市场上左右摇摆，不愿真正定位。

二、医药产品市场定位的方法

(一)医药产品市场定位的常规方法

市场定位的方法可以归纳为以下几种。

1. 根据产品的利益定位 即由产品本身能使消费者体会到的利益来定位，该方法强调的是使用者的利益而不是具体的产品特征。例如，某广告词："咳嗽，请用急支糖浆"，就是以产品利益为核心的宣传手法，利用该药品的特别功能，给消费者带来特别的利益，满足消费者特别的需求，以这个产品的差别化利益作为市场定位的有力武器。

2. 根据价格和质量定位 价格与质量一般是一致的。例如控释、缓释制剂，由于工艺的改进、技术的提高、生物利用度更高、药效作用更显著，给消费者带来很大方便，即使价格稍高，而消费者也可从高水平的生产技术和产品所具有的特性方面得到平衡。

3. 根据用途定位 这是进行市场定位的好方法，例如同样是石膏产品，建材企业用来作为装饰材料，日用化工企业用来作化妆品原料，食品行业用来作添加剂，医疗单位则用来作治疗骨折的夹板。

如果为老产品找到一种新用途，也是为该产品定位的好方法。许多药品在临床应用中又逐渐发现一些新用途，从而为该产品开拓新的市场。例如，阿司匹林除解热镇痛的老用途外，还有抗癌防癌的作用，还有抗血栓形成的作用，可用作预防心脑血管疾病。泛酸钙，即维生素 B_5，是用了几十年的老药了，后来发现其有广泛的药理作用，可用于白内障、类风湿关节炎及某些皮肤病变等许多中老年常见病的防治，临床应用随之增多。

4. 根据使用者习惯看法定位 即由产品使用者对产品的看法确定产品的形象。例如，维生素 C 和含有维生素 C 的产品已进入大众的日常生活中，人们已逐渐不再把维生素 C 看成药品；而是将其看作营养品、添加剂、抗应激甚至是保持好身材的助手。西方许多企业在奶及奶制品、水果和蔬菜、粮食、化妆品、牙膏、饮料、点心和动物饲料中添加维生素 C 成分。世界不少地区的大商店或超级市场开始出售单一或复合维生素 C 产品，药店对维生素 C 的垄断地位受到了动摇。

5. 根据产品特征定位 这种定位可以强调产品区别于同类产品的某一特征。例如，目前国内用于治疗感冒的药品数以百计，但绝大部分药品含有抑制中枢神经系统作用的药物成分，致使患者服药后精神萎靡不振、嗜睡，直接影响工作和学习。某制药公司推出的供工作人群白天服用的"感冒白片"，即强调该产品无明显嗜睡作用的特点。

6. 根据竞争定位 即针对竞争产品，宣传本企业产品的属性或利益来定位。

7. 组合定位 即医药企业综合运用上述多种方法来给产品定位。

(二)重新定位方法

如果医药企业的产品不再处于市场最佳位置，就应该考虑重新定位问题。当企业遇到下列情形时，就必须做重新定位的考虑。

(1)竞争者推出的新产品，定位于本企业产品附近，使本企业在该目标市场的占有率大幅度下降。

(2)顾客偏好发生转移，使企业产品与消费者需求发生偏离。

(3)新的顾客偏好已经形成，为企业带来新的市场机会。

在作重新定位的决策时，企业必须权衡两项因素。第一是重新定位的成本，它包括改变产品的品质、包装、广告等的成本。一般来说，重新定位距离原来的市场位置越远，则成本越高，产品形象改动的幅度越大，为改变人们的印象所需的投资花费也越高。第二是将产品重新定位的预期收益。收益多少决定于：①新市场位置中消费者的人数；②平均购买率；③已经在目标市场范围内或准备进入该目标市场的竞争企业数目与实力；④该目标市场的一般价格水准。

总之，目标市场的定位策略，是医药企业在选择目标市场的基础上，研制开发并推出适合目标市场需求的产品，使企业的产品与目标市场取得最佳配合，并确立有利的销售地位的有效手段。

三、医药产品市场定位的要素

市场定位包括目标市场选择、差异化优势和定位陈述三个要素。

1. 目标市场选择　企业需根据医药产品或服务的特性，以及市场需求和竞争环境，确定自己的目标市场。目标市场可以从多个维度进行选择，如地理位置、人口特征、行为习惯等。

2. 差异化优势　企业可以通过差异化来与竞争对手区分开来，建立自己的市场地位。差异化优势可以从产品、品牌、服务等方面进行体现，要能够满足目标市场的需求并超过竞争对手。

3. 定位陈述　即企业向目标市场传递自己差异化优势的方式和内容。它需要简明扼要地表达出企业的核心竞争力和独特价值，吸引并留住目标市场的消费者。

四、差异化营销策略

（一）差异化营销的意义

差异化营销战略是指在市场细分的基础上，根据医药企业的资源与营销实力选择部分目标市场，并为各目标市场制定不同的市场营销组合策略的经营战略。

1. 差异化营销战略的优点　通过差异化营销，可以有针对性地满足具有不同特征的消费者群体的个性化需求，也使差异化营销每个目标子市场的销售潜力得到最大限度的挖掘，从而有利于扩大企业的市场占有率。同时也能降低企业的经营风险，一个子市场的失利，不会导致整个企业陷入困境。差异化营销战略提高了医药企业的竞争能力，增强消费者的整体满意度、信赖程度和购买率，而实施差异化营销战略时所采用的多样化广告，多渠道分销，多种市场调研费用和管理费用等，都能一定程度地提高市场的进入壁垒。

2. 差异化营销战略的局限性　差异化营销战略具有产品种类、分销渠道、广告宣传等方面的扩大化与多样化的特点，医药企业的市场营销费用会因此大幅度增加，成本的提升也提高了医药企业的管理难度。

（二）差异化营销的方式

差异化策略是企业为了实现市场定位而采取的措施。通过差异化策略，企业能够从产品、价格、渠道、服务等方面与竞争对手形成差异化，提高市场竞争力。以下是几个常见的差异化营销策略。

1. 产品差异化　通过产品创新、质量优异或功能特点独特等手段，使产品与竞争对手有所区别，从而吸引消费者选择自己的产品。企业可以从药品的成分、有效性、制作工艺、外观和包装设计等方面进行差异化营销。

2. 价格差异化　企业可以通过定价手段实现差异化，如高端定价、终端定价或低端定价，以满足不同层次和需求的消费者。

3. 渠道差异化 通过建立自有渠道、与合作伙伴共同营销、开拓新的销售渠道等方式，与竞争对手形成渠道上的差异化。在医药市场的差异化营销中，销售渠道的选择十分关键，企业需要根据其产品的特点和目标客户的需求，选择合适的销售渠道，如零售药店、医疗机构或者互联网平台等。同时，医药生产企业也可以积极发展与医药商业企业、医药营销人员、卫生技术人员、保险公司等合作伙伴的关系，共同开拓市场。

4. 促销差异化 企业通过利用独特的促销手段，包括广告宣传、销售促进、人员推销和公共关系等，从而建立消费者对产品差异化的认知。医药企业可根据其市场定位，利用不同的促销手段吸引消费者。

5. 服务差异化 通过提供售前咨询、售后服务或个性化定制等服务，使消费者在购买和使用的过程中获得更好的体验，从而实现服务差异化。此外，随着数字化时代的不断更新发展，数字营销已经成为不可或缺的一部分。需要制定详尽的数字营销计划，运用 SEO、SEM、内容营销等手段，让产品在互联网上大放异彩。同时，建立客户数据库和客户关系管理系统，通过数据分析更好地了解客户需求，提高营销效率。

（三）差异化营销战略的实践建议

1. 分析市场环境 企业在制定差异化战略之前，要对目标市场进行全面的评估和分析，了解目标市场的需求、竞争状况和趋势，为差异化战略的制定提供依据。

2. 确定差异化优势 企业应充分发挥自身的优势，充分挖掘与竞争对手的不同之处，并针对目标市场的需求进行差异化的创新或提升。

3. 强化品牌形象 差异化战略需要通过有效的品牌建设和品牌传播来实现。企业应注重塑造独特的品牌形象，增加品牌价值和认知度。

4. 定期监测与调整 当前医药市场环境和竞争格局都在不断变化，因此企业应定期监测市场动态，评估差异化战略的有效性，并根据需要进行动态调整和优化。

市场定位与差异化是医药市场营销中的重要策略，能够帮助医药企业应对激烈的市场竞争，提升品牌价值和市场份额。企业应深入了解目标市场，找准自身的差异化优势，并制定相应的差异化战略。通过差异化的创新和持续优化，企业可以在市场中脱颖而出，实现可持续发展。

🔗 知识链接

处方药的 STP 营销战略

市场细分主要是为了将有限的资源集中在最有价值的客户上，发挥和创造优势。药品市场细分要结合患者和医生两个关键角色进行。患者角度主要考虑是否按照疾病种类、临床症状、治疗阶段和特殊患者人群等。医生角度主要考虑疾病治疗手段、药物治疗策略和药物临床认可程度等。每一个市场细分都要有明确的患者肖像（具有共同特征的患者群体）和准确的特征描述，且市场细分不存在交叉性。

科学的评价市场细分是选择目标市场的基础。通过分析获得药品在细分市场中赢得竞争份额的比率或医生的认可程度。选择目标市场细分时，理性决策是选择高吸引力和高赢得能力的市场细分。

市场细分只有配合定位才可以在潜在目标客户获得有别于竞争者的差异化优势。定位的重点是差异化，从药学特性（吸收决定起效快慢，半衰期决定服药间隔等）、临床疗效（哪些患者更容易从治疗中获益、什么时机用药效果佳，安全性、耐受性等）、包装（更方便的规格、更利于携带等）进行产品差异化优势分析。药品市场定位的参考要素包括：在什么样的患者人群中，针对什么样的竞争对手，自己的产品可以提供哪些差异化优势，哪些证据能够支持这些差异化被客户所接受。

答案解析

思考题

复方鲜石斛颗粒是某药业集团旗下产品，同类产品在市场流通较少，仅以低价、普药形式在极少部分连锁销售。通过市场调研和组方分析，该公司市场部为该产品精准提炼出三大适用人群；总结出"酒前两包，喝酒不易醉；酒后两包，解酒又养胃"这一精简有力的推荐语。提出养胃概念，联合连锁打造"养胃节"活动。随后，成立"亮剑行动突击队"，跨区域集中联动开展推广活动，与门店形成战略同盟，引爆销量。此后，该药业集团的复方鲜石斛颗粒销量每月持续上升，该年度同比增长率高达4000%。

通过上述案例，请完成下述思考题。

1. 医药市场细分的条件是什么？

2. 什么是医药目标市场？选择目标市场营销策略应考虑哪些主要因素？

3. 医药企业遇到哪些情形时应进行重新定位？

4. 请阐述本案例中企业采用差异化营销战略的具体方式及其具体起到的作用。

书网融合……

本章小结

微课

习题

第八章　医药产品策略

学习目标

1. 通过本章的学习，掌握医药产品生命周期各阶段的特点及相应营销策略；熟悉医药产品整体概念的层次，医药产品的组合优化策略、品牌策略及包装策略；医药产品整体概念及其他相关概念，医药产品品牌及商标的含义，医药产品组合策略，包装设计原则等。

2. 能够运用所学分析医药产品，区分医药产品所处的生命周期阶段，有针对性地采取不同的营销策略。能够根据实际情况，为企业的医药产品提出合适的品牌策略和包装策略。

3. 树立正确价值观，注意品牌建立，要有法制意识，注重绿色环保，可持续发展，构建人类命运共同体。

第一节　产品整体概念

一、产品整体概念的概述

现代市场营销学中，产品的概念具有极其宽广的外延和深刻的内涵。产品是指向市场提供的能满足人们某种需要的一切物品和劳务，包括各种有形的和无形的形式，如实物、劳务、场所、服务等。这一概念就是现代市场营销学的"产品整体概念"。医药营销者向市场提供的应是整体产品。

二、产品整体概念的层次

产品整体概念由五个层次组成：核心产品、形式产品、期望产品、附加产品、潜在产品（图8-1）。

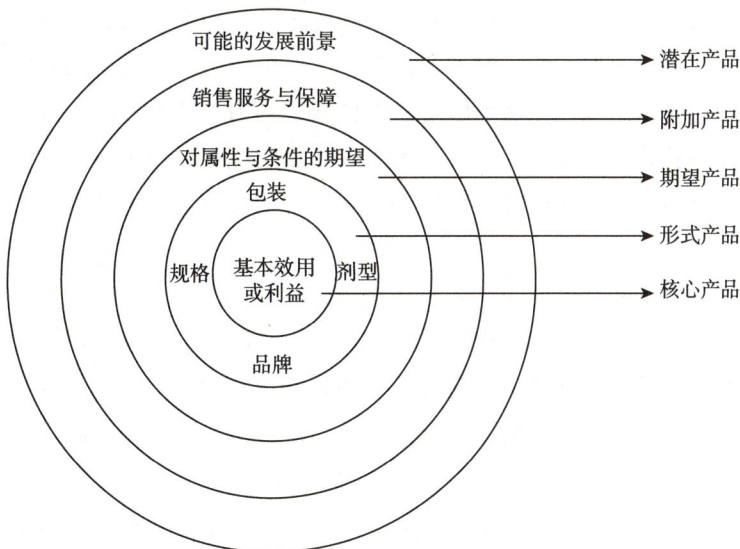

图 8 - 1　产品整体概念图

（一）核心产品

这是产品的最基本的层次，是满足消费者需要的核心内容，亦即消费者所购买的最本质的东西。例如，食品的核心是满足充饥和营养的需要，化妆品的核心是满足护肤和美容的需要。而医药产品的核心是满足预防、治疗、诊断疾病，有目的地调节人的生理功能的需要。核心产品向人们说明了产品的实质。医药企业营销人员的任务就是把安全有效、疗效可靠的医药产品推荐给消费者，以保证消费者的核心利益得到满足。

（二）形式产品

所谓形式产品，是指核心产品所展示的外部特征，由产品的外观、质量、包装等表现出来。即使是纯粹的劳务产品，也具有相关的特征。医药产品的形式部分由规格、剂型、品牌与包装构成。形式产品向人们展示的是产品的外部特征，它能满足同类消费者的不同需求，也能满足不同消费者的同一需求。例如同一保健品的不同包装可以满足自用和送礼的需求；同种药品因剂型的差异，可以使成年人和儿童的同一治疗需求都得到较大程度的满足。

（三）期望产品

期望产品是消费者在购买医药产品时，期望得到的与产品相关的属性和条件。消费者对其的期望是疗效好、毒副作用小、安全性高、服用方便等。如果顾客获得了满意的期望产品，将形成良好的品牌认可和客户黏性，反之，则将造成落差感，使顾客对产品失去信任并产生怀疑态度，继而转向其他产品。

（四）附加产品

附加产品也称为延伸产品，指顾客购买产品所得到的全部附加服务与利益，包括用户咨询、送货安装、上门服务、技术指导、售后维修等。这些都是产品的附加的价值，也是企业体现竞争力的关键要素。例如很多药店为顾客提供免费煎药、用药指导、送药上门、建立健康档案等服务，给顾客带来更多的利益与满足。

（五）潜在产品

潜在产品指现有产品包括所有附加品在内的，可能发展成为未来最终产品的潜在状态产品，指出了产品可能的演变趋势与发展前景。例如现在企业进行创新，药物向新领域发展。潜在产品能够促使医药企业对现有医药产品不断进行改良，积极研发满足潜在需求的新产品，引领趋势。

产品整体概念是建立在以顾客为中心的观念标准上，以消费者的需求来决定的。随着生活水平的提高，消费的升级，企业市场营销的重点逐渐由产品整体概念的内涵转向外层。过去人们购买产品主要看重其使用价值，如今消费者购买产品已不仅仅满足于产品品质优良，而是看重这件产品的无形利益。在各个层次上有针对性的开展活动，通过为顾客提供更高层次的价值获得满意度和忠诚度，从而获得竞争优势，实现企业的可持续经营。

现代社会各医药企业也不断在研发新产品，替代老产品，保证自身的市场地位，应对市场竞争。如新药从研发到上市是一个漫长且复杂的过程，需要跨越多个阶段。对于新药产品的研发，包括了创新药的研发和现有药物的改进，是一项高技术、高投入、高收益、周期长、风险大的系统工程。新药的研发需要根据企业的自身实力和国内外市场情况，有选择性的进行研发。常见的研发方式有独立研发、技术引进、协作开发、外包和并购等。除此之外，制药过程中的医药中间体也是医药产业市场中的一类产品，是制造药物过程中的重要原料，医药中间体的品质直接决定了最终药品的质量和效果，体现了产品的价值层次。随着我国医药中间体的产品附加值和工艺复杂度不断提高，医药中间体已成为制药产业链中的重要环节，企业也应重视该类产品在市场中的营销情况。

第二节 医药产品生命周期策略 🇪 微课

一、产品生命周期的基本概念

产品的生命周期（product life cycle，PLC）是指产品从试制成功投放市场开始，直到最后被市场淘汰为止的全部过程所经历的时间。可见，产品的生命周期是指一个产品的市场生命周期。一个完整的产品生命周期包括5个阶段：开发期、导入期、成长期、成熟期、衰退期（图8-2）。大多数医药产品都表现为经历一个完整的生命周期，也有部分医药产品有短暂的不完整的产品生命周期，或者多周期的产品生命周期。此外，即使同一种药品在不同国家和地区，可能生命周期也不尽相同。

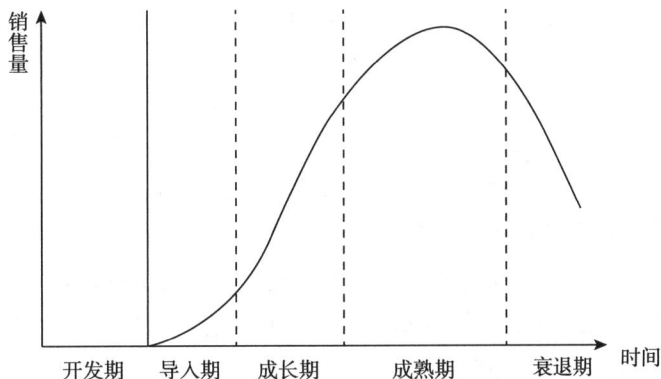

图8-2 典型产品生命周期的各阶段情况

二、医药产品生命周期各阶段的特点与营销策略

医药产品生命周期的不同阶段具有不同的特点，掌握这些特点，对于医药企业有针对性地采取营销策略，具有一定的现实意义。

（一）开发期的特点与营销策略

医药产品是高科技产品，产品开发的周期长、投入多、风险大。开发期销售额为零，无利可言，只有资金的投入。这一阶段的营销活动就是根据市场需求加快新产品开发步伐，进行有关新产品的商业前景分析预测。

（二）导入期的特点与营销策略

1. 导入期阶段的特点 导入期是指新产品首次上市的最初销售时期，这个阶段的主要特点如下。

（1）销售量低 由于产品刚刚问世，顾客不大了解，大多数顾客不愿放弃或改变自己以往的消费行为，只有少数求新心理强的顾客试用性购买，因而销售量低。

（2）生产量小 产品尚未定型，产品的技术、性能、质量等，需根据顾客要求不断改进，只能小批量生产。

（3）成本高 生产批量小，设备利用率低，购买原材料的数量少，价格高，试制费用、开拓营销渠道的费用、宣传费用高，所以成本高。

（4）利润低 由于生产成本高，费用又高，销售量小，所以一般利润较低，甚至亏损。

（5）竞争者少 产品的前途莫测，市场内无论消费者或中间商都存在戒心，风险较大，许多新产品在这个阶段夭折，竞争者处于观望状态，尚未加入。

2. 导入期阶段的营销策略 企业应建立有效的营销系统，为每一个营销组合变量制定有效策略，将新产品快速推进导入期，进入市场发展阶段。营销策略总体应突出一个"短"字和一个"准"字。"短"即尽可能缩短导入期的时间，使产品在短期内迅速进入市场。"准"即看准市场机会，正确选择新产品投入市场的时机，确定适宜的产品价格。

从价格与促销两个维度来看，一般有四种策略可供选择（图8-3）。

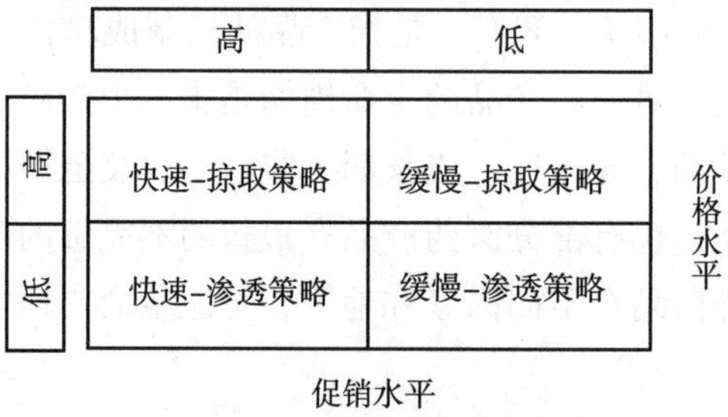

	高	低	
高	快速-掠取策略	缓慢-掠取策略	价格水平
低	快速-渗透策略	缓慢-渗透策略	

促销水平

图8-3 导入期的营销策略

（1）**快速-掠取策略** 即高价高促销策略，也称双策略。这是以高价配合高促销费用推出新产品的方法。产品定价高，获利大，可尽快收回开发时的投资。高促销活动是为了引起目标市场消费者的注意，加快市场渗透过程，尽快占领市场。实施这一策略须具备以下条件：市场上有较大的需求潜力；产品需求弹性小，消费者求购心切；产品有特色，技术含量高，不易仿制，如专利药品。

（2）**缓慢-掠取策略** 即高价低促销策略，也称高低策略。是指产品以高价格，低促销费用上市销售。高价格与低促销的结合，主要目的是获取更多的利润；对于医药企业而言这当然是最理想的销售模式。实施本策略的条件是：该产品市场规模小，竞争规模不太激烈；产品的市场知晓率高，大多数消费者对该产品没有疑虑，能接受适当的高价。

（3）**快速-渗透策略** 即低价高促销策略，也称低高策略。是指用较低的产品价格和较高的促销费用推出新产品，以求迅速打入市场，争取尽可能多的市场份额。高促销是为了集中力量以最快的速度将产品打入市场，而低价本身就是一种促销手段。本策略可以给企业带来最快的市场渗透率和最高的市场占有率。但须具备的条件是：市场规模大，消费者对产品不了解且对价格十分敏感；产品易仿制，潜在竞争激烈；产品的单位成本会在促销活动的配合下，随着销量增加而下降。

（4）**缓慢-渗透策略** 即低价低促销策略，也称双低策略。是指企业用低价格低促销费用推出新产品。低价是为了促使市场迅速接受产品，低促销节约费用，以获得更多的利润。实施这一策略的基本条件是：市场容量大，价格弹性高，有相当多的竞争者准备加入竞争行列。

（三）成长期的特点与营销策略

1. 成长期阶段的特点 成长期是指产品试制成功后批量生产，销售扩大的阶段。这一阶段的主要特征如下。

（1）**销售量迅速增加** 产品被消费者普遍接受，销售量迅速增加。

（2）**生产量扩大** 经过导入期的产品不断改进，已经基本完善、定型，进入大批量生产时期（满足销售量迅速增长的需要）。

（3）**成本降低** 由于批量生产，成本和销售费用下降，产品价格下降（折旧费与营销费用分摊到单位产品上，原材料价格折扣等），但单位产品成本的下降快于价格下降。

（4）**利润上升迅速** 随着销售额增大，成本下降，利润增长速度加快。

（5）**竞争加剧** 竞争者看到新产品试销成功，有利可图，相继加入，仿制品出现，竞争日趋激烈。

2. 成长期阶段的营销策略 成长期是企业销售的黄金阶段，这一阶段企业营销对策的核心是尽可能延长产品的成长阶段，营销策略总体应突出一个"好"字，即保持良好的产品质量和服务质量，切勿因产品畅销而急功近利，片面追求产量和利润；同时要加强品牌宣传，力争创名牌，树立良好的产品声誉和企业信誉。适宜采取下述营销策略。

（1）产品策略　根据消费者的需求和其他市场信息，开发出新剂型、新品种、新包装，并通过建立完善的产品质量保证体系，进一步提高产品质量。

（2）品牌策略　加强促销环节，品牌宣传的重点由导入期的树立产品的知名度逐渐转向成长期的以树立产品形象为主，培养消费者的品牌偏好，增加其依赖程度。

（3）渠道策略　巩固原有渠道，开拓新的销售渠道，扩大商业网点，以扩展产品的销售面，不断增加销售量。

（4）价格策略　应选择适当的时机根据营销战略的要求，对价格进行适当的调整，以争取更多的消费者。

（四）成熟期的特点与营销策略

1. 成熟期阶段的特点　成熟期是市场已达到饱和的阶段，这一阶段的特征如下。

（1）销售量大　这一阶段销售量达到最高阶段，即达到顶峰，但市场也达到饱和程度，销售量呈相对稳定状态，增长速度放慢，并逐渐出现缓慢下降趋势，少数用户的兴趣开始转向其他产品和替代品。

（2）生产量大　产量达到最高点，设备利用率高。

（3）成本低　因大批量生产，大批量销售，渠道畅通，营销费用相对下降（宣传费等），成本降至最低点，但改革产品需要增加投资，应付竞争也会导致成本有所上升。

（4）利润高　利润在成熟期升至最高点，但为了应对竞争，降低价格，因而利润可能开始下降。

（5）竞争激烈　这一阶段竞争最激烈，但到后期，有些能力不足的竞争者因无力与强大竞争者抗衡开始退出。竞争者各有自己特定的目标顾客，市场份额变动不大，突破比较困难。

2. 成熟期阶段的营销策略　这一阶段企业一方面要努力延长成熟期，另一方面要采取措施，确保市场占有率。营销策略总体应突出一个"改"字，积极改进产品、市场和营销组合等，扩大销量，提高市场占有率，尽可能地延长成熟期，为医药企业带来更多的利润。适宜采取的营销策略如下。

（1）市场改良策略　即开发新的细分市场，寻求新客户，重新为产品定位，或创造和挖掘新的消费方式，从广度和深度上开拓新市场。

（2）产品改良策略　也称产品再推出。医药产品整体概念中的任何一个层次的改革都可视为产品再推出，包括开发新剂型、改变包装、为消费者提供新的服务等。

（3）营销组合改良策略　即通过改变定价，销售渠道及促销方式等来延长产品的成熟期。一般是通过改变一个或几个因素的配套关系来促进或扩大消费者的购买。

（五）衰退期的特点与营销策略

1. 衰退期阶段的特点　衰退期是产品已经老化，逐渐被市场淘汰的阶段，这一阶段的主要特征如下。

（1）销售量迅速下降　顾客的兴趣已经转移，销售量迅速下降。

（2）生产量减少　由于销售量下降，企业原有的生产能力不能充分发挥作用，必须压缩生产规模。

（3）成本上升　由于销售量下降，固定费用不变，原材料购买量减少，折扣让价比例下降，因而成本上升。

（4）利润迅速下降　由于销售量下降，而成本上升，致使利润下降。

（5）竞争淡化　竞争成败已成定局，而成本上升，利润下降，不少企业出现无利经营甚至亏损经营，竞争者纷纷退出市场，竞争者数量大大减少。

2. 衰退期阶段的营销策略　医药企业面对衰退期的产品，要找出原因，当机立断，决定是继续维持经营还是放弃经营。营销策略总体应突出一个"转"字，即时进行产品的更新换代，积极研发新产品或转入新的市场。适宜采取的营销策略如下。

（1）集中策略　产品处于衰退期时，由于企业的销售量迅速下降，如果经营规模和各项投资水平仍保持不变，必将造成企业利润的急剧下降。此时企业应缩短产品营销战线，采用集中战略。即把企业的人力、财力、物力等资源集中使用在最有利的细分市场，最有效的销售渠道和最易销售的品种、款式上。由于经营规模的缩小，企业仍可从该市场上获取较多的利润。

（2）持续策略　即保持原有细分市场，在一段时间内继续沿用过去的营销策略，以适应新老产品的交替，为新产品上市创造有利条件。

（3）转移策略　即转移市场，把目标市场从这一地区转移到另一地区，从这个国家转移到另一个国家。由于地区间的差异，客观上存在着产品消费上的层次性、时间性上的区别，如外国市场与中国市场，我国城市市场和农村市场，所以本策略经常被一些外国医药公司采用。

（4）更新策略　即开发新产品，取代老产品。

三、延长医药产品市场生命周期的途径

产品生命周期理论告诉人们，企业要想延长其产品的市场生命周期，可以从以下四个方面着手。

1. 采用新的科学技术　利用新技术，不断提高产品质量，使药品的疗效更好，安全性更高。

2. 增加剂型　增加药品新的剂型，以满足消费者的不同需求。

3. 市场改良　调整产品市场，把已经进入衰退期的药品转移到尚没有开发的市场。

4. 开发药品新作用　不断地发现药品新的适应证，从而使其生命周期得以不断地延长。

第三节　医药产品组合策略

一、产品组合概念

1. 产品组合　是指一个企业所生产或经营的全部产品线和产品项目的结构，即企业的业务经营范围。优化的产品组合对于一个企业实现营销目标是至关重要的。产品组合是由若干产品线和产品项目组成。

2. 产品线　又称产品系列，指产品组合中的某一产品大类。由一组在功能、顾客、渠道、价格等方面有一定的类似性的产品项目构成。

3. 产品项目　是产品线中各种不同型号、规格、质量、档次和价格的产品。企业产品目录表所列产品都是一个产品项目。

二、产品组合维度

医药企业为了满足目标市场的需求，扩大市场，就必须生产或者经营多种产品。企业必须根据自身资源和核心能力状况，确定最佳产品组合。企业的产品组合包括四个重要的维度：宽度、长度、深度和关联度。

1. 产品组合的宽度　是企业经营的不同产品线的数量，其多少反映企业经营范围的宽广程度。医药产品组合的宽度能够反映一个企业市场服务的范围和承担风险的能力。

2. 产品线的长度　是指其经营的产品线中所包含的产品项目的总数量。有时也用产品线平均长度来衡量产品组合长度，即产品项目总和除以产品线数量。产品线长度可扩展和增补以使产品线更加丰富，为消费者提供更多选择。

3. 产品组合的深度　是指产品线中每种产品所提供的型号的数量。如某企业的创可贴产品，分有轻巧透气、轻巧护翼、经济便携、防水、大伤口专用等六种类型。深度越深，可以占领同类产品更多的细分市场，满足更多消费者需求。

4. 产品组合的关联度　是指不同产品线在最终用途、生产条件、分销渠道等方面的关联程度。关键程度越密切，说明各产品线之间的一致性越强。关联度越强，越有利于企业充分发挥某一方面的优势，提高企业在某一地区或某一行业的声誉；关联度越弱，越有利于企业在更广泛的市场范围内发挥影响力，但是企业必须拥有更丰富的资源，更雄厚的技术力量，更完善的组织结构和管理体系。

三、产品组合策略

产品组合策略是指企业生产经营的全部产品结构组成策略，是对产品组合的广度、深度、长度和关联度进行优化组合及适时调整的决策。产品组合应考虑企业资源、市场需求状况、竞争条件等因素。一般来说产品组合策略主要有以下几种。

1. 全线全面型产品组合　是指企业着眼于所有细分市场，提供市场所需要的一切产品和服务。狭义的是指提供某一行业所需的全部产品，产品组合关联度很强。广义是指尽可能增加产品组合的广度和深度，而不受产品间关联度的约束。

2. 市场专业型产品组合　是指企业向某个专业市场即某类顾客群体提供其所需的各种产品的产品组合策略。采用这种策略是强调产品组合的宽度和关联度，而产品组合的深度一般较浅，如医疗器械公司专门生产的各种医疗器械。

3. 产品专业型组合　是指企业专注于生产和经营某一类产品，并将其推销给各类顾客的产品组合策略。此种策略强调产品的深度和关联度，其宽度较小。

4. 有限产品组合　是指企业根据自己专长集中生产和经营有限的甚至是单一的产品线，以适应有限的和单一的消费者需求的产品组合策略。如医疗器械公司专门生产各种轮椅来满足残疾人和老年人的需求。

5. 特殊产品专业型组合　是指企业根据某些顾客的特殊需要专门生产经营某一特殊产品的组合策略，有利于企业利用自己的专长树立产品形象，长期占领市场，但难以扩大经营，一般适合于小型企业。如某企业专门为有听力障碍的人生产各种助听器。

6. 特别专业型组合　是指企业凭借其特殊条件，如凭借其拥有的知识产权和特许经营权，排斥竞争者涉足，独霸市场的组合策略，如专利药。

四、产品组合优化策略

医药企业根据市场需求和竞争态势，考虑企业经营目标和企业实力，对现有的产品线和产品组合进行分析评价后，可以采取相应措施，对现有的产品组合的宽度、长度、深度和关联度方面作出决定和调整，力争达到最佳组合。

1. 扩大产品组合策略　是指拓宽和增加产品组合的宽度、长度和深度。可以在原产品组合中新增产品线或者在原有产品线中新增产品项目和品类。扩大产品组合可以增加产品特色，为更多的细分市场提供产品。当企业发展较好或者现有产品销售额和盈利率可能下降时，企业就有必要采取这种策略，这样医药企业可以充分利用人力、财力、物力，分散风险，增强竞争力。

2. 缩减产品组合策略　是指剔除获利小和不获利的产品线和产品项目。市场繁荣时，较长较宽的产品组合会带来更多盈利机会。然而，当市场不景气、原材料供应紧张、能源短缺、政策导向不利时，缩减策略能够起到集中资源，突出优势的作用。例如某医药行业果断剔除市场份额小、不良反应多发的某种药注射剂产品，集中优势力量发展缓控释制剂品种，最终提升总利润。

3. 产品延伸策略　是指企业超出现有档次，增加产品线长度和深度。每个企业的产品线都是该行业整个市场的一部分，都有其特定的市场定位，产品的延伸有向下、向上、双向三种方式。

（1）向下延伸　是指在原定位于高档市场的产品线内新增中低档产品项目，向低端市场拓展的决策。

（2）向上延伸　是指原定位于低档的产品线内新增高档产品项目，向高端市场拓展的决策。

（3）双向延伸　是指原定位于中档市场的产品线内同时新增高档和低档产品，向上向下双向拓展市场的决策。企业应在掌握市场优势后逐步推进该策略，以达到扩大市场阵容、提高销售增长率的目的。

第四节　医药产品品牌策略

品牌是企业一种重要的无形资产，是产品整体概念的重要组成部分。医药企业应努力争创名牌，保护名牌，这是企业市场营销策略中的一项重要内容。

一、品牌的相关概念

美国市场营销协会（AMA）给品牌下的定义为："品牌是一个名称、名词、符号、象征、设计或其组合，用以识别一个或一群出售者之产品或劳务，使之与其他竞争者相区别。"

营销学者菲利普·科特勒所下的定义："品牌就是一个名字、称谓、符号或设计，或是上述的总和，其目的是使自己的产品或服务有别于竞争者。"

由上可以理解为，品牌就是俗称的牌子，是制造商或经销商加在商品上的标志，其目的是为了把不同生产者或经销商的产品区别开来。品牌一般是由品牌名称、品牌标志、商标等组成。

（一）品牌名称

品牌名称是指品牌中可以用语言称呼的部分，即品牌中的可读部分，如"三九感冒灵""感康""金施尔康""黄金搭档""脑白金""斯达舒""九芝堂"等。药品的品牌名称通常由药品商品名构成。

药品的商品名须经国家药品监督管理局批准后方可在包装、标签上使用。商品名不得与通用名连写，应分行。商品名经商标注册后，仍须符合商品名管理原则，字体大小比例为通用名：商品名≥2：1。通用名字体大小应一致，不加括号。未经国家药品监督管理局批准作为商品名使用的注册商标，可印刷在包装标签的左上角或右上角，其字体不得大于通用名的用字。

（二）品牌标志

品牌标志是指品牌中可以被认识，但不能用语言称谓的部分。品牌标志常为某种符号、象征、图案以及其他特殊的设计，例如西安古城墙的变形与兵马俑组成的西安杨森的品牌标志；京都念慈庵川贝枇杷膏上的孝亲图；葵花药业小儿清肺化痰颗粒上的葵花图案等。品牌标志是一种视觉语言。

（三）商标

商标是商品的标记。这种标记通常是用文字、图形或二者组合来表示。通常它是注明在商品、商品包装、广告的上面。商标通常要向国家的商标管理机关注册或登记，并取得专用权。经国家核准注册的商标为"注册商标",常用图形®或"注册商标"表示,受法律保护。商标具有地域性、时间性、专用性的特点。

二、品牌的含义

品牌代表着卖方交付给买方的产品特征、利益和服务等一贯性的承诺,品牌还有很多更复杂的象征意义,它包括以下六层含义。

1. 属性 品牌代表特定的产品属性。例如,"太极"藿香正气液,意味着不苦、不辣(不含乙醇、不含糖),突出了产品特点。

2. 利益 顾客买的不仅是属性,还包括功能性或情感性的利益。如"康泰克"缓释胶囊的"缓释"属性体现了功能性的利益:"一天仅需一粒"。

3. 价值 品牌也体现了产品的某些价值。例如,"同仁堂"始终坚持"炮制虽繁必不敢省人工,品味虽贵必不敢减物力",产品以质量和疗效享誉海内外。

4. 文化 品牌也象征着一定的企业文化。例如,河南宛西的"仲景"品牌,本身就代表和传承着浓郁的中医药文化。

5. 个性 品牌还代表着一定的个性。例如,葵花药业"小葵花"品牌,体现了健康、乐观、积极向上的个性,对年轻妈妈和活泼儿童都有很好的亲和力。

6. 使用者 品牌还可以暗示一定的购买者或使用者。例如,"小葵花"的购买者多是年轻妈妈,使用者则是儿童。

一个成功的品牌往往同时具备上述六层含义。实际上消费者会更重视品牌利益而不是品牌属性,现有属性会被其他生产者模仿,也会随着时间的推移等因素而失去价值。企业在塑造品牌时,应该更加关注品牌背后所承载的价值、文化和个性,它们构成了品牌的基础,揭示了品牌间的差异和更深层的内涵。

三、品牌的作用

(一) 品牌对企业起重要作用

首先,品牌有助于促进医药产品销售,树立企业形象。开展品牌拓展,有助于扩大产品组合。其次,品牌有利于保护品牌所有者的合法权益,品牌是企业的无形资产,注册后获得商标专用权,其他医药企业未经许可不得仿冒。最后,品牌有利于约束企业的不良行为,规范企业的营销行为。

(二) 品牌给消费者带来益处

首先,品牌便于消费者辨认、识别所需医药产品,有助于消费者选购产品。其次,品牌有助于维护消费者利益,督促医药企业恪守对消费者的利益承诺,并保持产品质量的同一性、稳定性。最后,品牌有利于促进医药企业产品改良,不断更新或创造新的产品以适应市场需要,也更有益于满足消费者的需求。

(三) 品牌有助于提升国家竞争力和医药产业竞争力

企业是社会经济发展的主体,而一个国家的经济发展水平和行业整体竞争能力很大程度上取决于其拥有强势品牌企业的数量。品牌强则企业强,企业强则推动国家强。国家经济的发展,国家竞争力和医药产业竞争力的提升,都需要一大批有行业影响力的品牌。

四、品牌策略

企业在制定品牌策略时要参考外部市场、产品特点、自身资源等方面的实际情况,通常可选择以下几种方式。

（一）品牌有无策略

品牌有无策略就是医药生产企业是否给产品使用品牌，可以使用品牌，也可以不使用品牌，这就要根据产品特点而定。医药商品是一种特殊商品，大多企业都使用品牌，仅有少数中药材、中药饮片、药用辅料不设品牌。不设品牌可以节省设计、申报、广告、包装等费用，主要目的是降低成本。

（二）品牌归属策略

医药企业一旦决定使用品牌，就必须明确品牌的归属，即该品牌归谁所有。品牌归属有三种情况：①生产者品牌策略，即企业使用自主品牌，故生产者获得其品牌收益；②中间商品牌策略，即中间商购进商品后用其品牌上市销售，无力建立自主品牌的生产企业可采取该策略；③混合策略，生产企业对部分产品使用自主品牌，部分产品使用中间商品牌。

我国医药行业一直都是以生产者品牌为主，产品的设计、质量、特色都是由厂家决定。然而，品牌的收益越来越受到人们的重视，实力雄厚的中间商对品牌的兴趣也越发浓厚。我国医药行业的中间商品牌也呈增长态势，据报道，一些医药企业的传统中药品种被日本等国家低价购买，而后冠以其品牌返销国内。

（三）品牌统分策略

医药企业的所有产品都使用一个品牌，还是不同的产品使用不同品牌，这就是品牌统分策略，可有以下 5 种选择。

1. 统一品牌策略　即企业所有产品共用一个品牌。例如，"云南白药酊""云南白药气雾剂""云南白药创可贴""云南白药牙膏"都是云南白药集团的产品。价格和目标市场大致相同的产品可以使用统一品牌策略，但产品间差异太大时则容易混淆品牌形象。譬如，一个企业同时生产药品和农药，则不宜使用同一品牌。

采用这一策略，可以建立统一品牌的广告传播体系，减少广告推广成本，而且可以进一步利用已成功的品牌推广新产品，提高新产品的接受度。但其缺点是：当统一品牌中的任一商品出现问题时，会对整个企业信誉产生不良影响。因此，适宜采用统一品牌策略的条件是：①品牌已经获得一定的信誉度；②保证每种产品相同的内在品质。企业需对所有产品的质量严加把控，参差不齐的产品质量会影响高质量产品的信誉，乃至整个品牌。

2. 分类品牌策略　即不同类别产品使用不同品牌。这种策略可区分不同用途的产品，有利于体现产品差异，突出产品特色，还可避免"城门失火，殃及池鱼"的情况出现。

3. 个别品牌策略　即每种产品分别使用不同品牌。优点是：每种新产品都有独立的最佳名称，突出了该种产品的特色；企业整体信誉不易受某一品牌信誉影响，牵连效应小；有利于企业内部各产品间的良性竞争；有利于发展多种产品线和产品项目，扩大产品阵容。但过多的品牌也会加大促销推广成本，不利于创立名牌。该策略适合产品线较多、关联度不强、生产技术差异性大的企业。

4. 企业名称与个别品牌并用策略　即在每一个个别品牌前冠以企业名称。例如，"哈药六牌·钙加锌"，企业名称"哈药六牌"，个别品牌"钙加锌"显示产品个性。这样，既可使新产品享受企业已有声誉，节省广告推广费用；又可体现个别品牌的特点和独立性，强化了产品个性。

5. 多品牌策略　即在同一种产品上设立两个或两个以上相互竞争的品牌。多品牌可能会影响原有单一品牌的销售量，但可以满足不同消费者的需求，占据较大的市场份额。例如，解热镇痛的"安瑞克""小安瑞克"等。多品牌策略可以增加企业产品展示面，占领更多的细分市场。缺点是：每一品牌的市场份额都很小，缺乏市场主导品牌；企业资源多方配置，导致自身品牌间的竞争。

（四）品牌延伸策略

品牌延伸策略是指企业利用已有市场影响力的成功品牌来推出改良产品或新产品。例如，江中制药利用"江中健胃消食片"的品牌效应，又推出了保健品"江中亮嗓""江中猴菇饼干"等新产品。这种策略的优点在于：有利于减少新产品的市场风险；降低新产品的推广成本；强化品牌效应，扩大原有品牌影响力。但在品牌延伸过程中应把握好度，否则会淡化品牌特色，损害原有品牌形象，造成品牌认知模糊。

（五）品牌重新定位策略

品牌重新定位策略是指企业全部或局部矫正或改变品牌在市场上的最初定位。再定位原因很多，譬如顾客偏好转移，需求状况改变；或者竞争者推出同款新品，导致市场份额下降等。再定位的意义在于使产品与竞争者产品体现差异、差距或特色。

品牌是企业营销手段的重要内容，创造名牌更是企业应该追求的目标之一。创立一个名牌，必须了解顾客需求，开发高品质的特色产品，多渠道加强推广宣传。自《"健康中国2030"规划纲要》发布以来，国民对健康的重视程度持续增强，对健康的关注重点逐步从"疾病治疗"向"疾病预防"前移，开始注重养生保健，减少或避免疾病发生。同时人口老龄化趋势明显，而年轻群体也逐步开始关注养生，有健康焦虑，养生已呈现低龄化、年轻化态势，这些趋势都使得传统健康领域由此扩容。目前，大健康领域在政策、资本、技术支持下，已然成长为规模庞大的市场。众多企业在医药市场中面临很多的机遇，有巨大的发展空间。企业在消费端进行营销时，应该努力树立品牌形象，明确市场定位，优化产品组合，从而获得更大的市场份额，在国际竞争市场上凸显优势。

第五节　医药产品包装策略

商品包装是整体产品的重要组成部分，是产品的外在质量，是消费者购买选择的重要依据。实践证明，优质产品配合精美的包装，能起到美化产品，增强吸引力和感染力，唤起广大消费者的购买兴趣并及时作出购买决策的作用。因此，优化产品包装是企业不断拓展市场营销的重要决策。许多营销人员把包装化（packaging）称为第五个P，前面四个P分别为价格（price）、产品（product）、地点（place）和促销（promotion）。

一、包装的概念和作用

（一）包装的概念

包装的概念有狭义和广义之分，狭义上包装是指为在流通过程中保护产品，方便储运，促进销售，按一定的技术方法所用的容器、材料和辅助物等的总称；也指为达到上述目的在采用容器、材料和辅助物的过程中施加一定技术方法等的操作活动。广义上包装是一切进入流通领域的拥有商业价值的事物的外部形式都属于包装。

包装是产品实体的一个重要组成部分，一般包括三个层次：①内包装，是产品的直接容器；②中层包装，其作用是保护产品和促进销售；③储运包装，其作用是便于储存、搬运。现代市场营销观念对包装赋予了新的内容，即好包装能给消费者带来特殊的好感，成为刺激消费者购买的一个十分重要的因素。因此，企业对产品的包装必须给予高度的重视。

由于医药产品的特殊性，使得国家对医药产品包装的要求更为严格和具体，《中华人民共和国药品管理法》中对药品包装又作出了相关法律规定。例如，直接接触药品的包装材料和容器，应当符合药用要求，符合保障人体健康、安全的标准。药品包装应当适合药品质量的要求，方便储存、运输和医疗使用。药品包装应当按照规定印有或者贴有标签并附有说明书。医药生产企业在选择和设计产品包装时必须遵循相关法律法规。

（二）包装的作用

目前，包装已成为强有力的营销手段。设计良好的包装能为消费者创造方便价值，为生产者创造促销价值。由于越来越多的产品在超级市场上和折扣商店里以自助的形式出售。因此，包装必须执行许多推销任务。包装具有多方面的意义，保护商品质量的完好无损、促进销售、方便运输等是商品包装的重要目的。对于医药商品而言，包装的作用有以下几项。

1. 保护医药商品　这是商品包装的基本作用。医药商品从生产领域向消费领域转移的过程中，要经过运输、装卸、储存、销售等一系列环节，良好的包装可以使商品在空间转移和时间转移过程中避免碰撞、风吹、日晒、雨淋、挤压而受损，保证药品的使用价值完好。否则，产品包装不善，就会造成很大损失。

2. 便于运输、携带和贮存　医药商品有气态、固态、液态等不同形态，它们的理化性质也各异，有的有毒，有的有腐蚀性，有的有挥发、易燃、易爆等特性，这些都只有加以合适的包装，才能运输、携带和存放。绝大多数医药商品在贮存中需要防潮、避光、防热，一些特殊药品在运输过程中需要防震、防爆。特殊药品中的有毒品、危险品更需要有特殊的包装。良好的包装可以使药品的质量在整个流通过程中不发生变化，从而保证其使用价值的实现。

3. 指导消费，便于使用　药品包装上都附有文字说明，具体介绍产品性能和注意事项，可以起到便于使用和指导消费的作用。此外根据药品在正常使用时的用量加以包装，如药片 1000 片装（适用于医院）、10 片装（适用于个人）等；包装容器采用拉环式、嵌扭式易拉罐，拉链式包装盒，喷射式包装容器等，并在包装上说明用法、用量及禁忌等，也是为了便于使用。

4. 美化商品，促进销售　商品采用包装后，首先进入消费者视线的往往不是商品本身而是商品的包装。独具个性、精致美观的包装可以增强商品的美感，刺激消费者的购买欲望，起到无声推销的作用。据英国市场调查公司调查，一般到超级市场购物的妇女，由于受包装的吸引，在现场购买的东西通常超过购买前计划购买数量的 45%。所以包装的功能更集中于增强产品的吸引力，促进销售，尤其是 OTC 药品，包装就显得更加重要。

5. 增加附加价值，提升利润　包装是产品的一个组成部分，优良精美的包装有利于提高产品的档次，从而提高产品的身价，消费者愿意付出较高的价格来购买，超出的价格往往高于包装的附加成本。如销售名贵的中药材，用麻袋、纸袋、木箱包装和用绸缎、锦盒包装带给消费者的感观是不同的，雅致的包装将名贵药材的珍贵表现出来，售价也会相应提高。同时，由于包装的完善，产品损耗减少，从而使企业的盈利相对增多。

二、包装的设计原则

商品包装是整体产品的重要组成部分，医药产品的包装设计应以包装要求为依据，是一项技术性很强的工作。储运包装要着眼于保护药品和便于运输；中层包装与内包装又称销售包装，应着眼于美化商品，便于使用，促进销售。总之，药品的包装应符合在一定的贮存条件下和在一定的时间内保持药品质量的要求。其总的原则是美观、实用、经济，具体应符合以下要求。

（一）准确传递商品信息

药品包装必须能准确传递药品信息。药品的性能、使用方法和使用效果不是直观所能显示的，需要用文字来表达，在包装上要有针对性的说明。如药品的成分、功能、主治、服用量、禁忌、注意事项、不良反应等，这些文字说明必须和药品的性质一致，并有可靠的科学实验数据或使用效果的证明。

（二）显示产品属性与特色

包装上的文字、图案、色彩等应该反映产品特色。如宝鼎、葫芦、古人头像、太极图等富于中华传统特色的图案特别适合用在中成药的包装上；红色使人感到喜庆、兴奋，因此适合作为补气、养血、壮阳等产品的外包装色调。

（三）与药品价值水平相配合

药品只有合格与不合格之分，能够上市销售的只能是取得批准文号的合格品，药品包装应与其价值相符。如一些贵重药品（人参、鹿茸等）的包装要烘托出其高贵；一些百年老店生产的药品的包装应与众不同。

（四）实用性

药品包装的形状、结构、大小应为运输、携带、保管和使用提供方便。非处方药品的广泛使用对包装的要求主要体现在便于使用，携带和贮存的功能上（如成人装、儿童装、一次性给药、单剂量包装等）。药品的剂型有片剂、针剂、水剂、软膏、粉剂等多种形式，其性质千差万别，有需要低温的，有需要避光的，有需要防潮的等。因此在包装上应采取相应防护措施，以保证药品质量。特殊管理的药品及危险品，包装上应有国家规定的明显标志。

（五）设计美观大方，符合心理要求

包装设计既应美观大方、形象生动，同时又应力求避免在消费者中产生不好的含义和联想。包装上文句的设计要求能增加消费者的信任感，并能指导消费。不搞模仿避免雷同，尽量采用新材料、新图案、新形状，使人耳目一新、一目了然。包装装潢所采用的色彩、图案要，尊重目标顾客的宗教信仰、风俗习惯。色彩、图案的含义对具有不同心理爱好的消费者可能是截然不同，甚至是完全相反的。包装设计人员应积累这些资料，以提高包装装潢设计的适应性。

（六）符合有关法律规定

药品包装，标签上印刷的内容对产品的表述要准确无误，除表述安全，合理用药的用词外，不得印有各种不适当宣传产品的文字和标识，如"国家级新药""重要保护品种""GMP 认证""进口原料分装""监制""荣誉出品""获奖产品""保险公司质量保险""公费报销""现代科技""名贵药材"等。为了保证药品的质量，《中国药典》规定安瓿、大输液瓶必须使用硬质中性玻璃，在盛装遇光易变质的药品时，应选用棕色玻璃制成的容器等。

（七）绿色环保

医药产品的包装应尽量减少包装材料的浪费，节约社会的资源，严格控制废弃包装对环境的污染，企业应该实施绿色包装战略。传统的药品包装材料如聚乙烯、聚氯乙烯、聚丙烯等材质存在环境危害和资源浪费等问题，不符合绿色环保的要求。而对于现代药品包装而言，选用环保材料，如纸张、薄膜、木材、竹材、淀粉、植物纤维等绿色环保材料，逐渐成为主流。环保材料的使用不仅满足当今人们对环保和健康的需求，更能在包装费用上节省一定的成本。

三、包装策略

为新产品制定有效的包装，需要作出大量的决策。包装化概念，规定包装基本上应为何物，或为一

个特定产品起什么作用。包装的主要作用应为优质产品提供保护，引进一个新颖的使用方式，提示产品或公司的某种质量，或者是其他某些作用。

此外，还必须为包装设计的其他要素作出决策，如包装物的大小、形状、材料、色彩、文字说明以及品牌标记。

包装设计好后，必须进行一些试验。进行工程技术测试的目的是为了保证包装在正常情况下经得起磨损；进行消费者测试的目的是为了保证赢得有利的消费者反应。

产品包装是整体产品的一部分，正确地选用包装策略，可以有力地促进商品销售，常用的包装策略主要如下。

（一）类似包装策略

所谓类似包装策略就是将企业生产的各种产品，在包装外形上采用大致相同的材料，式样和图案或其他特征，使消费者很容易联想到是同一企业的产品。西方大型制药企业和中外合资制药企业常采用这种策略，如西安杨森的各种产品包装都有统一色调。这种策略的优点是：①节省设计宣传费用，增加企业声势，有利于介绍新产品。②可以扩大企业产品的影响，促进各类产品的销售。其缺点是只适用于质量水平相当的产品，质量性能悬殊的产品不宜采用该策略。

（二）组合包装策略

组合包装策略，又称系列包装策略，它是指把使用时互有关联的多种商品，纳入一个包装容器内，如家用药箱、旅游药盒、针线包、工具箱等。这种策略的优点是：①给消费者提供方便；②能够起到扩大销售量的作用。其缺点是只能适应一些最基本的产品的包装要求。药品组合包装的名称表述应为"X/Y/Z组合包装"，X、Y、Z分别代表各制剂的通用名称；药品组合包装不核发批准文号，不设立监测期，不使用商品名称；直接接触药品组合包装的包装材料必须适用于各制剂；药品组合包装标注的有效期为各制剂中最短的有效期；药品组合包装的储存条件必须适用于各制剂等。

（三）再用包装策略

再用包装策略，又称为双重用途包装策略，是指包装容器内原有的商品用完之后，空的包装可移作别的用途。如口服糖浆采用杯形包装、包装瓶可用作旅行杯等。这种策略的优点是：①买一种商品可以有多种用途，增强了产品的吸引力；②若包装上印有文字说明，重复使用能起到广告宣传的作用。

（四）附赠包装策略

这是目前市场上比较流行的包装策略，就是在商品包装物上或包装内附有奖券或其他物品。这种策略使消费者感到方便或者有意外的收获，能引起消费者的购买兴趣，还能刺激消费者重复购买，如冲剂药品袋内赠药匙或杯子等。

（五）等级包装策略

主要包括：①按照产品的档次来决定产品的包装，即高档产品采用精美的包装，以突出其优质优价的形象，低档产品则采用简单包装，以突出其经济实惠的形象；②按照消费者购买目的的不同对同一产品采用不同的包装，馈赠亲友的包装应该精致、漂亮，自用的则包装应该简朴些。

（六）改变包装策略

商品包装上的改进，正如产品本身的改进一样，对销售有重大意义。当企业的某种产品在市场上同类产品中内在质量近似而销路打不开时，就应该注意改进包装设计；当一种产品的包装已采用较长时间后，也应该考虑推陈出新，变换包装。这种用改变包装的办法达到扩大销路的目的，就是改变包装策略。

总之，包装是产品整体概念的一个重要组成部分，它在宣传产品、促进产品销售、指导人们正确消费方面有着重要的作用。特别是医药市场出现了无人售货的方式后，包装更是起到了"无声推销员"的作用。因此，我国的医药企业应重视药品包装的设计。

知识链接

包装用辅助材料

包装货物除了常用包装容器外，还需一些包装用辅助材料。常见的辅助材料有黏合带、捆扎材料、气垫膜等。

1. 黏合带 是在带的一面涂上压敏性结合剂，或者两面涂胶的双面胶带，这种带子用手压便可结合，比较方便。黏合带有橡胶带、热敏带、黏结带三种。橡胶带的特点是遇水可直接溶解，结合力强，黏结后完全固化，封口很结实；热敏带的特点是一经加热活化便产生黏结力，一旦结合，不好揭开且不易老化。

2. 胶带和捆扎带 用于对包装进行捆扎加固。例如，纸箱包装必须用胶带封箱，较大的包装箱或包装袋需封口后用捆扎带进行捆扎二次加固，以免包装箱或包装袋破损。

3. 气垫膜 是在两层塑料薄膜之间封入空气，在一面形成一个个突出的均匀连续的气泡，气泡的形状主要有圆筒形、半圆形和钟罩形。气垫薄膜具有良好的弹性和隔热性；不吸潮，耐腐蚀，且不腐蚀被包装物；加工性能好，易于制成各种形状，能热封，能吸收冲击能量，有优良的缓冲性能。但它不适于包装重量较大，负荷集中的尖锐物品，因为会被压破或刺破气泡而使其失去缓冲作用。常用的有气泡膜、气柱袋等。

思考题

答案解析

Z集团是一个拥有强大品牌影响力的企业集团，其品牌价值和市场地位在多个方面得到了体现。它是中国OTC行业的领先企业，Z集团已发展成集医药制造、保健食品、房地产于一体的现代化综合型企业。

企业的产品线丰富，包括中成药、保健食品等多个品类，主要产品有消食片、复方草珊瑚含片、乳酸菌素片、复方氨基酸口服液等。这些产品不仅在国内市场占有一定份额，还远销海外，显示了其产品的广泛认可和市场占有率。

Z集团在品牌建设和市场策略上也颇具特色，实施了"单焦点双品牌"战略，聚焦"胃"和"肠"，致力于成为"胃肠日常用药专家与领导者"。此外，Z集团还加快了新产品布局与上市，快速推出一系列新产品，以丰富产品品类并构建竞争护城河。旗下现拥有多个知名品牌，其中"J"品牌连续荣登最具价值品牌榜，这显示了该品牌在市场上的强大竞争力和影响力。同时利用这一成功的品牌，企业推出了几款同品牌但改良的新产品，这种营销策略减少了新产品的市场风险，也降低了推广成本，强化品牌，受到消费者认可，迅速在新的目标市场取得良好的成绩。

综上所述，Z集团通过其丰富的产品线、强大的品牌影响力以及有效的市场策略，在国内外市场中占据了重要的地位，成为中医药制造行业的领军企业之一。

通过上述案例，请完成下述思考题。

1. 面对市场的发展，为了提高竞争力，Z 集团采取了哪些产品组合优化策略？
2. 试分析企业的 J 品牌产品可能经历了哪几个生命周期阶段？
3. 结合企业实际情况，分析企业采取的品牌策略。

书网融合……

| 本章小结 | 微课 | 习题 |

第九章　医药产品价格策略

学习目标

1. 通过本章的学习，掌握医药产品价格的构成及影响因素、企业定价方法及策略；熟悉企业定价目标和程序；了解国家对医药产品价格管理政策的内容与变化。

2. 能够根据医药产品成本、市场供需状况、竞争环境、国家政策、消费者心理及产品所处生命周期等因素综合分析，依据医药产品定价程序，选择适合产品特点的定价目标，确定合理的定价方法及策略，最终为产品制定合理价格。

3. 培养遵纪守法、诚实守信的道德品质，严格遵照药品价格相关的国家管控政策法规，制定维护消费者利益的合理价格，树立社会责任感。

在市场经济中，商品价格可以看作市场供需的晴雨表，作为自动调节商品生产供应和消费需求的重要手段。根据我国药品价格政府定价和市场调节相结合的特点，医药产品的价格策略也应该分别从药品价格的政府定价和企业自主定价这两个部分来分析，并分别制定相应的价格营销策略。充分了解国家有关药品价格的具体政策规定，研究药品价格的形成与计算、价格决策的内涵和方法等，是本章的主要内容。

第一节　药品定价的理论基础　微课

商品通过市场竞争实现价格波动，供需状况决定价格水平，同时价格变动也会影响供需状况。医药产品作为一种特殊商品，医药市场不存在完全竞争市场，而是不同程度的垄断市场。在药品零售市场上，作为供需双方中最终消费者的患者不易掌握大多数药品的使用和疗效，患者购药行为多数是由第三者（如医生、药师）主导，患者处于被动消费地位。此外，患者往往间接支付（如医疗保险组织）药品费用，导致患者对药品价格变动的敏感性降低。因此，对于医药产品这种关系人类健康和生命安全的特殊商品，价格除了受到市场调节外，也受到政府价格管制（图9-1）。世界上大多数国家，包括一些经济发达的西方国家，都对医药产品价格实行不同程度的管制，我国政府也不例外。

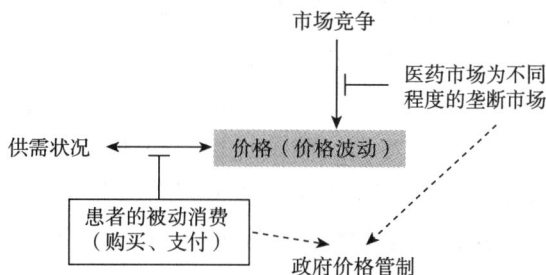

图9-1　药品价格的形成

　　长期以来，我国药品价格实现较为严格的管理制度，除了少数基本药物由中央政府价格主管部门和各省级政府价格主管部门定价的部分药品外，大部分药品是由医药企业根据市场供求情况自行定价的。随着我国药品价格管理体制的进一步深入改革，由企业自行定价药品范围将逐步扩大。如果药品定价权完全下放到了企业，企业能否很好地掌握定价策略以促进企业的营销工作活动，对于我国绝大部分医药企业而言是一个前所未有的考验。面对这样的机遇与挑战，医药企业应该充分了解商品的定价过程与常用的定价方法，掌握国家相关的政策规定，并结合医药企业自身条件及药品市场的特点，通过采取正确的价格策略合理地制定药品价格，从而促进企业营销工作的顺利开展。

　　本章针对医药企业自主定价药品，就药品价格的构成内容、企业定价目标和程序、药品定价方法与策略等方面探讨企业药品定价方面的策略与技巧。

一、成本——药品价格的基础

　　在市场经济中，医药产品与其他任何商品一样，它的价格水平有一条最低界限，那就是生产成本。成本对于药品定价而言是一个关键的因素，从理论上讲要使企业的简单再生产得以顺利进行，药品的价格就必须至少等于生产经营成本。但社会再生产不能只是简单再生产，要使医药企业扩大再生产也能顺利进行，就必须使医药企业获得相应盈利。然而盈利的确定是企业定价过程中最复杂、最敏感的部分，因为它要受到很多外部因素的制约。研究医药产品价格的形成内容及影响因素，有助于医药企业在市场营销过程中充分利用好价格这一灵活多变的组合要素，使之充分发挥应有的作用，更好地为提高市场竞争实力，实现企业营销目标而服务。

　　成本是影响、决定药品价格的最重要的因素，营销学中的成本包括药品在生产过程和流通过程中所发生的各项开支。成本是一个综合的概念，按照支出项目及其特征的不同，它可以分为以下几种类型。这些不同类型的成本，构成商品定价的不同基础。

　　1. 固定成本　即支付在各种固定生产要素上的费用，如厂房、机器设备、管理费用、利息等。这些费用在一定时期内与一定的生产能力范围内不随产量的变化而变化。

　　2. 变动成本　即支付在各种变动生产要素上的费用，如购买各种原材料、电力、工人工资等。这种成本随着产量的变化而变化。

　　3. 总成本　即固定成本与变动成本之和。当产量为零时，总成本等于固定成本。

　　4. 平均固定成本　即固定成本除以产量，它随着产量的增加而减少。

　　5. 平均变动成本　即总变动成本除以产量。平均变动成本的大小不是固定的，它会随着工人劳动技能、原材料价格、设备维修费等的变化而变化。

　　6. 平均总成本　即总成本除以产量。它随着产量的增加而降低。

　　7. 边际成本　指在现有产品数量基础上，每增加一个或减少一个单位产量造成的总成本的变动量。

　　8. 长期成本　它指企业能够调整全部生产要素时，生产一定数量的产品所消耗的成本。所谓长期，是指足以使企业能够根据它所要达到的产量来调整一切生产要素的时间量。在长时期内，一切生产要素都可以变动。所以长期成本中没有固定成本和变动成本之分，只有总成本、边际成本和平均成本之别。

　　9. 机会成本　指企业经营某一项经营活动而放弃另一项经营活动的机会，而经营另一项经营活动所应取得的收益即为该项经营活动的成本。研究机会成本的目的在于正确选择企业的经营活动，以使有限的资源得到最佳的利用。

　　区分成本的不同种类，可使企业在定价决策时有所侧重。药品价格的确定除了需要在生产过程中严格控制成本开支，以取得竞争优势外，还需要通过下面的分析对比，确定企业的盈利水平。

二、药品供求与药品价格

医药企业在确定药品价格时应首先考虑商品供求规律的影响。西方经济学认为，商品价格是由市场供求情况而定的。作为客观经济规律的供求规律表明，市场供求决定（或影响）市场价格，同时市场价格又决定（或影响）市场供求。市场就是以此"看不见的手"来自动调整国民经济各部门的生产比例及社会资源的合理化配置。供求规律的内容，具体说来有以下几点。

1. 市场供求决定市场价格　假定某种商品的市场供给量不变，市场价格按照和市场需求同一方向变动，即市场需求增加，其价格就会上升；反之价格就会下跌。假定某种商品的市场需求量不变，市场价格则会按与市场供应相反的方向变动。即如果市场供应量增加，其价格就会下跌；反之，价格就会上涨。

2. 市场价格决定市场供求　假定其他因素（如消费者偏好、收入水平、其他商品价格等）不变，需求量将按照和价格相反的方向变动，供给量将按照和价格相同的方向变动（图9-2、图9-3）。

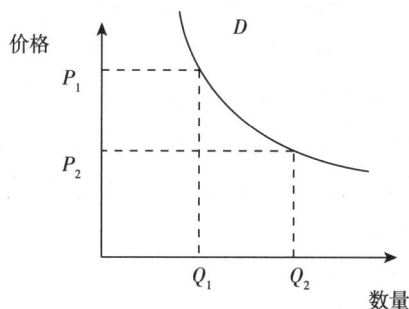

图9-2　需求曲线

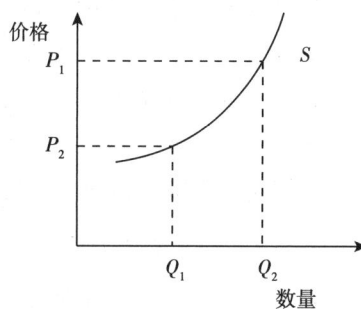

图9-3　供给曲线

图中，P 表示商品价格；Q 表示需求数量；D 表示需求；S 表示供给。用公式表示：$D = f(P)$，称为需求函数；$S = f(P)$，称为供给函数。

一般而言，价格上涨，需求减少，供给增加；价格下跌，需求增加，供给减少。因此在坐标图上，需求曲线是向下倾斜，供给曲线是向上倾斜的。

3. 供求均衡点的确定　在通常情况下，消费者总是希望商品价格低一点，而生产者则希望商品价格高一点；市场需求量在价格降低时增加，而供给量则会在价格提高时增加。何时供求能够取得一致呢？

这在某些经济学家看来是很简单的事，只需将上述图9-2和图9-3重叠起来，就得到了所谓的市场供求均衡点 E（图9-4）。这个均衡点表示了在竞争条件下的市场价格及与此对应的供给与需要数量。这时的价格应是能持久的均衡的价格，即企业愿意供应的数量和消费者愿意接受的数量相等时所对应的价格。

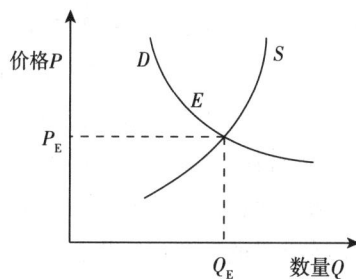

图9-4　供求平衡

4. 均衡点的移动　在竞争状态下的供求平衡与均衡价格只能是暂时的现象。实际上供给曲线会因很多情况而左右移动：当供给发生变化，由 S 变为 S'，交点 E 变为 E'；同样需求曲线也会发生变化，当需求曲线由 D 变为 D' 时，交点 E 变为 E'；即使供给曲线 S 和需求曲线 D 同时变动，两条曲线总会有一个新的交点 E'，这就是新的均衡价格 P'_E。图9-5，9-6，9-7）是确定均衡价格的三种变化情况。

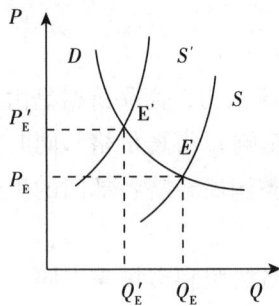

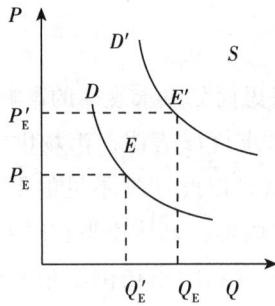

图 9-5 供给的变动   图 9-6 需求的变动   图 9-7 需求和供给同时变动

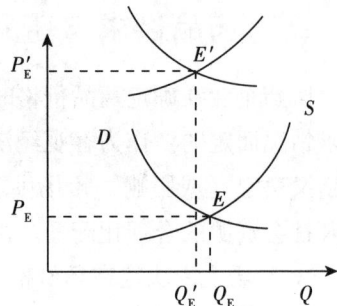

三、价格弹性与药品价格

医药企业在确定药品价格时，还需要研究价格弹性与价格之间的关系。在商品价格与供求互相影响、互相决定的规律性变化中，不同商品的变动幅度是不一样的。因而市场营销人员需要进一步研究不同商品这种变动的量的规定性，即价格弹性，以了解价格的上涨或下跌对产品销售量的具体影响程度。价格弹性可分为供给的价格弹性和需求的价格弹性两种。现仅将需求的价格弹性叙述如下。

1. 需求价格弹性的概念　需求价格弹性表明，商品需求量对于价格变动的反应的灵敏程度。需求价格弹性的大小衡量由需求价格弹性系数来表示，它反映了需求量变动的比例与价格变动比例之比。说明当商品价格变动1%时，其需求量变动的百分比。计算公式为：

$$需求弹性系数 = \frac{需求量变化的百分率}{价格变化的百分比率}$$

或

$$E_D = \frac{Q_2 - Q_1}{Q_1} \bigg/ \frac{P_2 - P_1}{P_1} = \frac{\Delta Q}{Q_1} \bigg/ \frac{\Delta P}{P_1} \text{ 或 } E_D = \frac{dQ}{Q_1} \bigg/ \frac{dP}{P_1}$$

在加入时间因素后，为避免由于时间基数对结果的影响，一般采用：

$$E_D = \frac{\Delta Q}{\dfrac{Q_1 + Q_2}{2}} \bigg/ \frac{\Delta P}{\dfrac{P_1 + P_2}{2}}$$

式中，E_D 为需求弹性系数；Q 为需求量；P 为价格；1，2 为时期数。

需求价格弹性系数的大小有五种典型形态，如图 9-8 所示。

图 9-8 中 a 图为需求弹性完全不足或完全无弹性、零弹性，表示无论价格上升或下降，对需求量均毫无影响。b 图为需求弹性完全充足或称无穷大弹性，表示只要价格有一个微小的变化，就会使需求量产生无穷大的变化。这两种情形也是理论上的极端情况，在现实生活中并不存在。c 图为单位需求弹性，表明价格的变化幅度与需求量的变化幅度是一致，大小相等。d 图为弹性充足，表明需求量的变化大于价格的变化。e 图为弹性不足，表明需求量的变化小于价格的变化。由此可见，弹性系数的大小也取决于需求量的变化比例是大于、小于还是等于价格变化的比例。

在一般情况下，由于需求量的变动经常与价格的变动方向相反，因而需求的价格弹性通常为负值。衡量其大小，可用其绝对值来表示

2. 影响需求价格弹性系数的因素　①属于生活必需品的商品，如急救患者的急救药、慢性病患者通过医生选择的处方药等，这类对患者极其重要的药物价格弹性比较低；属于非生活必需品的商品，如保健品，则弹性较大。②消费者购买力较高，个人可任意支配的收入较多，所购货物在其总支出中所占比例较小，需求弹性较小；反之，购买力水平较低，所购货物在其总支出中所占比例较大，如昂贵的中

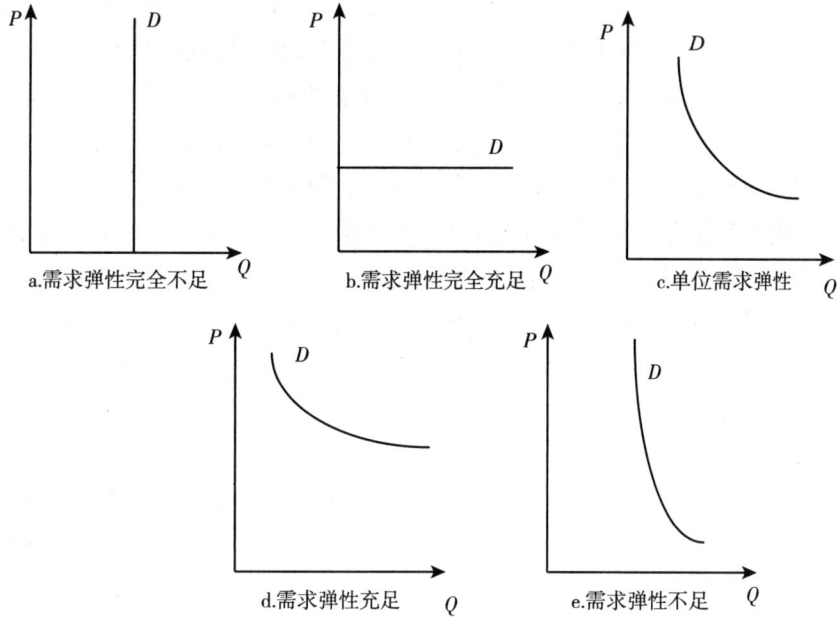

图 9 – 8　需求弹性五种典型形态

药材，需求弹性则较大。③某一商品如果存在替代商品（竞争商品），则如代替品供应充分，该商品的需求弹性就较大；反之，如代替品供应不足，需求弹性较小。④连带商品（或配套商品）价格不变，或朝相反方向变动，则需求弹性小；反之，连带商品价格朝相同方向变动，则需求弹性大。研究③④替代品或连带品价格变动对需求弹性的变动的影响，一般可用交叉弹性来表示。

3. 计算举例　假设某退烧药的售价为 45 元/盒时，需求量为 50000；当售价降为 30 元/盒时，市场需求量为 100000 盒。则该产品的需求弹性为：

$$E_D = \frac{需求量变化百分率}{价格变化百分率} = \frac{100000 - 50000}{50000} \bigg/ \frac{30 - 45}{45} = -3$$

需求弹性系数 -3 表示当此药品的价格下降 1% 时，其需求量的增加幅度为 3%。

四、竞争条件与商品价格

在市场经济条件下，竞争作为一种普遍现象广泛存在于社会生活的各个领域。不同程度的市场竞争条件对商品价格的影响是完全不一样的。

1. 完全竞争条件下的商品价格　所谓完全竞争又称纯粹竞争，是指一种竞争不受任何阻碍和干扰的市场结构。完全竞争的市场需具备以下条件：①市场上有许多买主和卖主，他们买卖的商品只占商品总量的一小部分；②他们买卖的商品都是相同的；③新卖主可以自由进入市场；④买主和卖主对市场信息（尤其是市场价格变动信息）完全了解；⑤生产要素在各行业之间有完全的流动性；⑥所有买主出售的商品条件（如质量、包装、服务等）都相同。

在完全竞争条件下，没有哪一个卖主或买主对现行市场价格能有很大影响，其价格是在竞争中形成的。由于任何人都不能左右市场价格，买主和卖主只能按照市场供求关系决定的市场价格来买卖商品。也就是说买卖双方只能是价格的接受者，而不是价格的决定者，其商品价格完全由供求关系来决定。需要指出的是，这种完全竞争条件下的市场，在现实世界是不存在的，仅作为理论分析中的一种状况。

2. 垄断竞争条件下的商品价格　垄断竞争是一种介于完全竞争和纯粹垄断之间的市场形势。既有垄断倾向，同时又有竞争成分，因而是一种不完全竞争。在垄断竞争的市场上有许多买主和卖主，但各个卖主所提供的产品有差异。因而各个卖主对其产品有相当垄断性，能控制其产品价格。这就是说，在垄断性竞争条件下，卖主已不是消极的价格接受者，而是强有力的价格决定者。

3. 寡头垄断竞争条件下的商品价格　寡头垄断竞争是竞争和垄断的混合物，也是一种不完全竞争。在此条件下，一个行业中只有少数几家大公司，它们供应、销售的产品量占这种产品的总产量和总销售量的很大比重，它们之间的竞争就是寡头垄断竞争。显然，这些寡头是有能力影响和控制市场价格的。而且各个寡头企业之间互相依存、互相影响。任何一个寡头的一举一动都会影响其他寡头企业，同样任何一个寡头在进行市场营销策略的制定时都必须密切注意其他企业的反应与对策。

西方国家寡头垄断有两种形式：完全寡头垄断和不完全寡头垄断。在前者条件下，各企业产品属于同类，顾客也无明显偏好，因而价格比较稳定。企业间竞争手段主要在于广告宣传、促销等方面，而不是在于价格。在后者条件下，各企业产品有所差异，顾客也有偏好，产品不能相互替代，因而产品的价格会随产品的差异而存在不同。

4. 纯粹垄断条件下的商品价格　纯粹垄断（或完全垄断）是指在某一行业中某种产品的生产和销售完全由一个卖主独家经营和控制，包括政府垄断和私人垄断两种。在纯粹垄断的条件下，企业没有竞争对手，因而可以在国家法律允许的范围内随意定价。

竞争条件下，竞争双方的行为都会影响对方，竞争越激烈，对价格的影响也越大。一般而言，市场竞争的强度主要取决于：产品制作的难易、供求形势、竞争格局、竞争对手的数量、实力等因素。对医药产品而言，全球医药市场集中度普遍较低，不存在完全竞争市场，而是不同程度的垄断市场，尤其是专利药。由于新药研发需要巨大的资金投入和漫长的生产周期，世界各国为了鼓励新药研发，均采取专利保护制度。专利制度通过适度的垄断促进研究和创新的同时，也形成了企业进入壁垒，进而阻碍市场竞争。

五、国家政策与药品价格

国家药品价格政策无疑是医药企业制定药品价格时必须严格遵守和认真履行的。回顾改革开放以来的价格管理历程，形成了两个截然不同的阶段，造成两个不同的营销环境。

（一）2015 年 6 月前我国药品价格政策

在 2015 年 6 月前，我国的药品价格政策采取政府定价和市场调节相结合的政策模式，采取的是抑制药价过度虚高、减少社会药费负担，但又保证企业合理盈利、促进医药行业健康发展的一系列的稳定物价的政策。

由于药品的购买或消费与一般的商品不同，具有垄断性与福利性，消费者购药行为多数是由第三者（即医生）决定，对于消费者来说在药品的消费上基本处于被动状态；药品的购销与费用的支付有政府、药品企业、保险公司、医院与消费者等多方参与，所以其价格的管理比其他商品要复杂得多，为了确保全社会药品价格合理及药厂、保险机构、医疗机构、患者的多方利益，世界各国政府都比较重视药品价格的管理，通过直接或间接的管理以保持药品价格的稳定或阻止药品价格过快上涨。

1. 药品价格管理原则　药品价格实行政府定价和市场调节价。政府对药品价格的管理主要是以《关于改革药品价格管理的意见》为基础，依据 2000 年底至 2001 年初发布的《药品政府定价办法》《国家计委定价药品目录》《药品政府定价申报审批办法》《药品价格监测办法》《关于乙类药品价格制定调整有关问题的通知》《关于单独定价药品价格制定有关问题的通知》《医疗机构药品集中招标采购试点工作若干规定》等政策进行管理，主要有政府定价范围和原则、药品零售价格的制定以及定价程序等方面。

2. 定价目录与权限　我国政府对药品定价由中央和省两级管理，定价范围由定价目录确定。定价权限在中央政府价格主管部门和省级价格主管部门，中央政府定价药品（中管药品）目录由国务院价格主管部门制定、修订；省级政府定价药品（省管药品）目录由省级价格主管部门制定、修订，报国务院价格主管部门备案。

3. 药品定价程序　2000 年 12 月开始执行的《药品政府定价申报审批办法》规范了药品政府定价的程序。

（1）生产经营企业申报　列入政府定价范围的药品，首次上市销售时，由药品生产经营企业向省级价格主管部门提出定价申请，如果是列入国家发改委定价目录的药品还应由省级价格部门审核后转报国家发改委，未列入国家基本医疗保险药品目录的专利及新药，通过产地省级价格主管部门初审后转报国家发改委核定价格。

（2）专家审议　政府价格管理部门组织药品价格审议专家进行审议。

（3）政府审定与公布　政府价格部门根据专家评审的意见进行审定，将审定的药品价格通过文件、媒体等向社会公告。

（4）价格审定与调整　对同一品种，原则上每年审定一次价格。在此期间，价格主管部门可根据药品实际销售价格等情况及时调整价格，生产经营企业也可根据市场供求和成本变化，按照价格管理权限向价格主管部门提出调价申请。省级价格主管部门收到生产经营企业定调价申请后，组织专家评审，属国家发改委定价的药品，审核定调价申报资料后，再上报国家发改委。

（5）单独定价要求　申请单独定价的企业，须向企业所在地省级价格主管部门提出申请报告和有关资料，包括证明该药品的有效性和安全性明显优于或治疗周期和治疗费用明显低于其他企业生产的同类药品的有关资料，省级价格主管部门初审后提出初审意见转报国家发改委，后者组织专家对药品的单独定价进行论证，必要时召开听证会进行公开审议。

（二）2015 年 6 月后我国药品价格新政策

2015 年 5 月 4 日国家发改委发布《关于印发推进药品价格改革意见的通知》（简称《通知》）（发改价监〔2015〕904 号），决定从 2015 年 6 月 1 日起取消绝大部分药品政府定价，完善药品采购机制，发挥医保控费作用，药品实际交易价格主要由市场竞争形成。

《通知》规定，除麻醉药品和第一类精神药品仍暂时由国家发展改革委实行最高出厂价格和最高零售价格管理外，对其他药品政府定价均予以取消，不再实行最高零售限价管理，按照分类管理原则，通过不同的方式由市场形成价格。其中：①医保基金支付的药品，通过制定医保支付标准探索引导药品价格合理形成的机制；②专利药品、独家生产药品，通过建立公开透明、多方参与的谈判机制形成价格；③医保目录外的血液制品、国家统一采购的预防免疫药品、国家免费艾滋病抗病毒治疗药品和避孕药具，通过招标采购或谈判形成价格。其他原来实行市场调节价的药品，继续由生产经营者依据生产经营成本和市场供求情况，自主制定价格。

取消药品政府定价后，通过完善药品采购机制、强化医保控费作用及价格行为综合监管，促进建立正常的市场竞争机制，引导药品价格合理形成。自 2018 年国家医疗保障局成立以来，国家医疗保障局实施了医保药品目录动态调整（包括调出、直接纳入和医保谈判/竞价谈判纳入）、药品集中带量采购和双通道等一系列医保政策，以提升药品经济性、可及性。为促进医药价格和招采信用评级工作公平有序开展，国家医疗保障局印发《医药价格和招采信用评级的裁量基准（2020 版）》，以统一医药价格和招采信用评级尺度，加强区域间信用评级工作的协调性和均衡性。自 2018 年底，国家组织药品集中带量采购“4 +7”城市试点，针对用量大、采购金额高的药品，采取以量换价、招采合一的药品集中带量采购模式，到 2023 年 11 月，国家医保局已组织开展九批药品集采，共纳入 374 种药品，平均降价超 50%。并且，省级带量采购持续提速扩面，跨区域联盟采购成为趋势。《国家医疗保障局办公室关于加强区域协同做好 2024 年医药集中采购提质扩面的通知》（医保办发〔2024〕8 号）中指出要完善医药集中采购制度，推动集中采购工作提质扩面，进一步提升地方采购联盟的能力和规模，实现国家和地方两个层面的上下联动、协同推进。此外，国家医保谈判涉及抗肿瘤、罕见病、慢性病、抗病毒等药品，2015 年国家首次开启医保谈判至今，每年的医保谈判都有部分新药被纳入目录，补充带量采购中重大疾病和罕见病药品不足的短板。

知识链接 --

国家医保谈判药品中的罕见病用药

自 2018 年国家医保局成立以来，连年开展医药药品目录准入谈判，众多药品通过谈判新增进入目录，价格大幅降低。此外，医保目录内药品结构不断优化，前期医保药品谈判主要集中在抗肿瘤药品、抗感染药品、心血管疾病药品等方面，2019 年新版医保药品目录调整时提出加强对罕见病用药的关注。罕见病虽然发病率低，但由于我国人口基数较大，从总量来看，罕见病在我国并不罕见。罕见病用药价格通常较为昂贵，药品可及性直接关系到患者的生存时间。国家医保谈判极大程度缓解罕见病群体"用药难、药价高、负担重"这一核心困境。

在前一阶段中，我国药品价格可以说基本由政府严格控制，只要是纳入国家管理价格目录的药品，生产经营企业基本是以执行国家定价为主，少有在价格制定过程中的主动权，也无法使价格这一经营要素发挥出它应有的作用。在后一阶段中，药品逐渐回归其商品的属性，企业在一定程度上可以根据市场规律的要求，灵活制定价格，使价格的作用得以显现。

企业灵活定价不等同于随意定价，企业拥有更大定价自主权的同时伴随着愈发严格的政府价格监测。2023 年 6 月 21 日，为进一步加强药品挂网公开议价采购的监管工作，上海阳光医药采购网对 5 月份挂网公开议价超"黄线"幅度排名靠前且有一定采购金额的品种予以公布；江苏省药品医用耗材阳光采购服务网发布了 2023 年 4 月药品预警，多款品种因为价格差异超过 10 倍被评定为"红三星"，并且直接被暂停挂网；2023 年 6 月，湖北省医保局发布文件，包括常见用药阿司匹林肠溶片、复方感冒灵颗粒、阿莫西林在内的 28 个临床品种下调挂网价格；此外，山西、贵州、天津、山东、广西、浙江、甘肃等多个省份发布相关价格调整通知。可见，医药企业应不断学习与研究国家不同时期药品价格相关政策，以使自己的定价行为符合政府政策的要求，避免触"电"现象的发生。

六、影响药品价格的其他因素

1. 消费者的价格心理　对于任何一种商品，人们在购买或使用时都会因个人条件、环境等的不同而产生不同的心理反应过程（即消费心理），体现在对待商品价格的态度上就是所谓的价格心理。市场营销人员研究分析消费者的价格心理，其目的是在确定产品价格时尽量与消费者的心理预期相吻合，以减少产品销售的难度。按照这种思路，医药企业在确定药品价格时，也应充分认识到随着医疗制度的改革和人们自我保健意识的提高，人们对待药品价格的看法上也日趋分化，从而带来需求上的差异。因而研究分析消费者对药品价格的反应和心理预期是医药企业价格策略中的重要一环。医药消费者的药品价格心理，一般有以下几种。

（1）自尊心理　持这种心理的消费者，不仅追求药品的使用价值，更追求其给消费者带来的精神方面的满足。这类消费者一般经济收入较高，有一定的社会地位和身份。在商品的作用上都追求档次和品位，以符合其身份，在药品的消费上也存在相类似的倾向。针对这种心理，药品定价要取整数计价法和高档次低价的方法。

（2）实惠心理　这是普遍的大众消费心理，希望花钱少而效用大。这类消费者通常的特征是经济条件较差，生活负担较重，因而药品选择的首要标准就是其价格，特别是对待普通药品时更加明显。现实生活中药品价格的降低既减少了人民的经济负担，也促进了药品的销售，这就是其最好的例证。针对这类消费者，医药企业在药品（特别是普通药品）定价要采取尾数计价方法，薄利多销。

（3）信誉心理　这类消费者比较重视药品的品牌、产地、医药企业的信誉、进口药还是国产药、药品是不是按 GMP 要求生产等。只要是心目中的名牌，价格再高也舍得买。固守着"一分钱一分货"的朴素观念，认为名牌、洋药、按 GMP 要求生产的药品质量好、价格贵是合理的，特别是在医治疑难重症时更是突出，为了早日康复认为只有洋药或价格高的药品才代表疗效好。对于这类消费者和新特药品，医药企业需要采取力创名牌，走优质优价之路，不能采用低价策略，如要适应不同层次的消费者时可采取拉开质量差价的方法。

（4）对比心理　指消费者对不同药品的价格进行比较，以熟悉的同类药品的价格来衡量想购买的药品价格是否合适。这类消费者一般具有较多的药品知识，或是业内人士或是久病成医型，对于药品信息比较敏感，善于进行理智的分析对比。因此要求医药企业在确定药品价格时，如果与同类药品在消费者可感知方面不具备太多的优势，就只能使用流行水准价格，以免因价格高而堵塞销路。

2. 产品在生命周期中的位置　药品定价也会受到其在生命周期中所处位置的影响。通常而言，在新药品投放市场初期，价格可能高些也可能低些，这要根据产品特征及企业营销策略而定。到了市场成熟期，价格将视市场情况与营销策略作适当调整，到了饱和期和衰退期更是要作较大的价格调整，以适应企业整体营销策略的要求。

3. 企业状况　主要指企业的生产经营能力和企业经营管理水平对制定价格的影响。不同的药品生产企业由于规模和实力的不同、销售渠道和信息方式不同以及企业营销人员的素质和能力高低的不同，对价格的制定和调整应采取不同的策略。

（1）医药企业的规模与实力　规模大、实力强的企业在价格制定上余地大，当企业认为必要时，有条件大规模地选用薄利多销和价格的正面竞争策略；而规模小、实力弱的企业生产成本一般高于大企业，在价格的制定上往往比较被动。

（2）医药企业的销售渠道　渠道成员有力和控制程度高的医药企业在价格决策中可以有较大的灵活性；反之，则应相对固定。

（3）医药企业的信息沟通　包括医药企业的信息控制和与消费者的关系两个方面。企业信息通畅、与消费者保持良好的关系，可适时调整价格并得到消费者的理解和认可。

（4）医药企业营销人员的素质和能力　拥有熟悉生产营销环节、掌握市场销售、供求变化等情况并具备价格理论知识和一定实践能力的营销人员，是医药企业制定最有利价格和选择最适当时机调整价格的必要条件。

此外，在与国际经济联系越来越紧密的今天，国际市场上同类药品的价格水平将越来越多地影响其在国内药品市场的价格，这也是医药企业制定药品价格时所不能忽视的。

第二节　企业定价目标与程序

一、定价目标的选择

在确定药品价格以前，医药企业首先必须确定一个定价目标。这个目标应和企业的经营总目标、销售目标相一致。因为企业的总目标与销售目标是定价目标的基础，而定价目标又是定价策略与定价方法的依据，即企业的价格策略是根据体现市场营销目标的定价目标来制订的。一般可供医药企业选择的定价目标有以下几种。

1. 以获取最高（大）利润为定价目标　是指企业制定药品价格时的总的指导思想是保证尽可能多地获取销售利润。医药企业要想取得最大利润，并不等于制定最高售价，而是需要对药品市场进行充分调查研究，正确预测出市场的需要量及可能销售量，在此基础上确定适当的价格，以获取最大利润。当企业在某一药品市场上处于绝对优势时，就可以采用高价策略，但需注意以下两点：①以获取最高（大）利润为定价目标并不意味着可以任意抬高价格，因为长期维持高价是不可能的，它必然会由于竞争者的加入和参与而迫使价格重新恢复到合理的水平上。②企业最大利润应当从企业的总收益来计算，不能仅以短期收益来衡量，也不能仅着眼于每个单项产品的核算。企业可以用个别容易引起顾客注意的药品，或有意低价出售，无利或低利，充分占领市场，或力争创造名牌，借产品形象树立良好的企业形象，从而带动企业其他药品的销路。

2. 以获得合理利润目标为定价目标　合理利润目标是指医药企业在补偿社会平均成本的基础上，适当地加上一定量的利润作为商品价格，以获取正常情况下合理利润的一种定价目标。以合理利润为目标使产品价格不会显得太高，从而可以阻止激烈的市场竞争，或由于某些医药企业为了协调投资者和消费者的关系，树立良好的企业形象，而以合理利润为其目标。由于以合理利润为目标确定的价格不仅使企业可以避免不必要的竞争，又能获得长期利润，而且由于价格适中，消费者愿意接受，还符合政府的价格指导方针，因此这是一种兼顾企业利益和社会利益的定价目标。

3. 以获取预期收益为定价目标　预期收益定价目标也称投资收益定价目标，指以医药企业的投资额为出发点，以回收一定的投资报酬率为定价目标。即把它的预期收益水平规定为占它投资额的一定百分比。收益率高低的确定应当考虑商品的质量与功能、同期的银行利率、消费者对价格的反应以及企业在同类企业中的地位和在市场竞争中的实力等因素。竞争中处于主导地位的企业，尤其固定成本比较高的企业，常以此为目标。预期收益率定得过高，企业会处于市场竞争不利地位，定得过低，又会影响企业投资的回收。一般情况下，预期收益适中，企业可以获得长期稳定的收益。

4. 以市场占有率为定价目标　市场占有率又称市场份额，是指一个医药企业的销售额占整个行业销售额的百分比，或者是指某个医药企业的某个商品在某市场上的销量在同类商品在该市场销售总量的比重。市场占有率是企业经营状况和企业产品竞争力的直接反映。作为定价目标，市场占有率与利润的相关性很强，从长期来看，高的市场占有率必然带来高利润。市场占有率目标在运用时存在着保持和扩大两个互相递进的层次。保持市场占有率的定价目标的特征是根据竞争对手的价格水平不断调整价格，以保证足够的竞争优势，防止竞争对手占有自己的市场份额。扩大市场占有率的定价目标就是从竞争对手那里夺来市场份额，以达到扩大企业销售市场乃至控制整个市场的目的。

5. 以对抗或防止竞争为定价目标　这是指当医药企业遇到同行的价格竞争时采取的相应对策。以此作为定价目标，通常的做法是，竞争能力弱者多采取略低于强者的价格出售商品；竞争能力强者或在某些方面具有优于其他同行的特点时，可采取高于对手的价格出售；此外如果与对手的条件不相上下时还可以用与竞争者相同的价格出售。另外，如果竞争实力强而采取低于对手的价格出售，就是通常意义上的倾销行为，目的是想把竞争者彻底赶尽杀绝。一般情况下此招必然引起对手的强烈反应，而且有可能引来市场物价部门的干涉，因此使用时宜慎而又慎。

6. 以稳定价格为定价目标　这样制定的价格又称为"领导者价格"。即医药企业因种种原因具有左右市场价格的能力，能够成为某药品市场的生产和销售领导者的情况下，为了稳定、巩固其市场阵地时采取的保持价格稳定为定价目标。这样做可以避免发生价格战争，不使市场价格发生大的波动。因为无力与之抗争的中小企业所定的价格，绝大多数情况下只能与大企业的价格保持一致，而大企业也可集中精力进行其他营销活动。

二、定价程序

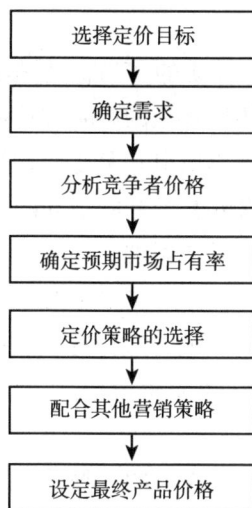

图 9 – 9 药品定价程序

医药企业的产品定价活动是一项纷繁复杂的系统工程，涉及企业自身、竞争者以及消费者等多方面的利益。故依据科学合理的程序制定价格显得十分必要。归纳起来，对政府定价目录以外的药品，市场调节价格的药品企业在定价时的基本程序有以下 7 个步骤（图 9 – 9）。

1. 选择企业定价目标 制药企业在制定本企业新生产经营的药品价格时，必须对企业的内外条件进行细致的综合分析，在确定企业生产经营目标的基础上选择如前所述的定价目标。

2. 确定需求 在市场经济条件下，药品价格与市场需求的关系也十分密切。一般情况下，药品价格与需求成反比例关系，即药品价格上涨则市场需求减少，价格下跌则需求增加。因此，企业市场行为中的定价高低，大多数情况下将直接影响其药品的销售量。确定需求要做以下工作。

（1）药品价格对其需求量的影响程度的测定，需借助需求价格弹性来描述（有关内容见前述）。如果企业产品经估测为低弹性需求，则企业的提价可能性就较大；如为高弹性需要，企业则可以采取降价的方法，以刺激需求，增加药品销售量。

（2）估测市场需求量。估测药品的市场需求量包括两项实际步骤：①确定消费者心目中是否已存在一个市场预期价格，即消费者是否对企业的药品进行过价值评价。确定这一预期价格时，应充分注重中间商的经验反应。应该注意到：企业药品定价若低于预期价格过多，会直接影响医药企业的收益水平，甚至给消费者带来质次价廉的印象；但若定价高于预期价格过多，则很难为消费者承认和接受，从而导致销路不畅。②要根据市场供求关系估测不同价格水平下的市场需求量，找出各种售价的市场均衡点以确定何种价格最为恰当。

3. 分析竞争者的价格和价格反应 企业制定产品价格时，除了应考虑市场需求与产品生产成本以外，还要充分考虑竞争者的价格与可能的价格反应。特别是在医疗单位普遍实行集中招标采购药品的条件下，企业更应根据实际情况，制定合理报价，争取中标，并尽力避免同行间的"价格战"，以免两败俱伤。

4. 确定预期的市场占有率 医药企业拟寻求的市场占有率不同，则其定价的策略与方法可能完全不同。企业若以销售成长为导向，以市场占有率的扩大作为营销目标，往往采用强劲的广告攻势或其他非价格竞争手段，而不采取传统的价格竞争方式，此时企业应充分考虑以下几点。

（1）企业生产能力 若实施低价政策使得产品市场占有率迅速上升，但因生产能力不足而无法满足市场需求，则低价不仅不能创造利润，而且有损于企业声誉。

（2）发展生产的成本 企业生产能力不足，可以采取扩充的方法解决，但若扩充的成本过高，则会得不偿失。

（3）拓展市场的难易程度 企业市场的拓展必然导致竞争的加剧。故低价渗透拓展市场必须与迂回、包抄、侧翼进攻等营销战略相配合。倘若贸然发生正面冲突，则可能使企业处于十分难堪的被动局面。故一般企业最初定价可略为偏高，将市场占有率的拓展放在第二位。

5. 定价策略的选择 定价策略是医药企业为达到特定的营销目标而制定的相应定价方案的总称。

一个良好的定价策略的制定与执行，是企业营销成功的必要条件。

6. 定价策略与其他营销策略的配合   医药企业定价策略与营销因素组合中其他策略之间存在着相互依存又相互制约的关系。企业定价既要考虑其他因素对价格的影响，也要考虑价格对其他因素的影响，具体内容如下。

（1）定价与产品策略   ①必须首先考察产品本身的性质与特征，不同性质的药品，其需求价格弹性不尽相同，消费者对价格的反应程度不尽一致，对企业定价影响颇大。不同特征的产品（仿制品与创新产品，成本导向产品与品质导向产品）其定价要求截然不同。②定价必须考察其产品生命周期，产品处于不同的寿命阶段（如投入期、成长期、成熟期、衰退期）其定价的侧重点是有所不同的。③定价还必须统筹考虑企业的产品组合，决定一种产品的价格时必须兼顾对其他产品的影响。

（2）定价与销售渠道策略的关系   一般而言，销售渠道的长短、宽窄、直接或间接对企业的定价有着不可忽视的影响。价格的设定受到销售渠道的制约，同时价格又对销售渠道的选择有限制作用。如随着销售渠道的延长和中间环节的增多，产品的价格会逐渐上升。因此对于本身价值较高的新特药品，宜选择较短渠道，以减少中间环节和加价。

（3）定价与促销策略   现代企业市场营销活动中，促销日益成为其不可或缺的一种手段。但无论是直接促销还是间接促销，其支出的一切费用都将落实在其营销成本之中，最终在企业产品价格上得到反映和补偿。

7. 设定最终产品价格   按照上述定价程序，经周密考虑后，就可着手设定企业产品的最终价格。制定价格应该采用一些科学、合理的定价方法。

第三节　企业定价方法

合理药品价格的标准是其价格既受消费者欢迎，又使企业满意，且具有相当的竞争力。因此，医药企业在确定药品价格时必须考虑三个主要因素：产品成本、竞争者和替代品价格、消费者的认知价值，并且药品价格必须处于产品成本与消费者认知价值所组成的两个极端之间。产品成本是其价格的最低下限，如果价格低于成本则企业无利可图；消费者的认知价值（或心理预期价格）是其价格的最高上限，如果实际价格高于消费者预期价格过多则消费者不愿购买，药品就可能无人问津。医药企业的药品价格必然处于这两者之间，并需充分考虑竞争因素。

定价方法的选择对药品价格的制定及市场拓展关系影响很大。医药企业选择的定价方法应包含这三个因素的一个或一个以上，才能使药品价格合理并有弹性。医药企业可以采用的定价方法很多，主要有以下几种。

一、成本导向定价法

成本导向定价是医药企业定价首先需要考虑的方法。成本是企业生产经营过程中所发生的实际耗费，客观上要求通过商品的销售而得到补偿，而且要获得大于其支出的收入，超出的部分表现为企业利润。以产品单位成本为基本依据，再加上预期利润来确定价格的成本导向定价法，是中外企业最常用、最基本的定价方法。成本导向定价又衍生出了成本加成法、预期投资收益率定价法、固定报酬定价法、收支平衡定价法等几种具体的定价方法。

1. 成本加成法   主要基于对企业内部的考虑，就是按照产品成本加上预期利润成为其价格的定价方法。计算公式为：

$$药品价格 = 生产成本 + 加成额（利润）$$

$$加成额 = 生产成本 \times 利润率$$

$$药品价格 = 生产成本 \times (1 + 利润率)$$

例如，某药品生产成本为 100 元，毛利率为 20%，此药品的价格就为 $100 \times (1 + 20\%) = 120$ 元。

成本加成法是一种最基本、最普遍和最简单的定价方法，而且准确性较高，对于买者和卖者都易于理解与操作。优点是在正常情况下，可使企业获得预期的一定利润。缺点是这种方法从主观愿望出发，盲目性很大，忽略了市场竞争与市场需求的价格影响，也没有考虑产品生命周期的问题。因而灵活性较差，不容易给企业带来最佳效益。

此种定价法的关键是加成（售价与成本之间的差额即为加成）的计算问题，因为加成的多少直接影响价格的高低。利润率有的须按国家规定执行，有时是按行业内流行的或按行业标准执行，有时也可以是企业自定。

2. 预期投资收益率定价法 这种计算方法是预先根据投资回收期的长短，确定每年相对于总投资的收益率（报酬率），然后根据产量的多少计算单位产品的价格。计算公式为：

$$药品价格（单价） = \frac{总生产成本 + 总投资额 \times 投资收益率}{产品量}$$

$$投资收益率 = \frac{总投资额 \div 投资回收年限}{总投资额} \times 100\%$$

假设某种药品的总生产成本为 300 万元，年产量为 10 万件。该企业总投资为 7000 万元（假设该企业只生产一种药品），预期 6 年收回投资。则：

$$投资收益率 = \frac{7000 \div 6}{7000} \times 100\% = 17\%$$

$$药品价格（单价） = \frac{300 + 7000 \times 17\%}{10} = 149（元/件）$$

此定价方法的条件是企业的药品具有较大的市场垄断性或在市场上处于领导者地位，其价格不易引起消费者的反感。

3. 固定报酬定价法 也称为目标收益率定价法。此定价法是根据企业的总成本和计划完成的总销售量，并在此基础上把价格定在能补偿所需成本费用并完成一定的成本利润率的价格水平上。这种方法实质是将利润看成产品成本的一部分来看待，此时的成本和利润是预期的，因而可称作目标成本或目标价格。其计算公式为：

$$药品单价 = \frac{总成本 + 固定报酬}{产量}$$

假设某医药企业年固定总成本为 500 万元，平均变动成本为 10 元，某产品年产量为 20 万件。企业希望每年获得 100 万元的固定报酬。则该产品的单价必须为：

$$药品单价 = \frac{500 + 10 \times 20 + 100}{20} = 40（元/件）$$

固定报酬或目标收益定价法属于生产者追求长期利润而非短期利润的定价方法。一般适合于经济实力雄厚、生产有发展前途的生产者和产品，特别适宜于新产品的定价，因为新产品如果按试制成本、小批量成本定价，往往会使价格大大高于市场所能接受的水平，使产品打不开销路。而按目标成本定价则可以将定价成本移到设备潜力能较大利用的批量上，成本水平就会低得多，按这样的成本加成定价，就可以为市场接受，并为企业提供期望利润。同时这种方法也能保证企业的投资按期收回，能保本求利，且简单方便。

4. 边际贡献定价法 所谓边际贡献是指产品销售收入与产品变动成本的差额，单位产品边际贡献指产品单价与单位产品变动成本的差额。边际贡献弥补固定成本后如有剩余，就形成企业的纯收入，如果边际贡献不足以弥补固定成本，那么企业将要发生亏损。在企业经营不景气，销售困难，生存比获取利润更重要时，或企业生产能力过剩，只有降低售价才能扩大销售时，可以采用边际贡献定价法。

边际贡献定价法的原则是，产品单价高于单位变动成本时，就可以考虑接受。因为不管企业是否生产、生产多少，在一定时期内固定成本都是要发生的。而产品单价高于单位变动成本，就是产品销售收入弥补变动成本后的剩余，可以弥补固定成本，以减少企业的亏损（在企业维持生存时）或增加企业的盈利（在企业扩大销售时）。这种方法的基本计算公式为：

$$药品单价 = \frac{总的变动成本 + 边际贡献}{总销量}$$

假如某医药企业的年固定成本为 20 万元，每件产品的单位变动成本为 40 元，如果计划的边际贡献为 10 万元，当订货量分别为 5000 件、8000 件、10000 件时，其价格应分别为多少元？

价格 1 = (40 × 5000 + 10000) ÷ 5000 = 60(元)

价格 2 = (40 × 8000 + 10000) ÷ 8000 = 52.5(元)

价格 3 = (40 × 10000 + 10000) ÷ 10000 = 50(元)

5. 收支平衡定价法（量本利分析法） 也称损益平衡定价法、保本点定价法，它是运用盈亏平衡的原理确定价格的一种方法。即在假定企业生产的产品全部可销的条件下，决定保证企业既不亏损也不盈利时的产品最低价格水平。这是在预测市场需求的基础上，以总成本为基础制定价格的方法。这一方法的关键是计算收支平衡点（即保本点），如图 9 - 10 所示。

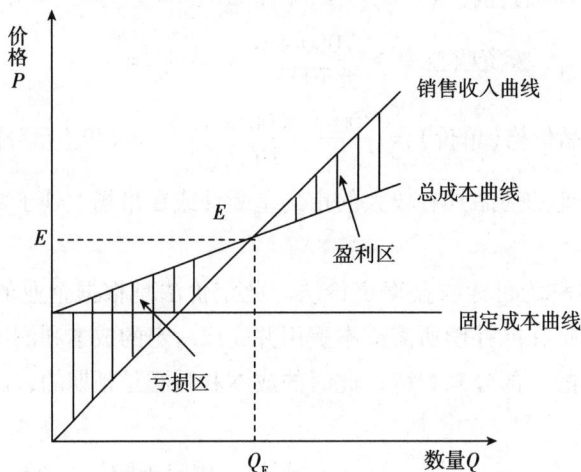

图 9 - 10　量本利分析示意图

图中 E 点称为盈亏平衡点，所对应的生产量（或销售量）；Q_E 称为保本产量（或销量），所对应的价格水平 P_E 称为保本价格。通常的盈亏平衡点计算公式为：

$$盈方平衡点 = \frac{固定成本}{单位产品价格 - 单位变动成本}$$

上述公式是从已知的成本和价格推导出销售量，也可以根据已知销售量和成本推导得出其应有的价格水平来。公式为：

$$单位产品价格 = \frac{固定总成本}{销售量} + 单位变动成本$$

如果企业考虑预期利润，则可将利润当作固定总成本的组成部分来看待，此时公式为：

$$单位产品价格 = \frac{固定总成本 + 利润额}{销售量} + 单位变动成本$$

假设某医药企业年固定总成本为 2100 万元，预期销售量为 10000 件，单位变动成本为 1500 元，需要实现利润 100 万元。则此时产品的单价应为：

$$单位产品价格 = \frac{21000000 + 1000000}{10000} + 1500 = 3700（元/件）$$

采用收支平衡法定价，优点是企业可以在较大范围内能灵活掌握价格水平，且运用简便，但前提是首先应掌握企业成本总量、预期销售量、预期的利税等，并以产品能够全部销售出去为前提。

二、需求导向定价法

需求导向定价法也称为理解价值定价法，它是根据消费者所理解的价格，或者说是根据买主的价值观念来制定产品价格的一种方法。例如人们在药品使用上普遍存在的"普通药品价格以低为好，新特药品以价格高为优"心理，就是这些药品的理解价值。

这种方法主要考虑企业外部因素，即以产品在市场上的需求强度为定价基础，根据需求强度的不同而在一定范围内变动。需求强时价高，需求低时价低。并不是根据当时的实际成本，而是以顾客对产品的"理解价值"而定。

1.销售价格倒推法　又称价值定价法、反向定价法、向后定价法，我国实际工作中俗称为倒剥皮定价法。它是按消费者能够觉察到的价值或者说可以看得见的价值为依据制定价格的方法。其基本特点是，不是以产品成本为依据直接制定出厂价格，而是先以市场需求状况、消费者所能理解的期望价格为基础，通过各种评估方法得到预计能够实现产销量目标、利润目标的市场零售价格，然后在此基础上推算出批发价格、出厂价格。

采用本方法的关键，是首先要了解测定消费者的期望价格、能够接受的价格。当消费者对某种产品还没有形成明确定位时，企业可先利用市场营销组合中的非价格因素如展示、宣传等向消费者示范，使他们对商品形成一种较高的坐标观念。其次，分析流通环节的成本构成及费用多少，推算出该产品的生产价格的范围，即目标成本。再次，综合考虑成本和其他一些因素，最终制定出该产品的价格。这种方法的关键是对消费者理解价格的正确掌握和预测，过高过低都会影响今后产品的销售情况。

2.需求差异定价法　这是按照不同市场、不同消费者对某产品需求的强弱程度，对同一产品制定多种不同的价格的定价方法。这些不同的价格并不反映产品成本的差异，而是体现不同市场对该产品需求的迫切程度的差异。这种定价方法有很大的灵活性，在实际应用中还具体分为以下几种。

（1）以顾客为基础差别定价　如同一医药产品，儿童包装的价格通常高于成年人包装。

（2）以地理位置为基础定价　如在收入高低不同的国家和地区可以对同一医药产品规定不同价格。

（3）以时间差异为基础定价　依据同一医药产品在不同时间、季节里的不同需求强度可对其制定不同价格。

（4）以产品为基础的定价　即对不同批号、包装规格、式样的商品制订不同价格。

以上定价方法须具备以下条件：①市场必须能够分割成几个不同的细分市场；②差别定价须不致引起顾客的反感或不满。因为实行这种差别定价法，实际上是一种价格歧视。

三、竞争导向定价法

这种定价方法主要考虑的不是产品成本，也不是市场对产品需求的变动状况，而是以本企业本产品的主要竞争对手的价格为定价基础，并以此来确定本企业产品价格。这种方法的特点是着眼于竞争者的价格，以竞争对手的价格为转移，一般有以下几种。

1.与竞争者同等价格　又称为"流行水准定价"、随行就市定价法。它是把本企业的产品价格跟上同行业的平均水平，即根据同行业平均定价水平作为本企业定价标准的一种定价方法。这是竞争导向定价的最普遍形式，适合本企业无法对顾客和竞争者的反应作出正确的估计，而本企业又难于另行定价，只能以平均水平定价，因此也叫模仿价格。这种随行就市的定价方法，可以与同行和平相处，少担风险，可以获得合理收益，是较普遍的定价方法。

2. 低于竞争者的价格　这种方法的运用是企业想迅速扩大其产品的销售额，占有市场或扩大市场占有率的方法。采取这种方法的前提是竞争对手不会实施价格报复或者有能力抵御竞争对手可能实施的价格报复。因而必须慎重，否则极易引起价格战。

3. 高于竞争者的价格　企业生产或经营的产品质量上乘，并具有一定特色，企业声誉较高，就可采用高于竞争者的价格出售，以谋取高利润。这种方法采用的前提是，该产品相对于竞争对手的产品有较为显著的优势；买主愿意付出高出竞争对手产品的价格来购买该产品。

4. 密封投标定价法　这是我国医疗机构普遍实行集中招标采购药品以来，医药企业必须采用的定价方法。在投标时，医药企业事先根据招标公告内容，对竞争对手可能的报价进行预测，在其基础上提出自己的价格，用递价密封标书送出。此时制定的价格，并不是完全体现企业的生产成本或市场需求。医药企业为了中标，通常要求其报价低于竞争者。但又不能低于一定的水平，最低的界限就是其生产成本。但从另一方面说，如果价格高于实际成本越多，则中标的可能性就越小。这对医药企业而言是个考验，因此风险较大。

第四节　企业定价策略

定价策略，就是指营销策划者在特定的情况下，依据确定的定价目标，所采取的定价方针和价格竞争方式，是指导营销策划者正确制定价格的行为准则，它直接为实现企业定价目标服务。由于药品市场竞争激烈，当前医药企业十分重视定价策略，常常把它作为进入市场和争夺市场的有力武器。药品价格的制定，是一个非常复杂的决策过程，营销人员必须根据不同产品或市场情况，采取灵活多变的定价策略，以期更好地实现企业预期目标。医药企业定价策略的关键目标在于如何把药品价格定得既能为购买者所接受，又能为企业带来更多的收益。

一、消费者心理定价策略

心理定价策略主要运用于药品零售环节，它是运用消费心理学的原理，根据不同类型顾客购买商品的心理动机，来制定产品价格的一种策略。在药品零售环节中，药品价格主要面对的是消费者，因此必须掌握消费者的心理特点，适应其心理变化的要求，采取灵活的定价策略。可供医药企业选择的心理定价策略主要有以下几种。

1. 奇数定价法　也称"非正数定价法"或"尾数定价法"。即针对人们求实、求廉的消费心理，把药品价格定为单数或有零数。药品的零售价以零数作尾数，如4.99元、9.99元，这样就会使消费者觉得该药品价格是经过精密计算的、一丝不苟的最低限度的价格。而正数定价法往往会给人错觉，以为是随意而定，没有经过详细考核。由于顾客普遍存在廉价购买的心理，他们会很自然地认为低一位比高一位更廉。尽管0.99元比1元仅差1分，顾客自然认为前者更便宜。因此，奇数定价法特别习惯于用"9"作尾数的道理就在于此。它会使顾客产生商品便宜、定价认真的感觉，从而使顾客产生购买欲望。这种定价法一般适用于消费者熟悉的需求弹性较大的普通医药产品。

2. 正数定价法　这种定价方法主要为适应高收入阶层的享受豪富和虚荣心理需要的一种定价方法，所以也称为"炫耀价格"。为了抬高商品的身价，使人产生高贵感，可采取这种"取十不取九"的策略，把价格定为正数。人们通常认为"一分价钱一分货"，价高意味着质量高，特别是对于那些慕名求购、但又对产品不够了解的顾客来说，较高的正数价格可以显示其高人一等的购买能力，以此满足其虚荣心理。反之，顾客会觉得商品不够高级，不能显示身份。所以心理定价要注意区别不同商品、不同销售对象而定，才能取得好的效果。对于药品市场，这种定价方法一般适合于新特药品等价格较高的医药产品。

3. 最小单位定价法　尽管产品销售的数量较大，但在报价时如能以较小单位报价，将会更能促成交易。例如，将药品价格分解到每一粒药片或每一天的用量上，从而给人以所费不多的一种心理错觉。

4. 习惯定价法　就是按照长期的、一贯的固定价格定价。因为有许多药品，特别是质量稳定、需求大、替代品较多的常用药，在市场上已经为消费者十分熟悉。长期以来，一直是按不变的固定价格出售，已形成一种习惯价格。对于这些商品，一般不能轻易变动价格，任何企业要想出售同类药品，必须按照习惯价格定价，否则很难打开销路。除非改变配方或剂型，按国家有关新药的规定才可重新定价。

5. 声誉定价法　根据生产企业或产品品牌的良好形象、声誉制定相适应的价格。只有当消费者对名牌产品有了信任和依赖，认为价格高代表质量好，愿意出高价格购买名牌产品时才能使用。所以著（知）名医药企业一般不宜采用低价策略，以免给消费者造成误解。

二、折扣与让价策略

医药企业在市场营销活动中，为了促进商业企业和医疗单位更多地销售本企业的药品，根据国家有关规定，可以给予价格上的折扣。这也是调动中间商和顾客购买积极性的一种常用的激励方法。

1. 数量折扣　对经销药品达到一定数量时给予销售者一定的折扣优惠。具体操作中还有累积和非累积数量折扣之分。累积数量折扣可以培养顾客购买忠诚度，非累积数量折扣可以扩大销量，获取规模效益。

2. 现金折扣　在规定的期限前付款者，按提前程度给予不同的折扣。在企业间相互拖欠货款现象比较严重的情况下，实行这种策略可以帮助企业加速资金周转，减少财务风险。

3. 交易折扣　医药生产企业可根据各类中间商在市场营销中担负的功能不同而给予不同的折扣。一般给予药品批发企业的折扣可大于给零售企业的折扣。

三、产品寿命阶段定价策略

产品生命阶段价格策略是企业根据药品市场生命周期中不同阶段的产销量、成本、供求关系、市场状况及产品的特点，采用不同的价格措施和定价方法，以增加药品的竞争能力，为企业求得最佳经济效益的价格策略。利用产品寿命阶段定价策略制定的价格叫作阶段价格。由于产品在其市场寿命周期的不同阶段，质量与成本、市场竞争程度、消费者的评价及需求等都存在着较大差异，因此利用阶段价格策略进行企业的价格决策，能够使其价格准确地反映出价值和供求间的关系。

（一）投入期的价格策略（新产品定价策略）

投入期的价格策略也称为新产品定价策略。新产品刚刚投放市场时，由于消费者不了解因而销量很低。因此新产品定价是涉及新产品能否顺利进入市场和取得成功的关键之一。新产品定价时须考虑药品本身的性质、替代品的情况、消费者的购买习惯、需求弹性和竞争者的反应以及药品发展趋势等。

新产品定价的一般原则是：所规定的价格必须为市场所接受，能推动新产品市场开拓，又能给企业带来足够的利润，弥补新产品在投入期的成本和高费用，利于企业今后扩大生产经营。新药品价格策略有以下几种选择。

1. 撇脂定价策略　实际上是一种先高价后低价的定价策略。撇脂原意是指在煮牛奶时，先把浮在牛奶表面上的奶油撇取出来。这是指先提取其精华，将新产品利益的精华尽快取出，故而得名。即在产品刚刚上市时，以高价出售尽快收回投资，以后随着寿命周期的演变，再分阶段降价。新产品，尤其是原研药具有周期长、成本高、风险大的特点，药物从最初的实验室研究到最终摆放到药柜销售平均需要花费 12 年的时间，1/5000 概率的临床前试验化合物可以得到最终的上市批准，每种原研药开发的平均成本高达 40 亿美元。国际咨询公司 Booz & company 发布的 2010 "全球研发投入最多的 1000 家公司调查" 的结果显示榜单前 5 位中有 4 家是制药企业，其中排在第一位的罗氏公司年研发投入高达 96.46 亿美元。采用这种定价策略，可使企业在短期内回收高昂研发成本并获取尽可能多的收益。撇脂价格往往导致价格的阶梯式下降，伴随着生产能力的扩大和高收入市场部分需求的饱和，一边降价，一边转而面向新的市场。这种产品必须具备独特性、竞争者短期无法仿制、消费者对价格不太敏感等条件。如果企业对市场需求情况不清楚，也可用这种定价策略探路。以高价开始，顾客接受不了时再降价。这比以低价开始造成市场脱销再提价好，给消费者留下的印象也好得多。缺点是新产品刚刚投放市场，如果宣传跟不上，高价往往不利于开拓市场，同时还会吸引竞争者加入。

2. 渗透价格策略　采取先低价投放、后涨价的策略。即在新产品进入市场初期，将价格定得尽可能低些，以全力推出商品，用最快的速度渗透进入市场，夺取市场份额，阻止竞争者进入或同现有产品竞争，获取市场占有率，建立本企业在品牌、数量上的优势，待打开销路后再逐步提价。这种方法必须具备市场潜力大、潜在竞争多、价格弹性较大等特点。优点是可使产品迅速打开销路，扩大市场占有率，还可减少竞争对手。缺点是定价过低，不利于企业尽快收回投资，甚至使消费者怀疑产品质量。当产品在市场上地位巩固后，也不容易成功提价。

3. 反向定价策略　此法介于上述两种之间。它的定价高低适中，定价合理，有利于扩大销售。现实生活中一般定价采取的是 "成本导向法"，即顺向的层层加价的办法。而 "反向" 则是通过市场调查，先拟定出能为市场接受的销售价格，再反向求出各环节价格，以决定企业在制造产品时的最大目标成本和销售费用。也就是企业在产品生产之前，就已经把市场销售价格确定下来。这样的价格，消费者能够接受，生产企业也会获得足够的利润。

（二）成长期的价格策略

新产品经过一段时间的推广和销售，逐渐为市场所接受，市场销售量上升。这个时期企业所采用的阶段价格策略是目标价格策略。目标价格是企业完成一定目标利润而制定的价格策略。对于专利药而言，由于短期内不存在仿制药，其竞争压力相对较小；而对于非专利药，竞争者看到收益率后纷纷进入市场参与竞争。在集中招标采购的背景下，价格是能否中标的重要因素之一。因此，在确定定价策略时，应以市场和需求为导向，采取需求导向定价策略，根据自身产品情况，利用成长期的有利机会，适当提高目标利润水平。这一时期加速实现企业利润，到产品进入销售困难时期时，企业就有了降价促销的保证和潜力，从而保证企业生产经营目标的实现。

（三）成熟期的价格策略

产品进入成熟期的标志是竞争者的大量涌入、销量增长速度减慢并开始走下坡路。这一阶段价格策略就以竞争为核心，维持和扩大企业产品市场占有率，保持竞争优势和稳定的利润收入，因此通常使用的价格策略是降价销售。当然降价的前提是生产成本的降低，通常成本越低，价格的竞争力就越强，在价格竞争中取胜的可能性就越大。但由于药品关系生命健康，并且，患者虽然作为最终的购买者，但处方权却在医生手中，所以在一定程度上，价格对患者需求的影响有限，所以药品市场的需求价格弹性较低。企业在降价时需注意的是根据产品需求价格弹性的大小把握好降价的幅度，不能太小，太小不足以引起消费者的注意，对竞争对手的威胁也太小；当然也不能太大，太大可能使企业没有利润。

（四）衰退期的价格策略

企业在产品衰退期的价格，要尽量使企业在保有微利的基础上，将产品全部销售出去，避免积压，发挥产品对企业的最后贡献作用。因此这一阶段主要采用维持价格或驱逐价格的策略。

1. 维持价格策略 维持价格是指在产品进入衰退期时不做大幅度的削价，而是基本保持原有价格水平的策略。这样做不至于恶化在消费者心目中的形象，最大限度发挥产品在最后阶段的经济贡献。

2. 驱逐价格策略 驱逐价格也称歼灭价格，指产品进入衰退期后采用最低价格，阻止企业产品销售量的下降，将竞争者逐出市场的策略。驱逐价格一般不含利润，有时可以直接以平均变动成本作为最低经济界限来定价。

四、相关产品价格策略

相关产品，是指在最终用途和消费购买行为的方面具有某种相互关联性的产品。制造或经营两种以上产品的企业可以利用此特点综合考虑企业产品的定价。

1. 互补产品价格策略 互补商品指两种（或以上）功能互相依赖、需要配套使用的商品。互补商品价格策略是企业利用价格对消费互补品需求进行调节，全面扩展销售量所采取的定价方式和技巧。具体做法是，把价格高、购买频率低的主件价格定得低些，而把购买频率高的配用商品价格相对调高。

2. 替代商品价格策略 替代商品是指功能和用途基本相同，消费过程中可以相互替代的产品。替代产品价格策略是企业为达到既定的营销目标，有意识安排企业替代产品之间的关系而采取的定价措施。

企业若生产或经营这两种以上有替代关系的产品，这两种产品的市场销量常常表现为此消彼长，而这种增加或减少与商品价格的高低有着密切的关系。企业主动地运用这一规律来实行组合价格策略。如把市场"热销"的产品的价格有意提高，将趋冷的替代品的价格适当降低，从总体上把握企业的盈利水平。

思考题

答案解析

欧盟国家的孤儿药虽通过欧洲药品管理局集中程序注册上市，但由各成员国负责"定价和报销"。欧洲国家大都已建立特殊的卫生技术评估（health technology assessment，HTA）标准，对高值孤儿药实行特别报销方案；部分国家还建立了互认 HTA 结果的 BeNeLuxA（Ir）联盟，以联盟谈判的方式进行孤儿药的合作定价和采购。

英国的最初价格由制药公司自由制定，最终定价则由政府依据药品价格监管计划和英国国家卫生与服务优化研究院卫生评估的结果对价格进行调整后形成，接受 HTA 之后再经 NICE 推荐纳入英国国民健康保障体系获得全额报销。法国由国家卫生委员会下设的透明委员会承担新药的卫生技术评估工作，并分别决定报销比例和定价方式。荷兰主要通过"外部参考定价"的方式进行定价，即参考欧盟其他成员国的价格确定最终定价。此外，荷兰还通过比荷卢经济联盟进行谈判定价。

上述国家都通过 HTA 来为定价和报销提供决策依据，并设立有专门的评估机构和标准。以参考定价为主，探索联盟采购机制。在定价过程中，欧洲国家多以"参考定价"确定药品的限价基准，结合制药企业的自主报价及 HTA 评价结果来进行协商，采取"参考定价"和"谈判定价"相结合的方式确定最终药价。对于议价能力有限的国家，逐步探索通过借助联合价格谈判和市场调查的方式以提升支付方的议价地位，以几个国家联合谈判的方式"团购"孤儿药以进一步降低价格。

通过上述案例，请完成下述思考题。

1. 影响价格形成的其他因素还有哪些？结合本章内容及案例分析孤儿药价格高昂的原因。

2. 结合案例分析孤儿药在欧洲典型国家不完全依赖市场调节，而需要政府参与价格管制的原因。

3. 欧洲典型国家政府为什么要将价格高昂的孤儿药纳入报销范围？

4. 几个国家联合谈判的方式"团购"孤儿药的原因是什么？

5. 欧洲典型国家孤儿药定价和报销策略对我国的启示有哪些？

书网融合……

| 本章小结 | 微课 | 习题 |

第十章　医药产品分销渠道策略

PPT

学习目标

1. 通过本章的学习，掌握医药产品分销渠道的类型和选择分销渠道的影响因素，以及渠道冲突的主要类型和冲突产生的原因；熟悉渠道设计的基本知识及激励渠道成员和进行渠道评估的一般方法；了解当前分销渠道设计、渠道成员评估的一般方法和解决渠道争端的途径与方法。

2. 具有基本的市场数据分析和研判能力，能科学确立恰当的分销渠道策略；具有较强公关与沟通能力，能够在分销渠道建设、维护和争端解决过程中发挥专业性作用。

3. 树立科学的世界观、人生观、价值观，能深刻理解医药营销渠道设计和建设的重要意义；树立终身学习观念，不断完善知识结构，持续改进和提升市场营销的分析能力和营销策略。

　　分销渠道是产品从生产企业到最终消费者的过程中所经过的各个中间环节联结起来的通道。企业如何把产品最有效最快速地传递到消费者手中满足市场需求，是本章要研究的主要内容。分销渠道策略是企业市场分销组合中的一个重要策略，其他策略的实施都要通过渠道发生作用。因此，对于医药企业而言，了解分销渠道的类型、合理选择合作伙伴、加强渠道的管理工作，不仅有利于企业产品的市场销售，也是企业进行市场分销的关键。所以，医药企业应充分重视分销渠道的建立与维护工作。

第一节　医药市场分销渠道的概念及类型

一、医药市场分销渠道的概念　微课

（一）概念

　　医药市场分销渠道是指医药产品及服务从生产者（医药生产企业）向医疗单位或患者转移过程中所经过的一切取得所有权（或协议所有权转移）的商业组织和个人。简言之，医药市场分销渠道就是医药产品从生产者转移到医疗单位或患者所经历的途径。

　　早期的药品分销渠道是自医药企业出发，连接终端市场的单向环节。随着当代市场经济中市场信息反馈的意义和作用不断增强，分销渠道环节逐渐承担起向医药企业反馈产品和供求信息，从而引导医药企业确立研发方向、改进产品效能、提升企业市场竞争力的重要功能。

　　具体而言，在市场环境中，分销渠道表现为促使产品或服务顺利地被使用或消费的一系列中间组织或个人。他们与生产企业合作，使产品在市场上流通，克服产品因地区不同而在时间、需求、供应上所形成的差异，将产品展现并送达到终端消费者手中，同时按照与医药企业的合同规定提供售前、售中和售后服务。

（二）医药产品分销渠道的特征

　　医药产品是关系生命健康的商品，这一特殊性使得任何政府必然采用特别且独立的政策与法律手段干预或限制医药商品的流通活动，以确保医药商品在特定框架下满足安全性、可靠性以及使用的经济性等重要指标。因此，医药产品分销渠道必然具有与普通消费品所不同的特殊性，主要表现如下。

1. 选择渠道类型的自由度相对较小　药品是关系到生命健康的特殊商品，自然不可能像普通商品一样在一般的批发、零售渠道中实施营销，因此具备特定的专业性特征。在我国，各类医院、公共卫生机构和药品专营终端一直是主要的药品分销渠道，具有多重管理、业务专业性强、服务过程监管严格等特点。进入互联网时代后，国家对网络平台的药品分销管理也十分严格。因此限制了药品分销渠道选择的自由度。

2. 对渠道成员有严格的资质限制　我国对药品分销环节的管理十分严格。2019 年修订施行的《药品管理法》对药品经营作出了非常细致和明确的规定，涵盖了经营单位资质、从业人员资格、经营场所、管理规范以及网络交易第三方平台等诸多方面。

3. 对一些特殊药品的特殊管理　国家根据《药品管理法》和其他有关法律的规定，制定并颁布了一系列特殊药品管理条例，如《麻醉药品与精神药品管理条例》《医疗用毒性药品管理办法》《放射性药品管理办法》《易制毒化学品管理条例》《反兴奋剂条例》等。这些法规为此类特殊药品的原料采购、研发、生产、销售和使用构筑了更加严格的防护，保证此类药品的合法、安全和合理使用。

二、医药市场分销渠道的类型

医药产品按其最终使用者的不同可分为个人消费者与生产者组织两大类，因而产品也可相应地概括为药品和医药工业品（指原料药、中间体等）两大类。由于这两类医药产品的销售管理方式不同，因而其分销渠道模式各有其特点。药品分销渠道类型与医药中间产品分销渠道类型如图 10－1 所示。

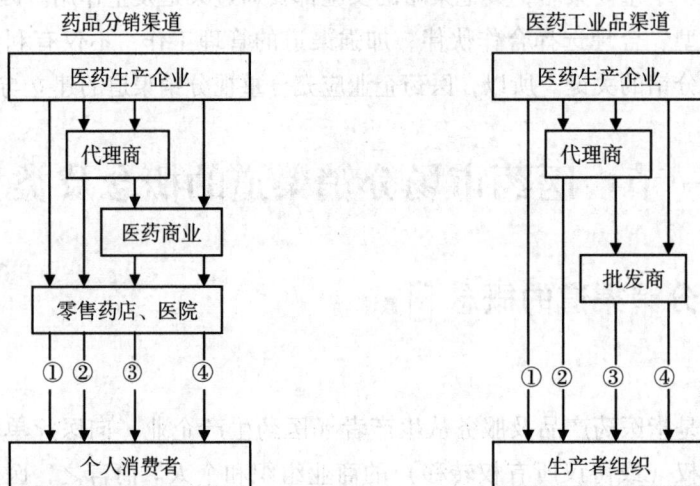

图 10－1　医药产品分销渠道的类型

（一）药品分销渠道的类型

按照国家有关规定，非处方药（OTC）和处方药（Rx）在渠道选择上有明显的区别。随着分类管理的加强，二者在分销渠道上的区别越来越明显。

1. 非处方药（OTC）分销渠道的类型　一般情况下，一般公众可以在保证用药安全的前提下，不需要医师或其他医疗专业人员开写处方，就可以根据自我诊断购买和使用非处方药品（OTC）。因此，扩大此类药品与消费者的接触面成为分销设计的关键要素，于是便利性突出的专业型社会零售药店自然而然地成为首选的分销终端。

非处方药（OTC）分销渠道由医药生产企业、零售终端、个人消费者，以及各类渠道中间商构成。随着互联网经济的发展，医药电商、网上药店和网络健康服务平台的加入，使药品零售终端在种类上、数量上、方向上和技术上得到进一步拓展。从总体构成上看，非处方药品的分销渠道基本上包含以下几种类型。

（1）医药生产企业—零售药店—个人消费者　在此种分销渠道类型中，生产企业将药品销售给零售药店，然后由药店销售给个人消费者。这是最简单、最直接的分销渠道模式，其特点是药品生产企业和个人消费者之间不存在任何形式的中间商。

其主要优点是医药生产企业主导性强，可以高度掌控终端的销售情况，产品利润空间相对较大。采用这种分销渠道模式的条件是生产企业实力雄厚，产品种类齐全，而且有足够的资金在全国各地建设专营性质的分销网络。但同时也会带来资金占用量大、终端经营的灵活度低等先天问题，对竞争激烈的药品零售市场的适应能力较差。

（2）医药生产企业—代理商—零售药店—消费者　在此种分销渠道类型中，医药生产者通过一定的代理商将药品销售给零售药店，然后再由零售药店销售给消费者。

其优点是医药生产企业可以充分利用代理商的客户资源，以及市场占有率方面的优势解决产品销售方面的问题，提高分销效率。这种类型的分销渠道一般由占优势的代理商主导，医药生产企业对产品营销的整体控制能力较弱，应对渠道冲突的能力较差，企业的盈利能力也会承受一定的负面压力。

（3）医药生产企业—代理商—医药商业批发公司—零售药店—消费者　在此种分销渠道类型中，医药生产企业的品牌和产品的市场影响力较差，因此无法选择占据市场优势的药品代理商和中间批发商，只能借助经过各层次中间商自发整合的销售力量销售药品，这是中小型医药企业营销 OTC 药品时常用的渠道模式。

其主要优点是可以有效回避中小型企业市场覆盖能力较差的缺陷，充分利用代理商和中间公司的市场份额和客户资源实现药品销售目标。这一模式的的缺陷是生产企业市场分销的主动权掌握在代理商手中，企业无法直接与市场接触，销售利润也会受到影响，对市场前景很难作出有效预测。

（4）医药生产企业—医药商业批发公司—零售药店—消费者　在此种分销渠道类型与前一种相比只是少了一个药品代理商，是由企业销售部门与各地商业公司产生业务联系，并由商业公司自有的零售药店或其他专业零售药店向消费者销售药品。

与第一种模式相比，它可以最大限度地借助于医药商业公司的分销渠道和销售力量，扩大产品的销售量，并且对分销渠道乃至产品营销的整体状况都有较强的控制力，利润空间也比较大，同时可以较多参与具体的市场销售活动，了解市场第一手信息，帮助企业作出正确的分销决策。因而这也成为目前 OTC 药品最常用的销售模式。

2. 处方药品分销渠道的类型　与 OTC 药品相比有许多相似之处，但不完全相同。按照国家相关规定，处方药的购买和使用必须凭专业医生的处方，因此处方药的销售方向以各类医疗单位（各种类型的医院）为主，零售药店为辅。由于国家对于各级各类医疗机构的药品采购作出了严格的规定，因而与非处方药相比，此类药品分销渠道在中间商类型与功能、促销工作的内容与方法等方面都有本质差别。归纳起来，处方药品分销渠道主要有以下几种方式。

（1）医药生产企业—医疗单位—个人消费者　这是一种由生产企业直接将药品供应给医疗单位（医院），在患者就诊时再由医疗单位出售给个人消费者的分销渠道模式。这种渠道模式适用于需要进入医疗单位销售的处方药品（其中包括新特药品、进口药品等）。采用这种分销渠道的企业一般需实力雄厚、管理规范，有自己健全的分销网络，能够承担繁重的发货、推广、回款等工作。需要指出的是这种渠道模式不一定适用于所有地区，因为大部分地区规定生产企业必须经由当地的医药经营公司才能将药品销售给医疗单位。

（2）医药生产企业—代理商—医疗单位—个人消费者　这种分销渠道模式是医药生产企业通过与市场上的专业代理商订立合同，将本企业相关产品的市场营销工作全权委托给代理商，使本企业生产的药品进入当地医疗单位，再由医疗单位将药品出售给消费者。这种模式适合需直接进入医院销售的一些处方药（如特殊药品，进口药品等）、医疗器械类和市场分销能力不足的医药生产企业采用。

（3）医药生产企业—代理商—医药商业批发公司—医疗单位—个人消费者　这是目前医药市场上较为普遍的处方药品分销渠道类型之一，适合需要进入医院销售的处方药品（进口药、新特药品）的销售工作。

一般情况下，医药企业首先选择合适的代理商，然后通过这些代理商的销售网络连接各地医药商业批发企业的力量，最终使药品进入目标医院，同时生产企业配合商业公司完成相关市场推广工作。这种形式既解决了生产企业分销能力不足的缺陷，又满足医疗单位用药品种杂、数量多的要求。但其缺点是渠道较长，环节较多，从而增加了药品的流通费用，提高了药品价格。

（4）医药生产企业—医药商业批发公司—医疗单位—个人消费者　这种分销渠道模式是目前处方药品销售中最为普遍的分销模式。通常做法是由生产企业与医药商业公司签订销售合同，由医药公司的销售力量开展医疗单位销售推广工作，并负责与医疗单位的货款结算工作。

国家也提倡这种销售模式，它既能保证药品的质量，又可遏制行业内愈演愈烈的不正之风。对于生产企业而言这种模式也有很多好处，既减少了药品分销的工作量，又能直接了解药品的市场销售情况。

此外，在国家逐步放宽处方药零售环节相关规范的背景下，处方药进入一般市场药品零售渠道的障碍被破除，从而与非处方药的分销渠道合流，大幅提升了药品市场满足消费者多元化需求的能力。

（二）医药中间产品分销渠道类型

医药中间产品相比作为最终产品的药品而言，其分销渠道类型要简单得多，主要有以下几种。

1. 生产企业—医药生产单位　这是一种直销类型，由生产企业直接向产品下游生产企业供货，适用于数量大、品种单一的产品类型。这是医药原料药企业常用的销售模式，随着互联网技术的发展，企业具体操作时往往通过网络平台交易。

2. 生产企业—代理商—医药生产单位　生产企业通过一定的代理商向生产者销售产品。优点是有助于企业扩大市场份额，最大限度的占有分销资源，缺点是企业不能直接与需求者沟通，对市场信息的控制力不够。

3. 生产企业—代理商—医药批发商—医药生产单位　这种模式是环节最多、途径最长的一种。通常适用于产品数量少、品种多的生产企业，可以充分借助中间商的各种功能促进生产与销售工作的开展，但也容易造成渠道成员之间的矛盾。

4. 生产企业—医药批发商—医药生产单位　这是生产企业借助批发商力量销售产品的另一种形式。

三、医药中间商的功能与类型

医药中间商是通过医药商品买卖或提供相关服务来促成医药商品交易的经济组织，通常指进行医药产品代理、批发和零售的专业医药公司或医疗单位，它是联系生产和消费的中间环节，因此人们在习惯上称之为中间商。

（一）医药中间商的功能

中间商是社会分工和商品经济发展的产物。中间商存在的必要性在于它有助于解决生产与消费之间在时间、地点、数量、品种方面的矛盾，帮助生产者把产品及时、准确、高效地送达消费者手中，节约社会劳动、提高分销效率。从商品经济的发展趋势看，社会分工会越来越细，商品流通量也逐渐增大，同时由于产品的生产和使用的层次愈益增多以及消费者对医药产品的要求日趋复杂，预示着中间商将发挥愈来愈大的作用。总体而言，医药中间商具有以下几个方面的功能。

1. 药品的销售与促销　医药中间商是从事医药批发零售业务的专业性组织。单就批发商而言，通常为了能够很好地销售药品一般都建立有健全的销售网络，与零售商之间存在着长期的业务关系，使药品能够快速、平衡地到达最终消费者手中。

2. 整买零卖　单个生产企业的产品有品种少、数量大、规格少的特点，而消费者的需求则是多品种、多规格、数量小。这种生产与消费上的不协调，只有依靠医药中间商的力量才能使双方满意。

3. 仓储与运输　中间商渠道实际上已成为生产企业仓储与配送功能的进一步延伸。由医药中间商储存药品，可以降低生产者的产品储存成本和风险。另外，中间商比生产者更接近顾客，因此可以提供更快捷的运送服务。

4. 融资功能　中间商的融资功能从理论上讲应包括两个方面，一是中间商向生产者预购或者及时付款，就相当于为生产者提供了融资服务；二是生产者在一定信用额度内赊销药品，可在一定程度上解决中间商的资金不足，对中间商而言也是融资。

5. 风险承担　生产企业与批发商发生业务联系后，批发商首先可以承担医药产品在分销过程中的破损或者超过有效期的风险，另外还可在一定程度上避免医疗机构拖欠货款的风险。

6. 信息沟通　医药中间商是生产者与消费者之间信息沟通的桥梁。它既能将生产信息通过各种方式传递给市场从而促进市场需求，又能将市场信息反馈给生产者，以便于生产者及时调整生产计划和分销策略。

（二）医药中间商的类型

医药中间商可根据不同的标准，分为以下类型。按照中间商在商品流通中的地位不同，可分为批发商和零售商。批发商处在商品流通的起点，零售商处在商品流通的终点。

而按在商品流通中是否拥有所有权划分，可分为经销商和代理商。经销商是拥有一定资金、场地、人员的法人，在其经营中，通过购进商品和销售商品实现商品所有权的转移，获得利润。代理商则是在商品流通中为购销双方提供穿针引线服务，促成商品交易的实现，获得一定的服务手续费或佣金。

1. 医药批发商　是专门从事药品批量买卖的中间商，目前批发商主要分为商业批发商、代理批发商和生产企业的销售部或办事处三种类型，它们在分销职能方面存在较大的差异。

（1）商业批发商　又被称为经销批发商，是指具有法人资格的独立批发企业。这是批发商的主要类型。

（2）代理批发商　是不取得商品所有权的批发商类型。其收入来源主要是委托人提供的佣金，在商品的经营中往往不承担风险。

（3）生产企业的销售部或办事处　主要是生产企业的销售组织，专门经营本企业产品的批发销售业务的独立部门。

无论是哪种类型的批发商，都具有相同的本质特征。①所有中间商都处在药品流通的起点或中间环节了；②其销售对象都是医疗机构、其他批发商、医药零售商和生产企业等间接消费者；③其交易有一定的数量起点，交易次数少、批量大，多以非现金结算为主。

在药品市场上，作为连接生产和消费环节的医药批发商具备一些特殊的优势，主要包括以下几个方面。①经营优势。我国有一批国有专业医药批发企业，经营历史长，机构齐全，分工细，专业化强，经营人才多，管理经验丰富，而且在长期的经营中形成了系统的分销网络。②资金优势。在我国目前金融政策下批发企业能够较多地取得银行贷款，拥有较雄厚的经营资金。③经营设施优势。医药批发企业拥有完备的医药商品的储存、运输及经营场地等配套设施，拥有一支保管养护医药商品的专业队伍，具有处理大量医药商品实物流通的能力。④信息优势。医药批发企业所处的地位，上联生产者，下接医疗机构及零售企业，经营点多、面广，信息收集量大、反馈快，具有指导生产、引导消费的能力。

2. 医药零售商　是向最终消费者或使用者提供医药产品和服务的中间商。一般来说，商品只有经过零售商才最终完成其从生产领域到消费领域的流通过程。目前在我国它主要由各种药店和各级各类医疗机构（医院、诊所）组成。

医药零售商是联系生产者、批发商和消费者的桥梁，其特点主要有：①处于商品流通的最终环节；②销售对象是直接消费者或使用者；③经营特点是批量进货、零星销售，交易次数多、金额小；④其经营场地与服务质量的高低，对医药商品的销售有很大影响。

2010 年以后，我国药品零售市场最突出的特征之一就是医药零售连锁化趋势越来越明显，这种以实体药店为终端销售结点的连锁经营模式正在成为药品营销中最主要的零售方式。同时，互联网技术的发展和普及也为消费者提供了新的消费模式。医药市场营销渠道中，零售商的影响力会越来越大，医药零售业特别是 OTC 药品市场前景十分广阔。

3. 医药代理商　是指受委托人委托，替委托人采购或销售医药产品并收取佣金的一种中间商。它不拥有药品的所有权，只是在买卖双方之间扮演媒介的角色，通过促成交易赚取手续费或者佣金，一般由医药商业公司或个人组成。医药代理商按一定标准可分为以下几类。

（1）按代理产品分类　采购代理和销售代理。采购代理通常与委托人有长期的业务关系，提供进货、验货、仓储和送货、信息、产品选择等服务；销售代理则帮助生产者销售全部或部分医药产品或服务，它对价格、付款及其他销售条件等方面有较大的权力，其功能相当于生产者的销售部门。

（2）按代理地域分类　全国总代理和地区总代理。

4. 医药经销商　经销商是医药市场分销渠道中的一个广泛群体，利用经销商促进销售也是分销渠道中最为常见的分销模式，医药市场中主要由医药商业公司、医疗机构、社会药店、医院药房等组成。

经销商与代理商的主要区别是它拥有产品的所有权，通过转售产品或服务营利，通常经销商的经营风险大于代理商的经营风险。它与代理商的区别还在于，代理商更偏重于某一领域的同类医药产品，如医疗器械代理商或者药品代理商；而经销商经营的产品种类更多，业务繁杂，可能医疗器械与药品同时经营，如药店。

5. 线上零售商　随着互联网技术的发展，线上零售渠道在人们日常生活中的作用越来越重要，甚至对线下传统零售渠道形成了巨大冲击。在药品分销领域，线上零售商的市场份额也在逐年扩大，形成了线上零售平台、线上健康服务平台和线上药店等多种形式构成的庞大网络，正日益成为传统线下药品分销实体开展竞争、拓展业务、扩大销量和利润的关键手段。

与线下实体型分销渠道不同，线上零售商具有互联网经济固有的新优势，如覆盖面广、营销到达率高、商品展示充分、经营成本低、营业时间灵活等。同时，也带来一些新的不确定因素，如时效性差、跨地域流通难以管理等。随着网络技术不断进步，手机逐渐普及及 5G 网络服务日益完善，线上零售渠道必然具备更广阔的发展空间。

第二节　医药市场分销渠道的设计方法

随着我国社会主义市场经济不断繁荣，医药市场的规范化、法治化不断完善，市场主体不断增加，产品种类日益细化，全方位竞争的趋势逐渐显现。在此环境中，医药生产企业分销渠道的设计思路也呈现出多样化的特征。在上节中已经对分销渠道的各种类型进行了详细的介绍，并且将渠道中各类分销商的特点、功能与业务性质作了阐述。对于医药企业而言，选择恰当的营销渠道类型构成完整的营销链条，从而形成适合本企业资源实力和市场地位的营销渠道总体框架是进行分销渠道设计的关键。

一、医药分销渠道设计的总体思路框架

（一）直接渠道与间接渠道

按照医药产品从生产者到达消费者手中的过程经过中间商类型的多少分类，可以分为直接渠道与间接渠道两类。

1. 直接渠道　与一般行业不同，医药行业中直接渠道是指医药产品从生产者流向最后消费者或用户的过程中只经过一层中间商（适用于药品）或不经过任何中间商（适用于原料药）的分销渠道。直接渠道是医药工业产品分销渠道的主要类型。这是因为工业品需求品种规格少、数量大、前后工序联系性强、用户数量少而且相对集中。

直接渠道的优点是：生产者与消费者接触较多，能及时、具体、全面地了解市场需求及变化，从而及时调整生产经营决策，能为消费者提供售前、售后技术咨询、服务；销售环节少，商品能很快地到达消费者手里，从而缩短商品流通时间，减少流通费用，提高经济效益。当然，直接渠道也有其不足：直销生产者要设置销售机构、销售设施和配备销售人员，这不但会增加相应的销售成本，还会分散生产者的精力。此外，生产者还要负担储存费用、商品损耗。如果市场供求变化影响了商品价格，由于库存产品所有权在生产者手中，因此生产者要承担市场风险。

2. 间接渠道　是指医药产品从生产者流向最终消费者或用户过程中经过两层及以上中间商的分销渠道。间接渠道是药品分销的主要类型。这是由药品的特殊性和国家的政策法规所决定的。

间接渠道的优点是：通过中间商交易，减少了相应的交易次数，节省了生产企业花费在销售上的人力、物力、财力；可以借助中间商的销售经验、销售网络和商誉，扩大商品销售范围，提高市场占有率；可以减少资金占用，增加生产资金投入，减少生产者经营风险。间接分销渠道也有不可避免的缺点：由于中间商的介入，增加了相应的销售环节，延长了商品流通时间。一般来讲，中间商不可能对其经销的所有商品知识、技术要求都了如指掌，故难以为消费者提供完善、周到的售前、售后技术服务工作。另外生产者与消费者之间有了许多隔温层，因而生产者对市场变化反应迟钝，常有明显的滞后性。

（二）宽渠道与窄渠道

医药分销渠道的宽度是指分销渠道中每个层次使用同种类型平行中间商数目的多少。多者为宽，少者为窄。

1. 宽渠道　在每一个产品流通环节上选用两个以上同类型的平行中间商分销产品则称为宽渠道。采用宽渠道分销的优点在于：药品可以大批量地迅速进入市场，增加销售量；同类中间商互相竞争，可促进整体分销效率的提高；有利于生产企业对渠道成败进行评价、取舍。在目前的市场条件下，OTC 药品和处方药生产者多采用这种渠道。宽渠道的缺点主要表现在：中间商与生产者的合作关系不密切，很难保证中间商对生产企业的忠诚度，他们在分销过程中有可能不专注于产品销售，不愿付出更多的费用和精力，从而影响药品的销售甚至是企业形象。此外，生产企业难以对分销渠道进行有效控制。

2. 窄渠道　药品生产者在每一层流通环节只选用一个中间商来销售自己的产品，这种分销渠道一般称为窄渠道。窄渠道最大优点是生产者与中间商协作关系紧密，生产企业对中间商的支持力度相对较大，易于控制、管理中间商。缺点是生产者对中间商的依赖性太强，一旦关系发生变化，生产企业将面临难以预料的市场风险。这种分销渠道类型适用于单位价值高的进口药品和新特药品的销售。

（三）长渠道与短渠道

按照药品流通过程中间环节的多少，分销渠道又可以分为长渠道和短渠道两类。

1. 长渠道　药品生产者使用两个以上的不同类型的中间商销售产品，这样的分销渠道称为长渠道。长渠道的优点是：渠道长，分布广，触角多，能有效地覆盖目标市场，扩大自己的产品销售。通常销售量大、销售范围广、单位价值低的药品适合采用长渠道策略。但长渠道也有其不足之处：由于长渠道涉及的中间商多、环节多，从而使销售成本增加，最终造成药品销售价格提高，从而削弱了药品的价格竞争力；中间环节多、信息路线长、失真率高，会影响生产者决策；中间环节多，商品运输距离远、时间长、货物配送成本高，也容易增加药品损耗；各渠道环节中工商之间、商商之间难以建立密切的合作关系。

2. 短渠道　药品生产者在销售过程中只使用一个环节或者没有经过中间环节的分销渠道称为短渠道。短渠道的优点是：中间环节少，商品流通时间短、流通费用低，能增强药品的价格竞争力；有利于生产企业了解市场信息，及时决策；也利于生产者与中间商合作。短渠道的主要弊端是：由于渠道短，市场覆盖面相对较小，不利于药品的大量销售，因而只适合单位价值高的新特药品、进口药品等的销售；此外由于流通渠道短、市场稍有变化，就可能直接波及生产者，因而生产者经营风险也较大。

二、影响医药分销渠道设计与选择的因素 🅔微课

在进行分销渠道设计时，必须将医药生产企业自身和医药市场的整体环境中有可能对产品最终营销效果产生影响的诸多要素纳入考察范围，实现企业盈利和未来发展的综合目标。影响医药分销渠道设计与选择的因素比较复杂，主要包括以下几个方面。

（一）医药产品的特性

根据医药产品的特性来设计与选择分销渠道，主要从药品的单价、重量、技术含量、有效期限、适用性、市场生命周期等方面考虑。

1. 药品的单位价值　单位价值高的药品如生物制品、进口药品、新药等，在选择分销渠道时应采用短渠道或用直接渠道，因为每经过一个环节，都要增加一定的费用。而使用面广量大而又价格较低的药品，其分销渠道可以长而宽，以增加市场覆盖面。

2. 产品的体积　产品体积过大或过重，渠道宜短，中间环节少，可以节约运输、储存费用和减少商品损耗，如大型医疗器械。

3. 时效性或有效期　季节性强或有效期短的产品，应将渠道简化到尽可能短，以减少流通时间和中转环节对产品质量的影响。

4. 科技含量　药品技术含量高，宜采用直接渠道或短渠道。因为大多数医药产品，特别是刚上市的新特药，对技术服务要求很高。

5. 适用性　如药品的适用性较广，宜选择间接渠道、宽渠道；相反则可采用直接渠道、短渠道甚至是直销渠道。

6. 生命周期　药品所处的市场生命周期不同，渠道选择也应不同。在导入期为了尽快使产品进入市场，收集产品销售信息，应选择短渠道或直接渠道；成长期则应在巩固原有渠道的基础上，增加渠道宽度；成熟期为适应竞争，吸引更多的顾客，应拓展渠道宽度，增加销售网络；衰退期为了缩减开支，渠道宜窄、宜短。

（二）市场特征

1. 市场规模　目标市场潜力、购买力、零售商规模都与渠道模式的选择有密切关系。市场容量大、购买力强、零售药店多的大城市，可采用短渠道和直接渠道。企业一般都要建立自己的办事机构，直接负责当地市场的销售工作。而市场潜力小、购买力弱的地区，可通过批发商向中小零售商供货，其渠道模式则采用长渠道或间接渠道。

2. 购买频率 购买频率高的药品,宜选用间接渠道和宽渠道;购买率低的新特药品,应选用直接渠道或短渠道销售。

3. 购买习惯 若是顾客希望随时买到的常用药、保健品则宜采用宽渠道、间接渠道,如创可贴的销售。

4. 市场竞争 出于市场竞争的需要,企业有时可选择与竞争者相同的渠道、相近的地区;有时则需要故意避开竞争者,另辟蹊径,开拓新的渠道。

(三) 企业状况

分销渠道的设计与选择深受企业的规模、管理能力、资金实力、产品组合、经营目标、分销策略等企业特性的影响。一般而言,规模较大的生产企业资金力量雄厚、声誉较高,其市场覆盖范围、顾客规模也大,销售能力、与中间商合作的能力都较强。这样的企业通常建立有自己的分销网络,并会有选择地使用必要的中间商,一般来说其渠道特征是"短而窄";情况相反的企业,尤其是那些缺乏分销经验与管理能力弱的医药企业,一般必须更多地依赖中间商提供服务,多选择一些合适的中间商可能更为有利,其渠道就会"长而宽"。

(四) 分销环境因素

分销环境因素如政治、经济、法律等,也会对药品分销渠道的设计与选择产生影响。例如药品招标采购制度、医疗体制改革、基本医疗保险药品目录、处方药与非处方药分类管理及其他有关药品经分销售方面具体的法律法规,都直接影响或制约了医药分销渠道类型的设计与选择,使一些特殊药品必须按照法定渠道流通。除此之外,环境因素形成的社会价值观和伦理观会时刻影响渠道行为,渠道成员的业务行为符合社会价值观和伦理观,就能取得信誉,也就为赢得市场扫清了人为障碍。

三、药品分销渠道设计方法

对医药生产企业来说,如果目标市场和产品定位均已确定,企业面临的下一个问题就是根据上述影响渠道选择的各种要素对分销渠道进行具体设计。主要包括以下几个步骤。

(一) 确定分销渠道的基本模式

医药企业在设计药品分销渠道时首先要解决以下3个问题:第一,药品的销售终端在哪里?是通过零售药店销售还是医疗机构销售?或者既在零售药店销售又在医疗机构销售?第二,是否存在对中间商的客观需求?是企业自建分销网络将药品销售给零售药店、医疗机构还是通过中间商实现上述目标?或者既用中间商销售自己也销售?第三,如果需要中间商,那么选用什么类型和多少数量的中间商?

解决了这三个问题,意味着分销渠道设计总体思路的形成。

知识链接 ---

不同产品类型医药企业在分销渠道设计上的差异

如果医药企业生产的主要是城镇职工基本医疗服务的临床使用药品,药品的销售终端是必然是医疗机构,那么按照国家审批流程申请,进入《国家基本医疗保险、工伤保险和生育保险药品目录》,以通过医疗卫生服务机构的药品集中招标采购为核心的营销渠道方案即成为渠道设计的指导思路;如果企业的产品跨多个门类,品种众多,则需要的影响方向上实行医疗机构与零售药店并行的多元化方案,此时的渠道设计自然更加复杂;如果企业的产品主要集中在非处方药 (OTC) 类,那么就应该在零售市场中集中设计分销渠道。企业实力和品牌影响力超强的企业,渠道策略的选择可以更加自由,既可以在确保强势合作地位的同时利用中间商扩大产品与市场的接触面,也可以通过建设自营性专门零售网络设计独立化、直接的渠道策略。对于企业实力和品牌影响力较强的医药企业而言，利用中间商的市场营销力量开展药品分销可能是成本最低、相互效率最高的选择。同时可以根据自身的需要在渠道的宽度和深度方面进行科学设计。对于实力较差、品牌影响力一般的企业来说，设计一种依靠实力雄厚的中间商开展药品营销的渠道策略往往是唯一的选择，甚至对于渠道长度和深度的选择上缺少发言权。

（二）确定中间商的类型

企业在设计渠道时要考虑选择哪个类型的中间商更利于产品分销任务的完成。生产企业在选择中间商时往往还要受自身条件的限制，也就是说企业吸引合格的中间商的能力是有区别的：声誉好效益佳产品有竞争优势的企业有很多备选中间商；默默无闻实力弱的小企业难以吸引优秀的中间商。具体来说，企业选择中间商类型时主要从医药市场以下方面考虑。

1. 经销商   主要指医药产品分销区域内的商业批发公司、零售药店和医疗机构。企业规模的大小和其产品常常决定了企业选择怎样的经销商。在选择经销商时应主要考察其经营历史、经营现状，具体包括经销商的地区销售优势、产品种类销售优势、产品政策，还应该包括经销商的财务状况和管理水平、销售技术和服务水平等，尤其是企业不能忽视对经销商的忠诚度的考察。

2. 代理商   尤其在专业性要求很高的医药产品分销领域，对于那些资金实力不足，分销和管理能力比较弱的医药生产企业，或者实力强大的公司在某一个销售量很低的非重点区域来说，采用专业代理商是比较好的选择。专业代理商一般在某领域的药品分销有自身优势，有助于产品迅速进入市场，帮助企业规避交易风险，而且可以由代理商提供技术支持和服务，降低销售成本。在选择代理商时应主要考察以下因素：代理商的经营优势、销售网络、财务能力和管理水平、技术水平、诚信等。有时候代理商是否有政治、社会影响力也是需要生产企业考虑的非常关键的因素。

（三）确定中间商的数目

当确定使用中间商以后，医药生产企业分销决策者还必须决定在每一渠道层次上使用中间商的数目，即决定渠道的宽度。这主要取决于医药产品本身的特点、市场容量的大小、需求面的宽窄以及企业整体经营目标等因素。在分析设计时，根据中间商的数量，通常有3种类型可供选择。

1. 密集型分销   即寻找尽可能多的中间商，无论谁申请经销自己的产品只要具备相应资格医药企业都予以批准。企业可利用尽可能多的分销网点，使渠道尽可能加宽，让每一个潜在消费者都能接触到医药产品，从而以扩大销售量取胜。医药市场中的常用药品、保健品都适合采取这种分销形式，给消费者提供最大的购买便利。

2. 独家分销   厂家在某地区仅选定一家中间商负责其产品分销，通常双方协商签订独家经销合同。所谓独家经销，是指生产企业要求该经销商不得再经营其他竞争产品。通过授权独家销售，生产企业希望经销商在销售活动中更加积极，而且能够在价格、促销、信用、技术支持服务方面对中间商的政策加强控制。独家经销是最窄的分销渠道，通常适用于新产品或品牌性强的产品的销售。独家分销对生产者和中间商都存在利与弊，对生产者而言，有利于提高产品形象和获得较高利润，不利之处是过度或完全依赖中间商，中间商能否很好地发挥作用直接关系到生产者的生存与发展；对于中间商而言，独家经销风险较大，因为经销药品是否具有良好的市场潜力和销售形势，也直接关系中间商的命运。两者可谓一荣俱荣、一损俱损。

3. 选择型分销   这是介于上述两种形式之间的分销形式，即利用中间商的数量不止一个，但对那些有意参与产品分销的中间商并不全都加以利用，而是有条件地选择其中几家经销自己的药品。大多数医药产品都可利用这种形式的渠道，因此无论是信誉良好且成立已久的企业，还是刚刚起步的新企业都可以采用选择型分销。这样企业不必再为中间商数目众多，中间商不肯协调动作而耗费很大精力；同时企业又能集中精力与确定的中间商发展良好的合作关系，并可激励其努力工作以提高企业销售水平。相对独家经销方式它的优势有市场覆盖面广，有利于扩大销路和开拓市场，促进中间商之间展开销售竞争；相比密集分销方式它又能节省费用、降低成本，并易于控制中间商的销售活动而不必分散太多的精力。

（四）规定渠道成员的权利与义务

医药企业在确定了中间商的类型和数目以后，接下来的工作便是明确各分销渠道成员的权利与义务。主要内容有价格政策、销售条件、经销区域或特殊服务等。

价格政策是决定生产者与中间商双方经济利益的关键，生产企业所制定的价格和折扣计划必须获得中间商认可，使他们相信这些政策的公平性，这样他们才能在实际中去严格执行。价格政策的制定需考虑众多因素，如企业产品特征、市场供求关系、同行业平均水平与商业惯例等。

销售条件中最为重要的是明确付款条件和生产者担保。为促进货款及时回笼，企业可制定一些奖励措施，如现金折扣、优先供货等。生产者保证在何种条件下企业允许退货、途中损耗的分担等。其目的是解除中间商的后顾之忧，积极主动地销售本企业药品。

在中间商权利与义务中，经销区域权也是一个关键要素。企业需根据具体情况明确划定各个经销商的销售区域，以防因窜货问题而造成市场秩序混乱；必须制定明确的惩罚条例，以避免这种现象的发生。

一些特殊的服务条例也必须在与中间商签订的经销合同中明确，尤其是在采取独家经销渠道时，否则项目不明、责任不清，必然影响双方的经济利益与合作关系。

四、对渠道设计方案的评估

医药企业在选择分销渠道时，要对已设计好可供选择的各种渠道形式进行科学的评估，根据评估的结果选出最有利于实现企业长远目标的渠道形式。评估主要涉及三个方面：一是渠道的经济效益；二是对渠道的控制力；三是渠道的适应性。

经济效益标准主要是要比较每一种渠道可能带来的最大销售量与销售成本的关系，选择投入少效益好的渠道。这里关键的一点是统计分析与专家分析须完美结合，以提高销售量预测的准确程度。另外需要注意的是这里的成本不仅是指分销渠道的建立成本，还应考虑分销渠道以后的营运与维护成本。

对渠道的控制力方面，自然是渠道越短越窄越易控制。因为中间商毕竟是一个独立经济实体，它必然要考虑自身的经济利益与长远发展，它更关心的是企业的产品能否给它带来最大经济利益，所以生产企业不能指望中间商对自己像下属机构那样的忠诚与专一。维系生产企业与中间商合作关系的根本还是经济利益。所以在现代市场分销工作中十分强调"双赢"模式，因为只有双方在合作中都获利，合作才会牢固和长久。因而对渠道控制的内涵与方式也应重新界定，否则观念上的偏差也可能终止合作关系。

分销的适应性与经销合同的内容和期限密切相关。市场是复杂多变的，企业的分销策略需要随市场供求的变化而改变；药品品种可能改变、价格可能调整、渠道结构和政策可能变更，因而与中间商签订合约特别是长期合约时需充分考虑未来可能变化的因素，避免陷入被动局面。

第三节　医药市场分销渠道的管理方法

对于医药企业而言，分销渠道的管理也被称作客户管理，是指在确定分销渠道策略后，选择渠道成员建立分销网络，并在分销活动中与渠道成员进行沟通与协调，为保证双方长远利益最大化实施的一系列管理活动。主要工作内容包括选择渠道成员、激励渠道成员、评估渠道成员、调整渠道和渠道冲突管理等几个方面。

一、选择渠道成员

医药分销渠道成员是以营利和发展为目的，通过多种方式结合在一起的以形成医药及保健、服务和其他关联产品流通渠道为现实目标的各类机构和个人，其构成主体包括医药产品生产商、医药市场中间商和医药产品最终用户。一般来说，在医药市场中一个好的医药商业客户的标准是具备必须的药品经营资格和条件，具有良好的商业信誉，能够快速准确地将药品推向目标市场，并能通过与生产者合作进行市场推广活动，迅速抢占相关市场以提高该药品的市场占有率。因此，医药企业选择合适的合作伙伴的重要性是不言而喻的。

（一）选择渠道成员时需考虑的因素

渠道成员选择的好坏将直接影响药品在当地市场的销售情况。如果选择不当，轻则影响销量，重则败坏企业声誉，增加呆坏账，影响企业资金周转。一般来说，选择渠道成员的标准应包括中间商的声誉、经营范围、经营能力、协作精神、业务人员素质以及未来销售潜力等。

1. 商业客户的基础信息

（1）商业客户的基本情况　主要包括客户的名称、地址、电话、隶属关系、经营管理人员、法人代表及单位等级、经营医药产品所必须的"一证一照"（药品经营许可证或医疗器械经营许可证、企业法人营业执照）是否齐全。

（2）商业客户的管理信息　包括客户法人及相关合作者的姓名、年龄、籍贯、性格、兴趣、爱好、学历、职称、职务、业务专长、科研成果、社交团体、家庭成员、相互关系、有特别意义的日期等。

2. 商业客户的经营信息　经营特征主要比较各个中间商的服务区域、销售网络、销售能力、发展潜力、经营理念、经营方向、企业规模、经营体制、权力分配等方面的内容。

3. 商业客户的业务信息　业务状况主要比较各中间商之间以往经营业绩、同类产品的销售情况、本企业产品所占比例、管理者及业务人员的素质、与其他竞争者的关系、与本公司的业务关系及合作态度等。

4. 商业客户的市场交易及品牌、信誉信息　各中间商的交易情况主要包括客户的销售活动现状、存在问题、保持和扩大产品市场占有率的可能性及优劣势、未来的变化及对策、企业形象、声誉、信用状况、交易条件等。其中特别需要着重考察的是其信用（资信）状况，该商业客户的销售回款额、在外应收款数量、回款期限、会计事务所审计报告、银行信誉等级等。

当前国内的大多数医药企业的经营方向已经开始转向多元化，分销策略正逐渐从单一的药品营销向着包含药品、医疗器械、保健产品和健康服务等多品类综合分销转化。因此，在分销渠道的建设方针，特别是渠道成员的选择方面也呈现出多样化的倾向。同时，医药企业资源实力和市场地位的差异性，决定了分销策略的差异性，这种差异性也对渠道成员的选择条件提出了不同要求。因此，在选择渠道成员时应当结合自身发展方向和实际情况对各类影响因素进行综合考虑。

（二）选择渠道成员的一般方法

选择渠道成员的方法很多，如销售量分析法、销售费用分析法等，这里重点介绍医药企业最常用的一种方法：强制评分选择法。强制评分选择法的基本原理是：对拟选择作为合作伙伴的每个中间商，就其从事商品分销的能力和条件打分评价，作出最终选择。由于不同的中间商存在分销优势与劣势的差异，因而每个项目的得分会有所区别。注意到不同因素对分销渠道目标完成的关系程度，可以给不同的因素赋予一定的权数，然后计算每个中间商的总得分，选择得分较高者。这个方法主要适用于一个较小的区域市场。

二、激励渠道成员

激励渠道成员是渠道管理中最基本的内容，它是指在中间商选定之后，为促进渠道成员实现渠道目标，使之不断提高业务经营水平，生产企业采取的一切措施或者行动。激励渠道成员应本着互利互助的合作精神，对经营业绩好的中间商应及时予以奖励，以争取建立长期合作关系。

（一）商业客户的经营心理与需求分析

研究商业客户的经营心理与需求，是生产企业采取激励措施的前提。就如同个人消费心理会影响、支配其消费行为一样，商业客户也会因经营宗旨、利益分配、内部人事环境等因素的变动而影响其与生产企业的合作状态。主要可从以下内容把握商业客户的行为与心理。

1. 商业客户是独立、平等的经营者 通常情况下商业客户是一个独立、平等的经营者，与生产企业仅仅是业务上的合作关系，而非受其直接管辖的下属销售机构。因而生产企业需要充分尊重和理解合作者，摆正双方关系：中间商需要依靠生产企业的声誉和产品获得生存发展机会，而生产企业也要依赖中间商才能在市场分销中获得有利地位。这种相互依存的同盟关系要求双方在相互尊重和理解的基础上，友好协商来解决一切问题。

2. 商业客户最关心的还是经济利益 中间商无论与生产企业的合作关系多么融洽，双方关系得以维系的根本还是因为中间商销售某一生产企业的产品能够给它带来比销售其他生产企业的产品更多的经济利益。因而经常会出现品种好、利润高的产品中间商抢着销售，而那些没有品种优势销售难度大的产品则中间商唯恐躲之不及。中间商应首先代表的是它目标顾客的利益（顾客需要的产品、畅销的产品中间商才愿意经销），其次才是生产企业的销售代理人。因此，生产企业只有不断为中间商提供质量过硬、销售前景看好的产品，才能保证其"忠诚度"和"销售热情"不会下降。

3. 合作方式的多样性 除授权独家经销形式外，通常中间商会经销多家企业的多种产品，而且同一品种也会有多个厂家供货。其目的之一是方便它的顾客选择，另一目的是为了在供应厂家之间造成竞争态势，以取得更优惠的销售条件。因而这类中间商与生产企业的关系不可能像独家经销那样紧密，也不可能将每一个企业的每一种产品都作为重点产品去精心运作。这样一来，生产企业想让其及时提供市场相关信息是比较困难的，除非在签订合约时特别约定，否则只有依靠企业本身去实地调研。

4. 人际关系的影响 在与渠道成员的合作过程中也会受到人际关系的一定影响。如果产品相同、市场相同、各生产者提供的条件相差无几，则人际关系状况就会影响到渠道成员与生产企业的合作关系。因而企业也需要实现分销工作的人性化管理，与合作者保持良好的人际关系。

（二）常用激励措施

为激发渠道成员的经营积极性，生产者对中间商采用的激励措施很多。本质上通常有直接激励和间接激励两种方式。

1. 直接激励 是指生产企业以物质或金钱作为奖励刺激渠道成员，具体措施如下。

（1）根据市场需要及时向中间商提供适销对路的药品，并协助其做好相应的药品市场开发工作。通常 OTC 药品需要做大众促销工作，对于处方药品生产企业通常需派专业分销人员进行目标医疗机构的销售推广。

（2）制定合理的药品价格与折扣政策。合适的药品价格不仅有助于市场销售，而且会使中间商获得相应的利润。因而在制定时充分考虑企业成本与消费者的承受能力，同时根据实际销售业绩，给予中间商合理的价格折扣（通常有累计折扣和数量折扣两种）是鼓励中间商积极销售本企业药品的有效手段。

（3）设立合理的奖惩制度，鼓励中间商多销货早回款。通常做法是，在一定时期内，中间商的药品销售累积到一定数量，或是经销商实现当月回款时，给予它们一定数量的返利；相反，当中间商没有达到合同约定的销售量或不按期回款时，则给予一定的惩罚。

（4）对于 OTC 药品可通过生产者负担广告费用，或者与中间商合作广告等形式，扩大企业和品牌的知名度，以促进市场销售。对于处方药品生产企业则应在能力范围内负责医院推广工作，或者由中间商负责医院的推广工作而生产企业承担相应的费用，以促进临床使用量提高。

2. 间接激励　是指生产企业通过非物质或非金钱奖励激发渠道成员的经营积极性，常用措施如下。

（1）药品生产企业可提供技术指导、宣传资料、举办药品展示会、指导商品陈列、帮助零售商培训销售人员或邀请中间商派人员参加生产企业的业务培训等，以支持中间商开展业务活动，提高专业水平，改善经营管理，促进药品销售。

（2）生产企业需建立规范的客户管理制度，对原本分散的客户资源进行科学的动态化的管理，协助分销人员及时了解中间商的实际需要，通过良好的沟通建立相互信任、相互理解的业务伙伴关系。

（3）建立企业战略联盟。这是指生产企业和渠道成员为了完成同一目标而结合起来的分销统一体，如双方协商制定销售目标、存货水平、广告促销计划等。其目的是生产企业以管理权分享来促进经销商经营效率的提高，并期待建立长期稳定的合作关系。

三、评估渠道成员

确定渠道成员和相应的激励措施之后企业可以执行分销策略，但这只是渠道管理工作的开端。这时企业应通过各种途径了解渠道成员日常工作的开展情况，考察其经营表现，这也就是企业对渠道成员的评估和监测，目的是通过对中间商的考察和评估，及时采取相应的监督、控制与激励措施保证分销活动顺利而有效地进行。生产企业需将现有客户的资料登记造册，建立客户数据库，通过对现有客户进行资料分析，将潜在的市场机会变为现实的销售业绩，将分散的客户资源组合成企业可大力开发的整合资源。企业可从以下几个方面对渠道成员进行评估。

（一）渠道成员构成分析

通过对一定时期内企业全部或是某个大区或是某个销售人员的产品销售、回款情况统计分析，将中间商分为不同类别，以便企业在日后分销工作中有所侧重、区别对待，也可作为信用额度、回款期限等的判断标准之一。通常可根据销售量及回款额的大小确定客户的不同地位：A 类重点客户（占累计销售额或回款额的 75%）；B 类客户（占 20% 左右）；C 类所占销售比例较小，则可将其视为具有未来潜力的客户。

（二）重要客户与本公司的交易业绩分析

企业应随时掌握各客户的月交易额或年交易额及回款额，统计出各重要客户与本公司的月交易额或年交易额（回款额），计算出各重要客户占本公司总销售额（回款额）的比重。通过对比其实际业绩与计划，认真找出原因并采取相应措施保持企业总体销售的稳步增长。

（三）不同品种的销售和回款构成分析

将企业销售的各种产品按销售额和回款额从高到低排列，分别计算出各类产品的销售额及回款额占总销售额和回款额的比重，对比公司销售、回款计划，找出差距与分析问题所在，配合企业分销策略的调整，确定今后的工作重点。

（四）渠道成员的忠诚度和顾客满意度分析

渠道成员的忠诚度是指他们对生产企业或者某个产品的忠实程度、持久性、变动情况等，如中间商是否严格履行了分销合同，是否积极参与或配合企业的产品宣传推广工作等。顾客满意度分析重在考察最终消费者或者用户是否对中间商提供的服务或者技术支持的满意程度。

四、调整渠道

始终保持竞争优势的分销渠道是不存在的，因此医药企业不仅要做好分销渠道的建立与运行管理工作，还需要根据实际需要及时改进渠道。特别是当市场环境发生变化时，如购买方式发生变化、市场容量扩大、产品处于不同生命周期、国家相关政策变化如处方药品变成 OTC 药品、新竞争者的兴起、企业整体分销策略的变动、中间商不能顺利完成任务，企业应当及时地对原有分销渠道进行修正。渠道调整措施主要如下。

（一）增减渠道环节

增减渠道环节是在原有分销渠道基本类型不变的条件下，根据需要适当增减渠道环节，以达到优化资源配置，提高营运效率的目的。如在原有的区域市场内增加或取消代理商这一层。一般情况下，为了适应激烈的市场竞争，企业多采取减少渠道环节的做法，也即目前分销渠道由金字塔式向扁平化方向转变的新趋势。在具体进行渠道调整时，企业需要对通过增减渠道环节可能给企业盈利带来的影响进行比较作出决策。

（二）增减渠道成员和提高成员素质

即保持原有渠道模式不变，只是增加或减少个别渠道成员。这时需要认真权衡增加或减少中间商所能带来的销售量增加或减少与所付代价之间的关系。渠道成员素质的提高有利于产品分销渠道总体效率的提高，具体可采用不定期对渠道成员进行培训，或者为其提供必要的智力支持。

（三）对原有渠道进行彻底调整

根据产品的不同生命周期和市场分销环境的变化而对渠道策略进行必要的调整，或是由于经营产品的改变而对渠道进行根本性的重新设计。如当某分销渠道不能将产品顺利地送达目标市场时，要考虑对其重新定位新的目标市场；当现有渠道严重阻碍了企业的经营目标的实现，需要选择新的分销渠道。

五、渠道冲突管理

随着渠道环境的变化，如渠道成员的变化、企业产品或服务的变化、市场需求的变化等，企业和渠道成员间的矛盾与不平衡就会逐渐显现出来，渠道冲突也就出现了。渠道冲突是指同一个渠道的成员之间在追求各自的利益和实现特定销售目标的过程中，某一成员认为渠道中的其他成员所采取的做法和措施，阻止或妨碍了该成员目标的实现，从而引发的矛盾。医药渠道冲突管理是医药分销渠道管理的重要内容之一，是指分析和研究渠道合作关系，对预防和化解渠道冲突工作加以计划、组织、协调和控制的过程。

（一）渠道冲突的主要类型

依照不同的划分标准，渠道冲突有多种分类方法。其中最常见的是按渠道成员之间关系的协调性与竞争性的角度出发，将渠道冲突分为水平渠道冲突、垂直渠道冲突、多渠道冲突三种。

1. 水平渠道冲突　指的是发生在同一渠道同一层次中间商之间的冲突。当分销渠道中的同一渠道层次中有多个中间商时，水平渠道冲突往往难以避免。其原因大多是企业目标市场的中间商数量分管区域规划不够合理。医药分销领域中常见的水平渠道冲突主要表现形式有同层次的代理商（或医药商业批发企业）之间跨区域销售，即窜货问题、压价销售等。

2. 垂直渠道冲突　指在同一渠道中不同层次企业之间的冲突，也称作渠道上下游冲突。一般来说，渠道的长度越长，可能的垂直渠道冲突越多。不同层次的分销商有可能会在价格控制、利润空间及配套服务等方面产生不满，从而产生上下游冲突。垂直渠道冲突带来的问题：①在分销过程中上游分销商不可避免地要同下游经销商争夺客户，这会大大挫伤下游渠道成员的积极性；②当下游经销商的实力增强以后，希望在渠道系统中有更大的权利，也会向上游渠道成员发起挑战。

3. 多渠道冲突 当生产企业建立多渠道分销系统后，不同渠道服务于同一目标市场时所产生的冲突就是多渠道冲突，有时候也被称为交叉冲突。例如，某原料药生产企业同时利用互联网销售平台、销售队伍、中间商三条渠道进行药品销售，那么互联网销售平台、销售队伍、中间商三条渠道之间的冲突就是多渠道冲突。这种冲突主要表现在销售网络紊乱、价格差异等方面。在互联网时代，多渠道冲突有了一种新的形式——电子商务渠道和传统渠道间的冲突。

在目前我国的医药分销领域，渠道冲突的主要表现形式是水平渠道冲突和垂直渠道冲突，其中尤以水平渠道冲突中的窜货为最主要的和最经常的冲突代表。需要指出的是，渠道冲突并不一定只对企业的渠道系统的发展造成不利的影响，在特定条件下，一些渠道冲突会更好地促成企业分销目标的实现。

（二）渠道冲突产生的原因

分销渠道存在的基础是专业化分工所带来的相互依赖，只有依靠分销渠道中各成员的专业化分工，彼此团结协作才能最终实现产品或服务的价值，完成渠道目标。然而，渠道中各成员的相互独立性又决定了他们都力图获得利润最大化。这就意味着渠道冲突的存在是必然的，往往渠道成员间的相互依赖越强，渠道冲突产生的可能性就越大。但是医药分销渠道冲突产生的原因多种多样，概括起来有以下几点。

1. 目标差异 每个渠道成员都有与其他成员差别很大的一系列目标，而目标又常常决定了渠道成员的行为，因此，目标的差异性是引发成员之间发生渠道冲突的因素之一。一般来说，渠道中的成员为了提高自己的效率或节省成本，愿意为渠道的整体目标贡献自己的力量；但在如何达到渠道的整体目标上，或者说在具体的渠道运作过程中，各个渠道成员都会有各自的主张和要求。这些主张和要求源于并表现于各自不同的个体目标的设置上，从而产生个体目标与整体目标的差异。这些都可能阻碍其他成员目标的实现，于是，渠道冲突也就不可避免的产生了。

2. 感知差异 是指由于各自的经验、掌握信息的数量和质量的限制，不同的渠道成员对同一事件、状态或所处环境的看法或反应存在分歧。渠道成员的感知差异主要包括：对现实事件当前状况的理解，对其未来发展趋势的预测和抉择时对信息的掌握情况，对各种分销策略后果的认识情况以及对目标的理解等方面的差异。对现实的理解不同，渠道成员采取的行动也不同，当渠道成员对如何实现渠道目标，或者对如何解决他们之间存在的问题持不同的观点时，冲突就有可能发生。

3. 角色不一致 一个渠道成员的角色，是指他在渠道中应当承担的任务，以及使每一个渠道成员都可以接受的行为规范。当一个渠道成员的行为超出了其他成员的预期范围，就会出现角色不一致。这种角色的不一致更多地体现在渠道分工。尤其在医药分销利润空间日益缩水的情况下，一些零售药店试图将部分渠道功能和成本移交给供应商而达到降低成本的目的。

4. 决策权分歧 是指渠道成员对于其他应当控制的特定领域的业务掌控权限的强烈愿望。这种分歧往往发生在各成员对同一业务的不同目标及采取措施的过程中。

5. 沟通困难 沟通对于分销渠道系统的顺利运行的重要性是不言而喻的。渠道成员间信息传递缓慢或不正确都会引起渠道冲突。一般来说，沟通困难导致的冲突常有下面两种情况：①没有沟通或沟通不及时；②沟通因受到外界干扰而使信息不准确。一旦出现沟通问题，冲突发生的可能性就会增加。

6. 资源稀缺 或者说资源的分配不均也是导致渠道冲突产生的重要原因之一。这方面主要体现在对目标顾客和产品的优先政策上。目标顾客是渠道成员为实现渠道目标最为关注的对象，产品的优先政策也给目标的实现创造了更多的机会。但是，目标顾客和优先政策不可能是普遍性条件，一旦这些稀缺资源无法共享就很容易产生渠道冲突。

事实上，导致医药分销渠道冲突的因素往往是相互影响的，不是孤立存在的。如渠道成员沟通困难经常是引起感知偏差的重要原因，角色不一致又可能导致成员间的目标差异。所以在实践中，一定要根据具体情况，科学分析，找出渠道冲突产生的真正原因，然后有针对性地解决问题。

（三）渠道冲突的解决方法

目前渠道冲突管理和解决尚未形成比较成熟的指导原则，但是结合渠道冲突管理理论、策略研究和我国医药企业渠道冲突现状，人们在大量的实践中总结出一些有助于避免和化解渠道冲突的方法。常用的一般方法大致有如下几种。

1. 激励　这一方法通常是处理渠道矛盾和冲突的主要方法。要化解渠道冲突，特别是企业和渠道组织的冲突，企业首先要从理念上认识到渠道组织作为外部组织，和企业一起构成了价值链，是产品价值实现的必要环节。因此，企业和渠道组织的关系不是对立关系，而应该是促进价值实现的伙伴关系。在此基础上，当冲突发生时，企业可以通过提供资金和技术援助、物质或非物质利益刺激、分享管理权及建立战略联盟等措施激励中间商，管控渠道冲突。

2. 协商和谈判　通过协商和谈判可以弱化和降低渠道成员因认知差异、角色不一致、资源稀缺等因素造成的冲突，甚至可以起到预防渠道冲突的作用。因此，为了更好地处理渠道冲突，企业和其渠道成员应该通过建立定期或不定期的沟通机制，一是可通过加强自己与渠道成员之间的信息交流与沟通，实现信息共享，从而增进相互了解和信任；二是可以加强有效的人际沟通，与渠道成员维持良好的协作关系。

3. 重新整合分销渠道　在激励、沟通与协商均不起作用的情况下，企业应该对现有的渠道模式、渠道关系以及企业运作渠道的管理方式进行重新审视、分析，对企业现有的渠道进行重新组合、优化，简化渠道关系，提高渠道整体运行的效率，以此来适应渠道环境变化，增进渠道成员彼此之间的合作，从而预防和控制渠道冲突。

（四）渠道中的窜货管理

窜货，在业内又被称为倒货、冲货，是渠道冲突的一种具体表现形式，主要体现为产品跨区销售。在分销渠道的建设与维护中，企业往往会遭遇窜货问题，窜货已经成为国内医药分销工作中的一个顽疾。这是令经营者们头疼不已的问题，控制窜货很可能导致企业失去原有的分销渠道影响销量；任其发展又可能降低企业对市场的控制力，破坏市场秩序，造成价格混乱，甚至使得消费者对品牌失去信心。

1. 窜货的主要类型

（1）按窜货的动机目的和窜货对市场的影响程度不同分类

1）自然性窜货　是指经销商在获取正常利润的同时，无意中向自己辖区以外的市场倾销产品的行为。这种窜货在市场上是不可避免的，只要有市场的分割就会有此类窜货。它主要表现为相邻辖区的边界附近互相窜货，或是在流通型市场上，产品随物流走向而倾销到其他地区。

2）恶性窜货　是指为获取非正常利润，经销商蓄意向自己辖区以外的市场倾销产品的行为。经销商向辖区以外倾销产品最常用的方法是降价销售，主要是以低于厂家规定的价格向非辖区销售。恶性窜货给企业造成的危害是巨大的，它不但可以扰乱企业产品的整个价格体系，降低渠道总利润，还会使分销商丧失积极性并最终放弃经销该企业的产品，甚至混乱的价格还可导致企业失去消费者对其产品、品牌的信任与支持。恶性窜货是通常所指的窜货，也是医药企业最为关注和重点打击治理的市场现象。

3）良性窜货　是指企业在开发市场初期，有意或无意地使其经销商的产品流向非重要经营区域或空白市场的现象，多见于流通性较强的市场。在市场开发初期，良性窜货是有利于企业的，可在空白市场上提高其知名度和市场占有率但无需任何投入。但是由此而在空白市场上形成的价格体系尚不规范，因此企业在重点经营该区域市场时应对其进行重新整合。

（2）按窜货发生的不同市场分类

1）同一市场上的窜货　医药企业的分销渠道系统一般都是按医药生产企业—医药商业批发公司（代理商）—医药零售药店或医疗机构—个人消费者来组建的。这种类型的渠道级数层层放大，呈金字塔状，这就为同一市场中的窜货提供了可能。窜货的具体表现形式有产品的单向倒货，产品的互倒以及产品的外流。

2）不同市场之间的窜货　指的是市场上产品的外流。参与不同市场之间的窜货主体是同级别的总经销商和同一家药品生产企业不同的分公司或销售人员。

企业必须警惕另一种更为恶劣的窜货现象：经销商将假冒伪劣产品与正规渠道的产品混在一起销售，掠夺合法产品的市场份额，或者直接以低于市场价的价格倾销。尤为重要的是医药产品关乎生命安全，这种情况一旦发生，不仅会如一般商品发生窜货时扰乱市场秩序，而且还会在社会中造成不可低估的负面影响，使人们对药品监管部门产生信任危机，甚至对整个医药市场产生怀疑。

2. 窜货现象产生的原因　窜货之所以在生产企业的重压之下依然发生，归根结底是一个"利"字，利润永远是渠道成员追求的目标。同时也应该意识到，渠道现象存在的原因是多方面的，可把它归纳为以下几个方面。

（1）分销渠道政策有偏颇　①价格体系紊乱：企业在制定价格策略时，由于考虑不周，隐藏了许多可导致窜货的隐患等。②渠道规划失误：企业分销渠道规划失误，导致中间商之间为争夺更多的市场、取得更多的利益而交叉倒货等。③渠道激励措施的影响：企业为鼓励中间商努力销售本企业产品，往往向经销商承诺种种激励措施，从而引起中间商为了提高销量获得返点而进行窜货等。④防范机制不到位：企业不顾市场的消化能力盲目地给分销商设定不合理的硬性销售指标，刺激分销商进行越区销售等。

（2）企业管理水平有待提高　这主要体现在管理制度不完善和销售管理不力两方面。有些企业根本没有窜货方面的制度，对代理商、经销商以及销售人员没有严格的约束政策，更没有奖惩措施。销售管理不力一是体现在对销售的管理不力，片面追求销售量，对于窜货的现象重视不够，不能及时发现窜货现象，或是对窜货的客户处理不严。二是企业对企业的业务员管理不严。一些业务员或企业派驻经销商的市场代表，为了完成既定的销售目标或为了提高收入，会鼓动经销商违规操作进行越区销售。

（3）产品差异性差为窜货提供了可能　由于产品在包装及销售情况上形成的差异，也为医药产品窜货提供了契机。国家为了加强对药品的管理，对药品包装、说明书相关内容在法律上都有明确的规定。而往往企业相同的产品采用统一的包装设计也为窜货提供了便利。尤其在发生窜货问题时，也无从区分窜货产品的来源，难以掌握药品的分销流向。

（4）中间商为了减少损失而抛售滞销品　这主要是因为一些生产企业由于售后服务欠佳，造成产品的存货量多但又不予退货。中间商难以在短时间内自行处理，为了减少损失通常会把这些滞销产品冲到畅销的市场上出售，或者会将本区域市场内的滞销产品向其他区域市场窜货。此外，还有一种情况，就是同类产品的竞争，致使中间商经营难度增加，为了完成销售量他们除了会采取在本区域市场降价，同时还会向其他区域窜货。

（5）市场环境的客观影响　主要体现在对市场供需的影响上。市场需求受很多因素的影响，需求变化而生产企业的分销策略没有及时变更，也容易给窜货制造可能。

3. 医药分销渠道窜货的控制措施　医药产品窜货的最大危害莫过于让销售者失去操作市场的信心，因为很多实例已经证明频繁的窜货虽然在短期可以提高企业的销售量，但最终后果是销售量都有不同程度的下降，甚至产品市场遭到封杀。窜货的危害是严重的，窜货的原因是多样的。为了解决这一问题，可以从原因着手，采取相应的策略，以有效地遏制窜货的发生。

（1）完善渠道政策 企业应建立完善、公正的价格体系，科学规划分销渠道，制定合理的激励措施同时制定现实的分销目标，通过对渠道利益流动的限制控制窜货的产生。

（2）提高分销管理水平 企业可以通过完善渠道管理制度建设，加强分销队伍的建设与管理，通过提升企业管理水平对窜货进行控制。

（3）产品包装区域差异化 主要是为了能准确地监控产品流向，使得经销商在窜货上会有所顾忌；即使发生了窜货，企业也可以追踪产品来源，为企业处理窜货事件提供真凭实据，使企业在监控和解决窜货问题上掌握主动权。

（4）完善沟通与监督机制 建立与经销商的制度性沟通机制，了解产品的市场需求变化规律，及时修订销售目标。同时，在一定条件下，允许一定程度的退货从而与经销商共担风险。目前更多的医药企业倾向于组成行业协会。这个组织由渠道内的所有经销商组成，各成员之间达成协议，相互监督来控制和防止窜货。

思考题

答案解析

成立于20世纪末的国内某大型医药集团，技术和资金实力、产品种类、品牌声誉均处于国内市场领先地位，构建了由心脑血管系统用药、抗肿瘤与免疫系统用药、胃肠肝胆系统用药、抗病毒与感冒用药和高效中药制剂组成的庞大产品体系，产值常年居于国内制药行业前三。凭借研发与生产方面的市场优势，该集团在2011年成立以药品批发、第三类医疗器械经营、食品销售、药品进出口等市场业务为主要经营目标的全资商业公司，在全国范围内构建药品、健康食品和医疗器械连锁销售网络。此项业务在随后的十几年时间里成为该集团的营收主力，营收比例一度达到集团营收总收入的60%以上。

尽管取得了非常突出的成绩，但分销业务对集团资金占用的比例也在水涨船高，使得集团的新产品研发、大健康业务转型等战略性投资规模受到了影响。为了解决这些问题，该集团选择在2020年前后将分销业务分板块拆出转让给大型药品批发商和地方连锁零售商，并于近年完全退出连锁零售市场。尽管这一决策使该集团商业业务营收大幅下降，但也使该集团凭借在研发及生产方面固有的高利润回报改善了现金流、资产质量和财务状况，从而提高了集团的持续经营能力，逐步成为以大健康产业为主线，集成生物医药和数智健康的高科技企业集团。

通过上述案例，请完成下述思考题。

1. 非处方药分销渠道的常规类型有哪些？不同类型的分销设计各有何优缺点？
2. 企业如何根据自身特点选择合适的分销渠道？
3. 医药企业如何根据市场条件和自身战略取向对分销渠道进行调整？

书网融合……

本章小结　　　　微课　　　　习题

第十一章　医药产品促销策略

📓 学习目标

1. 通过本章的学习，掌握医药促销组合、医药广告、人员推销、营业推广和公共关系的内涵；熟悉医药产品促销策略的特点、药品人员推销、营业推广的技巧；了解促销组合决策的影响因素、医药产品广告的作用和相关规定。

2. 具有敏锐的观察力和医药市场洞察力，捕捉市场动态，及时作出决策；具有较好的沟通能力，能够向各类不同推广对象介绍自己的产品；具有持续学习的能力，新药和新技术不断涌现，紧跟时代步伐，更新知识。

3. 树立正确的职业道德观念，坚持诚实守信；身心健康，乐观自信，耐挫力强。

纵观目前药品市场，不同企业生产的药品种类数以万计，但并不是每一个消费者对每种药品都具有同样的兴趣，这一方面是由于患者的病情不一样，另一方面是由于消费者对药品的购买欲望不同。而消费者的购买欲望在很大程度上取决于医药企业科学、合理的促销活动。促销是市场营销组合中的一个重要因素，在企业的整体营销活动中占有不可低估的地位，促销决策也成为企业营销决策中的重要内容。伴随国家集中带量采购的推行，面对医药市场的巨大变革，各大药企纷纷调整其促销策略。集采落选药企由于失去主要的公立医院市场，加大院外市场的促销；集采中选药企，利用集采产品进院优势，重视品牌宣传，提高品牌在医生心目中的影响力，选择适合的产品做打包，推进其他产品线的药品销售。

第一节　医药产品促销和促销组合概念

一、促销的概念与作用

（一）促销的概念

所谓促销，就是将有关企业及其产品信息通过各种方式传递给消费者或用户，帮助其认识产品所能带来的利益，促进其信赖并购买本企业的产品，以达到扩大销售目的的行为。促销的实质是营销者与潜在购买者之间的信息沟通。

医药企业日常生产经营过程中存在着两种不同的信息沟通行为：一方面医药企业需要通过各种渠道将市场信息引入企业的产品开发、生产与销售过程中来，保证生产经营的产品及营销组合策略符合市场的需求；另一方面，医药企业也要把药品营销信息通过种种方式传递给中间商和消费者，使目标市场更多更好地了解本企业、了解本产品，从而帮助消费者作出最佳的购买决策。这个由内向外传播营销信息的过程，就是医药产品的促销过程。

此外，医药产品消费的特殊性决定了医药企业要面临更为复杂的营销信息沟通过程。信息传递对象除中间商、消费者和社会公众外，还有对患者用药持有处方决定权的医生这一特殊公众。

（二）促销的作用

随着医药科技的迅猛发展，医药新产品层出不穷，医药市场供求复杂多变、竞争日益激烈。全方位、多方面的营销信息沟通对于医药企业的生存与发展日益显示出重要和关键的作用。企业促销的主要任务就是传递产品信息，激发市场需求，不断扩大销售，其主要作用表现如下。

1. 传递药品信息　传播营销信息是医药企业销售成功的前提条件之一。当医药产品正式进入市场或即将进入市场时，企业应及时地将产品的有关信息传递给目标市场中的消费者、用户、中间商和相关医生。

2. 刺激消费需求　医药企业通过种种促销手段，使药品消费者和用户对其提供的产品感兴趣，从而刺激消费需求。有效的促销活动在一定程度上也能够创造市场需求。

3. 建立产品形象，提高企业竞争力　在竞争激烈的市场环境里，消费者和用户很难详细辨别出各种同类药品间的差别，并合理地决定其需求的取舍。医药企业通过各种促销活动，千方百计地突出本企业产品的不同特点以及给消费者或用户带来种种利益，在市场上树立起本企业和产品的良好形象，使消费者对本企业及产品产生信任感，能够保持销售的稳定与增长。

二、促销组合的内涵

促销通常可以分为人员推销与非人员促销两类。人员促销主要指人员推销，非人员促销主要指广告宣传、营业推广和公共关系。各种促销方式都有其长处和短处。为了取长补短，充分发挥其作用，需将广告宣传、人员推销、营业推广、公共关系四种促销方法结合起来，相互协调、相互补充地综合运用，就是形成促销组合。所谓促销组合策略，就是这几种促销方法的选择、运用与组合搭配的策略，也就是如何确定促销预算及其在各种促销方法之间的分配。

每个医药企业都面临制定和不断改进促销组合的工作，以图找到一种既经济又有效的促销方法组合。药品市场的复杂多变及各种促销手段的特点，使得促销组合的制定过程是非常复杂的，许多因素会影响企业的促销组合决策。营销人员首先应了解各种促销方式的特点，然后再进一步考虑影响促销组合决策的各种因素，最后才能正确制定促销方法组合。

1. 广告的特点　广告是企业按照一定的预算方式，支付一定数额的费用，通过不同的媒体（如广播、电视、报纸、杂志、网络等）对产品进行广泛宣传的一种促销方式。广告既是一门科学，也是一门艺术。它具有公众性、表现性、渗透性和非人格性。

广告可用来激发欲望、刺激销售，又可用来树立企业和产品形象。广告可用较低的成本将信息有效地传递给地理位置上比较分散的购买者。所以广告是企业界使用最为广泛的促销手段，但医药产品的广告要受到国家有关法规的限制。例如，《处方药与非处方药分类管理办法（试行）》规定，处方药只准在专业性医药报刊进行广告宣传，非处方药经审批可以在大众传播媒介进行广告宣传。因此，广告促销策略主要适用于非处方药产品。

2. 人员推销的特点　人员推销是指医药企业派出或委托推销人员，亲自向目标顾客对产品进行介绍、推广、宣传和销售。现代营销观念指导下的人员推销，不仅是出售现有货物，而且要配合企业的整体营销活动来满足消费者需求。药品推销人员必须善于发现顾客的需求、解决顾客的问题、收集药品市场情报，并及时反映给企业主管部门以制订推销决策，为企业带来长期、稳定的最大利润及有利的市场地位。它具有反馈迅速和培养感情的特点。

人员推销在医药产品的促销中扮演着重要角色，因为医药产品是高科技产品，同类或同种产品的竞争在很大程度上取决于卖方提供的专业技术服务，特别是新药，其配方机制、药理作用和临床应用成效很难用广告表达清楚。医生在医药产品的消费中起着主导作用，医药产品是否有销路，关键在于产品能否被临床接受。所以医药产品必须由具有较高专业知识与文化素养的药品推销人员与相关医生进行直接的沟通与说服。

3. 营业推广的特点 营业推广是为刺激需求而采取的、能够迅速产生激励作用的促销措施。营业推广由一系列具有短期诱导性的促销方式组成，如折价销售、奖券、有奖销售竞赛、附带赠品等。其共同特征是吸引顾客、刺激购买、只能产生短期效果。

4. 公共关系的特点 公共关系是企业以非付款的方式通过第三者在报纸、杂志、电台、电视、会议等传播媒体上发表有关医药企业的消息报道以促使人们对企业及其产品产生好感的行为。公共关系是一种间接的促销方式，有其特殊的意义。公共关系具有新闻价值、可信度高、节省费用开支的特点。

三、促销组合决策

医药企业在决定促销组合时，除了应了解各种促销方式的特点外，还应考虑下列影响促销组合决策的因素。

1. 促销目标 医药企业在不同时期及不同的市场环境中所进行的促销活动，都有其特定的促销目标。促销目标不同，促销组合也就有差异。例如，营销目标是迅速增加销售量、扩大企业的市场份额还是在该市场树立企业形象，显然两者对应的促销组合的选择、方法配置也是不同的。

2. 促销的总策略 企业促销总策略有"推动"与"拉引"之别。所谓推动的策略，就是以中间商为主要促销对象，把产品推进分销渠道，直至最终推向消费者和用户。所谓拉引策略，则是以最终消费者为主要促销对象，吸引消费者向中间商施加压力，询购某一特定药品的一种策略；也就是由消费者向零售药店和医疗单位询购，零售商向批发商要货，批发商向制造商进货的过程。"推动"与"拉引"之别如图 11-1 所示。很显然，如果企业实行的是"推动"策略，那么人员推销和营业推广的作用更大；若采用"拉引"策略，则广告的作用最大。

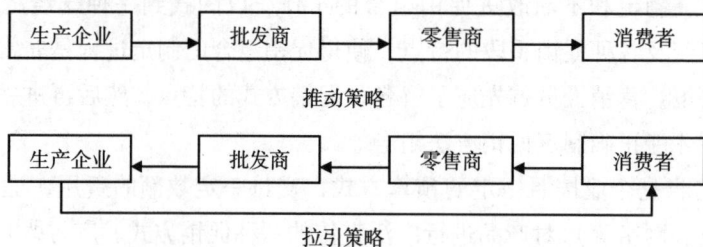

图 11-1　"推动"策略与"拉引"策略

3. 产品性质 对于不同性质的医药产品，消费者和用户具有不同的购买习惯和购买行为，因而医药企业所采取的促销组合也会有所差异。非处方药品的营销，最重要的促销方式是广告，其次是营业推广，最后是公共关系；而处方药品的营销则首选是人员推销，其次是专业广告宣传，最后是公共关系；医药原料药的促销则要依靠人员推销。

4. 市场特点 药品目标市场的特点是影响促销组合决策的重要因素之一。一般而言，如果是市场地域范围广、买主多而分散、技术性弱、消费者可以自主使用的非处方药产品，多采用广告宣传、营业推广和公共关系方式；而针对价格较高、消费者人数少而集中、产品技术性强、需要在医生指导下服用的处方药品，则比较多的采用人员推销和公共关系的方式。

5. 产品生命周期 在产品生命周期的不同阶段，有不同的促销目标，因此，企业需相应地制定和实施不同的促销组合。

在产品的引入期，新产品首次进入市场，潜在消费者对产品还比较陌生，此时医药企业需要进行广泛的宣传，以提高其知名度，因而广告和公共关系应毫无疑问地担当重任，相关的营业推广、人员推销可鼓励消费者试用，因而也有一定的作用。在产品的成长期，市场特点发生了变化，销售开始迅速上升，这时企业的促销目标应有一个战略性转变，促销重点应从一般性介绍转为着重宣传企业产品的特色、树立品牌，使消费者逐渐形成对本企业产品的偏好。这一阶段广告和公共关系仍需加强，营业推广可相对减少。到了产品成熟期，销售量从鼎盛转为呈下降趋势，需求已经饱和。这时，医药企业应增加营业推广措施，削减广告开支，只需保留一定的提示性广告就足够了。产品进入衰退期后，同行业竞争已达白热化程度，替代新产品已在市场上出现，消费者和用户的兴趣开始转移。这时，企业促销费用应削减到最低，仅针对老用户保留一定份额的营业推广开支，配合少量的提示性广告，甚至宣传报道可完全停止。

6. 其他营销因素　促销组合的效能大小不仅在于各种促销手段本身的配合使用状况，还取决于产品开发、渠道选择、定价策略等企业营销组合其他因素的协调状况，也就是说，在其他营销策略既定时，促销组合的选择必须同其相适应。

总之，只有在充分了解各种促销方式的特点，并考虑促销组合的各种因素的前提下，有计划地将各种促销方式加以适当搭配，形成一定的促销组合，才能取得最佳的促销效果。

第二节　医药产品广告 📱微课

现代经济生活的一个最突出的现象就是人们生活中充斥着各式各样的广告。合理有效的广告既改变、影响、引导着人们的生活方式，也为生产经营企业带来可观的市场份额与利润；与此同时，大量具有虚假、欺骗性质的医药广告也在干扰着正常的经济生活，损害人们的身体健康，甚至对人们的生命造成了严重威胁。作为一个企业经营者，要想充分利用广告在营销工作方面的积极作用，就必须全面掌握国家在药品广告方面的特殊要求，掌握广告及媒体的基本特征以及消费者的广告心理活动过程。

🔗 知识链接

中华人民共和国广告法

第十五条　麻醉药品、精神药品、医疗用毒性药品、放射性药品等特殊药品，药品类易制毒化学品，以及戒毒治疗的药品、医疗器械和治疗方法，不得做广告。

前款规定以外的处方药，只能在国务院卫生行政部门和国务院药品监督管理部门共同指定的医学、药学专业刊物上做广告。

第十六条　医疗、药品、医疗器械广告不得含有下列内容：

（一）表示功效、安全性的断言或者保证；

（二）说明治愈率或者有效率；

（三）与其他药品、医疗器械的功效和安全性或者其他医疗机构比较；

（四）利用广告代言人做推荐、证明；

（五）法律、行政法规规定禁止的其他内容。

药品广告的内容不得与国务院药品监督管理部门批准的说明书不一致，并应当显著标明禁忌、不良反应。处方药广告应当显著标明"本广告仅供医学药学专业人士阅读"，非处方药广告应当显著标明"请按药品说明书或者在药师指导下购买和使用"。

推荐给个人自用的医疗器械的广告，应当显著标明"请仔细阅读产品说明书或者在医务人员的指导下购买和使用"。医疗器械产品注册证明文件中有禁忌内容、注意事项的，广告中应当显著标明"禁忌内容或者注意事项详见说明书"。

一、医药产品广告的概念与作用

（一）广告的概念

广告（advertising），即"广而告之"，是指企业等组织机构支付一定费用，采取非人员沟通形式，通过各种大众传播媒介或专业媒介，向目标受众传递企业或组织机构的商品或服务等其他信息，以达到信息传播目的的一种手段。它不仅包括企业等营利性组织为了促进产品销售而进行的商业性推广活动，还包括其他非营利性社会组织为实现自身的功能而进行的公益性宣传活动，如政府、学校、慈善组织等。许许多多的非营利性组织和社会机构利用广告向各种公众对象做宣传，比如，位居美国第40位的广告最大消费者就是一家非营利性机构——美国政府。

（二）医药产品广告的概念与作用

1. 医药产品广告的概念　医药产品广告（medicine product advertising）是指由医药企业作为主办人发起的，通过付费的非人员方式推广企业形象并介绍企业产品用途、特点和益处的营利性信息传播活动。①医药产品广告是营利性组织机构发布的，即发起人为医药企业，包括医药生产企业、医药经营企业和医药代理商；②医药产品广告必须通过非人员渠道进行传播，与人员推销严格区分；③免费宣传不属于广告行为，医药产品广告必须向媒体支付相应的费用；④医药产品广告既涵盖机构广告又涵盖产品广告，既可介绍产品又可以推广企业形象。

2. 医药产品广告的作用

（1）传递新医药产品的信息　介绍新医药产品的广告属于通知型广告，比如新药在市场上首次出现，需要运用通知型广告对潜在消费者和临床医生进行推广和宣传。通常，医药企业将研制的新药投放市场之初，以发布广告的途径介绍新药的情况，告知临床医师或医药消费者新药与市售药相比，在剂型、疗效和安全性等方面上有了哪些新改进，在对比的基础上突出说明新药的优势，消除顾客的疑虑，告知使用方法和消除使用风险的方法，以促进顾客的购买行为。

（2）帮助顾客建立品牌偏好　运用适当的医药产品广告策略可以帮助顾客在心目中树立品牌偏好，此类广告亦称为说服型广告，其目的是使顾客对本企业品牌产生信任、偏好和信赖，并且愿意持续购买。在药品集采后，许多原研药由于未能中选，失去公立医院的广大市场，但是一些原研药企业及时加大院外非处方药市场的推广，其销售额和销售量较集采前并未出现明显下滑。其主要原因是，在这些非处方药广告和原研药品牌效应的作用下，许多患者主动到药店购买。

（3）提醒顾客注意本企业的医药产品　有一些广告的主要功能是提醒顾客注意本企业的产品，这类广告被称之为提醒型广告，它们在公众面前出现的频率很高，其目的是反复不断地唤起顾客的需求，让顾客随时可以想起本企业的医药产品，进而在购买此类商品时能唤起对这个产品的记忆，刺激顾客对产品或服务的重复购买行为。

（4）表现顾客对医药产品的肯定态度　菲利普·科特勒说："满意的顾客就是最好的广告"。为了说服现实顾客和潜在顾客坚信他们作出的购买决策是正确的，可以通过医药产品广告表现顾客对产品使用后的满意程度，从而影响顾客对产品的态度，此类广告又称为增强型广告。

二、医药产品广告的目标与预算

（一）医药产品广告目标

广告活动的首要步骤，就是确定广告的目标。所谓广告的目标（advertising goal）就是指医药企业试图借助广告活动要达到的目的。医药企业只有确定了精确的广告目标，才能够对广告活动的成功与否作出客观的评价。因此，广告的目标必须清楚、明确，不仅要做到定性，最好能够定量，即具有可衡量性。为了保证广告目标具有可衡量性，医药企业市场营销人员应对广告目标进行精确的分析。广告目标应指出基点，并说明企业希望从基点上升到怎样的水平，比如如果医药企业的广告目标是提高药品销售量和扩大企业市场份额，那么必须指出现行销售量和市场份额的具体数字以及通过广告欲提高的百分比；广告目标还应明确具体的进度，即制定具体可行的广告活动进度计划，如医药企业需要明确应花费多长时间才能达到销售目标。某医药企业可以制定如下广告目标：使某品牌的抗生素处方药的月平均销售额在 10 个月内从 60 万元上升到 100 万元。除了基于销售进行定义广告目标之外，医药企业还可以基于提升企业和产品的知名度来定义广告目标。如果广告活动是为了增加品牌认知度，增进顾客对企业的理解和信任，那么广告目标就可以表述为："在 6 个月内使医药消费者对某品牌感冒药为缓释胶囊的认知度在一年中由 0% 上升到 40%。"

（二）广告经费预算

广告经费预算（advertising appropriation budget）是指医药企业在一定时期内预期分配给广告促销活动的总费用。由于广告的作用很难进行量化评估，所以医药企业很难确定在某一段时期内所需花费的广告费用。医药企业在遵循《中华人民共和国企业所得税法实施条例》对企业的广告费和业务宣传费支出的规定基础上，广告经费的投入并非多多益善，而是应全面考虑影响广告效果的各种因素，采取科学的手段对成本效果比进行计算，预测必需的经费，以最低的成本获得最佳的效果。通常认为，工业品如原料药的广告经费所占销售额的比例较少，而消费品如非处方药、保健食品的广告经费则所占销售额比例较高。

1. 医药企业广告经费预算的影响因素

（1）产品的特性　决定广告促销作用的大小，从而影响广告费用的预算。由于原料药产品的顾客是医药生产企业，医药企业直接面对生产企业开展促销活动，一般并不需要通过大量的广告来传递产品信息，因而所需广告费用较少；而药品制剂如非处方药的顾客是广大医药知识欠缺的普通消费者，医药企业应通过较高频率的广告帮助消费者了解产品的特点，处方药不能在大众媒体进行广告宣传，只能通过国家规定的专业书刊广告向专业医疗群体传递产品信息，说服临床医师使用本企业生产的药品。如果医药产品具有很强的替代性，市场上有大量的厂家生产同一品种的药品，则需要医药企业运用大量的广告把自己的产品与同类产品进行区分。如以对乙酰氨基酚为主要化学成分的非处方感冒药，我国医药市场上有数百家企业在生产，医药企业只能依靠广告来树立产品品牌的特色和独特的功能利益。

（2）市场规模和市场份额的大小　如果医药企业面对的市场规模庞大，消费者数量众多且地理位置分散，则应选择多种传播媒体组合投放大量的医药广告；反之，如果医药企业面对的市场规模狭小，消费者人口总数有限且地理位置集中，只需投入较少的广告量就可以达到预期效果。如果医药企业刚刚进入市场，需要依靠投放广告来提高药品的销售量以期在短时间内抢占市场份额，则需要大量的广告费用；如果医药企业是某一市场的领先者，其占领的市场份额较高，则投放广告的目的是维持现有的市场份额，那么广告费用的预算通常不高且不宜频繁变动。

（3）竞争状况　也影响广告费用的预算。医药企业广告的投放量必须能够以超过竞争对手的干扰的强度为底线。如果医药企业的产品是尚处于专利保护期内的新特药，市场上暂时不存在竞争对手，广告宣传的效果良好，信息传递过程无需克服竞争对手的干扰，广告预算经费可适当减少；如果市场上的竞争对手众多，就会给医药企业广告信息的传递产生干扰，影响广告促销的效果，企业就应该大幅度提高广告经费预算，消除竞争对手广告活动的干扰。

（4）广告的投放频率　提醒型广告的目的是反复不断地加强消费者对产品的印象，需要在媒体上多次传递产品信息，广告投放频率很高，因此需要医药企业考虑较高的广告经费预算。

（5）产品所处的生命周期阶段　处于导入期和成长期的新产品主要通过广告宣传在消费者心目中建立知名度，其广告经费预算应该维持在较高水平。处于成熟期和衰退期的老产品最好应减少广告预算费用，以节约销售成本，便于企业最大程度地获取产品生命周期末期的利润。

2. 确定广告经费预算的方法　一般而言，可以通过以下几种方法确定广告经费预算。

（1）目标任务法　①将广告活动所要达到的目标进行量化；②在此基础之上确定为达到目标所需

要完成的各项具体任务，分别计算各项任务的广告投入成本；③进行总计，得到的数字就是整个广告活动的经费预算。

（2）销售百分比法　①根据医药企业已经发生的历史销售状况估算在今后一段时间内产品销售量增长或减少的趋势，预测将来这段时期的销售总量；②将预测的销售总量乘上一个标准百分比就可以得到广告经费预算。这个标准百分比是根据全国医药行业平均广告支出和企业过去一年内的广告支出来确定的。

（3）竞争匹配法　又称自卫法，即医药企业根据竞争对手广告支出总额或占销售额的百分比决定自己的广告经费预算，也就是使自己的广告预算与竞争对手的广告预算大致相当。此方法有一定的适用条件，即医药企业或广告代理商应深入了解竞争对手的广告支出状况，经常考察竞争对手的广告支出水平，并与自己的广告支出水平进行比较。

（4）利润百分比法　即医药企业根据预测的利润额的一定百分比来确定广告经费预算。

（5）销售单位法　又称为成本分摊法，即医药企业按每箱、每盒、每件、每桶等计量单位分摊一定数量的广告费用，主要适用于横向联合广告或贸易协会广告成员之间分摊费用。

（6）精确定量模型法　即医药企业和广告代理商采用计算机进行精确的数据计算，依据史料和假设定量预测广告费用。

三、非处方药品广告的媒体选择

（一）非处方药品消费的特点

1. 消费者对非处方药品具有自主购买决策权　为保障人民用药安全有效、使用方便，我国药品分类管理制度把药品分为处方药和非处方药。消费者无需凭借医师处方就可凭借自己的医学、药学知识或在执业药师的指导下自行购买非处方药品，而处方药则必须严格按照医师处方方可购买和使用，这也就决定了非处方药品消费模式与处方药消费模式完全不同。前者以消费者为中心，消费者在药品购买决策中具有举足轻重的地位，而后者以临床医师为中心，消费者是被动消费，在药品购买决策中不起主要作用。因此，非处方药品与普通消费品的特征相似，消费者可以从非处方药品的包装、广告中获知药品性能、适用范围、用法用量及注意事项方面的信息，消费者的意见在市场营销活动中具有至关重要的作用，医药企业完全可以借鉴普通消费品的市场营销组合策略推广非处方药品。

2. 医药专业人员间接影响非处方药品的消费行为　虽然非处方药品无需医师处方，消费者即可在零售药店购买，使非处方药品越来越接近于普通消费品，但是药品毕竟是一种特殊商品，非处方药品的安全性也只是相对而言，医药知识的专业性较强，还不是一种普及性知识，所以消费者在购买和使用非处方药品时，非常乐意接受医药专业人士如医师、执业药师等的用药指导意见。因此，医药专业人士间接影响了非处方药品的消费行为。

3. 非处方药品品牌众多，市场竞争激烈　根据国家非处方药目录，非处方药品大多数为治疗普通轻微疾病的常用药物，如维生素、减肥药、咳嗽感冒药、解热镇痛药、胃肠及助消化药等治疗"小病"的药物。这类药品在生产工艺上大多比较成熟，通常没有专利保护。因此，非处方药品的生产厂家众多，同一种类的非处方药品往往具有多个品牌，市场竞争异常激烈。消费者为购买优质高效的非处方药品，一般都表现有较强的品牌意识和对品牌的选择性。

（二）非处方药品的广告媒体选择

与处方药广告相比，非处方药广告媒体选择的种类繁多，主要广告媒体的优缺点对比见表11-1。随着网络新媒体的发展。越来越多的企业采用多样化的媒体组合策略与消费者深度互动，在向消费者介绍产品知识的同时，建立品牌形象。由于网络新媒体的广告传播优势明显，网络媒体的广告投放不断增加。

表 11 - 1　主要广告媒体的优缺点比较

媒体	优点	缺点
报纸	覆盖面广泛、稳定、地区特征明显、可信度高、灵活性强、费用低廉、传播迅速	时效短、不易保存、难以复制，可传阅性差、感染性差、印刷质量难以保证、注目率低
杂志	专业性强、周期长、视觉集中、保存性好、保存时间长、声誉度高、可复制	预备周期长、绝对成本高、覆盖面小
广播	成本低、移动性好、受众广泛、传递速度快，具有一定的地理选择性和人口选择性	周期短、只有声音信息无图像缺乏表现力、受众注意力会受到限制、难以记忆
电视	覆盖面广、声音图像并存，生动、可视性强、受众广泛并具有一定的地理选择性和人口选择性	瞬息即逝，信息容易过时、制作成本过高、黄金时间易受限制、受众目标无法控制，针对性差
交通工具内部	成本低、吸引力强，具有一定的地理选择性	难以触及专业人员、反馈性差
交通工具外部	成本低、可触及的受众面广、量大，具有一定的地理选择性	由于高速行驶，受众难以看清、难以给受众留下深刻的印象
户外	展露时间每天长达 24 小时、成本低、可放置在离销售现场较近的地方	表现形式单调、难以吸引受众的全部注意力
互联网	反馈及时、互动性强、可建立顾客数据库、成本低、	明确目标成本较高、容易被过滤、难以衡量效果、经济落后地区不适用

第三节　医药产品人员推销

人员推销是一种古老而又活力四射的促销方法，因为它有着其他促销手段所不具备的特殊作用，如针对性强、可与客户进行面对面深度的沟通等，因此在当代商品经济活动中广受欢迎。

一、人员推销的概念与作用

(一) 人员推销的概念

人员推销（personal selling）是由企业派出推销人员或委派专职推销机构向目标市场顾客介绍和销售产品的经营活动。实践表明，人员推销与其他促销手段相比具有不可替代的作用，是一种重要的促销方式。美国营销协会对人员推销所下的定义是：推销是个人或公司劝说并协助潜在顾客购买商品或服务的过程，或者给予潜在顾客具有在商业上富有建设意义的想法。从上面的定义中可以看出，影响和劝说潜在顾客，是推销的一个极其重要的方面，推销可视为包括行动在内的一种过程，一种协助潜在顾客满足需求的具有艺术性、创造性的活动。当然，推销还包括帮助顾客弄清问题，提供可能出现问题的解决方法，提供售后服务，使顾客长期得到满意。

(二) 人员推销的作用

人员推销是促销组合中一种人与人之间直接接触进行推销的方式。广告是单向的、同目标消费群进行的非人员交流。相反，人员推销是双向的，这意味着在较为复杂的销售形势中，人员销售比广告更为有效。销售队伍在企业和消费者之间起到关键的纽带作用。

1. 对于消费者而言是公司的代表　销售人员的首要任务是找到并发展一批新顾客，向他们传播企业的产品和服务的信息。他们通过接近顾客、展出产品、解答疑问直至成交来完成产品的销售。此外，销售人员还为消费者提供服务、市场调查和情报工作，并填写销售订单报告。

2. 对于公司而言是消费者的代表　销售人员在公司内部充当消费者利益的维护者。销售人员将顾客的有关企业产品促销的看法、态度、抱怨、要求等信息反馈给那些与此直接相关的人员。他们了解消费者的需求，并同公司的其他人员一起为提高企业在顾客中的信誉而努力。因此，销售人员必须充当一个在卖者和买者之间调整相互关系的"客户经理"的角色。

（三）医药销售人员与医药产品销售

专业医药销售人员通常称作医药代表，《中华人民共和国职业分类大典》将"医药代表"定义为：代表药品生产企业，从事药品信息传递、沟通、反馈的专业人员。

1. 医药产品销售工作的特点

（1）促销产品的特殊性　医药销售人员推销的产品是关系人的生命与健康的药品，在其使用过程中需具备相应专业知识才能对症用药。

（2）促销对象的特殊性　医药销售人员的推销对象除了患者、经销商和零售商以外，主要是具备广泛专业知识与技能的临床医药人员，如医生、执业药师和护士等。

2. 医药销售人员工作的内容　用其专业的医学知识及沟通技巧，通过对所促销医药产品特性的推广与宣传，建立企业良好的品牌形象，从而实现促销的目的。

二、医药人员推销的主要形式

（一）面对面拜访

医药销售人员主动拜访目标顾客，进行面对面沟通，传递信息，消除疑虑，达成交易。2020年12月1日，《医药代表备案管理办法（试行）》正式执行，各省市陆续出台医药代表医院拜访的管理办法，医药销售人员在医疗机构的拜访行为需严格遵守相关规定。

（二）会议促销

医药营销人员在订货会、交流会、推广会、学术会等各种会议场所进行产品促销，专业化的学术推广是最常用的会议促销方式。线上会议、网络医学论坛和平台等新兴的会议促销形式不断涌现。

（三）店铺促销

医药营销人员在药品零售终端的各类店铺面向消费者直接促销，或者面向药店店长、营业员和执业药师等宣传沟通。受到医改政策的影响，越来越多的药品从医院流到零售终端。虽然现阶段医药人员推销的核心依然是实体店铺，但是电商平台和网络药店促销的发展不可小觑。

三、医药人员推销的技巧

（一）设定走访目标

药品销售人员应制订每月、每周的访问计划，然后再根据计划的内容制作每日拜访顾客计划表。访问顾客的计划，应在前一天制定好，最好养成就寝前定计划的习惯。走访客户应考虑拜访的目的、理由、内容、时间、地点、面谈对象及拜访的方法。

（二）推销访问前的准备工作

1. 访问对象的资料调查　医药推销人员应先了解访问对象的姓名、住宅电话、住址、个人爱好、业余生活、家庭情况等，以及其所在单位的简介和各方面的近期动态。如拜访企业，则应先了解该企业的名称、地点、电话、负责人等资料。

2. 推销工具的准备

（1）皮包　包内东西要整理清楚，将产品目录和推销手册收集齐全，并放入订货单、送货单或接收单等。

（2）与顾客洽谈时必备的推销工具　名片、客户名单、访问准备卡、价目表、电话本、身份证明书、介绍信、地图、产品说明书、资料袋、笔记本、药品一证一照的复印件等。

（3）促进销售的工具　计算器、样品、相关报纸杂志、广告和报道材料、优惠折扣资料、其他宣传材料等。

（三）巧用样品

样品虽是无偿提供，但要管好、用好及巧用，这对企业及营销人员是十分必要的。

1. 发挥宣传作用　请医生将企业产品和产品手册摆放在桌上，患者排队时可顺便翻看，能收到较好的宣传效果。

2. 扮演"礼品"角色，增进友情　把样品当作礼品，但要考虑场合、地点和人物，如果错用则得不偿失。

3. 让人人感知"她"　无论药品销售人员介绍自己的产品功能之优，疗效之奇特，而对方看不到样品，往往印象不深刻，效果不好。如果边拿样品边介绍，让顾客摸一摸、闻一闻、尝一尝、试一试，他们真正感知过，则接受起来就比较容易。

4. 处理好"点"和"面"的关系　有些药品较贵，不宜见人就送，药品销售人员大多犯难。其实每种产品都有它的局限性和特点，分清主要与次要、点与面的关系，不必盲目"破费"。

总之，只要善于分析产品的特点，认真总结，每种样品都能挖掘出广阔的空间，在节省开发市场费用、节约营销成本等方面才会大有可为。

（四）正确使用促销材料

医药销售人员拜访前应带好整套的促销材料，但不能直接把促销材料给客户，而必须做到边叙述边使用。使用材料时应注意以下几点。

（1）使用时应一直拿在自己手上，并用钢笔指示重要部分给客户看，同时叙述。

（2）应注意把无关的部分折起。

（3）所有材料给客户之前，应该先用钢笔把重要部分标出来。

（4）与客户谈完后，再将材料交给客户，注意不要在谈话之前递送。

（五）推销异议的处理

不同的客户会提出不同异议，而不同的异议有不同的应付方法，因此，应付异议虽然有一定的原则，但没有什么成规。在处理异议时，重要的是要学会因人而异、因时而异、因事而异，机智灵活地应变。这样，才不致为异议所难住。

1. 推销是从被顾客拒绝开始的　在推销过程中，顾客常常提出各种理由拒绝推销员。他们会对推销员说："我不需要你的产品""你们产品没有做广告""你们产品没有进医保目录""我们已有同类产品""价格太高"等。面对顾客异议，推销员必须正确对待和恰当处理。

推销员对顾客异议要正确理解。顾客异议具有两面性，既是成交障碍，也是成交信号。异议表明顾客对产品的兴趣，包含着成交的希望，推销员对顾客异议的答复，都可说服顾客购买产品，并且，推销员还可以通过顾客异议了解顾客心理，知道其为何不买，从而有助于推销员对症下药。对推销而言，可怕的不是异议而是没有异议。不提任何意见的顾客常常是最令人担心的顾客，因为人们很难了解顾客的内心世界。

2. 消除顾客异议的步骤　推销员要想比较容易和有效地解除顾客异议，就应遵循一定的程序。

（1）认真倾听顾客的异议　回答顾客异议的前提是要弄清顾客究竟提出了什么异议。在不清楚顾客要想说些什么的情况下，要回答好顾客异议是困难的。因此，推销员要做到：①认真听顾客讲；②让顾客把话讲完，不要打断顾客谈话；③要带有浓厚兴趣去听。推销员应避免的现象是打断顾客的话，匆匆为自己辩解，竭力证明顾客的看法是错误的，这很容易激怒顾客，并会演变成一场争论。

（2）回答顾客问题之前应有短暂停顿　顾客会觉得推销员的话是经过思考后说的，是负责任的。这个停顿会使顾客更加认真地听自己的意见。

（3）要对顾客表现出同情心　明白他的观点，但并不意味完全赞同他们的观点，而只是了解他们考虑问题的方法和对产品的感觉。顾客对产品提出异议，通常带着某种主观感情，所以要向顾客表示已经了解他们的心情，如对顾客说："我明白你的意思""很多人这么看""很高兴你能提出这个问题""我明白了你为什么这么说"等。

（4）复述顾客提出的问题　为了向顾客表明听明白了他的话，可以用自己的话把顾客提出的问题再复述一遍。

（5）回答顾客提出的问题　对顾客提出的异议，推销员要回答清楚，这才能促使推销进入下一步。

这时，推销员应当避免的一个问题是：在后面的介绍中，又提及顾客前面提到的异议。这样做，只能夸大问题的严重性，容易在顾客脑子里留下不必要的顾虑。

3. 消除顾客异议的方法

（1）"对，但是"处理法　对顾客的不同意见，如果推销员直接反驳，会引起顾客不快。推销员可以首先承认顾客的意见有道理，然后再提出与顾客不同的意见。这种方法是间接否定顾客意见，比起正面反击要委婉得多。

（2）同意和补偿处理法　如果顾客提出的异议有道理，推销员采取否认策略是不明智的。推销员应首先承认顾客的意见是正确的，肯定产品的缺点，然后利用产品的其他优点来补偿和抵消这些缺点。例如推销员常对顾客说"价高质量更高"，即通过质量更高的优点来抵消和弥补价格高的缺点。

（3）反驳处理法　推销员有时根据现实情况对顾客异议直接加以否定也是可以的，但需要注意说话时的语气与方式等。

第四节　医药产品公共关系与营业推广

公共关系和营业推广都是医药企业促销的重要手段。公共关系主要是利用企业和产品的形象与信誉促进销售，营销推广则是利用药品本身或其他利益来促销。在医药科技日新月异、不同品牌药品功能差异日益缩小的今天，企业与产品的形象日益成为其争夺市场、争夺消费者的主要手段。正是由于企业形象对企业营销与生存的重要作用，国际市场营销学泰斗菲利普·科特勒先生将公共关系从促销中的手段之一提升到了与产品、价格、渠道、促销、政治力量等并列的营销组合七个主要要素之一。由此可见企业公共关系工作在企业经营管理中的重要作用。

一、公共关系概念与分类

（一）公共关系概念

所谓公共关系是指任何形式的社会组织在其生存发展过程中，运用大众化媒体手段，在与之相关的公众间开展的，目的在于增加双方了解、理解、信任与合作关系并树立良好企业形象的各项活动。

医药企业在进行市场营销活动中，公共关系作为一种促销手段，它是指企业运用公共关系来正确处理企业和社会公众间的各种关系，树立企业的良好形象，赢得公众的理解和支持，从而促进企业产品销售的一种活动。公共关系作为企业的促销手段，其目的是通过各种传播方式和途径，制造舆论，使社会公众掌握企业的经营方针和营销策略，全面掌握企业产品和服务的特点及优点，通过与企业的合作行为赢得各界公众对企业的信赖和支持。

（二）企业市场营销活动中的公关工作

根据公关工作对象的不同，企业公关工作可分为内部公关和外部公关两类。

1. 内部公关　是对企业内部公众开展的公关工作，主要对象是企业内部各类员工，其目的是通过企业内部的沟通与协调，增强企业内部的凝聚力与战斗力。由于本教材只涉及市场营销方面的内容，企业内部公关工作不在此列，如有兴趣请参阅有关书籍。

2. 外部公关　是对企业外部公众开展的公关工作。企业的外部公关种类很多，就企业营销工作所涉及的外部公关工作而言，最主要的是要协调好企业与消费者、供销部门、社区及政府之间的关系。这四者关系的处理直接决定着市场营销的成败。消费者是市场营销的基础，没有消费者，产品就不是真正的产品，没有顾客，市场营销没有对象，没有对象，企业无法生存；中间商是企业经营过程中不可缺少的合作伙伴，企业生产经营所需的原材料、设备和能源，需要其提供；产品也要通过各种中间商组成的各种销售渠道销售出去；社区为企业的生产经营提供场所，是企业生存的"根本"；政府管理部门则是企业正常经营的宏观监督人。这一系列外部公众，构成了企业市场营销的关键因素，决定着企业的成败。企业营销公关的目的就在于帮助企业协调好与外界公众的关系，帮助企业明了供求状况、寻找潜在用户、引导消费趋势、促进产品销售、维系用户忠诚。可以说，公关工作在企业管理的营销职能中占据着十分重要的地位。

二、公共关系促销工作的主要内容

（一）建立企业与消费者之间信息联系

为了建立良好的消费者关系，医药企业公关人员应当积极促进企业与消费者之间的信息交流。与消费者之间的信息交流可采取以下手段。

1. 直接交流　企业可设立消费者来访接待室，欢迎消费者上门反映他们对企业药品、服务的意见；构建各类网络平台与消费者实时沟通和互动；企业营销人员走访消费者、零售药店征求意见，并向消费者宣传本企业经营政策、产品的优点、使用方法等。除此之外，为建立良好的消费者关系，企业应该实行开放政策，热情欢迎消费者到药厂参观，参加座谈会，甚至公开征集消费者的意见。

2. 印刷手段　主要包括广告、宣传品、产品使用说明书、消费者通信，以及直接向消费者散发、邮寄各种小册子、通讯等。

3. 视听手段　非处方药可利用电视、网络新媒体等播放有关企业的新闻纪录片、广告或赞助播放有影响的电视节目等。

（二）企业与合作者的关系

随着社会分工的深化和生产力的发展，企业与最终消费者的关系将变得越来越间接。医药企业并不能直接把制造出来的药品输送到最终消费者或最终工业用户手里，而是需要借助一系列中间组织和个人的配合协调活动，才能最终完成产品从生产领域向消费领域的转移。因而，医药企业处理好与合作者的关系，也成为企业营销工作过程中的重要内容。

1. 企业与供应商的关系　现代医药企业的生产经营活动日益复杂，要维持企业正常的生产经营活动，就必须依靠各类供应商的支持。供应商是指那些向生产企业提供各种生产要素，包括原材料、能源、机器设备、零部件、工具、技术和劳务服务的公司和部门。供应商所提供的生产要素的质量和数量以及价格等，直接影响企业的生产经营状况。因此，企业在市场活动中对待供应商的态度应从长期利益出发，重视建立、维护与供应商之间长期的互惠互利、密切合作的关系。

2. 企业与销售商的关系

（1）为了处理好与经销商的关系，企业首先应向经销单位阐明自己企业的生产经营状况、生产经营能力、产品的性能和质量、企业的发展史、组织现状、资金原料的来源及人事管理等情况，从而使经销商全面了解企业的有关情况，使他们敢于放心大胆经销本企业的药品。

（2）定期举行经销商大会，如订货会、征求意见会等，以加强双方信息交流。对长期合作的经销商，在企业产品供应紧张时，要尽量满足他们的需要，这样往往能尽快地提高企业的声誉，同时也使企业能不断扩大和培养一支稳定的经销商队伍。

（3）帮助经销商培训职工。对于一些技术性较强的产品，企业要选派一些有经验的工人和技术人员对经销人员进行适当培训，使他们推销产品时得心应手，从而促进产品的销售。

（4）与经销商分担广告费用。为推销产品，如果企业能分担一部分广告费，那将会是一举两得的好事。

（5）有选择地邀请经销商参加本公司的公关活动，使他们感觉到与企业利益的一致性，以增强其对企业的向心力，并有利于企业开展营销活动。

（三）企业与政府部门的关系

各级政府有关部门是医药生产经营的组织者和监督者，处理好与这些部门的关系，是医药企业营销工作顺利进行的前提条件之一。

1. 调查信息   医药企业要及时了解国家药品监管方面政策法规的现状与趋势，收集汇编国家各级政府和有关部门下达的各种文件、颁布的各项法令，将其归档保管，用以分析药监政策变动的原因与动态，向企业决策层及时、全面、准确地提供政府部门的信息，调整自己企业的经营方针和经营策略使自身的经营行为符合国家宏观调控和国家利益的要求。

2. 了解职能   医药企业公关人员还应全面了解政府主管机构的结构设置、职能分工、工作范围和办事程序，并与政府主管部门工作人员经常联系，以提高双方互识的能力，从而促进办事效率的提高。

3. 通报情况   医药企业要主动、经常地向政府有关部门提供信息，通报企业当前的生产经营情况。

4. 遵纪守法   医药企业在具体的生产经营活动中要遵纪守法，坚决制止有损于企业形象的事件发生。

5. 公关沟通   医药企业公关人员要经常代表企业主动热情地参加政府主管部门的各项活动，虚心听取各级领导对企业的意见和建议。积极参加公益活动，加深政府对企业的信赖和赞誉。

（四）企业与社区的关系

1. 提高企业在社区中的影响   通过多形式、多渠道向社区公众展示企业的生产情况和所取得的成就。如与社区居委会合作，邀请医药专家举办讲座，向社区居民传播医药和健康知识。

2. 保持与社区的联系   企业要同社区地方政府的各级领导保持接触，让他们了解本企业产品的市场行情，该企业在社区的重要地位以及所作的贡献，让社区领导对企业产生信赖并支持企业的工作。

3. 开展公益活动   尽可能地支持和参加各种重大的公益活动，如赞助学校教育、资助文化宣传、赞助社会福利等，以树立起企业尽力承担社会义务的优秀社会成员形象。

（五）营销危机处理

1. 危机的防范   危机给医药企业带来的后果通常是破坏性的和灾难性的，不仅会影响药品销售，而且最终危及企业形象乃至企业存亡。因此，危机处理的根本工作是预防。及时发现危机事件的苗头，在其潜伏期采取必要的措施，及时疏导协调，防止危机事件的暴发，做到防患于未然。此外，对于一些可以预测的经常性危机，应事先就有计划措施和一整套处理程序，并经常对企业全体职工进行危机及其处理的教育和训练，定期检查各项措施的落实情况。危机一旦发生，就照章办事、例行处理、临危不乱，以最小的费用将危机的损失减小到最低限度。

2. 危机的消除　医药企业负有对消费者、股东、债权人、职工、国家及社会等的责任。因此，一旦危机事件暴发，企业应本着积极负责的态度去进行处理。为了公平而迅速地处理危机，应多为消费者着想，避免与受害者产生不必要的摩擦，尽力谋求圆满的解决方案。事实一旦查明，就应立即着手处理，并将处理方法及结果告知相关公众，争取尽量把事故影响减小到最低限度。危机处理的关键是实事求是，是企业的责任绝不能推诿，并与媒体保持良好的沟通，以求获得媒体与社会舆论的公正对待。

3. 危机的转嫁　保险是危机转嫁的典型代表，保险作为危机转嫁的手段当然是最优越的。但并非所有的危机都可以向保险转嫁，因为保险有自己的承保责任范围。此外，危机的转嫁是有代价的，其代价就是无论危机事件是否暴发，都必须向保险公司支付保险费，这种费用由于具有经营费用的性质，其结果将减少利润。因此，必须改变危机处理完全依靠保险的做法。换言之，即使是可以投保的危机，也未必都要投保，而是要通过经济核算、权衡利害得失之后再作决定。

此外，医药企业在市场营销过程中还要下功夫处理好内部员工及新闻媒体这两个重要的公众关系。内部员工关系是团队战斗力的直接制约因素，也是医药行业中营销队伍管理的团队精神的客观基础，如何使自己的营销队伍成为一支高绩效的战斗集体，公共关系是其首选的有效手段之一。新闻媒体是医药企业特殊公众之一，它既是企业争取的对象，又是企业借助的宣传手段，因而，媒体公众应该永远成为企业公关中重要的公众。经常与之保持良好的沟通，通过种种手段达成多方位的联系，才能成为企业形象拓展、危机处理中必需的和可以依靠的对象。

三、营销公关促销方法

医药企业常用的公共关系促销活动，通常包括药品推广会、开放参观日、社会赞助、特别节目、服务活动、危机处理等方式。

（一）药品推广会

药品推广会是医药行业中最常用的一种综合运用各种媒介宣传药品和企业信息的传播方式，它通过现场展示和提问咨询来传递药品信息，推销企业形象，是一种常规性的医药企业公共关系活动，药品推广会的特点如下。

1. 综合运用各种媒介复合性的传播方式　药品推广会综合运用文字说明、图片、宣传品、实物、现场讲解、幻灯片、视频、电影、音响效果、环境布局、面对面咨询、与会者参与等形式，给予目标受众立体性、直观性的传播效果。

2. 生动、直观的效果　由于药品推广会综合了上述多种传播媒介的优点，使得其传播十分生动、直观；加之药品推广会本身具有较高的专业性，较丰富的知识性、趣味性，因而有利于吸引相关专业公众，从而达到有针对性的传播的目的。

3. 双向沟通的传播效果　药品推广会能够有效地利用现场讲解、提问与咨询、洽谈活动、意见簿、征询表等形式，有效地了解相关公众的反映、意见，从而达到双向沟通的效果。

4. 制造新闻热点　药品推广会作为专业性的药品促销公关活动，较容易形成舆论热点，成为当地新闻媒介有价值的报道对象。如果成为电视的专题节目题材，就更加能够吸引其他公众的注意和兴趣。

需要注意的是，药品推广会取得实效的关键除了专家的选择、场地的布置外，重要的是事先的精心准备和操作过程中的按部就班。事先准备的内容包括宣传材料的制作、专业人员的配备、演示过程的协调、各种器材的操作等；操作过程中主要是考察医药企业团队销售人员的临场应变能力与解决问题的能力。

（二）开放参观日

举办开放参观日活动是企业进行的一种特殊的"公开展览活动"或广告活动，它能够提高企业的社会透明度，增进外界对企业的了解，消除企业与公众之间的隔阂，培养公众对企业的感情，创造良好的营销环境气氛，树立良好的公众形象。

对外开放参观的接待对象主要如下。①消费者、员工家属及社区居民等一般公众。②营业团体：生产协作者、原料供应者、药品经销商、药品零售商等。③股东公众：股东股票经纪人、金融专家等。④其他专业团体：金融机构、律师协会、新闻界团体、保险公司、卫生检查团、环境保护组织等。⑤行政机关：各级政府药品监管部门、上级主管单位、党政要人等。⑥舆论领袖：专家学者、各界名人、媒体记者等。⑦科技教育文化单位：药品研究所的研究人员、高等药学院校的师生、各类社会团体和组织等。⑧各种慈善组织和社会福利团体。⑨海外人士：客商、投资者、观光者等。

（三）赞助活动

赞助是医药企业通过无偿提供资金或实物支持某一项活动，以获得一定的形象传播效益的社会活动。举办赞助活动是企业承担社会责任与义务，搞好社会公众关系的一种有效手段，这也是国内外企业常用的公关促销手段之一。医药企业促销中常用的赞助活动的类型如下。

1. 赞助体育运动　这是企业赞助活动最常见的一种形式。因为除了战争以外，公众影响面最大、公众投入感最强的就是体育运动。特别是像奥运会和世界足球锦标赛等一类的大型体育比赛，涉及的公众可能遍及全球。因此，国内外厂家都争先恐后地赞助这些体育活动，以扩大自身的社会影响力。

2. 赞助文化事业　如音乐会、演唱会、文艺演出晚会等，也能够有效地吸引公众的注意力，提高知名度。

3. 赞助药学科学教育事业　如设立某项培养和奖励药学专门人才的奖学金、基金，或直接赞助某项药学科研项目和某学科建设，也开始成为企业赞助活动的热点。

4. 赞助社会慈善和福利事业　如赞助国家希望工程活动，残疾人士的社会救济，重大自然灾害（如地震、水灾等）的救灾活动，对孤寡老人的援助，对重大病患者的资助，对社区公益福利事业的捐赠等。这类活动既能充分表达企业的同情心，又能实现企业最根本的经营理念，因而能唤起社会公众对企业的普遍好感。

5. 赞助地方性的节日活动　如各种具有地方色彩的节日等。

（四）公关促销专项活动

如果以上是医药企业公关促销中较规范和系统的形象提升活动的话，医药企业为提高企业形象、促进药品销售，还可以采取以下的一些专项公关工作。

1. 专题竞赛　由医药企业配合相关媒体举行公开的药品知识有奖竞猜、竞赛、征文等活动。

2. 专业咨询　医药企业进行药品服务咨询的活动主要有公开的药品知识咨询、健康知识咨询教育、专家坐堂咨询等。

3. 其他　医药企业可以利用开业庆典、周年庆典等机会，向社会传播企业正面形象。

四、医药产品营业推广概念及技巧

（一）医药产品营业推广概念

医药产品营业推广是指通过短期的推销活动，直接引导和启发、刺激顾客，以提高其购买兴趣，促使其立即作出购买行为，它是介于人员推销与广告宣传之间的一种特殊的推销方法。

医药企业采用这种促销方式，必须与人员推销、公共关系宣传和广告宣传等密切配合，针对不同产品、不同的目标市场，分别采用不同的促销组合方法，才能收到良好的效果。

医药企业的营业推广工作根据生产经营药品的不同可分为：针对非处方药对消费者的营业推广和对中间商的营业推广、针对处方药品对中间商（批发商、医疗单位）的营业推广两类。消费者促销针对的是各类疾病患者，商业促销针对的是连锁药店、零售药店、医药公司、医疗单位等。但是，不论什么样的促销手段，它的作用都是一时性、阶段性的。企业品牌与形象的建立才是企业在药品市场立于不败之地的根本。

（二）对消费者的营业推广

对消费者的营业推广主要适用于非处方药推销，它是以消费者为推广对象，运用各种推广手段，以直接提高消费者的现场购买兴趣，达到促进销售的目的。消费者促销的目的是促使已使用者大量购买，吸引尚未使用的消费者群、维持现有顾客，增加产品的使用频率，抵制竞争品牌的威胁，常用的促销方法如下。

1. 折价销售　所谓折价就是指厂商与零售药店联手通过降低产品的价格，以优惠消费者的方式促进销售。如某种非处方药，在促销活动期间，按零售价的9折优惠销售。

2. 样品赠送　利用一定场合（药店、公园、广场等），医药企业将自己的标准产品或专门制作的样品包装（通常在包装盒外印上礼品、样品或非卖品等标记），赠送给目标消费群体的一种促销活动。如某品牌的感冒药品、健胃片等在其上市之初曾经利用国家法定的节假日在全国主要城市举行了大规模样品赠送活动，让消费者免费试用或使用，使消费者了解产品的优点及价格、购买渠道，从而使其在当地药店的铺货顺利而且快速。

3. 附送赠品　是指消费者在购买某药品的同时可以获得一份非促销产品的礼品的促销活动，如某感冒药品在药店促销活动中就采用这一手段，凡是购买一盒本药品的顾客，均可获得精美的体温计一支，其促销活动取得了很好的效果。在非处方药市场中，厂家运用这一手段的例子是屡见不鲜的。这种促销方法成功的关键是要使赠品对消费者有一定的吸引力。

4. 有奖销售　药品有奖销售包括抽奖和竞赛两种形式。

（1）**抽奖方式**　最常见的是回寄式或抽奖与其他促销模式组合运用。回寄式抽奖一般是患者在购买了某种药品之后，在指定的抽奖凭证上填写姓名、住址、电话、身份证号码等资料，或者由厂家在报纸或单独负责印制有关企业或产品等方面的知识单页、传单等，让消费者填写并寄至指定地点，就可参加抽奖。

（2）**有奖竞赛**　是指厂家预先设立一定奖励标准，在有关公证机关的监督下，举办一定的知识竞赛、有奖征询等活动，以提高企业和药品知名度的一种促销方式。

5. 累积换物　类似于普通商品的现金兑换方式（通常采用累积一定数量的商品包装来兑换一定数量的现金），药品销售也可采用让消费者收集药品的某种购买凭证（包装袋、瓶盖、商标、累计卡等），达到活动规定的数量即可换取不同的奖励（奖励可以是现金，也可以是礼品，或者是下一次购买同类药品时的折扣优惠等）的一种促销活动。

例如，某企业"口腔溃疡灵"的促销活动中，就采用了这一促销手段：每购买口腔溃疡灵一盒，留下包装上代表分值的凭证，当累积到一定数量后，就可以凭此兑换与口腔卫生健康有关的奖品，如牙刷、牙膏等。

（三）对中间商的营业推广

对中间商进行营业推广是指医药企业针对医药公司、零售药店、医疗单位等进行的促销活动，其主要目的是为了使中间商树立信心，促使他们增加进货，积极参与推销，并使他们的盈利与推销实绩挂钩。常见的促销形式有价格折让、商店折价券、店面或柜台宣传品、销售积分或陈列竞赛、销售会议等。

总之，营业推广这一促销方式在短期通常可收到立竿见影的效益。需要指出的是，医药企业如何使用这些工具是没有固定模式可循的，常常是需要几种促销工具的组合使用。促销活动毕竟是一种阶段性的销售手段，所以促销活动的开展一定要符合企业的整体营销目标，并保持品牌形象的统一性。因为如果运用不当，会损害到企业和产品的长期利益。因此营业推广中所有的信息传达，包括广告设计、奖品的设置、促销活动的策划等，都应与企业的整体形象保持一致。

思考题

答案解析

YKX 维生素 AD 滴剂是 DY 旗下的儿童健康产品，是一款上市 28 年的老药，其竞品不下 20 种。由于该药品未能进入集采，很多医院都无法销售它。在消费人口减少和销售渠道限制的双重影响下，其销售不降反升，市场占有率持续提升。其核心营销策略是：专家权威推荐、注重消费者关系、多渠道推广方便购买。

专家权威推荐这是由儿童用药特点决定的。YKX 通过学术活动推广，影响医生专家进而影响家长的购药决策。YKX 绿色装针对新生儿群体，一般在医院分娩过的母亲多有体会，医院会在新生儿出院之前默认配备该产品；新生儿出院后的社区医生回访，也会提醒新手家长，给孩子补充 YKX 维生素 AD、每日一粒；婴儿按期体检的时候，医生也会再次提醒家长，注意补充 AD。

YKX 同时在小红书、微博、抖音等社交平台以及宝宝树、妈妈网、亲宝宝、育儿网等母婴平台整合发力。聚焦新生代年轻、高消费力母婴人群，分别从专业内容教育、品牌活动等拉近与用户的距离，并提供产品集群专业解决方案。

积极拓展院外销售渠道，通过网络平台和广告推广，方便消费者购买。打开 MT 买药搜索 AD，出来的药品前几屏都是 YKX 的维生素 AD，不同规格、不同药店。JD 买药的品种会多一些，包括一些海外品牌，但 YKX 的排位仍是最靠前，评价最多的。如果询问阿里健康客服服用方法，客服经过一番沟通后，也会顺势推荐 YKX 的产品。

通过上述案例，请完成下述思考题。

1. YKX 主要采用了哪些促销组合策略？

2. YKX 促销组合策略的影响因素有哪些？

3. 结合案例分析医药广告的作用是什么？

书网融合……

本章小结	微课	习题

第十二章 医药产品国际市场营销

学习目标

1. 通过本章的学习，掌握国际市场营销的概念，医药国际市场营销的环境分析和组合策略；熟悉医药国际市场营销的特点；了解医药国际市场营销与国内市场营销的差异。

2. 能够通过资料文献、数据等收集整理，对特定国际医药市场的经济、政治、社会文化、技术等环境进行分析；能够针对特定国际医药市场的特点，选择合理适当的营销策略。

3. 树立法治意识和法律观念，学习并遵守国际贸易、国际医药市场营销活动中目标国相关的法律法规。

自从我国2001年底加入世界贸易组织（WTO），国内经济便加快了融入世界经济的进程，越来越多的医药企业正在积极准备或已经进军国际医药市场。但是国际医药市场行情瞬息万变，关系错综复杂，竞争异常激烈。有些医药企业虽然能成功地开展国内市场营销，但从事医药产品的国际市场营销却有可能遇到想象不到的困难，甚至遭受失败。

世界上许多成功的跨国医药企业的实践证明，一个医药企业要想顺利地进入国际市场，进而占领、巩固和不断扩展国际市场，必须以国际市场营销的基本理论为指导，注重国际市场营销的战略、策略、方法及技能的学习、研究和灵活运用，注重分析和研究企业所面临的复杂多变的国际营销环境，正确选择企业的国际目标市场，在产品、价格、国际分销渠道、国际促销及国际营销组合等方面作出切实可行的、科学的营销决策，以巩固和壮大企业在国际市场上的实力地位。

第一节　医药国际市场营销概述 微课

目前，我国从事医药产品进出口或在国外从事生产经营活动的医药企业正与日俱增，即便是从未直接参与过对外经营的医药企业，也不可能摆脱那些从事跨国经营的竞争对手的影响。当今世界，已逐渐形成一个全球化的经济体系，国内市场正进一步与国际市场相融合。医药企业不管其愿意与否，都不得不走出国门，在更广泛的国际市场上争取新的生存空间和发展机会，形势所迫，要求有越来越多的人学习、研究国际营销理论，掌握科学的国际营销技巧。这也是我国改革开放不断深入进行的客观要求。为此，必须对国际市场营销概念形成正确的认识。

一、国际市场营销内涵

目前，有关国际市场营销的定义多种多样，尽管这些定义在表述上各不相同，但实质内容相差不大。它与国内市场营销的基本原理相似，只不过由于营销活动需要跨越国界而必须采取不同的方法。

国际市场营销，就是以国际市场（某国市场）为出发点，以满足国际顾客（或某国的顾客）的需要为中心，生产合适的产品，制定合适的价格，选择合适的销售方式，选定合适的时间和地点，针对合适的消费者出售商品，以获得良好的经济效益的过程。

为正确理解和掌握国际营销的定义，必须注意以下几个问题。

1. 国际营销是一种多国性或国际性的经济活动   国际营销活动必须跨越国界，不仅指商品的跨国界，也包含企业制造加工地点的跨越国界。例如，我国医药企业将在我国境内生产的医药产品，通过各种途径销往世界各地，此时企业的营销活动已跨越国界，商品实体也跨越国界，从一国转移到另一国。但是在企业开展跨国生产活动的前提下，商品实体就无需跨越国界，比如我国某医药企业在非洲国家建立工厂，完成产品的制造加工后直接在当地销售。这样，营销活动已跨越国界，但产品的流动却并未跨越国界。

2. 国际营销活动与国际贸易活动既有联系又有区别   尽管国际市场营销与国际贸易都属于以获取经济效益为目的跨越国界的经济活动，但是并不能把两者简单等同起来，它们存在着较大差别。比如国际市场营销活动的行为主体是各国企业，而国际贸易活动是以国家为行为主体的；参与国际贸易活动的商品必须实现真正的跨国实体转移，是一种纯粹的买卖活动，而国际市场营销则未必要求商品实体进行跨国转移；国际贸易包括进出口两个方面，而国际市场营销更强调出口方面。因此，国际市场营销并不是国际贸易的表现形式。

3. 国际营销不是国际推销   医药企业的国际营销活动应该是一项完整的系统管理工程。其中应该包括国际市场调研、国际营销环境的分析与研究、国际营销战略与计划的制定、国际目标市场的选择与确定、产品开发、定价、分销、广告、人员推销、公共关系、营业推广以及售后服务等一系列内容和环节。而推销仅是现代企业国际营销活动中的一部分，并非最重要的部分。

二、国际国内市场营销的区别

国际市场营销是市场营销学在国际医药市场上的应用，因此在国际市场营销中运用的营销理论与国内市场营销基本一致。但是国际营销并不是国内营销的简单重复，因为国际医药市场环境与国内医药市场环境大相径庭，甚至具有根本性的差别，这使得国内与国际市场营销策略与技巧存在着很大差异，主要体现在以下几个方面。

1. 营销的国际性   医药产品一旦跨越国界就会使市场、产品、销售等具有国际性。医药产品在跨越国境时要受到双方国家海关的管理和两国经济贸易政策的限制，且每个国家的经济发展水平、人口状况、政治法律制度、医药科技水平以及风俗习惯等不可控的环境因素相差甚远，形成了不同的营销环境，比如欧美日等主流国际医药市场发展较为成熟，准入门槛高、竞争激烈，而东南亚、南美等发展中国家医药市场人口众多，有庞大的用药需求与未被满足的临床需求，具备成本比较优势、市场潜力大等利好条件，这就是"医药产品经营的国际性"。营销的国际性意味着医药企业面临的国际市场环境远比国内营销环境复杂得多。

2. 需求的异国性   不同国家医药消费者的需求因其收入、消费习俗、宗教、文化等存在差异而不同，由此导致医药消费者的购买行为模式也不相同，每个国家有各自特色的市场，即"医药市场的异国性"。因此必须认真调查研究每个国家和地区的医药市场情况，找出国际国内市场的不同之处，有针对性地采取不同的营销策略。

3. 竞争的多国性   国际医药市场中常常有很多国家和地区的多个医药企业和成千上万的医药产品在同时进行竞争，竞争的激烈程度几乎可以用"商战"来形容，这就是"竞争的多国性"。因此，医药企业要研究如何调整经营模式以适应不同国家和地区市场的需求，避免参与恶性竞争。

三、研究医药国际市场营销的意义

（一）有利于加快医药企业成长

积极开展医药国际市场营销，参与激烈的国际市场竞争，有利于增强医药企业的生存发展能力，提高经营管理水平，从而加速企业成长壮大。对于中国医药企业，开拓医药国际市场既是压力，也是动力，既充满竞争，又充满机遇。鼓励国内医药企业参与国际竞争，有利于企业融入世界经济主流，从根本上转变我国医药企业的发展思路，锻造出适应国际竞争趋势的新型现代医药企业。

（二）有利于扩大医药产品销售

积极开展医药国际市场营销，为医药企业开拓营销空间，寻求更广大的市场，扩大医药产品的销售，获得更大的利润回报。同时，通过扩大医药产品的销售量提高医药企业的生产规模，从而降低产品单位成本，获得规模效益。

（三）有利于规避经营风险

积极开展医药国际市场营销，有利于在本国经济不景气时，寻求更多的市场机会，在一定程度上避开国内医药市场的激烈竞争给企业带来的损失。同时对跨国医药企业来说，开展多国的市场营销，可以在全球范围内选择更加有利的市场机会，实现企业的健康发展。

（四）有利于提升医药企业影响力

积极开展医药国际市场营销，需要医药企业对医药产品研发、生产、创新等严格把控，对医药产品相关的健康服务持续优化，以满足多元化的国际市场需求，获得国际市场的信任与认可，这可以促使医药企业提升国际形象，增强其在"一带一路"等国际合作中的影响力。

四、医药国际市场营销的基本模式

1. 从目前世界范围内来看　医药国际市场营销有三种基本模式。

（1）**出口贸易型**　是指医药产品在国内生产，医药企业通过出口将医药产品销往国外的模式，这是最简单也是最常见的一种国际市场营销模式。从事这类国际营销活动的企业被称为贸易型企业。医药产品在跨越国界的过程中，将会遇到医药企业自身难以回避的他国各种环境因素的限制。在商品运输、合同的签订与履行、税收缴纳等各方面，出口贸易型营销活动比国内营销活动都显得复杂很多。

（2）**跨国直接投资型**　是指医药企业采用独资或者合资的形式在海外直接投资建立制造加工基地从事医药产品的生产，在生产国就地销售的模式。从事这类国际营销活动的企业被称为海外投资企业。虽然医药产品不需要跨越国界，但是医药企业必须走出国门，直接现身于所在国的营销环境之中，营销活动面临的难度大、风险高。

（3）**跨国公司型**　是指在两个或两个以上的国家开展医药产品研发、生产和经营活动的公司，即医药企业在多个国家设立子公司并对子公司的各种活动进行控制，要求其执行母公司的营销决策。这些海外设立的子公司既有从事制造生产医药产品业务的，又有专门从事新药研发业务的，还有专门从事贸易流通业务的，子公司之间甚至还可以开展进出口贸易。目前这是医药企业开展国际市场营销活动的最高阶段，也是世界上一些著名医药企业普遍采用的经营模式。

2. 结合医药企业的国际合作方式来看　医药国际市场营销也可分为以下三种模式。

（1）**许可授权（License-out）**　指企业进行药物早期研发，然后将项目授权给其他企业做后期临床研发和上市销售，获得首付款，并按里程碑模式获得各阶段临床成果以及商业化后的一定比例销售分成。这种模式较为灵活，为不具备开展国际临床和商业化运营能力的公司提供了进入国际市场的渠道。但这种模式难以获得持续性收入，受到创新技术选择、药物研发成功概率等的限制。

（2）**联合研发**　指企业与跨国企业联合进行药物研发，共担成本和收益。这种模式能够一定程度上消除目标国际市场进入壁垒，弥补企业国际市场商业化能力的不足。但这种模式也存在跨文化管理等方面的挑战。目前，越来越多的企业开始探索联合研发的新模式，以期在资源整合、风险共担、市场准入、资本使用效率等诸多方面发现更多优势。

（3）自主研发　指自主在目标国际市场开展临床试验、申报上市，获批后销售。这种模式强调企业的独立决策和战略规划，一旦研发成功、上市销售便能独占巨额收益，但同时需要应对产品创新力、研发力、资金实力、沟通和战略管理等多方面挑战。2019 年 11 月，百济神州自主研发的泽布替尼获美国 FDA 批准，成为国内第一款在美上市的抗癌新药，实现了新药自主出海"零的突破"。

第二节　医药国际市场营销环境分析

与国内市场营销类似，医药企业要想顺利进入国际医药市场，第一步必须对国际医药市场的经营环境进行调查研究，仔细分析之后才能决定营销策略。调查的内容主要分为两大类，一是对国际环境的分析，即对国际上不利于或者有利于企业开展国际市场营销活动的各种政治、经济和竞争因素进行分析，这些因素能够体现出不同国家市场营销环境的共性特征；二是对目标国国内环境的分析，即对每个不同国家独特的市场营销环境进行具体分析。

一、国际环境分析

（一）国际政治环境分析

众所周知，经济活动常常会受到政治因素的影响，尤其是涉及国与国之间的经济活动极易受到国家间政治因素的影响。医药企业是一种经济组织，企业的国际市场营销活动也是一种经济活动，因此，国际市场营销常常遇到国际政治因素的干预与影响。能够影响国际营销的政治因素主要是国家之间的双边关系以及协调国家集团之间关系的多边协定等。

1. 双边关系　国与国之间的贸易联系不仅仅是两国间经济关系的反映，同时也是一种包含政治因素在内的非经济因素的关系的体现。世界上某一个国家和任何其他国家或地区都或多或少存在包含着政治、经济、文化、法律、军事等内容的双边关系，既可能给该国企业的国际市场营销创造有利的外部条件，也可能形成不利的阻力。比如，美国作为世界头号强国，对国际体系拥有较大的控制力，近年来，美国视中国为战略竞争对手，为遏制中国，美国先后制定和实施了《出口管制条例》《外国投资风险评估现代化法案》等相关措施，严重阻碍了中国人工智能、芯片技术、生物医药技术等重要领域企业的转型升级和国际竞争力提升。值得注意的是，双边关系具有动态性，它不断地发展变化，随着时间的推移而演变，有利与不利的局面常常频繁交替。当然，贸易关系存在的首要前提就是两国在政治上和平相处，国与国之间关系紧张，无论是冷战还是公开发生武装冲突，都会严重损害国际市场营销活动的开展。医药企业如果不了解国际非经济因素，就难以取得国际营销活动的成功。

2. 多边关系　对外开放是当今世界的主题和潮流，世界上任何一个国家都很难奉行闭关锁国的政策，或者一意孤行，完全按照本国的意图开展对外交往，这样的国家将被国际社会孤立和遗忘。因此，国与国之间更应该开展必要的和有用的协调行动，组建国家间的一体化组织，比如战争或冷战时期国家间组成的军事联盟就属于国家间一体化组织。即使是在和平时期，不少国家出于利益上的考虑，也会结成不同形式的国家集团。尽管集团内部成员国可能不完全同意集团的目标和任务，但只要行动上被看作是一个集体，就以国家集团的形象出现在国际政治或经济舞台上，如欧佩克（OAPEC）——石油输出国组织，它对集团内成员国企业的国际营销会产生重要影响。

（二）国际经济环境分析

1. 国际经济发展阶段　一个国家的经济发展水平，对于欲进入这个国家的外国企业来说具有重要意义，它涉及产品的档次、包装、价格定位、促销策略等营销战略的决策。关于各国所处经济发展阶段问题，华尔特·惠特曼·罗斯托的六阶段理论有一定参考价值。

（1）传统社会阶段（traditional society） 处于传统社会阶段的国家，本质上属于自给自足的自然经济社会，生产能力有限的农业居于任何行业的首位，经济生产力水平低，不能利用科学技术从事生产活动，人们的文化水平很低，大部分人为文盲或半文盲，市场空间十分有限。

（2）起飞前夕阶段（pre–take–off status） 为经济起飞阶段的过渡阶段，处于起飞前夕阶段的国家，科学技术已开始运用于工农业生产之中，各种交通运输、通信设施、电力设施逐步开设建立。这些国家常常会出现收入和财富分配不均匀的现象，贫富悬殊，尚没有形成中产阶级阶层。因此，进口产品从种类和档次上差异很大。

（3）起飞阶段（take–off status） 处于起飞阶段的国家，已经能够把现代科学技术普遍运用于工农业生产中，工农业的生产逐渐实现现代化，工业发展具有一定规模，工业占国民生产总值的比重越来越大，这些国家往往需要进口先进的机器设备以完善自己的工业体系。

（4）趋向成熟阶段（drive–to–maturity status） 起飞阶段的后一阶段是趋向成熟阶段。处于此阶段的国家能够把更先进的科学技术运用到经济活动中去，而且这些国家的企业还能广泛地参与国际市场营销活动。这些国家的消费者喜好高质量、高档次的商品，同时，这些国家还大量地进口和出口，进口原材料、半成品、劳动密集型产品、奢侈品等，国际市场空间的规模很大。

（5）大众高消费阶段（high mass consumption status） 处于大众高额消费阶段的国家是一个高度发达的工业社会，其消费者个人收入飞速增长，国家的公共设施、社会福利设施日益完善，产业结构已经具备系统和完整的特征，产品结构应有尽有，整个经济呈现大量生产和大量消费状态。

（6）追求生活质量阶段（pursue life quality status） 主导部门是以公共服务业和私人服务业为代表的提高居民生活质量的有关部门，包括公共投资的教育、医疗保健、住宅建筑、城市和郊区的现代化建设、社会福利等部门。此类部门和前述各阶段的主导部门有一个显著区别，即以前各成长阶段的主导部门都是生产有形产品的，产品可以出口，而追求生活质量阶段的主导部门是服务业，提供的是劳务，以提供服务为特征的第三产业成为社会经济的主导部门。

在罗斯托的六个经济成长阶段论中，最为关键性的是起飞和追求生活质量两个阶段，起飞是相当于工业化开始的阶段；追求生活质量阶段则是工业化社会中人们生活的一个真正的突变。对于国际市场营销来说，罗斯托经济发展阶段论的理论意义在于，每一个阶段内的产业结构、需求模式、消费心态等方面均有所不同，企业面临的市场机会和进入国际市场的障碍也不尽相同。因此，医药企业必须根据各个目标市场国家所处经济发展阶段的市场特点，有针对性地制定市场经营策略。

2. 区域经济组织 经济一体化已经成为影响国际市场发展变化的主要因素之一。各国都希望结成某种形式的经济合作关系，以便有效地利用各自的资源为成员国市场提供产品或服务。经济活动的一体化导致了各种区域经济组织的产生，世界各大洲均出现了一批区域经济一体化组织，其中规模最大、最著名的如欧盟（EU）、北美自由贸易区（NAFTA）。其他较大或较著名的区域经济一体化组织有：安第斯集团（1969 年）、东南亚国家联盟（1967 年）、海湾合作委员会（1981 年）、西非国家经济共同体（1975 年）、中非国家经济共同体（1983 年）、加勒比共同体（1973 年）、阿拉伯马格里布联盟（1989 年）、亚太经济合作组织（1989 年）。这些区域经济组织按照经济结合程度及相互依存的关系可以分为：优惠贸易安排、自由贸易区、关税同盟、共同市场、经济联盟、完全一体化。

3. 国际贸易政策 区域经济组织尽管对成员国的对外贸易有统一协调的职能，但各国政府毕竟有权制定本国的贸易政策，所以医药企业开展国际市场营销活动还必须熟悉目标国家的国际贸易政策。国际贸易政策主要包括关税和非关税壁垒。

（1）关税　指一个国家的海关对进出口其关境的货物所征收的税金。征收关税的目的在于增加政府的收入和保护国内经济。经常性的关税种类包括：①进口税，即进口国海关在外国商品输入时，对进口商品征收的正常关税，又可分为最惠国税和普通税；②出口税，即出口国的海关在本国商品输出时，对出口商品征收的关税；③过境税，或称转口税，是本国海关对于通过其关境的外国货物所征收的关税。除上述三种关税外，还有临时性关税、差价税和进口附加税三种非经常性关税。关税对医药企业国际市场营销活动的影响十分明显，尤其是在价格策略方面，出口商品被征收关税之后，价格将大幅度上升，降低了产品在国际市场上的竞争能力；本国海关对他国进口商品征收高额关税，容易导致他国的贸易报复行为，严重阻碍本国企业的国际市场营销活动。

（2）非关税壁垒　除关税措施以外的一切限制进出口贸易的其他各种措施均可称为非关税壁垒。主要的非关税壁垒有进口配额、出口限额、进口许可证、外汇管制、技术性贸易措施等。其中技术性贸易措施，是指一国以维护生产、消费安全和人们健康为理由，对进口商品制定并实施复杂苛刻的技术标准、卫生检疫规定、商品包装和标签规定等。发达国家大多在医药领域采取了严格的技术性贸易措施限制来自其他国家的医药产品，比如美国 FDA 要求任何其他国家输往美国的药品必须经过 FDA 的注册，经过审查符合美国《联邦食品药品和化妆品法案》的要求，而且生产药品的医药企业必须随时接受美国 FDA 的工厂检查，确认符合 FDA 的 GMP 要求，方能向美国输出药品。非关税壁垒对企业的国际市场营销活动的影响有时甚至超过了关税限制，比如进口配额措施将会使企业提高产品质量、降低生产成本、设计新颖促销措施等经营努力失去效用。

4. 国际货币制度　主要是指国际各种货币之间的比率制度，即汇率制度。目前，国际上普遍实行浮动汇率制度。除易货贸易外，产品或服务的跨国界交换需要以货币作为媒介。每个国家都有自己的法定货币，世界上有 150 多种货币，多种货币的存在阻碍了国际市场营销活动的开展。任何国家都不能用自己的货币随意购买其他国家的商品，它必须持有国际上普遍接受的货币；医药企业也不可能向没有国际通用货币的国家出口医药产品。因此，国际市场营销活动涉及不同货币的换算问题，如果实行浮动汇率制度，汇率变化反复无常，货币的价值也时常变动，将会影响医药企业的利润，使医药企业国际市场营销的价格策略及货币支付的操作方式形成不确定性因素。

（三）国际医药竞争环境

医药行业的国际化程度相当高，它是国际社会公认的国际化产业之一，医药企业的生产经营活动日益超出一国国界，一些国际知名跨国医药公司经过兼并重组之后甚至已经很难辨别出其国籍，它们以全球医药市场为目标，组织跨国经营，其分支机构遍布全世界。因此，医药企业的国际市场营销将面临比其他企业更为激烈的国际竞争。

1. 美国　美国医药行业在全球具有领先地位，无论是在传统化学制药领域还是在新兴的生物制药领域，美国医药企业的优势都无可辩驳。美国是入围 2023 年全球制药企业 50 强最多的国家，共有 5 家制药企业进入全球制药企业前 10 名，17 家企业进入前 50 名。

2. 英国　英国的新药研究与生产一直走在世界前沿，全球前 100 位处方药的 20% 在英国研发，且目前世界上最实用的 35 种处方药中有 10 种是英国研究开发出来的。制药业是英国第二大出口产业，英国也是世界四大药品出口基地之一。英国生物技术制药公司的数量和从事医药生物技术的研究人员在世界上排名第二位，仅次于美国。整个欧洲生物技术公司有 1/3 驻扎在英国，其中包括欧洲 6 家最大的生命科学公司。

3. 法国　是药品研发、生产及消费大国。医药工业是法国最重要的产业部门之一，它是法国第四大工业，在国民经济中占有重要地位。法国年人均用药水平达到了 340 欧元，居欧盟各国前列。法国药品向欧盟各国、非洲、亚洲国家出口，其主要出口国是德国。法国的生物技术产业在欧洲排名第三位，拥有近 400 家生物技术企业。法国的里昂生物科技园已成为除美国外全球最重要的生物科技产业发展集聚地之一，特别是疫苗产业和传染病领域的研究已在全球生物制药行业内树立了领军者形象。

4. 德国　医药产业是德国的支柱产业之一。德国共有 1100 多家医药企业，生产的医药产品出口到世界各地，是世界上最大的药品出口国，每年出口的医药产品数量占总产量的 40% 左右。德国医药企业十分重视天然药物和草药的研制与生产，其在市场规模和产品开发力度方面都占有举足轻重的地位。在激烈的医药市场竞争中，德国药品生产的趋势是，化学药品的生产仍然保持着强劲的势头，天然药物的研究与生产发展方兴未艾，而基因药品已突破限制，正在走向商品化。

5. 日本　第二次世界大战之后，日本全面引进西方的医药技术，在仿制的基础上开展模仿性创新研究，开发高效、安全的新药，并拥有多种畅销全球的新药。近年来，日本医药企业在世界排名榜上节节攀升。

6. 印度　印度医药企业是我国医药企业在国际市场上的主要竞争对手。近年来，印度制药业发展迅猛，不仅药品的种类和产量充分满足了国内需求，其质量在国际市场上显示了竞争优势，并且培养出了一批能与跨国公司相抗衡的大型制药企业，印度的一些处于引领地位的制药公司也对全球制药市场的影响变得越来越大。

二、目标国国内环境分析

（一）目标国政治法律环境分析

国际医药市场营销作为一种经济活动，离不开营销目标国的政治、法律环境的制约。世界各国有着不同的政治制度，政局的安定、政策的连续以及具有不同法律效力的条约、公约及协定等，使得企业在不同国家开展营销活动所面临的情况及采取的对策有所不同，医药企业的国际市场营销策略必须把这方面的环境因素充分考虑进去。

1. 目标国政治环境与国际医药市场营销　目标国政治环境主要是指营销目标国家的政治制度、有关的政策法令及外贸政策对医药企业跨国营销的制约。一个国家的进出口贸易程度不同地受到本国政治环境的影响和限制，友好的国家会使贸易顺利，不友好的国家则会阻碍贸易进行。为此，要认真研究分析各国的政治态度。这种政治环境主要包括一国的政治制度、政治的稳定性以及可能出现的政治风险等。

（1）政治制度　指一个国家的政体、政党体系及有关制度。

1）一国的政体　按权力的归宿可以分为君主制与共和制两种，共和制国家又可以分为议会制和总统制两种形式。不同的政体组织代表着不同的国家管理经济的形式。熟悉一国的政体对医药企业顺利进入国际市场很有必要。

2）政党体系　国际市场营销人员了解一国的政党体系，对分析该国的现行政策和预测未来政策的变化是有益的。

（2）政治稳定性　是评价一个国家外商投资环境所必须考虑的因素之一，它主要包括政局的稳定性和政策的长期性两个方面。一般而言，政局稳定才能保证政策的持续不变，医药企业最关心的是目标国政府的外商政策能否得到长期而稳定的贯彻，由政策摇摆不定而引起政局动荡会使外商望而却步，降低投资信心。政治的稳定性通常可以从诸如暴动、罢工、骚乱事件发生的多寡来判断。

（3）政治风险　目标国政局不稳定预示着欲进入该国市场的医药企业将面临较高的政治风险。一般来讲，作为主权国家的东道主往往有着绝对的权力来影响和制约外国企业在该国的营销活动，开展国际营销的医药企业必须对可能遇到的政治风险作出科学的分析和预测。通常的政治风险主要包括以下几个方面。

1）没收、征用和国有化　没收是指东道国政府无偿把外资企业的所有资产收归本国所有，由此导致财产所有权从外国企业向东道国转移。征用是指东道国政府在给予一定额度补贴的基础上将外国企业在该国的投资收归国有，但是补贴往往和被征用的财产价值并不相等。与没收、征用相比，国有化是一种更微妙的国家管制形式，它不同于带有突然性的没收、征用方式，而是采取渐进方式，逐步以各种隐蔽手段和方法将外资企业的所有权全部或部分地转移到东道国手中。如提拔大批本国公民担任外资企业的高级管理人员；规定产品必须在本地生产，禁止进口组装；规定苛刻的产品出口比例等。没收、征用及国有化是国际营销企业所面临的最严重的政治风险。随着近些年来国际局势的缓和，来自这三种形式的政治风险有所降低。这一方面是因为各国政府已认识到引进外资对本国经济发展的作用；另一方面东道国所采取的这些极端措施也会招致投资国的报复或制裁，从长期来看不利于本国经济的成长。

2）进口限制与外汇控制　这两项风险在国际营销中普遍存在。任何主权国家为了限制那些与本国利益发生冲突的产品进入该国市场，都设有不同种类的进口障碍。比如东道国可以利用发放进口许可证来限制某些产品的进口；利用进口配额从数量上限制国外企业某一产品的进入；或者通过提高关税阻止某些外国商品的进入；或是利用外汇控制对本国外汇交易和流通实施管制。外汇管制既限制了国际企业在东道国的销售，也影响了所实现利润的顺利返还。

3）价格管制与劳工问题　价格管制也是国际营销所面临的风险之一。对于关系到国计民生的重要商品或劳务的价格，目标国政府会采取严格管制的方式加以干涉，干涉价格的目的之一就是为了防止其被外国企业操纵。比如，鉴于药品的特殊性，绝大多数国家的政府都对药品采取严厉管制的态度，不允许企业自由定价。涉足这些领域或部门的外国企业很容易成为价格管制的对象。由于劳工问题涉及就业问题，世界各国政府非常重视也很敏感。如果外国企业因解雇工人而触动了当地劳工的经济利益，有些国家的工会组织就会在当地政府的支持下要求外国企业禁止解雇工人，或者要求给予工人某种优惠待遇，给外国企业造成一定的压力。

除上述风险外，医药企业在东道国还面临着诸如政府的行政效率和清廉程度、经济民族主义、医药企业所在国与东道国的关系等问题。医药企业只有对进入国际医药市场后所可能面对的各种政治风险作出全面的分析和预测后，才能在风云变幻的国际政治环境中制定出有效的国际营销策略。

2. 目标国法律环境与国际市场营销　任何国家的法律制度与其政治体制都有着千丝万缕的联系，从某种角度来说，法律的实质就是以正式的书面形式表达一个国家的政治意愿。调整各国经济活动与行为的是各国有关法律，而各国的法律体系千差万别，错综复杂。到目前为止，世界上还没有一部统一的国际商法用以调整国际的商业交易活动。国际营销实际上面临着各国不同的法律环境。因此，熟悉和了解目标国的法律制度、有关贸易活动的法律规定以及具有法律效力的条约、公约及协定，成为国际市场营销人员的重要任务。

（1）法律制度　一般而言，按照法的历史传统可以把世界各国的法律制度分成两大类，一是英美法系，二是大陆法系。由于两大法系渊源不同，两大法系可能对同一商事问题的规定大相径庭。比如，英美法对工业产权的权利确定依赖于使用该项财产的历史，即谁先使用，谁就拥有财产，即按照"使用在先"的原则来判断工业产权的所有者。而大陆法则依据当事人实际注册登记的时间先后来判定权利归属，即"注册在先"的原则来确定所有权。因此，医药企业要特别注意两大法系国家关于商标注册和专利授权的法律规定，不要把"使用在先"或"注册在先"的原则原封不动地照搬到国际市场其他国家，否则就会造成一定的损失。

（2）涉及国际营销的法律规定　国际市场营销组合的四个基本要素毫无例外地都会受到东道国法律尤其是经济法律的限制。医药企业应当注意以下几个问题。

1）有关产品的法律规定 贸易保护主义的盛行使得各国纷纷采取十分苛刻的技术规范限制外来商品的进入。各国法律在产品的包装、标签、品牌、商标、计量单位、保证和服务方面都有着自己的特殊要求。越是发达国家，在产品生产、经销方面的限制就越严格。比如，以美国 FDA 为首的西方发达国家的药品监督管理部门制定了一系列堪称是世界上最完善的医药产品监管的法律制度。在 FDA 严厉管制药品的背后还隐藏着对来自发展中国家医药产品尤其是民族医药产品的歧视。我国医药企业唯有在新产品研发上下足功夫，努力使自己的产品符合发达国家的产品技术法规，才能顺利打开发达国家的医药市场。

2）有关价格的法律规定 世界各国法律对于产品的价格管制各不相同，有的国家对所有产品都实行价格控制，有的只对极个别产品实行价格控制。一般而言，生活必需品容易受到各国法律的控制。在干预的方式上，各国法律的规定也不尽相同，有的直接限定最高价，有的则控制利润水平。

3）有关渠道的法律规定 医药企业在东道国选择合适的营销渠道时需要考虑各国法律对营销渠道的规定。只有在法律无明文规定某种销售渠道禁止采用的前提下，医药企业才可以自由选择东道国的销售渠道。有些销售渠道会受到东道国法律的限制，如法国法律禁止企业挨家挨户地上门直接面对消费者销售产品。

4）有关促销的法律规定 在国际营销中，有关广告的争议最多，而且广告也最容易受到政府部门控制。世界上大多数国家都制定了有关广告的法律法规，从广告信息的内容到广告媒体的选择，法律都有详细的规定。在大部分发达国家发布药品广告必须事先获得该国药品监督管理部门的批准。因此，凡从事国际营销的医药企业，在进行市场环境分析时，必须顾及目标市场国的法律规范，并据此制定出符合目标市场特征的营销组合策略。

（3）具有法律效力的国际公约、协定及仲裁机构 医药企业的国际营销活动除了必须遵守本国和目标国的法律法规之外，还应熟悉国际通行的条约及协定。虽然国际上并没有一部统一的国际商法来调整国际商事行为，但是国与国之间签订的条约、公约和协定对于缔约双方或多方就具有法律约束力。同时交易双方还可以在合同中明确运用哪一国的法律来解决国际商务争端，以备将来一旦发生纠纷，在协商不成的前提下寻求司法途径解决。尽管世界上并不存在一个凌驾于各个国家之上的司法机构，但是各种国际仲裁组织一直为各国所承认，当事人可以选择国际商事仲裁来解决争端。比较著名的国际仲裁机构包括伦敦仲裁院、国际商会、美国仲裁协会、加拿大－美国商事仲裁委员会、泛美商事仲裁委员会。如果涉及国际商事争端的国家共同加入了联合国《承认和执行外国仲裁裁决的公约》，仲裁的结果可以在一国境内强制执行。

（二）目标国人口与经济环境

1. 人口因素 考察目标国人口环境的主要目的是估算目标国的市场规模和市场潜力，即目标国消费者现实的和潜在的购买能力如何，这是医药企业进入国际市场必须考虑的重要问题。根据目标国的人口数量、收入水平及经济基础结构等因素，可以大致地描绘出这一地区人口环境的基本状况。市场是顾客的集合，顾客就是持有货币的人，市场规模和人口因素息息相关，虽然人口不是一个国家或地区市场的唯一决定因素，但是只有掌握人口状况，才能估算出商品尤其是消费品市场潜在的需求。人口因素包括人口数量、人口增长、人口结构、人口分布及人口流动的状况及发展趋势等几个方面的内容。

（1）人口数量 从某种意义上来说目标国的人口数量将决定医药市场规模的大小。一个国家的医药市场规模、市场潜力和其人口总数成正比。在其他条件相同的情况下，一个国家的人口越多，则这个国家的医药市场规模就越大，也就说明越容易在这个国家寻找和发现更多的市场机会，对企业在这个国家开展国际医药市场营销活动也就越有利。比如近年来，很多跨国制药公司把国际营销的目标放在了人口众多的中国、印度等国家。

（2）人口增长　医药企业不仅要关注目标国人口数量的现状，还应从战略角度考虑某一国家或地区的人口发展增长状况。世界上不同地区的人口增长速度差异悬殊，低收入和中等收入国家的人口年平均增长率远远高于高收入国家。虽然高收入国家的人口增长率较低，市场规模将会不断缩小，但是，这仅是在收入因素不变的条件下得出的结论，如果将收入增长的因素考虑进去，人口增长率的变化要么会扩大市场容量，要么会限制市场容量。

（3）人口结构　主要是指人口的年龄结构，这类因素对消费者购买行为以及医药市场规模产生一定的影响。一般而言，处于同一年龄阶段的医药消费者群体具有相似的购买偏好，因此，不同年龄的人口构成不同的子市场，年龄是国际市场营销人员常用的市场细分依据之一。如目标国出现某一年龄阶段人口数量众多的现象，将会影响医药企业的市场选择。目前世界人口年龄结构变化与医药营销紧密相关的主要特征是人口老龄化和人口出生率下降。如果目标国出现了由人口老龄化导致的老年人市场不断扩大的现象，那么，一些治疗心脑血管疾病、呼吸系统疾病等老年性疾病的药品将有着良好的市场前景，相关保健食品的需求量也日益增长。如果目标国因为人口出生率持续下降出现了人口零增长甚至负增长的现象，那么，一方面目标国的婴幼儿市场将面临日益萎缩的局面，从事婴幼儿药品国际营销的医药企业将不得不把目标市场转移至人口出生率较高的国家；另一方面，人口出生率的下降也会导致人们更加重视婴幼儿养育和教育的问题，对婴幼儿的身体发育和智力发展的所需投资也将大大增加，这将使婴幼儿医药市场成为具有巨大开发价值的市场。

（4）人口分布　目标国的人口密度反映着这个国家的人口分布状况。人口密度将会影响医药企业进入此国市场的难易。世界上很多国家的人口分布极不平衡，在人口密度大的地区从事营销活动难度较小，因为此类地区消费者较为集中，企业容易以较低的营销成本取得更高的市场规模效益。人口密度对于国际营销的医药企业评估分销渠道和物流成本尤为重要。

（5）人口流动　目标国市场规模的空间变化是从人口流动或人口转移的状况上体现出来的，世界各国人口流动或转移的趋势是从农村到城市，人口的城市化趋势将会给医药市场营销活动带来直接影响。在大多数国家城市居民和农村居民的消费倾向有所不同。城市居民通常拥有良好的教育背景，乐于接受新鲜事物，收入较高，购买力水平也比较高；而农村居民在各方面都要略逊一筹，往往以自给自足为主，习惯于省吃俭用，购买力低。因此，城市医药市场的吸引力要高于农村医药市场，医药企业更愿意把目标市场放在那些已经基本实现人口城市化的国家和地区。

2. 收入因素　是决定医药市场规模大小的另一重要因素，目标国家的医药市场规模是由既有需求又有购买能力的人组成的，因此研究医药市场规模不仅要看人口还要看收入，市场规模的大小等于人口与收入的乘积。与国际医药营销有着直接联系的是目标国的人均收入。除基本生活必需品的需求量可由人口规模作出直接估算外，对大多数消费者而言，人均收入是最能表现非生活必需品市场潜力的因素。由于在收入层次上存在着差异，不同国家或地区的消费者对文化娱乐产品、休闲旅游产品以及服务用品的需求也呈现出层次上的差异。因此，不同国家的人均收入的确可能是说明消费行为的主要原因，人均收入也就成为考虑目标市场医药消费水平的重要依据。当然，如果在贫富悬殊的国家，人均收入就难以反映一国居民真实的消费水平，因为这种类型的国家大部分人的收入都低于平均数，只有少数人的收入高于平均数。因此，医药企业在开拓这类国家的市场时，仅掌握人均收入的数据还不够，还应注意分析不同社会阶层消费者的收入差异。

3. 经济基础设施　主要分为一般基础设施和商务基础设施，前者是指目标国的能源供应、运输条件、通信保证等基础设施，后者是指目标国的金融机构、保险机构和广告宣传工具等商务基础设施。任何一个从事国际市场营销的企业都离不开东道国的这些基础设施。一个国家的基础设施水平和这个国家的经济发展水平息息相关，经济实力越强，基础设施也就越完善，也就更加便利外国企业在本国市场的营销活动。反之，本国经济发展水平较低，基础设施不完善或是很落后，那么外国企业在本国的国际营销活动就越困难，营销效率也就越低，甚至不能进入本国市场。交通、通信、能源以及具有销售辅助功能的机构和设施对国际医药营销活动产生约束作用，成为国际市场经济环境的一个重要方面。

目标市场的商务基础设施也决定着医药企业是否能够顺利开展国际营销活动。当地的金融信贷机构、保险公司、广告公司、市场调研组织以及包括批发商、零售商在内的销售渠道机构也是医药企业可以充分利用的因素。通常企业的国际营销活动开展得越广泛，就越需要当地的银行、广告代理商、经销商等配套商务基础设施的帮助。

（三）目标国社会文化环境分析

人类虽然具有生物学意义上的共同特征，但是人与人之间却存在着更大的社会和文化方面的差异，这一点在不同民族和不同国家的人之间表现得尤为明显。由于各国历史、地理、人文等原因的影响，使国家之间在社会文化环境方面存在着很大差异，因此生活在不同国度里的人们分别具有不同的语言文字背景、不同的宗教信仰、不同的价值观念。这些因素都直接影响着医药企业的国际市场营销活动。医药企业需要调查研究的目标国社会文化环境方面的内容主要有以下几方面。

1. 社会阶层　包括家庭组织、阶层、行为准则等内容。

2. 文化素质　教育普及程度及人民文化知识水平受教育程度高，爱好比较高雅，对产品的欣赏与鉴别能力较强，喜爱知识性、趣味性的商品。

3. 宗教观念　各国宗教信仰不同，其伦理道德和价值准则都不同，对产品需求上也呈现出宗教特色。

4. 语言文字　各国的语言文字差异很大，对事物的解释和理解也不同。例如"大象"在我国和东南亚很受欢迎，但在英语里却是"累赘而无用"。因而在外贸中，文字的应用应充分考虑进口国的特点。

5. 艺术与音乐水平　各国由于不同的历史文化影响，使得在艺术修养、音乐、舞蹈等方面存在着差异，也影响产品的设计、命名、商标等。

通过上述对国际医药市场营销环境的分析和研究，医药企业可以找出进入国际市场的种种机会，并且对这些机会进行对比分析，从中选择一个或几个目标市场，作为进入国际市场的最佳方案。

第三节　医药国际市场营销组合策略

类似于国内市场营销的方法，国际市场营销也是从产品、价格、渠道、促销 4 个因素的组合来研究如何进入国际市场。

一、国际市场产品策略

1. 直接延伸策略　将在国内市场上营销成功的医药产品，直接类推到国外市场，只作地域上的延伸。优点是不需额外研制费，生产费用低，投资少，收益好。缺点是出口目标市场只能局限于类似于国内市场的地区。比如我国传统医药产品只能延伸到与我国医药市场营销社会文化环境极其相似的华人聚集的国家和地区，如中国香港、中国澳门、新加坡等东南亚国家及地区等。

2. 变通适销策略　在产品功能上作些变通，适用其他市场。如中药产品，在我国可以作为预防、治疗、诊断疾病的重要药品，而在美国则作为保健品和营养补充剂，无须通过 FDA 的药品注册即可上市销售，在某些发展中国家如非洲的一些国家也把中药作为主流医疗产品。

3. 产品适销策略　将产品作适当修正，做到适销对路。如针对同种类的药品，医药企业可以开发缓释、控释非处方药制剂，然后销往西方发达国家。因为从提高医药消费者依从性的角度考虑，发达国家的医药消费者生活节奏快、工作压力大，如果患上一些诸如感冒的轻微疾病，他们没有更多的时间去医院诊治，更需要服药次数少，携带方便的缓控释制剂药品。同时如果产品销往发展中国家，医药企业则可以以普通制剂顺利打开市场。

4. 双重适销策略　同时改变产品和促销方法，这是由于"多国性产品周期"所致。即由于不同国家经济发展水平、收入、消费水平的不一致，造成各国对不同产品需求的差异性。同一种产品在本国已进入衰退期，而在另一国则刚进入导入期。经济发达国家常采用这种策略，当某种产品升级换代后，就将老产品转让到其他国家，利用这部分收入反过来加强新产品的开发。

5. 开发新产品策略　当通过市场调查和预测了解到某国外市场有新的需要，就立即组织力量研究试制，创造新产品。这种策略对企业素质要求较高，要求医药企业具备研究和开发新药的能力，需占用一定的人力、财力、物力，而且风险较大。但是一旦成功，收益很大。

通过以上策略，医药企业可以选择合适的产品到合适的市场上销售。为减少经营风险，一般常同时采用几种产品定位策略，效果会更好。

二、国际市场定价策略

国际市场竞争激烈，定价作为一种竞争武器，其作用已越来越受到人们的重视。

（一）国际市场价格的概念及类型

国际市场价格是指具有代表性的国际市场的成交价，如某市场当地国际贸易成交价格、拍卖价格、招标价格、市场零售价格以及批发价格等。

国际市场定价一般分三种情况，一是完全由市场制定价格，生产厂家基本上无法控制价格水平，这种情况可见于原料药等标准化的（即比较而言无甚特色）产品；二是市场上存在多种定价方案，这种情况多见于求过于供的市场上销售特色产品，在不受政府干预的自由市场上销售的大部分制成品都属于这种情况，比如专利药品；三是定价主要出于政治上的考虑，市场因素排第二位，有时一种产品只有经政府批准方可进入某一市场，由买方政府作为定价人，例如为应对突发事件的应急药品一般由一国政府用招标采购的方式购买，因此，政府部门就是定价人。

（二）国际市场价格的构成

1. 出口价格的构成　一般包括生产成本（或进货成本）、国内运费、商品包装费、仓储费、商品检验费、出口税金、出口关税及出口报关手续费、运费、货运保险费、办理托运、结汇及签发所需单证手续费及其他各种杂费、毛利润、中间商佣金；促消费、服务费、损失等。

2. 进口价格的构成　一般包括出口国的成本费、运费、运输保险费、进口关税及其他税、卸货费、理货费、进口商检费、包储费、国内运费、杂费、毛利润、中间商佣金、促消费、服务费、损失等。

（三）国际市场定价策略

1. 统一定价策略　医药企业在医药国际市场上对同一医药产品采用同一价格的策略。此策略简单易行，但是难以适应医药国际市场的需求差异和竞争变化形势。

2. 多元化定价策略　医药企业在医药国际市场上对同一医药产品采用不同价格的策略。此策略有利于根据具体医药市场情况灵活机动地制订产品价格，但是很容易形成价格无序竞争，影响医药企业的形象。

3. 控制定价策略　医药企业对同一医药产品采取适当控制价格的策略。这种策略兼具统一定价与多元定价的优点，既适应了市场变化，又避免了盲目的价格竞争，但也会增加价格管理的成本和难度。

除了以上策略，产品在进入国际市场时还应考虑以下因素：国际市场价格，即可以将国际市场价格作为定价的基础和水准；国际市场竞争情况，比如对于新产品，将价格压得比平均市场价格低，以利于进入市场，对于有一定市场占有率或声誉的产品，价格可以与平均价格相当或偏高；货币形式，即用什么货币定价，需要及时掌握和预测货币的相对利率、汇率、相对通货膨胀率、贸易顺逆差、人民心理的期望值等。

三、国际市场销售渠道策略

医药国际市场销售渠道有双重含义，一是指医药产品进入国际市场的渠道；二是指医药产品在境外的销售渠道。在进行渠道选择时必须考虑四大因素：有无中间商可以利用；为取得中间商的服务需要多少费用；中间商应承担哪些义务（以及效率如何）；制造商对中间商可以进行控制的程度。

（一）直接渠道与间接渠道策略

1. 直接渠道策略 医药产品从制药企业到国外消费者手中不经过任何中间商。其具体形式包括制药企业直接接受国外用户订货；制药企业在本国设立经销部门或在国外设立分支机构，经营自己的医药产品；制药企业将医药产品直接销售给国外最终用户。直接渠道策略有利于制药企业及时了解市场变化，直接提供市场服务，也有利于控制价格；其不利之处是会增加制药企业的销售成本。

2. 间接渠道策略 利用中间商将医药产品销售给国外消费者。中间商包括出口国的外贸公司、进出口双方的代理商、进口方的经销商、批发商等。间接渠道在医药国际市场营销中被广泛采用，它可以节约医药产品出口的人力、财力、物力和时间，充分发挥中间商的市场渠道作用。间接渠道策略更加适合于中小型医药企业。

（二）长渠道与短渠道策略

1. 长渠道策略 医药企业在医药国际市场上选用两个或两个以上层次的中间商营销医药产品的渠道策略。长渠道策略优点是医药产品能够进入更广阔的医药市场空间；其缺点是容易形成医药产品较大的市场存量，并增加销售成本。

2. 短渠道策略 医药企业在医药国际市场上直接把医药产品销售给国外零售商或用户的渠道策略。短渠道策略的优点是减少中间环节，节约经营成本，增强竞争能力；但是，由于医药产品是特殊的商品，这种策略在医药国际市场营销活动中并不常用。

（三）宽渠道与窄渠道策略

1. 宽渠道策略 医药企业在进入医药国际市场的各个层次、各环节中，尽可能多地选用中间商来销售其医药产品。宽渠道策略的优点是有利于医药产品进入更广阔的国际市场，从而扩大产品的销量；其缺点是医药产品价格不易被控制，部分中间商会削价竞争，会损害企业及产品在医药国际市场上的形象。

2. 窄渠道策略 医药企业在进入医药国际市场的各个层次、各环节中，给予中间商在一定时期内独家营销其产品的权力。窄渠道策略的优点是有利于鼓励中间商积极开拓国际市场，并依据市场需求控制医药产品销售价格；其缺点是容易使中间商垄断市场。

四、国际市场促销策略

国际市场促销组合与国内市场促销一样，包括广告、营业推广、人员推销、公共关系4个要素。它们目标一致，彼此互相补充。国际市场促销活动的基本原则和概念也与国内的促销活动差别不大。与国际市场营销活动的其他方面比较，促销活动在世界各地所呈现的相似之处最多。但同时，促销所涉及的与文化背景有关的独特的问题也最多。因此，使促销战略适应世界各地市场的文化差异乃是国际市场营销人员所面临的最需要解决的复杂问题。

（一）广告

广告是国际市场营销中促销组合的一个重要手段，但其重要作用会因时间、地点、企业而异。有必要将广告的可能费用和所起的作用与促销组合或市场营销组合中的其他因素的成本和效益进行比较，只有当它能够经济有效地为实现企业目标发挥作用时，才可以被采用。

由于各个国家的经济发展水平和民族文化习惯不同，所以各国政府和民众对广告的态度也有差别。因此，必须首先了解各国在语言文化、法律等方面的限制，以利于扬长避短，根据不同国家的情况创造性地因地制宜开展广告活动。

（二）营业推广

除了广告、派员推销和宣传报道以外，任何鼓励消费者（用户）购买产品、提高零售商和中间商推销能力并改善其合作态度的市场营销活动都属于营业推广的范畴。简言之，收款时去掉零头、在商店里进行操作表演、送样品、发优惠券、搭售商品、发行彩票、举办音乐会和商品交易会等特别的活动，以及在零售店的橱窗布置等，都是国际市场促销手段中营业推广的种种手段。

与做广告一样，营业推广活动成功的关键之一是能否因地制宜。有些国家的法律对发放赠券或附赠商品加以禁止，对折扣的数量加以限制，尤其对医药商品的营业推广活动加以严格限制，规定一切营业推广活动，必须获取许可。一般来说，当医药企业受外界条件的限制而不能充分运用广告手段时，营业推广就能起到替代作用。

（三）人员推销

由于国际市场竞争激烈，营销人员在促销方面的作用越来越明显。人员推销因其具有灵活性强、能有效传递复杂信息等优势，而成为国际市场营销中的重要促销手段。企业的营销人员一般来自企业所在国、企业业务所在国和第三国。根据不同的市场情况，应合理选派营销人员。

当国际营销活动只处于一个或几个国家、只具备少量的销售人员的水平时，由本国外派销售人员是合理的。另外，如果企业产品的技术性很高，或销售工作需要大量的背景知识和应用知识，那么外派企业人员组成的营销队伍是上策，其有利之处在于派驻国外的营销人员可能受过较多的技术培训，对企业及产品情况比较熟悉，而且企业对其忠诚程度和办事能力也早就了解。但缺点在于成本高，同时存在文化和法律方面的障碍，缺少愿意长期在国外工作的高水平人才。因此，要建立企业高效能的营销队伍，就必须对外派人员及其家属进行谨慎的招募、挑选、培训、鼓励和薪酬补偿，以保证企业的人员投资得到最大的收益。使国际营销队伍保持高效率的最实际的办法是在人员培训的各个阶段以关心的态度仔细地规划，调动营销人员的积极性，促进企业产品的销售。

若在同一市场上需要上百名销售人员，销售队伍全由国内外派，不仅要动用大量经费，而且很难实现，此时需要在目标市场国家或第三国招聘具有销售经验和医药知识的人才，由他们与国外市场的中间人和公众进行最直接的交易。

（四）公共关系

医药企业在国外市场营销产品时，还应充分利用公关活动及宣传报道的作用，通过信息沟通为企业创造"人和"的效果。利用各种机会，把对企业有利的具有新闻价值的信息传播出去，吸引国际消费者对本企业及本企业产品的注意和了解，在国外市场树立企业和产品的良好形象，增加公众对本企业的信任感。避免有意或无意的反公关行为，积极参加国际政治经济事务，为企业产品顺利进入国际市场打通道路。

答案解析

思考题

LY 制药是我国一家致力于创新药物研发、生产和销售的国际化制药公司。该公司在 1994 年成立初期，就意识到创新能力的重要性，开始布局国际化创新之路。1998 年，LY 制药成立了知识产权部，对科技创新进行知识产权保护；同年成立了国际合作部，开始国际研发及产品合作；1999 年，LY 制药又成立了研究开发中心，并投入使用按照欧美 GMP 标准设计的新厂房。在研发领域的规划上，LY 制药专注于在"先进药物递送技术""创新化合物和抗体""细胞、基因和数字化"等几大技术平台上开发新药。目前，国内在研产品已达 30 个，海外在研产品超过 10 个。公司在欧洲、美国、中国分别设立研发中心，通过整合全球研发资源，加速推动创新药物研发。在持续加大研发投入的同时，LY 制药也把并购与合作作为公司加速发展的一项重要利器。2009 年，LY 制药通过收购新加坡 WBM 医药商业公司，打通了在新加坡、马来西亚等东南亚国家的营销网络；2016 年，又通过收购欧洲公司 Acino 的透皮制剂业务，进入包括美国、欧洲在内的主流发达国家市场；2018 年，LY 制药再次拓宽业务疆土，通过收购阿斯利康的思瑞康及其缓释片在 51 个国家和地区的业务，获得拉丁美洲、非洲、大洋洲等全球更多高潜新兴市场的商业覆盖。为匹配全球市场的商业运营，LY 制药也对产业链布局进行了长远规划。在现有的全球七大生产基地的基础上，LY 制药正在将各地相对成熟的产业链嫁接到全球先进的供应链上，进一步打造从前端原辅料采购到终端患者供应的全球化供应链网络，使新药、好药更快覆盖全球各地患者。

通过上述案例，请完成下述思考题。

1. 企业开展国际市场营销的动因及其带来的影响是什么？

2. 企业进入国际市场的方式及其优缺点是什么？

3. LY 制药成功开拓国际市场的经验与启示是什么？

书网融合……

本章小结　　　　　　微课　　　　　　习题

第十三章　医药数字营销

PPT

学习目标

1. 通过本章的学习，掌握医药数字营销的基本概念及其在药企、医生和患者三方中的具体价值；熟悉通过互联网、人工智能、大数据和云技术等进行个性化信息传递与服务的方法，提高营销效率和合规性。

2. 能够全面分析医药数字营销发展的背景及其驱动因素；理解政策环境（如带量采购、医保谈判）和数字技术的发展如何改变医药营销手段；能够收集并分析医生和患者在互联网医疗中的角色和行为变化数据，并清晰地表达分析结果。

3. 树立以消费者为中心的服务理念，尊重医生和患者的选择，珍视技术在医药数字营销中的作用，积极推动数字化手段在药品全生命周期营销策略中的应用，涵盖围上市期、上市期、进医保期及带量采购期等不同阶段的策略制定与优化。

2020 年至 2022 年，全球卫生事件的影响显著加速了医药行业向数字化营销的转型。随着这一趋势的持续深化，医药企业对营销合规的重视程度也在不断提高，成为后疫情时代医药数字营销发展的新动力。预计未来几年，医药数字营销市场将保持快速增长。

第一节　医药数字营销的概念和价值 📱微课

一、医药数字营销的概念

医药数字营销主要指药企基于互联网、人工智能、大数据和云技术等，通过数字系统与医生、患者进行互动，并精准地、个性化地传递信息与提供服务，从而改变目标对象对药品的认可度及用药行为，达到减少人力依赖的同时，扩充营销渠道、提高营销效率、满足合规需求以及促进药品销量和利润增长的结果。

二、医药数字营销的商业模式

在数字医药营销商业模式中，药企是使用者的角色，其开展数字营销的方式主要包括云服务（software as a service，SaaS）、医生平台和零售终端（包括线下药房和医药电商）；受益者是医药代表、医生和患者；提供者为数字化营销服务供应商，他们分三种类型，各自服务不同的受益者。技术型服务提供商主要通过客户关系管理系统（CRM）、云服务系统（SaaS）等工具全面打造药企数字化营销解决方案，如腾讯云、阿里云等。平台型主要为医生助手平台、挂号问诊平台、健康管理平台、罕见病交流平台、中医医疗知识平台为医生和患者提供服务，如梅斯医学、医脉通、平安好医生等。零售终端主要有B2B 的京东药师帮和 1 药城等；B2C 的阿里健康、天猫医药和京东大药房等；O2O 的美团买药和叮当快药等，他们共同为患者服务。

三、医药数字营销发展历史

我国医药数字营销从 2009 年至今经过了萌芽期、缓慢成长期、快速成长期、黄金成长期 4 个周期（表 13 - 1）。为了提高自身在市场的竞争力，国内部分药企开始积极开展数字化转型，以期达到降本增效的目的，并在激烈的医药市场竞争中和严格的监管环境下站稳脚跟。对于国内整个医药企业而言，不仅要面对市场的竞争，还要满足监管部门的合规要求，另外考虑到疫情影响带来的营销行为反思，这些因素都使药企意识到线上与线下结合的重要性，更意识到数字化技术在医药市场营销中的价值。

如今，医药数字化营销服务行业仍然处于成长期发展阶段，正在从利用流量进行产品推广向更深度、更精准、更智能的数字化营销转型，医药行业的数字化比其他行业滞后，未来市场很大，部分企业已经开始崭露头角。

表 13 - 1　医药数字营销发展阶段

萌芽期	2009 年之前 在国内，专注于慢性病领域领先的医疗行业和健康管理服务商迪卫康，在 2000 年成立。有 3 家医药数字营销技术型企业在 2005 年前后成立，当时刚好是 CRM 系统的发展热潮
缓慢成长期	2009—2016 年 借助 CRM 的发展热潮，有部分企业专注于为医药企业提供 CRM 产品
快速成长期	2017—2019 年 从 2017 年开始，已经连续进行了 4 次医保谈判，谈判成功药品数量持续增加，从 36 增加至 119 种，平均降价幅度也一直维持在 40%~60.7% 的较高水平。2019 年初开始施行的带量采购政策结束了国内仿制药的高毛利时代。从 2017 年开始，医药数字化营销开始迅速发展，这 3 年中国医药数字化营销市场规模以 20% 左右的年增长率高速攀升，市场开始了快速发展
黄金成长期	2019 年至今 2020 年，疫情的来临迅速完成了市场教育，进一步加速了医药营销数字化转型。疫情期间，数字化平台覆盖提升 30%，互联网医疗也迎来爆发期，近八成医生疫情间使用线上平台获取医学信息

四、医药数字营销的价值

医药数字营销对于药企、医生、患者三方均能产生效益和价值（表 13 - 2）。

表 13 - 2　医药数字营销对药企、医生、患者的价值

医药企业（提升销量）	医生（提升水平和效率）	患者（改善体验）
减少人力依赖、降低成本	提升学术及临床诊疗水平	增进对疾病和药品的了解
扩充营销渠道	增加收入、晋升	改善就医服务
提高营销效率	提升学术影响力	提升就医服务
促进药品销量和利润增长	塑造个人品牌	更好进行疾病管理
营销更合规	积累行业人脉	确保合理用药的治疗效果
提升品牌知名度	提升患者管理效率，提升患者满意度同时减轻工作负担	

（一）对药企的价值

1. 提高效率和合规性　医药数字营销可以帮助药企减少人力依赖，扩充营销渠道、提高营销效率，并满足合规需求。在数字化技术的驱动下，医药代表能够打破时间和空间的限制，在合理的时间内对医生进行线上拜访和学术会议，从而覆盖更多的目标医生资源，维护并培养医生的处方观念。

2. 强化合作关系　通过在抖音、快手、小红书等热门平台帮助医生打造个人品牌（intellectual property，IP），提升医生的行业影响力，并协助医生进行患者管理，药企能够强化与医生的合作关系。

3. 提升患者依从性　基于医药电商、互联网医院、第三方平台等线上渠道，药企可以为患者提供

疾病教育、诊前诊中诊后服务,提升患者的购药用药依从性,延长药品使用时间(duration of therapy, DOT)。

4. 全渠道沟通模式　面对面沟通与多种线上和远程方式相结合,使销售代表在人数不变的情况下,增加覆盖的医生和医院数量,并提高接触频次和丰富性。麦肯锡的观察显示,全渠道沟通模式的药企其销售产能均提升了10%~20%。

5. 数据驱动决策　数字技术系统还能为药企提供大规模病案征集,以推进药品临床研究。通过数据沉淀,药企可以进行市场情报动态分析,实现医患行为的连续性监测,优化产品或服务,指导精准营销决策的制定。整个过程中的用户信息全程留痕,确保营销过程的透明化和可追溯性,满足合规需求。

(二)对医生的价值

1. 提升学术及临床水平　数字系统汇集了丰富的学术资源,能够实时更新新药审批动态并提供最新的临床方案实践,帮助医生提升学术及临床水平。

2. 提高工作效率　数字平台为医生提供便捷的科研和职场交流机会,有助于积累行业人脉,提高工作效率,减轻工作负担。

3. 改善医患沟通　医药数字化营销改善了医患沟通,医生能够及时高效地传递患者所需的知识,提升医患沟通质量和体验。

4. 提升个人影响力　通过热门流量平台帮助医生打造个人IP,提升其行业影响力和个人声望,减轻医生的工作负担,提高患者满意度和认可度,避免医患关系紧张。

(三)对患者的价值

1. 改善就医体验　数字化患者管理帮助患者跨越时间和空间限制,更好地与医生互动,提升就医体验。

2. 获取疾病和药品信息　通过专业平台和社交网络平台,患者可以多渠道获取疾病和新药信息,增进对自身疾病和药品疗效的认知。

3. 全方位服务　通过医药电商、互联网医院、第三方平台等线上渠道,药企或医生为患者提供诊前、诊中、诊后的全方位服务,提升患者购药和用药依从性,确保合理用药的治疗效果。

4. 确保信息专业性和合规性　尽管市场法规及药企合规限制,目前针对患者的教育平台多由第三方平台公司运营,但这种方式保证了信息的专业性和合规性,使患者能够安全、有效地获取所需的医疗信息和服务。

五、医药数字营销的应用场景

1. 医生临床决策前用药查询的场景　有医疗平台深入洞察医生在临床决策前的主动需求,开发了如"用药助手"等工具,帮助医生在病房医嘱、门诊处方前进行药品查询。数据显示,60%的药品搜索行为发生在医生临床处方前,其中56%的医生认为有价值的内容能有效辅助其处方决策。基于医生的搜索记录和行为偏好,药企能够精准提供与医生需求相关的临床案例和指南解读,进一步辅助医生的临床决策,提升诊疗效率。

2. 医生体系化学习场景　医生在学习过程中普遍面临信息碎片化、深度不足及缺乏体系化学习的困境,特别是在提升诊疗能力方面需求较大。根据相关报告,90%以上的医生认可体系化学习的价值,希望增加时间投入以提升专业水平。基于这一需求,药企通过搭建体系化学习平台,提供系统化、陪伴式的学习内容,帮助医生快速提升专业认知。通过高频触达和主题活动,药企能够加速医生对药品及疗法的认知与接受,实现学术和临床水平的持续进步。

3. 学术社交场景　一些药企通过构建学术社交平台和使用智能会议助手,提升医生之间的学术交流与协作。智能助手能够自动策划学术会议的主题和内容，并匹配合适的演讲者和参会者。除此之外，药企还探索利用社交媒体和内容平台，通过医学关键意见领袖进行医患教育，帮助医生与患者更好地理解药品和疗法。这类互动式、社交化的学术交流方式，不仅促进了医生与药企的沟通，还加速了医生对医药产品的认知与接受。

第二节　医药数字营销的背景

目前促使医药数字营销发展的动力主要来自两方面：一是政策引导下的医药市场大环境倒逼药企升级营销手段；二是时代环境变化，数字技术发展快速，改变人类获取信息的行为。

一、政策引导

（一）互联网医疗服务的不断成熟与发展

近年来，政府对互联网医疗服务行业给予了高度认可与支持，陆续出台了针对数字化医疗、互联网医院的相关管理政策，保障互联网医疗服务行业的健康发展。同时，随着行业竞争者不断加强技术投入，未来互联网医疗服务行业将凭借先进的互联网技术，更好地将传统线下医疗资源实现线上整合，这不仅能够缓解中国区域医患资源不均衡的社会痛点，而且还能加快促进居民健康管理意识的提高。

（二）带量采购和医保谈判压缩了药品利润和周期

市场环境倒逼药企营销降本增效、开拓新市场增量，辅以数字化的手段和技术可以提高医药营销效率。2018年以来，国家医保局会同有关部门以带量采购为核心，推进药耗带量采购改革，现已进入常态化、制度化阶段。带量采购政策的施行对处方药行业的利润产生了巨大影响，结束了国内仿制药的高毛利时代。预计未来将继续按照保基本、保临床原则，逐步将符合条件的临床用量大、采购金额高的药品纳入采购范围，积极探索"空白"品种，减轻患者用药费用负担，提高患者的用药可及性。

自国家医保局成立以来，新药通过价格谈判纳入医保成为年度常规操作。获批上市的新特药一般在两年内就会参与医保谈判，创新药纳入医保的速度大大加快。从2017年底开始，目前已经连续进行了七次医保谈判，谈判成功药品数量持续增加，平均降价幅度也基本稳定在60%左右。政策环境倒逼药企在有限的价值周期内，用更短的时间影响更多的医生和患者。

随着医保谈判的稳定进行以及带量采购政策逐步在全国落地，中标品种大幅降价，药品的利润空间被显著压缩，未中标产品出现进院难等问题。近些年，国内创新药的发展已经发生了很大改变，无论是研发、上市审批，还是上市后的医保谈判，或是专利期到期以后受到的仿制药挑战。以前药品商业化可能要花二十年才能走完的旅程，现在一下子缩短到十年，甚至七年。

伴随着带量采购、医保谈判政策的全面施行，过往药品高毛利的时代终结，药品生命周期明显缩短，市场环境倒逼药企探索创新模式提升医药营销效率，同时开拓处方成交新渠道，以保障产品销量和利润。基于数字化的手段和技术可以提高医药营销效率，成为部分制药企业选择维持产品销量和增长利润的方法。此外，基于风险控制的考虑，药企也愈发重视数字化转型和数据资产积累，以灵活应对业务和团队可能发生的变动。药品更新迭代速度不断加快，迫使药企必须在更短的时间内让药品进入更多的渠道，下沉到更广阔的市场，以获取更多利润。

（三）分级诊疗促药企下沉基层，数字化助力降本增效

我国县级医院服务覆盖人口9亿多，占全国居民总数70%以上，基层市场发展潜力巨大。近年来，国家出台一系列医疗资源下沉政策，推动医疗卫生体制改革，加强基层医疗卫生服务体系和全科医生队

伍建设，不遗余力加大县级医院发展支持力度。2014 年 8 月，国家卫计委和国家中医药管理局联合印发了《全面提升县级医院综合能力工作方案的通知（国卫医发〔2014〕48 号）》，决定通过建设、培训、支援等方式，加强县级医院以人才、技术、重点专科为核心的能力建设，让医疗服务能力达到要求，能够承担县域居民常见病、多发病诊疗，危急重症抢救与疑难病转诊的任务，力争使县域内就诊率达到90% 左右，基本实现大病不出县。2021 年，国家卫生健康委又印发了《"千县工程"县医院综合能力提升工作方案（2021—2025 年)》，着力推动省市优质医疗资源向县域下沉，逐步实现县域内医疗资源整合共享，有效落实县医院在县域医疗服务体系中的龙头作用和城乡医疗服务体系中的桥梁纽带作用，力争通过 5 年努力，全国至少 1000 家县医院达到三级医院医疗服务能力水平，为实现一般病在市县解决打下坚实基础。

下沉基层医疗市场成为药企的必然选择和重点布局方向。但基层医疗机构普遍规模小、分布范围广、距离偏远，线下拜访的成本高、效率低，药企想要依靠传统的营销手段难以有效覆盖这部分市场，其获得的成本获益比远远达不到跨国药企人效比或者利润率的要求。借助数字化技术手段，药企通过更加高效、低成本的客户拜访和学术会议开展模式，实行线上线下双打策略，能够有效赋能医药代表，实现对医生的高频次、大范围、精准化触达，有效提升药企在县域市场开展医药营销的效率并降低成本。通过与医药电商、第三方平台等线上渠道深化合作，药企还为广阔的县域提供便捷的购药渠道和更好的服务体验，进一步提升患者购药、用药依从性，延长药品 DOT（药物治疗持续时间）。

（四）各项制度推动药企营销合规，数字化手段助力全程留痕与数据追溯

两票制和一票制试点减少医药流通环节、降低药价，促使药企营销财税合规转型。两票制政策大幅减少了药企到销售终端中间的流通环节，一票制政策更是要求药企直接向销售终端供货，降低药价，意味着药企的接触对象将从过去的少数几个区域经销商，转向数以万计的医院、药店、医药电商。医药价格和招采信用评价制度的实施同样促使药企营销财税合规转型。

医药代表备案制度的发布，促使医药代表角色回归学术本位。2020 年 9 月 30 日，国家药监局发布《医药代表备案管理办法（试行)》，于 2020 年 12 月 1 日正式施行。随后全国各地纷纷落实医药代表备案，不同医院的举措在细节上有所区分，但整体更加趋严。"定时定点定人""有预约有流程有记录"等规定在全国各地医院铺开。医药代表备案制度明确了医药代表的职能为拟订医药产品推广计划和方案、向医务人员传递医药产品相关信息等学术相关事宜，回归医药代表行业初始的角色定位：临床与企业之间的学术"桥梁"。同时明确禁止医药代表承担销售任务及统方等其他有可能干预临床合理用药的行为。

医疗反腐力度持续加大，迫使药企营销合规。2021 年 3 月 25 日，中国化学制药工业协会（CPIA）公布了最新《医药行业合规管理规范》，不仅从推广方面，也从反商业贿赂、反垄断、财务与税务、产品推广、集中采购、环境、健康和安全、不良反应报告、数据合规及网络安全等方面对医药行业企业进行全面规范，对企业合规管理提出了更加严格的要求。此外，自 2023 年 7 月开始，我国的医疗行业反腐行动持续升温，大量违法违规行为被查处并被严肃处理。2023 年纠正医药购销领域和医疗服务中不正之风工作要点发布部门达到 14 个，创历史新高。2023 年 5 月，14 部委联合颁布《纠正医药购销领域和医疗服务不正之风工作要点》，成为我国医药行业正式进入合规规范期的标志性事件。近几年，医药反腐高压态势不减，医药行业全领域、全链条、全覆盖的系统治理深入推进。行业反腐行动对塑造新型健康的医疗行业市场环境起到巨大作用，同时也反向促进行业走上合规道路。

数字营销手段全程留痕，数据可追溯，能够满足药企合规要求。数字营销通过 AI、数据分析及 SaaS 云服务等新技术方式及业务模式提供端到端营销服务，可以记录行为数据、合规证据链、用户数据，整个过程用户信息全程留痕，数据可追溯，能够保证营销过程透明化和可追溯，满足药企合规要

求。此外，合规医患数据的积累和沉淀有助于药企进行战略分析、市场研究及营销分析，有助于分析营销活动的结果，并优化营销策略，从而满足药企对有效营销的需求。

二、技术进步

互联网的快速发展，改变了人类习惯获取信息的方式。目前国内的网民已习惯被智能手机、互联网平台、社交网络、移动支付等数字化的商业文化所包围。医患获取医学信息的行为改变，促进医药数字营销行业快速发展。伴随着互联网的冲击以及疫情的影响，通过在线搜索引擎和社交媒体积极获取医疗知识已成为众多网民的习惯。

（一）医生层面

疫情期间，近八成医生使用线上平台获取医学信息。目前大多数医生已经养成了线上获取信息的习惯，尤其年轻医生甚至更偏好于在数字化平台的交流。大多数医生也已经习惯在线问诊、学习，线上平台用户活跃度增强。目前，有超过 100 万名医生提供在线诊疗服务，仅有不到四成医生从未尝试过线上问诊。医生在网络平台从事大众科普的参与度也在持续提高。

（二）患者层面

患者在互联网上问诊、购药的习惯正在被各种互联网巨头以及专业第三方互联网医患平台大力培育，加上疫情的催化，未病消费者和未诊断患者在搜索引擎和社交媒体上主动获取医学内容和建议的习惯已经养成，用户对于线上医疗的认知、信任和使用均有所增长。患者院外购药自主性的增强，引导药企重视线上、线下多渠道的品牌塑造、知名度提升、体验优化。同时加强对下沉市场经销商的重视，通过深化合作，共同为广阔的县域提供便捷的购药渠道和更好的服务体验。

第三节　医院内医药数字营销

药品销售服务以医院内（以下称院内）和医院外（以下称院外）两大场景组成。院内医药市场以各级医院终端为主，长期以来较为集中规范，院内药品零售始终是药品销售的主流场景，主要原因在于院内的处方场景是带动药品销售的核心决策场景。

一、全生命周期策略

根据药品流通生命周期不同可大致分为围上市期、上市期、进医保以及带量采购期这几个阶段。处于不同生命周期阶段的药品数字营销策略各不相同（表 13 - 3）。

表 13 - 3　药品全生命周期不同阶段的数字化营销策略

药品流通生命周期	围上市场期	上市期	进医保	带量采购期
数字营销布局策略	基于数字手段加速患者招募入组以及进行患者临床用药管理等	药品线上首发宣传，开展患者购药福利活动以及基于数字手段培养医生处方观念	结合数字手段进行药品的快速下沉放量，实现广覆盖快速提高销量	基于数字平台等向患者提供诊前诊中诊后服务，在院外市场做局部保量及创新增量

（一）围上市期

基于数字手段加速患者招募入组和进行患者临床用药管理。药品上市前的临床阶段，数字营销企业可基于数字化手段为药企招募患者，帮助药企加快患者招募的速度，提升药品上市效率。例如，惠每数科基于全国 336 万的医生数据，可利用线上团队搭建社会客户关系管理（social customer relationship management，SCRM）平台组织运营线上活动，快速、精准覆盖地市级及县域市场进行临床研究患者招募。在目标药品三期时，通过与广阔下沉市场医生电话沟通，可获取符合临床入组条件的患者。

（二）上市期

在药品上市期，建立医生关系的重点在于通过数字营销手段加强医生对新药的认知与处方倾向。此阶段，药企不仅要通过线上首发活动和医药电商平台向医生传递药品的关键疗效信息，还需通过创新的学术营销活动（如线上学术会议、虚拟病例讨论）与医生深入互动。在这一过程中，利用个性化的信息传递手段与医生建立一对一的沟通渠道，增进医生对新药的了解与信任，奠定长期合作基础。此外，基于医生群体的特征，可以提供相关的临床支持服务，如定制化的医学资料、药品试用方案等，帮助医生更好地将药品融入其日常处方实践。

（三）进医保

进入医保阶段后，医生对于药品的认知已经初步形成，但为了扩大处方量和覆盖面，需通过持续的线上学术会议、病例分享以及定期的医生培训会等方式，提供持续的专业支持，深化医生对药品疗效和适应证的了解。同时，药企可以组织高水平的学术论坛，邀请专家讲解药品在医保体系内的具体应用案例，进一步增强医生对药品使用的信心。通过线上与线下结合的方式，与核心医生群体保持密切联系，不断提供增值服务，如患者管理工具、临床数据分享等，提升医生在药品处方决策中的自主性与积极性。

（四）带量采购期

基于数字平台等向患者提供诊前诊中诊后服务，在院外市场做局部保量及创新增量。药企针对带量采购落标药品，可通过互联网医院、医药电商等平台向患者提供诊前、诊中、诊后服务，在院外市场做局部保量及创新增量。通过虚拟代表结合线下医药代表的方式，可深挖基层社区医院患者用药潜力，触达从前因线下人力资源限制而尚未触达的区域。

二、环医生策略

（一）医疗保健专家 360 画像分析

通过构建标签规则体系，包括医生姓名、学术影响力、社会地位、擅长治疗领域等基础标签，营销偏好、品牌支持度等营销标签，以及同行宣传、关注的话题方向、处方习惯、接受信息偏好等价值标签，并结合 AI 和神经语言程序学（neuro‑linguistic programming，NLP）技术打造医疗保健专家（healthcare professiord，HCP）360 医生画像，可以支持药企业务部门进行医生等级划分、根据不同类别 HCP 生成不同的话术素材库，为线上、线下代表分发拜访任务和拜访线索，针对性指导的拜访与会话策略，真正实现精准拜访跟进，达到"千人千面"式客情维护，做到资源和策略的精细化分配，实现精准化营销。

（二）虚拟代表

在 HCP360 画像的基础上，虚拟代表利用人工智能让科技完成医药营销中大量重复性工作，例如常规的拜访、学术会议邀请、常规的学术内容传达、拜访纪要生成等。其显著的低成本、广覆盖属性，能够极大减少人力的依赖，尤其适合应用在药企依靠传统医药代表推广方式难以进行充分覆盖的部分省份（如云南、西藏、新疆、内蒙古等）以及基层县域包括社区医院等。

（三）线上宣传与推广

传统医药推广服务主要依赖于线下的实体媒介，经由学术介绍、行业会议和研讨会等形式，通过与医疗卫生人员的紧密联系进行医学产品和服务的推广。此模式下通常需要数量庞大的医药代表。但其推广效率低，以及基层市场开拓难度大都令医药企业的转型迫在眉睫。线上学术交流平台、医生IP等在内的线上宣传与推广是目前数字营销行业最为成熟落地的方向之一。

客观来看，虽然线上学术会议开展效果逊于线下学术会议，但其在开展效率、执行成本、时间可控性、证据链的规范透明以及可管控性上具有独特优势。随着近些年互联网的快速发展以及疫情影响，大部分医生已经养成线上获取信息的习惯，尤其年轻医生甚至更偏好于在数字化平台的交流，线上学术交流平台功能的不断优化升级，线上学术会议的开展成为药企普遍布局落地的数字营销应用。

此外，药企通过联合数字营销企业打造医生IP，可以帮助提升医生行业声望以强化合作关系。随着医生IP打造逐渐形成一套规范化流程操作体系，以及国家对于医生进行科普行为的鼓励支持，越来越多的药企通过此方式加强与所覆盖医生群体的黏性。随着医疗反腐力度逐渐加大，药企营销合规需求愈发强烈，线上宣传推广整个过程用户信息全程留痕，能够保证营销过程透明化和可追溯，充分满足药企合规需求，这一应用场景还在不断快速扩围。

第四节　医院外医药数字营销

相较于院内医药市场，院外医药市场则更为分散，其终端包括药店与基层医疗机构。这当中，中小型连锁药店、单体药店及基层医疗机构数量多、规模小，使得院外医药市场更具广泛性与分散性。同时，其市场透明与需求多样的特点使得该市场竞争更激烈，资金流转更快，运作模式更加市场化。随着带量采购、院内药品零加成、处方外流等政策的持续实施落地，改变了我国公立医院"以药养医"的运行格局，院内医药流通增长放缓，院外医药市场逐步成为各参与者争相追逐的热门阵地，市场地位愈发重要。

一、院外医药数字化转型与生态构建

在多项政策的推动下，药店、基层医疗机构等院外终端的药品需求增加，市场占比有望逐步提升，院外医药市场将迎来更大发展空间，市场规模将进一步扩大。目前，院外医药产业的数字化转型吸引了众多企业入场，根据企业特征可划分为传统流通企业、电商平台、自营电商、综合服务平台以及其他企业（表13-4）。在数字化转型浪潮的推动下，传统医药流通企业逐渐从线下渠道向线上销售渠道延伸拓展。与此同时，电商平台为立足点的互联网企业也抓住机遇，纷纷向医药领域切入，形成了几种各具特色的细分模式。

表13-4　院外医药产业数字化主要竞争者类型及其特点

	企业类型	核心优势	盈利模式	代表企业
传统流通	传统大型医药流通企业	上游：上游资源丰富 自身：具备仓储优势，线下渠道成熟能够带动线上销售的发展	依托固有业务模式，从代理销售、物流配送等服务中产生盈利	九州通、华润医药、国药集团
电商平台	多为新兴互联网电商企业	自身：轻资产模式、技术和运营能力强 下游：以用户体验为核心	提供平台供购销双方自主交易，收取市场推广服务、交易结算服务等费用	药京采、小药药、聚创医药网
自营电商	多为新兴互联网电商企业	自身：资金链稳健、供货仓储体系反应迅速、服务质量有标准化保障 下游：能够提供更有保障的产品	企业具备药品定价权，以此赚取购销双方之间的差价	1药网、合纵药易购

续表

	企业类型	核心优势	盈利模式	代表企业
综合服务平台	多为新兴互联网电商企业	自身：平台与自营兼备，精细运营 上下游：深度合作药企，兼具议价、增值服务等能力	自营与平台结合，盈利包括营销推广费、交易佣金	药师帮
其他	其他赛道切入企业	医药电商B2B作为其延伸业务，与主营业务更易形成服务链条，加强整体辐射能力	可能包括撮合交易佣金、营销推广费用、物流配送服务费用等	百洋医药、智云健康

综合服务平台凭借其深度服务能力，成为目前发展阶段最为领先的平台模式。这类平台通过整合线上线下资源，为患者提供全方位的医疗服务，从诊前咨询、诊中治疗到诊后管理，覆盖了筛诊治管的全链条，极大提升了患者的服务体验和依从性。

整体来看，各类市场竞争者各具特色，通过共同发展，促进了院外医药产业的整体繁荣。传统流通企业的渠道优势、互联网电商平台的技术优势、自营电商的品牌优势以及综合服务平台的整合能力，共同构建了一个多元化、互补性强的院外医药市场生态系统。在这一生态系统中，各类企业通过数字化手段，不断优化服务模式，提升运营效率，推动院外医药市场向更加智能化、个性化的方向发展。

二、政策驱动与市场转型推动院外医药创新及购药变革

政策导向和市场环境变化迅速，倒逼药企创新增量市场，院外就诊趋势逐渐形成、患者购药选择权提升、购药习惯发生改变，推动院外市场快速发展。

（一）新特药上市后商业化困难、落标药品难进院，市场环境倒逼药企创新增量市场

新特药上市后商业化困难，倒逼创新药企在上市初期开拓新市场。集采政策下的药品生命周期显著缩短，意味着药企进院时间成本越来越高。较高的院内准入壁垒，倒逼创新药企部署创新线上转化新路径以破局院内市场难题。

落标药品难进院，药企布局院外市场寻求新增量。随着医保谈判的稳定进行以及带量采购政策逐步在全国落地，中标品种大幅降价，药品的利润空间被显著压缩，落标产品同样存在进院难等问题。要保持落标药品销量和利润，延长药品生命周期，药企必须寻求新的市场增量。

（二）政策环境奠定发展条件

政策连发，加速处方外流。2023年，国家医保局发布《关于进一步做好定点零售药店纳入门诊统筹管理的通知》，鼓励符合条件的定点零售药店自愿申请开通门诊统筹服务。药店纳入门诊统筹，加速处方外流进程。结合早年院内降低药占比、药品零加成等一系列医保控费政策推出，处方外流趋势明显。

鼓励互联网医疗发展，线上诊疗生态形成。2018年国务院办公厅发布《关于促进"互联网＋医疗健康"发展的意见》，指出线上可以开展部分常见病、慢性病的复诊，医药电商和处方配送合规化。2020年国家医保局、国家卫健委联合印发《关于推进新冠肺炎疫情防控期间开展"互联网＋"医保服务的指导意见》，指出患者可以线上复诊、购药并完成医保报销，使处方外流加速。2022年国家卫生健康委、国家中医药局、国家疾控局联合制定《"十四五"全民健康信息化规划》，深化"互联网＋医疗健康"服务体系，拓展"互联网＋医疗健康"服务。

双通道政策打开药房直接面向患者（direct to patient，DTP）的药房市场前景，行业走向新特药加慢病管理的新阶段，药企愈发注重院外市场。为了能够加快国谈药品的可及性，国家医保局推出"双通道"管理机制，患者在药店购买医保药品，可以享受与医院购买同等待遇的报销政策。

多省市互联网医院已实现线上医保支付，进一步促进院外市场发展。随着互联网医疗的逐步成熟，越来越多的互联网医院复诊及购药完成与医保的打通。尤其是实体公立医院主导的互联网医院进程较快。目前我国多省市地区，如北京、浙江和广州等地与医保支付打通的互联网医院数量快速增多。布局药事服务的数字营销企业也正在逐个城市、逐个健康消费通道尝试与医保打通。随着医保支付线上与线下的区别逐步缩小，线上服务的真正价值将完全展现，越来越多的患者将加入线上诊疗的队伍。

知识链接

DTP 药店

DTP 药房与既往的医院药房取药和社会零售药店买药方式有所差异，它是指药品生产企业直接将药品配送给零售药店进行销售，无须经过医药商业企业或者国家药品集中招标采购；患者到医疗机构就诊后获得医师开具的药品处方，药房根据处方在指定的时间将药品送到指定地方，同时提供用药咨询、追踪用药进展等服务的药房零售新模式。DTP 药房以销售处方药为主、为患者提供精细化服务的经营模式，很好地贴合了这些发展趋势。

（三）患者决策参与度提升，购药选择权与习惯变化

互联网医疗用户规模庞大，线上购药习惯养成。患者在互联网上问诊、购药的习惯正在被各种互联网巨头以及专业第三方互联网医患平台大力培育。未病消费者和未诊断患者在搜索引擎和社交媒体上主动获取医学内容和建议的习惯已经养成。截至 2022 年 12 月，互联网医疗用户规模已达 3.6 亿人，用户对于线上医疗的认知、信任和使用均有所增长。

疫情催生的备药/线上购药/急送药等普遍需求，促使大众购药习惯发生极大转变，对院外购药的接受度不断提高。患者院外购药自主性的增强以及购药习惯的变化，引导药企重视线上、线下多渠道的品牌塑造、知名度提升和体验优化。同时加强对下沉市场经销商的重视，通过深化合作，共同为广阔的县域提供便捷的购药渠道和更好的服务体验。连锁药店、互联网医院等模式带动供应链的集成和发展，支持处方外流的基础能力建设也日趋完备。

随着患者对自身疾病了解的深入，患者购药选择权提升。近些年医患关系正处于转化过程中。随着互联网科技的发展，患者获取医疗健康知识更加便捷，对于自身疾病的认知了解深入，患者在医患关系中的地位逐渐提高，在医疗决策中的参与度增加。患者的需求也在转变，药企需要以患者为中心，为患者提供更加个性化和多样化的信息和服务。总体而言，患者的自我管理意识和权益意识逐渐增强，尤其是在特定疾病领域如皮肤领域，患者的自我管理对于康复诊疗发挥着重要作用。

三、数字化时代患者管理和教育依托药企与营销协作

各类数字营销企业都积极布局患者管理和患者教育。药企联合数字营销企业，通过提供诊前、诊中、诊后服务，提升患者购药用药依从性，延长药品 DOT，实现药品的销量和利润增长。

（一）诊前

药企通过在微医、春雨医生等专业医学平台以及抖音、快手、小红书、知乎等社交网络平台，以医生科普及患者亲历分享的形式，多渠道向患者传递疾病和药品信息，增进患者对于自身疾病和药品疗效的认知了解。通过互联网医院平台提供患者诊前咨询和指导，并线上引导患者到线下进行部分疾病的筛查、检测服务。

目前最为火热的患者教育形式是医生 IP 科普以及关键意见患者（key opinion consumer，KOC）亲历分享，其中医生 IP 科普在各疾病领域都较为普遍。国家鼓励医生群体进行医学内容科普，帮助医生打

造个人 IP，不仅可以加强患者对疾病和药品的认知，还能强化医生合作关系。近年来，各地卫生高级职称评审陆续加入发表科普文章这一条件，健康科普已经成为医护晋升必备条件。

国家越来越鼓励和呼吁临床专家要有更多时间放在患者端的疾病科普教育上，希望通过医生的专业知识帮助临床患者提升其在相关疾病领域的认知和自我诊断能力，生产具有吸引力、对患者有价值的医学科普内容。优质的医生科普内容可以帮助药企吸引相关疾病领域的患者群体，实现从公域到私域的流量转化。网红医生拥有庞大的粉丝群体，能够为医药企业传递产品信息、宣传医疗科普知识、提升品牌影响力。

部分数字营销企业通过举办患者教育项目，采用健康大使、健康体验官等形式，通过有奖问答、健康体检、义诊活动等形式为患者提供免费的健康知识，激发患者参与度和互动性。患者的积极参与有助于提高对疾病和药品的认知，形成积极的健康行为。

尤其是在特殊疾病领域如辅助生殖，打造医生 IP 的效益明显。相比传统的学术期刊、学术文章传播，医学科普视频、医生培训视频可以通过视觉和听觉形式生动地传递医学健康知识，在吸引潜在客户和消费者上通常达到更好的效果。

有医药数字营销企业指出，因接触医生发布的医学科普内容而成为医生高黏性的粉丝用户，经过数字营销企业精准运营后引流到私域，每年能够给临床机构定向输送有临床需求的患者群体甚至能达到数千人以上的量级，颇具商业价值。

（二）诊中

药企通过互联网医院、线上问诊平台等途径提供诊中服务，帮助患者实现线上问诊、购药、医保支付等功能。患者通过互联网医院平台完成诊断后，可以在线购买处方药品，并享受同样的医保报销政策。解决患者线下就诊面临的"三长一短"问题：挂号时间长、候诊时间长、取药时间长、看病时间短。让患者实现足不出户就可就医配药，极大增强患者获得感，让其以更便捷、低价的方式完成整个就诊过程。

部分药企还通过与连锁药店合作，提供院外购药服务。患者可以在医生开具处方后，通过连锁药店购买药品，方便快捷地获得所需药品。此外，药企还通过药事服务平台，为患者提供用药指导、药品配送、药品追溯等服务，提升患者购药体验。

对于医生而言，医生利用自身闲置时间进行线上诊疗，通过远程会诊、远程治疗等方式，能够减轻工作负荷，改善门诊工作环境，提高服务水平和效率，从而提升患者的就医体验和满意度。通过互联网诊疗，医生也能获取服务收入。

（三）诊后

诊后环节，药企联合数字营销企业主要围绕提升患者服务可及性、支付可及性、药品可及性三个方面，增强患者的购药用药依从性，延长药品的用药时长（DOT）。

1. 服务可及性　为患者提供全面的疾病用药知识，帮助他们更好地理解和管理自身的健康状况，是提升服务可及性的核心。如通过互联网医院及其他第三方患者管理平台或私域社群，药企与数字营销企业、线上药房和 O2O 医药电商协同合作，提供诊后药事服务和患者管理，提升患者的购药用药依从性。又如，惠每数科通过其患者管理业务"惠关爱"，利用患者标签和 Mayo Clinic 的医学知识库，为患者提供精准的科普患教内容和活动推送，提升患者对疾病的关注度和认知水平。惠每医学团队根据疾病诊疗路径设计专病随访管理方案，延长患者 DOT。对于长期用药患者，惠每关爱团队通过社群运营和一对一关爱，与患者建立深度联系，优化治疗体验，提高用药购药依从性。

2. 支付可及性　通过与医保、商业保险、金融机构和基金不断创新探索新的合作形式，药企可以多维度缓解和减轻患者的经济负担，提升支付可及性，助力患者顺利完成疗程性治疗，延长药品 DOT。

3. 药品可及性 联合线上药房和医药电商为患者提供更加便捷的购药体验是提升药品可及性的关键。惠每的"惠云药"平台已与多个全国头部供应链完成平台层和数据层的深度打通，保障特药、普药、非处方药、医疗器械、特医食品、境外药械等多类型产品的仓储配送，并支持履约全过程中的数据互通。

4. 切入刚需场景 并非所有领域的药物都适合做面向患者的管理，切入刚需场景尤为重要。药企与数字营销企业普遍认为，面向C端患者的服务对整个数字平台的搭建能力和用户运营能力提出了更高的要求。在处方药领域，许多品种具有明显的消费属性，如鼻炎、脱发、痛经、皮肤病、辅助生殖等。这些疾病每天都能深度影响患者，因此这些品种在数字营销方面的布局可以更偏向于新零售的打法。

近年来，医药的消费者化已成为一个显著的发展趋势，药企和数字营销企业需抓住这一趋势，通过精准的患者管理和教育，提升购药用药依从性，实现患者和企业的双赢。

思考题

答案解析

JD健康是JD集团旗下专注于医疗健康业务的子集团。基于"以供应链为核心、医疗服务为抓手、数字驱动的用户全生命周期全场景的健康管理平台"的战略定位，JD健康已经实现全面、完整的"互联网+医疗健康"布局。其中，公司的医药数字营销服务主要面向医生、患者、药店及基层医疗机构，核心业务线包括JD大药房、JD健康互联网医院、JD健康药京采、JD健康-联盟大药房等。

在JD健康所提供的医药数字化营销服务中，JD大药房、JD健康互联网医院主要面向患者、医生群体；JD健康药京采、JD健康-联盟大药房主要面向药店，以及诊所等基层医疗机构。

JD大药房，在医药数字营销领域，主要包含面向C端的患者营销解决方案（含患者管理）、面向医生的学术营销解决方案，以及促进药品可及性的解决方案。数字化营销服务主要能为品牌伙伴带来三个方面的助力：①通过创新全服务数字营销解决方案，提升药品可及性、患者依从性；②通过专科化专业运营、品效一体化营销解决方案，贯穿用户购买、用药、复购全流程；③依托于数智化供应链和医疗专业服务能力，持续落地新药上市、云DTP、健康管理等服务项目。

C端的患者管理解决方案：以"单病种关爱中心"为例

20××年5月，在JD大药房×周年品牌伙伴大会上，JD大药房"单病种关爱中心"正式对外亮相。作为业内以专科化运营的"患者关爱中心"，JD大药房充分发挥供应链整合能力，联动合作药企通过专业化运营和个性化随访服务，更加科学地服务好慢性病新老患者用户，让患者在得到科学诊治的基础上提高依从性。

医生的学术营销解决方案：以线上学术营销解决方案为例

依托JD健康互联网医院和以线上服务为核心的医生管理模式，JD大药房与医药企业合作，在保证传统线下推广的基础上，通过各类线上化工作，实现精准的数字化合规营销。一方面，通过线上多渠道信息服务，对医生进行精准触达和互动；另一方面，与药企实现线上线下配合，帮助药企更有效地服务目标科室的医生。

促进药品可及性的解决方案：以"JD大药房罕见病关爱中心"为例

在国际罕见病日来临之际，JD健康发起"罕见病关爱计划"，通过打造"JD大药房罕见病关爱中心"和"罕见病关爱基金"，提供"医、药、险、公益"一站式解决能力，缓解罕见病群体确诊就医难、药品可及难、药品支付难三大问题。对于医药数字营销来说，通过罕见病药品供给、专家上线接诊，以及公益捐赠等方式，帮助药企触达和服务患者。

通过上述案例，请完成下述思考题。

1. 在医药数字营销的发展中，药企、医生、患者三方如何通过数字化技术获益？结合具体的商业模式和案例进行分析。

2. 国家政策在推动医药数字营销发展中起到了什么作用？请结合政策背景的具体措施，分析这些政策如何影响药企的营销策略。

3. 如何根据药品流通生命周期的不同阶段，制定院内医药数字营销策略？

书网融合……

本章小结	微课	习题

第十四章 医药产品新零售

PPT

在数字化技术迅猛发展的时代，传统医药零售模式面临挑战，消费者对便捷、高效、个性化购药体验的需求不断增加。医药产品新零售作为一种创新的商业模式，结合了线上与线下渠道的优势，依托大数据、人工智能等先进技术，实现了药品销售与服务的全面升级。新零售不仅改变了药品的购买方式，还通过个性化服务、精准营销和全渠道服务体验，提升了消费者的健康管理水平与用药安全性。

第一节　医药产品新零售概念及特征 @微课

随着互联网和数字技术的发展，传统零售模式逐渐面临线上电商的冲击，消费者的购物方式、消费习惯发生了显著变化。新零售正是在这一背景下应运而生，旨在通过线上线下融合的方式，实现对零售行业的全面升级。在医药行业，传统零售模式通常依赖于实体药店，通过顾客到店购买药品或咨询药师来实现交易。然而，随着消费者需求的变化，线下购药模式的局限性逐渐显现出来。消费者对更加便捷、高效的购药渠道需求日益强烈，而这正是医药产品新零售模式得以发展的动力。

一、医药产品新零售概念

（一）新零售的基本概念

新零售旨在通过整合线上和线下资源，利用大数据、人工智能等先进技术，重塑零售行业的商业模式。新零售不仅是销售渠道的变革，更是一种全新的零售理念，强调消费者体验、数据驱动和全渠道融合。

（二）医药产品新零售的定义

医药产品新零售是指通过整合线上和线下资源，利用数字化技术，构建以消费者为中心的全渠道销售与服务体系。与传统医药零售模式不同，新零售不仅关注药品的销售本身，还注重通过技术手段提供更加个性化、便捷化的健康管理服务。医药产品新零售涵盖了从药品信息查询、在线咨询、电子处方、线上购买到线下配送和自提等一系列服务，力求满足现代消费者多样化的购药需求。

（三）医药产品新零售的核心理念

医药产品新零售的核心在于"以消费者为中心"的理念。

1. 个性化服务 利用大数据分析和人工智能技术，为消费者提供精准的药品推荐和健康管理服务。

2. 全渠道整合 实现线上电商平台与线下药店的无缝对接，提供一体化的购药体验。

3. 数据驱动决策 通过分析消费者行为数据，优化产品供应链、库存管理和市场营销策略，提高企业运营效率。

4. 增强互动体验 通过在线咨询、健康教育、用户评价等方式，增强消费者与药店之间的互动，提高客户忠诚度。

二、新零售与传统零售的区别

新零售与传统零售的区别主要体现在渠道融合、消费者体验、信息化管理、营销方式、供应链管理和服务模式等方面。新零售通过线上线下的结合、数据驱动的决策模式和个性化的服务体验，弥补了传统零售的不足，推动了零售行业的创新与发展。这一模式不仅提升了消费者的购物体验，也提高了企业的运营效率和市场竞争力。

（一）销售渠道的差异

传统零售主要依赖于实体店铺，消费者通过到店购买的方式获取所需商品。销售模式单一，通常以面对面的交易为主，销售渠道集中在实体店铺，销售时间和空间有限。新零售则融合了线上和线下的优势，打破了实体店铺的时间和空间限制。消费者可以通过线上平台（如电商网站、手机应用）下单，然后选择配送到家或到店自提。同时，线下实体店也通过数字化改造与线上平台联动，为消费者提供更加便捷的购物体验。

（二）消费者体验的差异

传统零售的消费者体验主要依赖于店内的服务质量、商品的陈列和购买的便利性。消费者在购物过程中往往需要花费更多时间和精力来获取商品信息、进行价格比较和完成购买。新零售模式下，消费者体验得到了极大提升。通过大数据分析，企业能够了解消费者的个性化需求，提供定制化的产品推荐和服务。线上线下的无缝连接，使得消费者可以随时随地完成购物，享受更多样化的服务，如送货上门、在线咨询等。整体购物过程更加便捷、高效、个性化。

（三）信息化与数据驱动的差异

传统零售通常依赖经验和直觉进行运营管理，信息化程度较低，消费者数据的获取和使用有限。销售数据主要通过店内交易和库存记录获得，企业对市场变化的反应较慢，决策多依赖历史数据和经验判断。新零售高度依赖信息技术和数据分析。通过大数据、人工智能等技术，企业能够实时收集和分析消费者行为、偏好和市场动态。数据驱动的决策模式使得企业可以快速响应市场需求，优化供应链、库存管理和营销策略，提升运营效率。

（四）营销方式的差异

传统零售的营销方式主要包括店内促销、广告宣传、会员制度等，通常以广泛的市场覆盖和品牌推广为主，营销手段相对单一，目标群体的细分不够精准。新零售注重精准营销，通过大数据分析，企业可以针对不同消费者群体进行个性化营销。营销手段多样化，包括社交媒体营销、内容营销、直播带货、精准广告投放等。同时，消费者反馈可以通过数字化平台实时收集，并迅速调整营销策略。

（五）供应链管理的差异

传统零售的供应链管理多以线性流程为主，从生产到销售的链条较长，库存管理和物流效率较低，容易出现库存积压或短缺问题，供应链的反应速度较慢。新零售强调供应链的柔性和敏捷性。通过数字化技术和大数据分析，企业可以实现精细化的库存管理和物流调度。供应链的各个环节更加紧密协作，能够快速响应市场需求变化，降低库存成本，提高物流效率。

（六）服务模式的差异

传统零售的服务模式以单向的销售服务为主，消费者购买商品后，企业与消费者之间的互动相对较少，售后服务也相对简单。新零售模式下，服务不再局限于销售本身，而是贯穿于整个购物体验，包括售前咨询、购买决策支持、售后服务等。企业通过线上平台、社交媒体、智能客服等渠道，与消费者保持持续互动，提供更加全面的服务体验。

三、医药产品新零售的特征

医药产品新零售模式以线上线下融合、数据驱动、个性化服务为核心特征，极大地提升了消费者的购药体验和企业的运营效率。通过全渠道服务、智能化管理和高度合规的运营，新零售模式为医药行业注入了新的活力，推动了医药零售市场的升级与创新。医药产品新零售模式融合了现代科技与传统零售的优势，具有以下独特的特征。

（一）线上线下融合

医药产品新零售最显著的特征是线上和线下渠道的深度融合。线上平台（如电商网站、手机应用）提供了广泛的产品信息、便利的购买渠道和便捷的支付方式，线下实体药店则为消费者提供药品的即时取货、专业咨询服务和健康管理支持。两者之间的无缝衔接不仅提升了购物的便捷性，也改善了消费者的整体体验。

（二）数据驱动的精准营销

医药产品新零售高度依赖于数据分析。通过大数据、人工智能等技术，医药企业能够收集和分析消费者的购买行为、健康状况、用药习惯等信息，从而提供个性化的药品推荐和健康管理建议。这种数据驱动的精准营销方式，不仅提高了销售效率，还增强了消费者的满意度和忠诚度。

（三）全渠道服务体验

医药产品新零售强调全渠道的服务体验，消费者可以随时随地通过多种渠道（如电商平台、社交媒体、自助设备等）获取所需的药品和服务。无论是在线咨询、线下取药还是送货上门，新零售模式都能满足消费者的多样化需求。全渠道服务不仅提升了便利性，还增加了企业与消费者之间的互动频率，强化了品牌联系。

（四）个性化与定制化服务

新零售模式下，医药企业能够根据消费者的健康数据和需求提供个性化的服务，如定制化的药物组合、个性化的健康管理计划等。通过智能设备和移动应用，消费者可以实时监控健康数据，并获得针对性的用药建议和健康指导。这种个性化服务不仅提高了消费者的用药依从性，还促进了长期的健康管理。

（五）提升药品可及性与便利性

医药产品新零售模式通过整合线上和线下资源，大幅提升了药品的可及性和便利性。消费者不再受限于实体药店的营业时间和地理位置，通过线上平台，他们可以随时下单购药，并选择配送到家或到店自提。此外，新零售模式还引入了自助售药设备、智能药柜等新型渠道，进一步方便了消费者的购药过程。

（六）服务导向的消费体验

在医药产品新零售中，服务已成为核心竞争力之一。除了提供药品本身，企业还注重通过健康咨询、在线问诊、售后跟踪等增值服务提升消费者的整体体验。药师的在线咨询、健康管理服务、用药提醒等服务，使得消费者在购药过程中不仅能买到合适的药品，还能得到全面的健康指导和支持。

（七）高度合规与安全性保障

由于医药产品的特殊性，新零售模式下的药品销售需要严格遵守法律法规，确保消费者的用药安全。线上购药平台必须具有合法资质，药品信息必须真实、透明，处方药的销售更是需要经过医生的审核和电子处方的验证。同时，消费者的个人健康数据也需要严格保密，确保数据安全和隐私保护。

（八）智能化供应链管理

医药产品新零售依赖于智能化的供应链管理系统，通过先进的物流技术和库存管理系统，企业能够实现精细化的库存控制和快速响应的物流配送。智能供应链不仅降低了库存成本，还提升了药品的流通效率，确保了药品的及时供应并保质保量。

第二节　医药产品新零售常见模式

大部分新零售模式适用于非处方药（OTC）、保健品、个人护理用品和医疗器械等医药产品的销售，但由于处方药的特殊性，很多新零售方式（如无人零售、社交电商、直播带货）不适用于处方药的销售。处方药的销售需要严格的法律监管和药师指导，销售模式需要确保药品安全和患者健康。在这一节的学习中需要注意新零售模式并非适用于所有类型的医药产品的销售，主要原因在于医药产品的特殊性，包括药品的安全性、法律法规的监管要求，以及消费者对于药品的信任需求等。在医药产品的销售中，不同的新零售模式有不同的适用性。

一、线上医药电商平台

（一）线上医药电商平台的概念

线上医药电商平台是指通过互联网技术和电商平台销售药品、保健品及相关医疗产品的在线零售模式。它整合了药品供应链、线上交易平台和物流配送系统，为消费者提供了从药品信息查询、在线咨询到下单购买、药品配送的一站式服务。线上医药电商平台的出现使得消费者可以方便地获取药品，无需依赖实体药店，极大地提升了购药的便捷性。

（二）线上医药电商平台的主要模式

随着互联网技术的发展，医药电商平台作为医药产品新零售的核心组成部分，迅速发展并成为消费者获取药品的重要渠道之一。线上医药电商平台不仅改变了传统医药零售的模式，还为消费者提供了更多的购药选择、更便捷的服务和更广泛的药品信息，其主要模式如下。

1. B2C 模式（business to consumer）　这是最常见的医药电商模式，指药品生产企业或大型医药零售商通过自建电商平台或第三方平台直接面向消费者销售药品。B2C 模式优势在于药品供应链较为透明，产品质量有保障，配送服务相对可靠。

2. B2B 模式（business to business）　该模式是指医药批发商或生产企业通过电商平台向各类药品零售商、医院等机构供应药品。B2B 医药电商平台通过优化供应链管理、提升药品流通效率，实现大规模的药品流转。这个模式在医药行业的供应链管理和成本控制中发挥了重要作用。

3. C2B 模式（consumer to business）　消费者通过平台发布购药需求，药品供应商根据需求进行定制化生产或供应，典型的应用场景包括定制化的健康管理服务、个性化保健品供应等。这种模式能够有效满足消费者个性化需求。

（三）线上医药电商平台的优势与挑战

1. 线上医药电商平台的优势　线上医药电商平台可以提供全天候的服务，消费者不受药店营业时间的限制，且可以享受送货到家的便捷服务。医药电商平台通常具备更广泛的药品种类和库存，消费者可以根据自身需求选择更合适的药品。消费者可以通过平台轻松对比不同品牌药品的价格，选择性价比最高的产品，平台也经常提供促销、优惠等活动。电商平台通常提供详细的药品说明、使用方法和其他用户评价，消费者能够获得更加全面的药品信息，从而作出更安全的选择。

2. 线上医药电商平台的挑战　医药电商平台的药品销售涉及严格的法律和行业监管，确保药品质量和信息透明是平台面临的最大挑战。特别是处方药的销售，必须遵守严格的审核和管理程序。部分消费者对线上购药的信任度仍然不足，特别是在涉及处方药和贵重药品时，消费者更倾向于线下药店或医院药房购买。药品的配送要求相对严格，尤其是需要冷链运输的药品，如果物流服务不到位，可能会导致药品变质，影响消费者健康。医药电商平台需要处理大量的消费者健康和用药信息，如何保护消费者隐私和数据安全，防止数据泄露，是平台必须解决的问题。

二、O2O（线上到线下）医药新零售

随着互联网技术的快速发展和智能手机的普及，消费者的购物方式和行为发生了巨大变化，越来越多的人倾向于通过线上平台进行购物，而这一趋势也逐渐影响医药行业。传统医药零售模式受制于地域限制、实体店面资源有限等问题，难以满足日益增长的消费者需求。与此同时，消费者对健康和医疗服务的要求日趋多元化，他们不仅希望能够方便快捷地获取药品，还希望获得个性化的健康服务和医疗建议。O2O 医药新零售模式正是在这样的背景下应运而生。

中国的医药市场在过去几年里发生了深刻的变革，政策法规不断完善，消费者健康意识逐步提升。同时，电子商务和互联网经济的迅猛发展为 O2O 模式的兴起提供了技术支撑。2015 年起，国家逐步放开互联网售药政策，为 O2O 医药新零售的兴起奠定了基础。互联网技术的应用使得医药行业能够通过大数据、人工智能、在线支付等手段，更好地整合线上和线下资源，从而优化供应链、提升服务效率。

（一）O2O 医药新零售的定义

O2O（Online to Offline）医药新零售是指通过线上平台与线下药品零售服务的深度融合，打造出一个既能在线上提供咨询、预约、购买等功能，又能在线下进行药品配送、门店自提、健康服务的全新零售模式。它整合了互联网技术、智能设备、大数据分析等现代科技手段，将传统医药零售升级为线上线下联动的闭环模式，极大提升了医药零售的效率与用户体验。在这一模式下，消费者可以通过线上平台（如网站、APP 等）查询药品信息、下单购买，并选择线上支付后由线下药房进行配送或到店自提。此外，O2O 医药新零售还包含线上咨询和线下服务的结合，例如，用户可以在线上与药剂师进行实时沟通，获取专业的药品建议，然后到线下药房获得服务和药品。这一新零售模式打破了传统医药销售中时间与空间的限制，提供了更灵活、便捷的消费体验。

（二）O2O 医药新零售的运营模式

O2O 医药新零售的运营模式是线上和线下深度融合的商业模式，旨在为消费者提供更便捷、全面的药品和医疗服务。该模式依托于现代互联网技术，结合大数据、人工智能、智能物流等手段，创建了从线上购买到线下服务的闭环体系。以下是 O2O 医药新零售的主要运营模式。

1. 线上平台与线下实体店的整合 O2O 医药新零售的核心在于线上和线下资源的有效整合。通过线上平台（如手机应用、网站、社交媒体等），消费者可以查询药品信息、获取健康建议、进行在线问诊等服务。在完成线上咨询和下单之后，消费者可以选择配送到家或到线下药店自提。这种模式让消费者享受到更高的便利性，同时提升了线下药房的销售和服务能力。

线上部分主要用于展示药品信息、提供健康咨询和问诊服务，并进行支付和订单管理。药品的库存和销售数据也通过线上平台与线下实体店实时同步，确保准确的订单处理和药品供应。线下药店作为最后的服务交付点，负责药品的提供与配送，确保顾客可以在最短的时间内收到药物。线下店还可以为顾客提供专业的健康建议、药品使用指导等增值服务。

2. 线上药品咨询与预约服务 O2O 医药新零售的运营模式不仅限于药品销售，还包括线上咨询和预约服务。通过在线问诊、药剂师咨询、药物使用指导等功能，消费者可以在购买药物前获得专业的健康咨询。通过线上平台，顾客可以向专业药剂师咨询药品的使用方法、副作用等，确保消费者能够正确使用药物。一些 O2O 医药平台提供药品预订服务，顾客可以提前预约药品，线下药店会为顾客预留药物，确保到店后可以快速取药。

3. 线上支付与线下药品配送 线上支付与线下药品配送是 O2O 医药新零售的关键环节之一。消费者在完成线上下单后，可以选择适合的支付方式，并根据需要选择药品配送方式。药品配送可以通过第三方物流公司或由药店自行安排，提供快速、准确的药品递送服务。O2O 模式支持多种线上支付方式，如微信支付、支付宝、信用卡支付等，简化了顾客的支付流程，减少了线下交易的复杂性。为满足消费者对药品的及时性需求，O2O 医药新零售通常采用高效的配送体系，包括同城快递、智能仓储和实时追踪系统。部分平台还提供即时配送服务，确保顾客在较短时间内收到药品，特别是对于急需药品的配送尤为重要。

4. 线上营销与线下体验的融合 O2O 医药新零售模式通过线上营销活动吸引顾客，进而引导线下消费。线上平台通常通过折扣优惠、会员积分、健康资讯推送等方式进行精准营销，吸引潜在客户。同时，线下药店通过提供优质的服务、互动体验等方式，提升顾客的忠诚度和满意度。O2O 医药平台利用大数据分析和人工智能技术，了解顾客的消费习惯和健康需求，进而开展精准营销。比如向有慢性病的患者定期推送药品提醒、提供个性化折扣等。线下药店为顾客提供专业的健康咨询、血压测量等健康检测服务，增强顾客的消费体验。同时，药店员工通过与顾客的直接沟通，能够提升顾客对药品和服务的信任感，进而促进消费。

三、社交电商与社区团购

社交电商和社区团购是近几年在新零售模式中迅速发展的两大趋势，二者在医药零售领域的应用正在逐步扩展。通过利用社交媒体平台的影响力和社区团体的购买力，社交电商与社区团购模式正在为医药行业带来全新的销售和推广方式。

（一）社交电商对医药产品的推广

社交电商指的是通过社交媒体平台进行产品销售与推广的模式，这种模式利用社交网络的互动性、传播性和社交圈子的信任感来影响消费者的购买决策。对于医药产品而言，社交电商不仅能扩大产品的曝光度，还能通过精准营销提升品牌影响力和销售量。

社交电商平台依托大数据分析和用户行为追踪，能够为用户推送个性化的医药产品推荐。这种定制化的推广策略，使得医药产品更贴合用户需求，从而增加转化率。例如，用户经常浏览与健康相关的内容，平台就会推送类似的保健品或药品信息，提升购买意愿。医药产品的推广很大程度上依赖用户的信任，而社交电商平台通过社交圈子、KOL（关键意见领袖）、医药博主的推荐能够迅速建立起用户对品牌和产品的信任。例如，通过健康类的意见领袖或医生、药剂师的科普推广，让消费者更了解产品的功能与安全性，从而增强购买信心。社交电商平台擅长通过各种促销活动，如秒杀、拼团、优惠券分享等吸引用户参与。在医药产品领域，这种方式尤其适用于保健品、医用护肤品等。促销活动能够大幅增加产品的曝光和销量，尤其通过用户的主动分享和互动，产品能够在短时间内在社交圈中获得广泛传播。

（二）社区团购与医药零售结合

社区团购是一种基于社区的集体购买模式，通常由社区内的"团长"负责组织居民通过社交平台下单购买商品。社区团购模式能够通过团购的方式降低药品或健康产品的价格，同时提高产品的购买效率。近年来，社区团购与医药零售的结合，尤其在保健品销售领域，展现了巨大的潜力。

社区团购模式通过集体购买的形式，可以有效降低物流成本和供应链管理成本，进而让利给消费者。这在医药产品领域尤其有优势，如常用的保健品，能够以较低价格通过社区团购平台销售，吸引更多消费者。社区团购中的"团长"通常是社区成员，具有较强的社交纽带。消费者在社交平台或团购平台上进行下单，医药产品通过团购在社区中分发。这种本地化的服务模式不仅减少了配送时间，还提高了产品的触达率，满足了消费者对便利性的需求。通过社区团购，医药企业可以在较短时间内扩大产品在某一社区或区域的普及率，尤其是一些健康保健产品的推广。团长在社区内的可靠度也可以提升社区成员对医药产品的信任度和使用率，帮助产品快速进入新的市场。

（三）社交平台在医药新零售中的作用

随着人们对健康的关注度提高，社交平台在医药新零售中的作用越来越重要，社交平台成为医药品牌、保健品推广、健康信息传播的重要渠道。社交平台不仅能够连接消费者与医药产品，还能够通过互动、内容分享、用户生成的内容（UGC）等方式，提高医药产品的市场渗透率。

通过社交平台，医药企业可以发布健康资讯、用药指南、疾病预防建议等内容，帮助消费者更好地了解药品的适应证、使用方法及副作用。这种健康科普内容不仅有助于增强消费者的健康意识，还能够在潜移默化中为产品推广作出贡献。

社交平台允许用户直接参与讨论、留言和评价。医药企业可以通过平台与消费者进行互动，收集用户反馈，了解他们的需求与建议。这种互动不仅能够帮助企业改进产品和服务，还能够提升用户的忠诚度。例如，一些医药企业通过社交媒体上的问答环节、直播咨询等方式，解决用户的疑问并增强互动性。

在社交电商中，直播带货是一个非常重要的推广手段，医药企业通过社交平台进行直播，可以展示健康产品的使用效果，并实时解答用户的疑问。这种互动性极强的推广方式，能够迅速吸引大量消费者参与，直接推动销售转化。特别是对于一些保健品和日常健康用品，通过直播介绍其使用方法和效果，会大幅增加消费者的信任感和购买欲望。

社交平台可以根据用户的行为数据、搜索习惯、兴趣爱好等进行精准广告投放，确保医药产品能够精准触达目标群体。通过个性化广告推送，医药产品可以更高效地触达有需求的用户，提升广告的投放效率和转化率。

第三节　医药产品零售服务营销

服务营销被视为医药零售模式创新的重要组成部分。随着消费者对健康服务需求的日益增长，单纯的药品销售已无法满足市场竞争的需求，服务营销逐渐成为医药产品零售中增强客户黏性、提升品牌价值的重要工具。在新零售环境下，药师的专业指导、健康管理服务以及增值服务等，能够为顾客提供更加全面的健康解决方案，优化购买体验，促进长期客户关系的建立。通过服务营销，医药零售商可以从单纯的药品供应商转型为健康服务提供者，提升整体市场竞争力并适应现代消费者日益多元化的健康需求。

一、服务营销定义与内涵

（一）服务营销的基本概念

服务营销是指企业在提供服务过程中，通过设计、推广、交付服务以满足客户需求，并创造价值的过程。与传统的产品营销不同，服务营销关注的是无形产品——服务的销售与传播。它不仅涵盖了顾客对服务质量的预期和感知，还包括企业与顾客之间建立长期信任关系的过程。

在服务营销中，关键在于如何通过良好的服务体验，满足客户的需求并超出客户的期望，从而提升客户满意度和忠诚度。服务营销的核心理念在于通过不断提高服务质量、优化服务流程，以及建立有效的沟通机制，来赢得顾客的信任与长期支持。

在医药零售行业，服务营销不仅限于药品的销售，更包括对顾客的健康管理、用药指导、咨询服务等。药房提供的不仅是药品，还有帮助患者恢复健康的解决方案，因此服务营销在医药行业显得尤为重要。

（二）服务营销与产品营销的区别

尽管服务营销和产品营销都以满足客户需求为目的，但二者在性质、营销策略及交付方式上有显著的区别。

1. 产品营销推广的是有形的产品，例如药品、医疗器械等，顾客可以直接感知产品的外观、质量和功能；而服务营销则针对无形的服务，无法事先体验服务的全部结果，客户只能通过服务过程中的体验来判断服务质量。

2. 在产品营销中，顾客购买产品后拥有产品的所有权，但在服务营销中，顾客仅仅"使用"服务，并没有对服务本身的拥有权。比如，在医药零售中的用药咨询服务，顾客享受的是咨询过程，而不是服务本身的所有权。

3. 产品的交付可以通过物流系统完成，消费者通过购买获得产品；而服务的交付往往需要顾客和服务提供者进行互动。例如，医药零售中的用药咨询或药剂师指导，服务的质量不仅依赖于药剂师的专业水平，还取决于顾客与药剂师之间的互动质量。

4. 产品营销中，顾客可以通过实际使用来评价产品质量。而在服务营销中，服务的质量往往主观性较强，难以通过统一标准进行衡量，顾客的体验、感知、服务提供的及时性和态度都会影响评价。

（三）服务营销在医药零售中的重要性

在医药产品零售中，服务营销的作用日益凸显，特别是随着消费者对健康管理的需求不断增长，药店和医药零售平台不仅要提供高质量的药品，还要为顾客提供个性化的健康解决方案和全方位的服务支持。以下几点突出展示了服务营销在医药零售中的重要性。

1. **增强客户信任与满意度** 医药产品涉及消费者的健康与安全，信任在消费决策中占据重要地位。通过专业的用药指导、健康咨询等服务，药店能够提升顾客的信任感和满意度。例如，药剂师对顾客进行个性化的用药建议，有助于提高药品使用的正确性，增强顾客对药店的信赖。

2. **增加顾客忠诚度** 优质的服务体验能够促使顾客形成长期的购买关系。医药零售中的服务营销通过提供持续的健康管理、定期回访和用药提醒等服务，能够有效提升顾客的忠诚度，使顾客不仅愿意再次购买药品，还会将药店推荐给他人。

3. 提升品牌形象与竞争力 在医药市场竞争激烈的环境中,药品的质量和价格可能难以形成差异化优势,而优质的服务则能够成为零售商竞争中的一大优势。通过服务营销,药店可以树立专业、可靠的品牌形象,从而在竞争中脱颖而出。

4. 促进个性化健康管理 随着消费者对健康意识的增强,医药零售不仅要提供药品,还要提供整体健康解决方案。通过服务营销,药店可以为顾客提供健康评估、疾病预防建议、个性化用药提醒等增值服务,帮助顾客更好地管理自身健康问题。

二、药师服务在医药零售中的角色

在医药产品新零售的背景下,药师的角色已不再局限于传统的药品销售和提供基础咨询服务,而是作为健康服务提供者,承担起帮助消费者选择药品、提供个性化健康建议、保障用药安全的责任。药师的专业咨询和指导,不仅可以帮助消费者作出更为科学的购买决策,还能提升药店的服务质量和顾客忠诚度。因此,药师在医药零售中的服务质量和能力,直接影响着药品零售的成功与否。

(一)药师的专业咨询与指导

药师作为专业的药品知识提供者和健康顾问,在医药零售中发挥着至关重要的作用。他们的核心职责如下。

1. 药品选择与推荐 药师根据消费者的病症、健康状况和实际需求,推荐合适的药品,并确保其使用安全性。特别是在面对非处方药、保健品或处方药的选择时,药师可以通过对药品功效、副作用及使用方法的讲解,为顾客提供科学的建议。

2. 用药指导 药师为消费者提供如何正确使用药品的详细指导,包括用药时间、剂量、可能的副作用等,帮助顾客避免不当用药带来的风险。此外,药师还会根据顾客的特殊情况(如年龄、病史、过敏史等)提供个性化的用药方案。

3. 健康咨询服务 随着健康管理服务需求的增长,药师的职责也拓展到了健康咨询领域。药师可以为顾客提供健康管理建议,例如如何预防常见病症、饮食调理、疾病管理等服务,帮助顾客提升整体健康水平。

药师的专业能力和服务质量是顾客获得健康保障的重要保障。因此,药师在医药零售中的专业性不仅决定了顾客的用药体验,还直接关系到顾客对药店的信任度。

(二)药师服务对消费者购买决策的影响

药师服务对消费者购买决策有着深远的影响,尤其是在涉及健康和药品安全的问题上,顾客往往依赖药师的建议来作出购买决定。药师服务影响消费者购买决策的主要方面如下。

1. 建立信任与增强安全感 药品属于特殊商品,消费者通常对其专业性有较高要求,尤其是在购买处方药或复杂的非处方药时,顾客往往缺乏专业知识。这时,药师的专业咨询可以帮助顾客理解药品的作用和使用方法,增加顾客对产品的信任感与购买安全感。

2. 减少购买风险与不确定性 药师能够通过与顾客的互动,消除其对药品使用的不确定性和风险担忧。例如,顾客可能会因担心药品副作用或不确定是否适合自己的情况而犹豫不决,而药师的专业解释和建议能够有效消除这些顾虑,促使顾客更快作出购买决策。

3. 推动产品选择与促销产品购买 药师的推荐不仅有助于顾客选择合适的药品,还可以促进药店的特定产品销售。通过专业知识的引导,药师能够引导消费者购买药店主推或促销的产品,例如针对季节性疾病的药物或保健品。

4. 增加顾客忠诚度 当顾客感受到药师提供的专业服务后,往往会对药店产生信任并形成长期的消费习惯。优质的药师服务能够增强顾客的忠诚度,使顾客不仅愿意再次光顾药店,还会将其推荐给亲朋好友。

（三）药师服务的发展趋势与挑战

1. 智能化与数字化服务的整合　随着人工智能、大数据等技术的不断发展，药师服务将逐步与数字化健康管理平台进行深度整合。例如，AI 辅助药师进行药品推荐、自动化健康监测系统辅助个性化用药方案的制定等，这将进一步提升药师服务的效率和准确性。

2. 远程药师咨询服务的兴起　随着互联网医疗和远程医疗服务的普及，药师服务也逐步向线上拓展。通过远程视频、在线问诊等形式，药师能够在不受地域限制的情况下为更多消费者提供用药指导和健康建议，推动 O2O 模式在医药零售中的广泛应用。

3. 药师在慢性病管理中的作用加强　随着人口老龄化的加剧，慢性病的管理成为医药零售中的重要领域。药师通过长期跟踪患者的用药情况、提供个性化的健康指导，在慢性病管理中将扮演更加积极和关键的角色，有助于提高患者的治疗效果和生活质量。

4. 提升药师的法律与合规意识　药品销售和健康服务领域对药师提出了严格的合规要求。药店需加强药师的法律和合规培训，以确保其在药品推荐、处方药销售等环节遵守相关规定，避免不当操作引发的法律风险。

5. 药师服务的个性化与定制化　随着消费者健康需求的多元化，药师服务将更加注重个性化和定制化。药师可以根据不同消费者的健康状况、用药历史和生活习惯，提供精准化的药品推荐和健康管理方案，进一步提高消费者的满意度与忠诚度。

DTP 药店是一种医药销售模式，其中药店直接向患者提供特殊药品或处方药，尤其是那些用于慢性病或特殊治疗的药物。DTP 模式通常与传统的药品销售模式不同，后者通过批发商或药品代理商分发药品。DTP 药店中药师不仅承担着药物供应的角色，还负责为患者提供专业的药学服务，包括用药指导、治疗方案监控等，这使得药师在 DTP 药店中扮演了核心角色。在 DTP 模式下，药师能够根据患者的治疗方案提供更具针对性的健康指导，这是传统零售药店难以提供的增值服务。

三、健康管理与增值服务

随着现代消费者健康意识的提升，医药零售行业不仅需要提供高质量的药品，还需通过健康管理和增值服务满足消费者对健康维护的需求。这一模式不仅提升了药店的服务能力，也增强了顾客的忠诚度和长期消费潜力。健康管理服务与增值服务已经成为医药新零售模式中的重要组成部分，帮助零售商从单纯的药品销售向全面健康服务转型。

（一）健康管理服务的内容与形式

健康管理服务是指零售药店通过为顾客提供个性化的健康评估、疾病预防、用药管理等服务，帮助消费者更好地管理自己的健康，其形式和内容涵盖多个方面。

1. 个性化健康评估　药店可以通过专业设备或在线健康评估工具，帮助顾客了解自己的健康状况，进行体重、血压、血糖等基础健康指标的监测。这种服务可以让顾客更好地了解自己的健康情况，并及时采取措施进行改善。

2. 用药管理服务　药师可以为长期服药的患者提供用药管理服务，帮助他们科学合理地使用药品。尤其是慢性病患者，药师可以提醒顾客按时服药，并提供相关药物的副作用监测、相互作用指导等服务。

3. 疾病预防与健康指导　药店可以通过药师或健康顾问为顾客提供季节性疾病的预防建议，例如流感季节的疫苗接种提醒、如何通过饮食和生活方式改善健康等。这种健康指导服务帮助顾客预防疾病的发生，增强其对药店的依赖和信任。

4. 健康档案管理 药店通过收集顾客的健康数据，建立长期的健康档案，并结合大数据分析为顾客提供个性化的健康管理建议。这不仅能够帮助顾客更好地管理健康问题，还为药店提供了差异化的服务内容，增强了竞争力。

（二）慢性病管理与药品零售的结合

慢性病管理是健康管理服务中极为重要的一个部分，尤其是在老龄化社会，慢性病患者数量逐年增加，对长期药物治疗和健康管理的需求日益增长。医药零售商通过与慢性病管理相结合，不仅可以提高药品销售量，还能够建立长期、稳定的顾客关系。

1. 长期用药支持与跟踪 慢性病患者如高血压、糖尿病等，通常需要长期用药。药店通过为这些患者提供用药提醒、药品续订、健康数据监控等服务，能够确保患者按时服药，避免漏服或误服，进而提升患者的生活质量。

2. 健康监控与风险预警 通过对慢性病患者的定期健康监测，例如血糖、血压等数据的记录，药店可以及时发现异常情况，并提供健康干预或推荐患者就医。药师还可以根据监测数据调整患者的用药方案，帮助他们更好地管理疾病。

3. 疾病教育与咨询服务 药店可以为慢性病患者提供持续的健康教育，帮助他们更好地理解疾病的本质、用药注意事项、日常生活中的健康管理技巧等。这不仅有助于提高患者对药物治疗的依从性，还能增强他们对药店的信任感。

4. 个性化药物配方与营养补充建议 一些慢性病患者可能需要特殊的药物组合或营养补充品，药店可以根据患者的健康需求提供定制化的药物配方或营养补充建议。这类个性化服务能够帮助药店在激烈的市场竞争中脱颖而出，建立独特的品牌形象。

（三）通过增值服务提升顾客忠诚度

增值服务指的是超出基本药品销售之外，为顾客提供的附加服务，如个性化健康咨询、会员专享服务等。这些服务不仅能够提升顾客体验，还可以增加顾客对药店的忠诚度，促进长期消费。

1. 会员制度与健康管理 通过建立会员制度，药店可以为会员提供定期的健康检查、用药提醒、个性化健康建议等增值服务。会员可以享受到药店的独家折扣或优惠，这种模式能够增强顾客的归属感和忠诚度，鼓励他们进行长期消费。

2. 个性化服务与专属顾问 药店可以为长期顾客提供专属药师或健康顾问，定期进行一对一的健康指导和用药咨询。这种个性化服务能够为顾客带来更贴心的服务体验，提升顾客对药店的依赖性。

3. 健康产品与服务的捆绑销售 药店可以将健康管理服务与健康产品（如保健品、营养补充品等）捆绑销售，为顾客提供全方位的健康解决方案。这种模式不仅能够提升药品及相关产品的销量，还能让顾客在药店的整体健康体验中受益，增加顾客黏性。

4. 定期回访与健康提醒 通过建立顾客的健康档案，药店可以定期回访顾客，提供健康状况跟踪与用药建议。特别是对于慢性病患者，药店可以设置用药提醒、健康监测服务，以确保患者按时服药，并及时了解病情的变化。这种持续的健康管理服务有助于建立长期的客户关系，增加顾客对药店的信任感。

知识链接

医药电商相关的法律法规

医药电商作为新零售的重要组成部分，面临严格的法律法规监管。我国《药品管理法》《药品网络销售监督管理办法》明确规定了药品在线销售的准入条件及经营规则。首先，处方药的线上销售需严格遵守处方管理制度，消费者必须提供有效处方，平台才能进行药品配送。其次，药品销售平台需具备互联网药品信息服务资格证和互联网药品交易服务资格证，以确保其具备销售资质。此外，医药电商平台必须保障药品的安全运输，药品在配送过程中必须符合国家规定的温度、湿度等储运要求，确保药品在配送全过程中的有效性和安全性。最后，医药电商还需确保顾客隐私保护，平台在收集、存储和处理个人健康信息时需严格遵守《网络安全法》和《个人信息保护法》的相关规定，避免个人信息泄露。这些法规的实施为医药电商提供了法律保障，同时确保了消费者的权益和用药安全。

思考题

答案解析

B药店是一家结合线上和线下渠道的医药零售企业，率先引入了新零售模式，通过线上医药电商平台、O2O（线上到线下）模式以及社交电商等方式，为消费者提供更加便捷的药品购买体验。B药店的线上平台不仅提供非处方药、保健品和日常健康用品，还通过O2O模式，实现了线上下单、线下药店自提或即时配送的服务。在推广过程中，B药店利用社交电商和社区团购，吸引了大量社区居民的参与，特别是通过药师的在线问诊和健康咨询服务，提升了用户对平台的信任。然而，随着竞争加剧，B药店也面临如何提升药师服务质量、加强健康管理服务以及通过增值服务提高顾客忠诚度的挑战。为了在激烈的医药零售市场中占据优势，B药店开始探索更加个性化的健康管理服务，并通过提供增值服务，如慢性病管理、会员制度等，进一步增强用户黏性。

通过上述案例，请完成下述思考题。

1. B药店通过线上电商平台和O2O模式运营医药零售，试分析这种新零售模式相较于传统零售模式的优势。

2. B药店如何通过社交电商和社区团购模式增强用户参与度？分析其优势。

3. 药师服务在B药店新零售模式中的作用是什么？结合本章药师角色的相关内容，分析药师服务如何影响消费者的购买决策？

4. B药店的健康管理服务如何与慢性病管理相结合？分析其对药品零售的影响。

5. 如何通过增值服务提升B药店顾客的忠诚度？请提出具体建议。

书网融合……

本章小结　　　　微课　　　　习题

参考文献

［1］覃常员，彭娟．市场调查与预测［M］．7版．大连：大连理工大学出版社，2023．

［2］张灿鹏．市场调查与分析［M］．北京：清华大学出版社，2021．

［3］元明顺．市场调查与预测［M］．3版．北京：清华大学出版社，2020．

［4］陈静．市场调查与预测［M］．2版．北京：中国人民大学出版社，2020．

［5］洪深．陈阳．市场营销学［M］．4版．北京：北京大学出版社，2020．

［6］杨伊凡，谢金平，闫丽羽，等．欧洲典型国家孤儿药定价和报销策略分析及对我国的启示［J］．中国卫生经济，2024，43（02）：92 - 96．

［7］邓晓媚，张瑾，张哲弢，等．国家集中采购药品与基本药物目录收录药品比较［J］．医药导报，2024，43（07）：1177 - 1181．

［8］任俊名，徐陆欣怡，何雪，等．国家谈判罕见病药品的采购情况及可负担性分析［J］．世界临床药物，2023，44（06）：661 - 667．

［9］何阿妹，徐源，宋捷，等．国家医保谈判药品中罕见病用药落地情况分析：以20种罕见病用药为例［J］．中国医疗保险，2023，（09）：18 - 26．

［10］毕云彦，吴萌，张文，等．国谈中罕见病用药概览与分析［J］．世界临床药物，2023，44（10）：1098 - 1103．

［11］汪偌宁，韩晟，樊迪，等．取消药品价格管制对药品价格的影响研究［J］．中国药房，2020，31（03）：257 - 260．

［12］沈茜．提升我国医药企业社会责任路径研究［J］．中国药房，2018，29（01）：4 - 8．

［13］付非，赵迎欢．消费者视角下的企业社会责任归因对医药企业形象的影响［J］．沈阳药科大学学报，2017，34（11）：1013 - 1017．

［14］侯胜田．医药营销调研［M］．北京：中国医药科技出版社，2009．